ANDREAS ENGLISCH

Habemus Papam

W0094132

Die ganze Welt hielt den Atem an, als Johannes Paul II. sich am 30. März 2005 mit einer letzten stummen Geste auf dem Petersplatz von seinen Gläubigen verabschiedete und tagelang mit dem Tode rang. Trauernd und bewegt verfolgten vier Millionen Pilger in Rom und mehr als eine Milliarde Fernsehzuschauer weltweit die Ereignisse, bis 17 Tage nach dem Tod des Heiligen Vaters der deutsche Kardinal Joseph Ratzinger zum Nachfolger Johannes Pauls II. gewählt wurde. Warum wurde ein Deutscher der neue Papst und welche Aufgaben erwarten ihn? Andreas Englisch beschreibt Ratzingers Karriere im Vatikan und zieht eine erste Bilanz: Was hat sich am päpstlichen Hof im ersten Jahr seiner Amtszeit verändert? Wie hat »der Neue« agiert? Welche Weichen hat er für die Zukunft der Kirche gestellt – inhaltlich wie formal, theologisch-anthropologisch wie (reform-)politisch?
Der langjährige Vatikankorrespondent Andreas Englisch kannte den alten und kennt den neuen Papst aus nächster Nähe. Auf eindrücklich persönliche Weise beschreibt er den bemerkenswerten Wandel des Joseph Ratzinger vom streng konservativen Theologen zum weltoffenen, liberalen Papst Benedikt XVI.

Autor

Andreas Englisch, Jahrgang 1963, studierte Literaturwissenschaften und Journalistik. Er lebt seit 1987 als Journalist in Rom und leitete zehn Jahre lang das italienische Korrespondentenbüro des Axel-Springer-Verlages. Heute schreibt er exklusiv für »Bild« und »Bild am Sonntag« und gehört zu den wenigen akkreditierten Journalisten weltweit, die Papst Benedikt XVI. auf seinen Reisen rund um den Globus begleiten. Seine Biografie »Johannes Paul II.« (2003) stand monatelang auf den Bestsellerlisten.

Andreas Englisch

Habemus Papam

Der Wandel
des Joseph Ratzinger

Aktualisierte und erweiterte
Taschenbuchausgabe

GOLDMANN

Die Originalausgabe erschien 2005 unter dem Titel
»Habemus Papam. Von Johannes Paul II. zu Benedikt XVI.«
im C. Bertelsmann Verlag, München.

Verlagsgruppe Random House FSC-DEU-0100
Das FSC®-zertifizierte Papier *München Super* für Taschenbücher
aus dem Goldmann Verlag liefert Mochenwangen Papier.

2. Auflage
Taschenbuchausgabe September 2006
Wilhelm Goldmann Verlag, München,
in der Verlagsgruppe Random House GmbH
Copyright © der Originalausgabe 2005 by C. Bertelsmann Verlag,
München, in der Verlagsgruppe Random House GmbH
Umschlaggestaltung: Design Team München
Foto: getty images
Redaktion: Robert Fischer (www.vrb-muenchen.de)
KF · Herstellung: Str.
Druck und Bindung: GGP Media GmbH, Pößneck
Printed in Germany
ISBN 978-3-442-15415-9

www.goldmann-verlag.de

Für Leo und Kerstin

Inhalt

1

Weißer Rauch

Dienstag, 19. April 2005, 17.43 Uhr auf dem Petersplatz: Aus dem Ofenrohr über dem Dach der Sixtinischen Kapelle steigt plötzlich weißer Rauch auf. Mehr als 40 000 Menschen auf dem Platz klatschen frenetisch, dann scheint der Rauch dunkler zu werden. Hat die Welt einen neuen Papst oder nicht? Das fragen sich in diesem Augenblick Millionen Menschen auf der ganzen Welt. War es doch kein weißer Rauch? Die Menschen starren wie gebannt auf die Glocken am Petersdom. Der päpstliche Zeremonienchef Bischof Piero Marini hatte vor dem Einzug ins Konklave im Pressesaal des Heiligen Stuhls versichert: »Dieses Mal werden die Glocken läuten, wenn der neue Papst gewählt wurde.« Doch die Glocken bleiben stumm. Der Rauch scheint jetzt heller, die Menge schreit immer wieder: »Es ist weißer Rauch!« Doch die Minuten verstreichen, und die Glocken bleiben noch immer stumm. Dann endlich um 17.54 Uhr setzen sich die Glocken in Bewegung. Die Menge applaudiert begeistert. Jetzt besteht kein Zweifel mehr, es ist sicher, dass die etwas mehr als eine Milliarde Katholiken der Welt ein neues Oberhaupt haben. Der Papst wurde gewählt. Ein Meer aus Menschen ergießt sich aus der römischen Innenstadt auf die andere Seite des Tiber zum Vatikan, auf die Via della Conciliazione, die für den Verkehr gesperrt wurde. Es kommen Hunderttausende, sie haben ihre Büros verlassen, die Geschäfte geschlossen, ihre Kinder und Enkel mitgebracht, um den neuen Papst zu sehen.

Es schien die gleiche unermessliche Menschenmenge zu sein wie am Tag des Todes von Papst Johannes Paul II., dem Abend des 2. April. Doch damals strömte ein stilles, trauriges, irgendwie verlassen wirkendes Menschenmeer zum Petersdom; diesmal kommt eine aufgeregte, ausgelassene, fröhliche Menge.

Der Vorhang am Balkon des Petersdoms bewegt sich, die Menschen applaudieren. Ein Fernsehteam von der ARD steht plötzlich vor mir, um mich als Bestsellerautor und Vatikanfachmann zu interviewen, und natürlich stellt es die 100 000-Dollar-Frage: »Wer wird der nächste Papst sein?«, werde ich gefragt. Der Vorhang hinter mir bewegt sich ein weiteres Mal. Ich weiß, dass ich mich jetzt zum Deppen machen kann. Ich überlege, ob es nicht besser wäre, nur vage zu antworten und zu sagen: »Die Kardinäle werden sicher den richtigen Mann gewählt haben«, oder so etwas Ähnliches. Aber innerlich habe ich keinen Zweifel mehr. »Die Kardinäle können nur einen der Stars gewählt haben«, sage ich, »wahrscheinlich wird Kardinal Joseph Ratzinger der nächste Papst sein.« Der Interviewer scheint mit meiner Antwort zufrieden zu sein, aber nicht so recht an meine Prognose zu glauben.

Dabei war eigentlich alles klar. Der weiße Rauch stieg um kurz vor 18.00 Uhr auf – das bedeutete, dass die Kardinäle nur vier Wahlgänge gebraucht hatten. Das bedeutete auch, dass es völlig unmöglich war, dass ein Außenseiter es geschafft haben könnte, sich in nur vier Wahlgängen durchzusetzen. Es gab nur eine Möglichkeit: dass einer der Kardinäle, die bereits über viele Stimmen verfügten, den Durchbruch geschafft hatte. Und von allen Spitzenkandidaten gab es nur einen, der auf eine solche Vielzahl von Stimmen zählen konnte: Kardinal Joseph Ratzinger. In jedem Konklave versuchen die Kardinäle, so rasch und so einig wie möglich den Mann zu wählen, den Gott für die Aufgabe, sein Vikar auf Erden zu sein, ausgesucht hat. Dieser Glaube der katholischen Kirche, dass der Heilige Geist in Wirklichkeit den Nachfolger Petri bestimmt, führt dazu, dass die Kardinäle sich beeilen müssen. Sonst sähe es so aus, als ob es den Kardinälen nicht gelänge, den Mann zu erkennen, den Gott vorherbestimmt hat. Wenn ein Kardinal also schon über eine gewisse Anzahl von Stimmen verfügt, dann steigert sich der Druck auf die anderen Kardinäle, und sie brauchen dann schon gute Gründe oder einen guten anderen Kandidaten, um einen Mann nicht zu wählen, auf den sich bereits viele Kandidaten geeinigt haben.

Aber es gab noch Zweifel: Es konnte auch eine Überraschung geben. Der Sekretär des Kardinals Walter Kasper, Oliver Lahl, stand neben mir auf dem Petersplatz. Wir sahen uns an und wussten beide, was wir in diesem Augenblick dachten. Ein gemeinsamer Freund hatte uns vor einigen Wochen die dramatische Szene erzählt, die sich hier am 16. Oktober 1978 zugetragen hatte. Damals stand der Krakauer Priester Don Stanislaw Dziwisz auf dem Petersplatz und starrte auf den Balkon, auf dem sein Chef erschienen war. Dziwisz war damals so überrascht und überwältigt, dass er auf dem Platz in Tränen ausbrach. Oliver Lahl sah jetzt nach oben zu dem Balkon, hinter dem sich der Vorhang bewegte.

Stand dort hinter dem geschlossenen Vorhang in Wirklichkeit Kardinal Walter Kasper? Wir sahen hoch zum Fenster. Dann ging der Vorhang auf. Es war genau 18.43 Uhr: Der Protodiakon des Kardinalskollegiums, Jorge Arturo Medina Estevez aus Santiago in Chile, las die uralte Formel vor: »Annuntio vobis gaudium magnum, habemus Papam: Eminentissimum ac Reverendissimum Dominum, Dominum Iosephum, Sanctae Romanae Ecclesiae Cardinalem Ratzinger, qui sibi nomen imposuit Benedictum XVI.« (Ich verkünde euch eine große Freude, wir haben einen Papst: den verehrtesten Herrn, Herrn Joseph Kardinal der Heiligen Römischen Kirche Ratzinger, der sich den Namen gab Benedikt der Sechzehnte.) Ein unglaublicher Applaus donnerte über den Petersplatz. Dann trat Papst Benedikt XVI. auf den Balkon. Er hielt nur eine kurze Ansprache: »Nach dem großen Papst Johannes Paul II. haben die Kardinäle einen Mann gerufen, der nur ein einfacher Arbeiter ist im Weinberg des Herrn«, sagte Kardinal Ratzinger. Dann spendete er der Stadt Rom und dem gesamten Erdkreis den Segen urbi et orbi, wie es üblich ist. Danach schloss sich das Fenster wieder.

»Deutschland hat gewonnen«, riefen italienische Jugendliche über den Platz. In meiner Nähe ging Fürstin Gloria von Thurn und Taxis auf die Knie und dankte Gott für »dieses Geschenk«, wie sie später sagte. Völlig unbekannte Römer gratulierten mir, weil ein Deutscher zum Papst gewählt worden war. Natürlich brach sofort das Handynetz zusammen, weil die mehr als 150000 Menschen auf dem Platz die Botschaft loswerden mussten: Es ist Ratzinger. Ich hatte natürlich damit gerechnet, hatte es selbst mehrfach vorhergesagt, aber fassen konnte ich es nicht: tatsächlich Kardinal Ratzinger. Wochenlang hatten mir alle möglichen Kollegen immer wieder geschworen: »Ein Deutscher kann es gar nicht werden, es sind erst sechzig Jahre seit dem Ende des Zweiten Weltkriegs verstrichen. Ihr Deutschen seid im Ausland einfach nicht beliebt«, hörte ich immer wieder. Und jetzt das: der erste deutsche Papst seit Hadrian VI. (Papst 1522–1523). Der letzte nichtitalienische Papst bis zur Wahl des Polen Karol Wojtyla im Jahr 1978 wurde in Utrecht geboren, das damals zum »Heiligen Römischen Reich deutscher Nation« gehörte.

Ich lief zurück in den Pressesaal. Ausgerechnet am 19. April, dem Fest des heiligen deutschen Papstes Leo IX. aus der elsässischen Familie Egisheim (Papst 1049–1054), war wieder ein Deutscher zum Papst gewählt worden. Am Eingang sah ich den Chef des vatikanischen Pressebüros, Dr. Joaquín Navarro-Valls. Er umarmte mich. Wir wussten beide, warum wir uns in den Armen lagen: Es war ein Papst gewählt worden, der über Jahrzehnte der beste Freund eines Mannes gewesen war, dem sowohl Joaquín Navarro-Valls als auch ich sehr viel zu verdanken hatten, nämlich Papst Johannes Paul II. Die Wahl von Kardinal Ratzinger bedeutete, dass Karol Wojtylas Erbe weiterlebte in einem neuen, starken Papst. Ich dachte an den Brief, den der amtsmüde Kardinal Joseph Ratzinger an Papst Johannes Paul II. geschrieben hatte. Bereits im Jahr 2001, vor Beginn der nächsten fünfjährigen Amtszeit, hatte Kardinal Joseph Ratzinger den Papst gebeten, ihn ziehen zu lassen. Seit 20 Jahren war er nun im Amt. Doch Johannes Paul II. antwortete ihm: »Ich brauche dich. Lass mich nicht allein.«

Im Jahr 2002, als Kardinal Joseph Ratzinger die im Vatikan übliche Pensionierungsgrenze von fünfundsiebzig Jahren erreicht hatte, bat er den Papst erneut um Entlassung und dann Jahr für Jahr immer wieder. Doch stets antwortete Johannes Paul II.: »Ich brauche dich.« Meist traf der Brief des Papstes, mit dem Kardinal Ratzinger erneut im Amt bestätigt wurde, schon ein, bevor dieser schriftlich zu seinem Geburtstag den Rücktritt angeboten hatte.

Für mich gab es noch einen zweiten Grund, mich über die Wahl Kardinal Ratzingers zum Papst zu freuen: Ich führte nach der Wahl ein Telefonat, das mich persönlich sehr erleichtert hat. In meinen fast zwanzig Jahren in Rom hatte ich nur einmal einen Konflikt erlebt, in dem Kardinal Joseph Ratzinger eindeutig wie der Buhmann aussah. Das war der so genannte Dominus-Iesus-Fall. Ich hatte den Präsidenten des Lutherischen Weltbundes kennen gelernt, den Landesbischof Christian Krause, und er schien mir ein aufrichtiger und keineswegs unbesonnener älterer Herr zu sein. Umso mehr überraschte mich seine eindeutig negative Einstellung zu Kardinal Joseph Ratzinger. Es ging um die Verhandlungen der katholischen Kirche mit dem Lutherischen Weltbund, die sich seit mehr als dreißig Jahren hinzogen. Am 31. Oktober 1999 sollte in Augsburg eine »gemeinsame Erklärung zur Rechtfertigungslehre« unterzeichnet werden. Salopp gesagt, bedeutete das eine Aussöhnung der katholischen und der lutherischen Kirchen; die Theologen hatten eine wissenschaftliche Grundlage geschaffen, um den Bruch zwischen der katholischen und der lutherischen Kirche zu überwinden. Für die katholische Kirche sollte Kardinal Edward Idris Cassidy in Augsburg unterzeichnen, für den Lutherischen Weltbund gleich eine ganze Gruppe Verantwortlicher der lutherischen Glaubensgemeinschaften. Landesbischof Christian Krause sprach sehr wohlwollend über Papst Johannes Paul II. und wiederholte mehrfach, wie positiv der Papst gegenüber der Ökumene eingestellt sei. Er lobte auch Kardinal Walter Kasper, den Verhandlungsführer neben Kardinal Edward Idris Cassidy, in den allerhöchsten Tönen und unterstrich immer wieder, dass Kasper der weltweit wahrscheinlich beste Fachmann in der Frage der Rechtfertigungslehre auf katholischer Seite sei. Nur Kardinal Ratzinger bekam sein Fett weg. Die Veröffentlichung der Schrift »Dominus Iesus« (Herr Jesus), die Kardinal Ratzinger am 5. September des Jahres 2000 im Pressesaal des Heiligen

Stuhls präsentiert hatte, wirkte auf Christian Krause wie eine »regelrechte Attacke«. Diese Schrift unterstrich, dass nur die katholische und die orthodoxe Kirche die Bezeichnung »Kirche« tragen dürften, und das habe die Bemühungen der Ökumene nachhaltig und unnötig beschädigt, sagte Christian Krause. Mit relativ dramatischen Folgen. Die Vertreter des Lutherischen Weltbundes hatten mit Papst Johannes Paul II. im Januar 2000 in der Kathedrale des heiligen Paulus den Beginn des Heiligen Jahres gefeiert. Aber wegen der Dominus-Iesus-Schrift sagte der Lutherische Weltbund den geplanten Abschlussgottesdienst ab. »Für den Papst tut es mir leid«, meinte Landesbischof Christian Krause, »aber diese Ratzinger-Schrift konnten wir so nicht hinnehmen.«

Ich sprach mit Kardinal Walter Kasper über den Fall. In der Presse war eine Rivalität zwischen Kasper und Ratzinger aufgebaut worden – angeblich gab es zwischen den beiden wegen dieses Falls erheblichen Krach. Kardinal Kasper dementierte das mit einer ganz einfachen und einleuchtenden Erklärung. Er sagte: »Mich zum Gegenspieler von Kardinal Ratzinger zu machen, ist einfach Unfug. Es ist doch klar, dass der Einheitsrat ein anderes Bestreben und andere Ziele hat als die Glaubenskongregation.« Das leuchtete mir ein. Die Glaubenskongregation musste über die Reinheit des Glaubens wachen, der Einheitsrat versuchte, den Spielraum auszunutzen, der da war. Ratzinger vorzuwerfen, er habe die Glaubensreinheit verteidigt, war ungefähr so, als werfe man einem Torwart vor, dass er keinen Ball in seinen Kasten lassen wolle. Doch seit diesen Vorfällen – und auch weil Landesbischof Christian Krause auf mich wirklich einen überzeugenden Eindruck machte – blieb der Verdacht, dass Kardinal Ratzinger in Wirklichkeit die Bestrebungen der Ökumene doch ablehne.

Kurz nach der Wahl Kardinal Ratzingers erfuhr ich durch einen Freund, dass der neue Papst sofort nach dem Konklave zu Kardinal Kasper gesagt hatte: »Von nun an werden wir den Weg der Ökumene zusammen gehen.« Da fiel mir ein Stein vom Herzen. Und tatsächlich unterstrich Benedikt XVI. vom Augenblick seiner Wahl an regelmäßig – etwa in der Ansprache vor den Journalisten am Sonnabend und während der Messfeier zu seiner Amtseinführung am Sonntag, 24. April –, wie sehr ihm die Ökumene am Herzen liege. Während der Messe zur Amtseinführung benutzte er dafür ein besonders schönes Bild. Er sprach über das Fischernetz des Petrus, das so prall gefüllt war mit Fischen und doch nicht zerriss (Johannes, Kapitel 21, Vers 11): »Ach, lieber Herr, nun ist es doch zerrissen, möchten wir klagend sagen. Aber nein – klagen wir nicht! Freuen wir uns über die Verheißung, die nicht trügt, und tun wir das unsrige, auf der Spur der Verheißung zu gehen, der Einheit entgegen. Erinnern wir bittend und bettelnd den Herrn daran: Ja, Herr, gedenke deiner Zusage. Lass einen Hirten und eine Herde sein. Lass dein Netz nicht zerreißen und hilf uns, Diener der Einheit zu sein.«

Eines hatte für mich immer außer Frage gestanden: dass Kardinal Ratzinger ein treuer Gefolgsmann gewesen war – vor allem, als Johannes Paul II. Hilfe dringend brauchte. Kardinal Ratzinger hatte immer die Öffentlichkeit gescheut, nie Auftritte vor der Presse gesucht, hielt sich immer so weit es ging zurück und arbeitete sehr hart. Das war nun einmal sein Stil. Auf Fragen wiederholte der alte Herr gebetsmühlenartig, er eigne sich nicht für Interviews. Tatsächlich mied er die Presse, wie der Teufel sprichwörtlich das Weihwasser meiden soll. Deshalb dachte ich auch erst, ich sähe eine Fata Morgana, als ein Mann, der so aussah wie Kardinal Joseph Ratzinger, nach einem Besuch im Appartement des Papstes im römischen Gemelli-Krankenhaus am 1. März des Jahres 2005 völlig freiwillig in den improvisierten Pressesaal ging. Ich dachte, das könne doch unmöglich wirklich Kardinal Joseph Ratzinger sein – seinem Stil hätte es weit mehr entsprochen, sich nach einem Besuch im Krankenzimmer des Papstes ungesehen durch einen Seitenausgang zu verabschieden oder doch zumindest geschützt durch die Gendarmerie des Vatikans das Krankenhaus zu verlassen, um der Presse gar nicht erst die Chance zu geben, ihn zu stellen. Stattdessen ging der wirkliche Kardinal Joseph Ratzinger seelenruhig durch die Pressemeute, die sich sofort auf ihn stürzte, und ließ sich ein Mikrofon geben. Er war eben jemand, der für einen Freund in Not alles tat. Ich erinnere mich noch daran, dass das Mikro zuerst nicht funktionierte – und spätestens jetzt hätte ich gewettet, dass der Herr Kardinal die für ein gewisses Entgegenkommen gegenüber den Massenmedien vorgesehene Zeit als beendet ansehen und gehen würde, aber stattdessen wartete er in aller Ruhe darauf, bis irgendjemand den richtigen Knopf drückte und das Mikrofon einschaltete.

Es war Kardinal Ratzinger kaum anzusehen, dass er die Situation als unangenehm empfand. Er machte gute Miene zum bösen Spiel. Obwohl es nicht den geringsten Zweifel daran geben konnte, dass es Ratzinger sehr schwer gefallen war, in die Höhle des Löwen zu gehen, löste er die Aufgabe bravourös. Er sagte, er habe dem Papst Unterlagen seiner Glaubenskongregation zum Durcharbeiten gebracht und auch mit dem Papst gesprochen, auf Deutsch und auf Italienisch.

»Was hat der Papst Ihnen gesagt?«, fragte ich ihn.

Kardinal Ratzinger antwortete: »Er sagte: ›Grüß Gott.‹«

Obgleich Kardinal Ratzinger als oberster Hüter des katholischen Glaubens eigentlich über jeden Zweifel erhaben sein müsste, warfen ihm die Medien nach dem Auftritt vor laufenden Kameras vor, die Öffentlichkeit bewusst getäuscht zu haben. Dass der Papst trotz Luftröhrenschnitts schon wieder sprechen könne, schien absolut unglaubwürdig. Die Medien spekulierten immer weiter über die journalistisch reizvolle Geschichte, dass der Papst angeblich nie wieder sprechen könne: Ein stummer Papst als Oberhaupt aller Katholiken ließ sich ausgezeichnet verwerten. Doch wieder einmal spekulierten die Medien und das Publikum in die falsche Richtung. Kardinal Ratzinger hatte die Wahrheit gesagt – der Papst konnte wieder einige wenige Worte sprechen.

Ja, Kardinal Joseph Ratzinger war ein »braver Soldat« gewesen und ein Freund – kein einfacher Freund, kein Jasager, sondern ein echter Freund, der eine eigene Meinung hatte. An diesem Abend auf dem Petersplatz, als er sich als 264. Nachfolger des heiligen Petrus mit dem Namen Benedikt XVI. den Gläubigen vorstellte, musste ich an den 19. Oktober 2003 denken, als an der gleichen Stelle auf dem Petersplatz Kardinal Joseph Ratzinger und Papst Johannes Paul II. Seite an Seite eine heilige Messe feierten während der Seligsprechung von Mutter Teresa. Ich stand an dem Tag auf der Terrasse des Salvatorianer-Klosters als Gast einer Sondersendung des ZDF, das über die Seligsprechung berichtete. Ich sah, wie Karol Wojtyla noch einmal seine ganze Kraft aufbot, die gerade noch dazu reichte, um während der Messfeier den Kelch einige Zentimeter über das Tischtuch auf dem Altar zu heben. Ratzinger, der die Messe am Altar mitfeierte, sah dem stummen Kampf des alten Weggefährten zu. Johannes Paul II. wusste, dass nach seinem Tod die Geschicke der Kirche zunächst von dem Mann abhängen würden, der jetzt neben ihm stand: Kardinal Joseph Ratzinger, Dekan des Kardinalskollegiums, Oberhaupt aller Kardinäle. Die Last, die Karol Wojtyla so lange getragen hatte, würde Ratzinger dann zumindest kurzzeitig übernehmen, bis der 264. Nachfolger des heiligen Petrus gewählt sein würde. Ratzinger würde verantwortlich sein für die Bestattung Johannes Pauls II. und die Wahl eines neuen Papstes. Die katholische Kirche als älteste Wahlmonarchie der Welt wird in der Zeit zwischen zwei Päpsten von einer Gruppe regiert, dem Kardinalskollegium, geleitet vom Dekan. Karol Wojtyla wusste, dass von Ratzingers Verhalten während der nächsten Papstwahl maßgeblich die Entscheidung abhängen würde, welcher Mann mit welcher Ausrichtung Papst werden würde. Er hat Kardinal Ratzinger immer geschätzt und für seine Leistungen als Theologe mit Sicherheit auch bewundert. In seinen Memoiren »Auf, lasst uns gehen«, die im Sommer des Jahres 2004 erschienen, nannte Karol Wojtyla Kardinal Ratzinger seinen alten Freund. Das fiel vor allem deshalb so sehr ins Gewicht, weil Johannes Paul II. seinen wichtigsten Mann, der in der Rangfolge im Vatikan-Staat gleich auf den Papst folgt, den Kardinalstaatssekretär Angelo Sodano, mit keinem einzigen Wort erwähnte.

Ich weiß nicht, ob sich Karol Wojtyla und Joseph Ratzinger in unterschiedlich bewerteten Fragen gegenseitig wirklich überzeugen konnten, obwohl sie zehn Jahre lang Seite an Seite gearbeitet haben. Aber ich weiß, dass Kardinal Ratzinger seinem Freund Johannes Paul II. bedingungslos gedient hat.

2

Freunde und Weggefährten

Am Vormittag des 25. April erzählte Papst Benedikt XVI. in der Audienzhalle Papst Paul VI. selbst, was in der Sixtinischen Kapelle während seiner Wahl geschehen war. Der Papst hatte die deutschen Pilger zu einem Treffen eingeladen. Um 11.30 Uhr wollte er kommen. Mehr als 5000 Pilger warteten auf den Papst und feierten ihn mit Gesängen. Zum ersten Mal skandierten sie dabei ihren neuen Spruch: »Be-ne-dikt, dich hat Gott geschickt.« Der Papst kam zu spät – erst um 11.52 Uhr betrat er die Audienzhalle –, aber diesmal entzog er sich dem Bad in der Menge nicht. Am vorangegangenen Sonnabend, dem 23. April, während des Treffens mit den Journalisten, war er noch durch den Seiteneingang hereingekommen – diesmal ging er den Mittelgang hinunter. Hunderte Menschen versuchten, seine Hand zu drücken. Mütter hielten dem Papst ihre Babys entgegen, und er segnete die Kinder. Dann ging er zu seinem Pult und meinte: »Zunächst einmal muss ich vielmals um Entschuldigung bitten für meine Verspätung. Die Deutschen sind berühmt für ihre Pünktlichkeit, doch es scheint, dass ich schon sehr italienisiert bin. Aber wir hatten eine große ökumenische Begegnung mit den Vertretern der Ökumene aus aller Welt, aus allen Kirchen und kirchlichen Gemeinschaften, mit den Vertretern der anderen Religionen. Das war sehr herzlich, sodass es länger gedauert hat.«

Da war es wieder: Papst Benedikt XVI. schien selbst an diese alte Wunde zu denken, dass die anderen christlichen Glaubensgemeinschaften, vor allem die Lutheraner, die bereits zugesagte Teilnahme am Abschlussgottesdienst des heiligen Jahres 2000 wegen Kardinal Ratzingers Dominus-Iesus-Schrift wieder zurückgezogen hatten. Er unterstrich, dass das Treffen mit den anderen christlichen Glaubensgemeinschaften »so herzlich gewesen« sei. Das war die eigentliche Botschaft. Und dann erzählte der Papst auf beeindruckende Art und Weise vom Konklave. Ich hätte nie gedacht, dass er so offen darüber sprechen könnte, was im entscheidenden Moment der Wahl in ihm vorging. Papst Benedikt XVI. sagte: »Als der Gang der Abstimmungen mich langsam erkennen ließ, dass sozusagen das Fallbeil auf mich herabfallen würde, war mir ganz schwindlig zumute. Ich hatte geglaubt, mein Lebenswerk getan zu haben und nun auf einen ruhigen Ausklang meiner Tage hoffen zu dürfen. Ich habe mit tiefer Überzeugung zum Herrn gesagt: ›Tu mir das nicht an. Du hast Jüngere und Bessere, die mit mehr Elan und mehr Kraft an diese große Aufgabe herantreten können.‹ Aber der Herr hörte in dieser Situation offenbar nicht zu.«

Die Menge jubelte auf, dann setzte Papst Benedikt XVI. seine Erzählung fort: »Da hat mich ein kleiner Brief sehr berührt, den ein Mitbruder aus dem Kardinalskollegium geschrieben hat und mir zusteckte. Er erinnerte mich, dass ich die Predigt beim Gottesdienst für Johannes Paul II. vom Evangelium her unter das Wort gestellt hatte, dass der Herr am See von Genezareth zu Petrus sagte: ›Folge mir nach.‹ Ich hatte dargestellt, wie Karol Wojtyla immer wieder vom Herrn diesen Anruf erhielt und immer neu viel aufgeben und einfach sagen musste: ›Ja, ich folge dir, auch wenn du mich führst, wohin ich nicht wollte.‹ Der Mitbruder schrieb mir: ›Wenn der Herr nun zu dir sagen sollte, ›Folge mir‹, dann erinnere dich, was du gepredigt hast. Verweigere dich nicht. Wenn es so kommt, dann sei gehorsam, wie du es vom großen heimgegangenen Papst gesagt hast.‹ Das fiel mir ins Herz. Bequem sind die Wege des Herrn nicht, aber wir sind ja auch nicht für die Bequemlichkeit, sondern für das Große und Gute geschaffen. So blieb mir am Ende nichts, als Ja zu sagen. Ich vertraue auf den Herrn, und ich vertraue auf euch, liebe Freunde.«

Dann wandte sich der neue Papst in einem überraschend positiven Appell an die Jugend. »Es ist nicht wahr, dass die Jugend materialistisch und egoistisch ist, dass die Jugend vor allem an Konsum und Genuss denkt. Das Gegenteil ist wahr: Die Jugend will das Große. Sie will, dass dem Unrecht Einhalt geboten wird. Sie will, dass die Ungleichheit überwunden wird und alle ihren Anteil an den Gütern der Welt haben. Sie will, dass die Unterdrückten ihre Freiheit erhalten. Sie will das Große. Sie will das Gute.«

Dann wandte er sich an die Bayern: »Ich sehe hier bayerische Fahnen, und jetzt möchte ich etwas zu den Bayern, zu uns Bayern sagen. Ich bin seit dreiundzwanzigundeinhalb Jahren in Rom, aber ich bin ein Bayer geblieben, auch als Bischof von Rom.«

Rührend machte sich der 264. Nachfolger des heiligen Petrus, der 265. Papst nach kirchlicher Zählung, dann ganz klein: »Ich bitte euch um Nachsicht, wenn ich Fehler mache wie jeder Mensch, oder wenn manches unverständlich bleibt, was der Papst von seinem Gewissen und vom Gewissen der Kirche her sagen und tun muss. Ich bitte euch um euer Vertrauen.«

Aber dass der Papst dieses Vertrauen längst hatte, das zeigte der donnernde Applaus in der Audienzhalle. Mich beeindruckte besonders eines: Papst Benedikt XVI. hatte genau das wiederholt, was vor langer Zeit sein Freund Papst Johannes Paul II. gesagt hatte, am 22. Oktober 1978: »Wenn ich Fehler machen werde, dann verbessert mich.« Ein weiteres Mal zeigte Papst Benedikt XVI., dass er den Weg weitergehen wollte, den Papst Johannes Paul II. eingeschlagen hatte.

Ich erinnere mich an eine Episode, die das Verhältnis zwischen Papst Johannes Paul II. und Kardinal Ratzinger ganz gut beschreibt. Sie spielte sich während der seltenen Fahrt eines Zuges aus dem Bahnhof des Vatikans ab, am 24. Januar 2002.

Ich bin oft mit dem Vorortzug vom römischen Bahnhof Trastevere an der Küste entlang nach Norden gefahren, und wie wahrscheinlich viele Römer konnte ich mich der Faszination nicht entziehen, die von dem einfachen, braunen, mit Pflanzen überwachsenen Holztor ausgeht, hinter dem die Eisenbahnschienen in den Vatikan verschwinden. Ich glaube, dass sich der Kirchenstaat an keiner anderen Stelle so geheimnisvoll zeigt wie an diesem Stück Schiene. Wenn der Zug auf der italienischen Seite in den modernen Bahnhof am Petersdom einläuft, kann man genau ein paar hundert Meter Schienenstrang erkennen, die völlig zugewuchert sind und unter diesem Tor enden. Vom hochtechnisierten Zug aus, der selbstverständlich längst über Hochspannungsleitungen mit Strom versorgt wird, schaut man auf ein Stück Schiene, auf dem noch nie ein elektrifizierter Zug fuhr und das in ein rätselhaftes, verwunschenes Zauberreich zu führen scheint.

Während sich die barocke Fassade des Petersdoms scheinbar der ganzen Welt öffnet, ist dieser kleine Nebeneingang in das Reich der Kirche vermutlich der geheimnisvollste Zugang ins Innere des Vatikans. Der Reiz des Tores besteht darin, dass es praktisch immer geschlossen bleibt und kaum jemand jemals gesehen hat, wie es sich öffnete.

Am eiskalten Morgen des 24. Januar 2002 stand ich um sieben Uhr pünktlich am Grenzübergang zum Vatikan, weil ich die Ehre hatte, im Zug des Papstes zum Weltfriedensgebet nach Assisi mitfahren zu dürfen. Nachdem die Schweizergardisten sich davon überzeugt hatten, dass meine Ausweise echt waren und ich tatsächlich mit dem Papst in den Zug steigen sollte, ging ich an der Audienzhalle, die den Namen Papst Pauls VI. trägt, am Vatikan-Hotel Domus Sanctae Marthae und dem Nonnenkloster im Vatikan vorbei. Dieses Kloster hatte die selige Mutter Teresa Papst Johannes Paul II. abgetrotzt, nachdem sich der Papst zuerst mit dem Gedanken, dass ein Frauenkloster mitten im Kirchenstaat eingerichtet werden sollte, nicht so recht anfreunden konnte.

Vom Kloster ging ich an der Tankstelle des Kirchenstaats vorbei in Richtung Bahnhof. Diese Tankstelle genießt in Rom übrigens einen geradezu legendären Ruf. In vielen Diskussionen unter Römern darüber, wie teuer das Leben in ihrer Stadt doch ist und wie wenig man sich von seinem bescheidenen Gehalt leisten kann, fällt früher oder später der Satz: »Ach, wenn ich doch nur im Vatikan tanken könnte.« Die Angestellten des Vatikans, alle Kurienkardinäle, viele Priester und einige Nonnen haben das Recht, im Vatikan steuerfrei zu tanken. Doch die meisten Römer beenden ihr Leben, ohne diese Tankstelle auch nur gesehen zu haben. In Rom kursieren ungeheure Geschichten darüber, und viele meinen, es handle sich um ein enormes Gebäude mit zahllosen Zapfsäulen, an denen ununterbrochen Autos des Vatikans betankt werden. Dass es sich aber um eine sehr bescheidene Außenanlage mit nur drei kleinen Zapfsäulen handelt, will in der Heiligen Stadt kaum jemand glauben.

Der Bahnhof des Vatikans liegt nur einen Steinwurf von der Tankstelle entfernt. Es ist ein ziemlich großes Gebäude, in dem es eine edle Boutique gibt. Hier kaufen Gäste des Kirchenstaates Armani-Taschen und Gucci-Schuhe mit zwanzig Prozent Rabatt, weil im Vatikan keine Mehrwertsteuer anfällt. Bischöfe und ihre Sekretäre aus aller Welt besorgen sich hier auf zwei Stockwerken Mitbringsel für Verwandte und Bekannte zu Hause; maßgeschneiderte Anzüge genauso wie warme Bettdecken. Das Fotografieren ist in der Boutique verboten, obwohl nicht zu erkennen ist, welche Geheimnisse hier verborgen sein sollten. Vielleicht schämt man sich im Vatikan einfach ein wenig dafür, eine Edel-Boutique in den Bahnhof der Vikare Jesu Christi gebaut zu haben, statt einer schlichten Kleiderkammer für Bedürftige. Kommerziell scheint der Laden jedenfalls ein Erfolg zu sein – er ist immer ziemlich voll. Außen schmücken biblische Reisemotive den Bahnhof – das Schiff der Apostel und der Esel, auf dem Jesus ritt. Der Bahnhof selbst war fast vierzig Jahre lang nicht genutzt worden. Zuletzt fuhr Papst Johannes XXIII. am 4. Oktober des Jahres 1962 von hier mit dem Zug nach Assisi, und an eben diese Zugfahrt wollte Papst Johannes Paul II. erinnern.

Auf dem Bahnsteig drängelten sich an diesem Morgen japanische Shintoisten, Buddhisten aus Klöstern des Himalaja, muslimische Imame und zahlreiche Rabbiner. Knarrend öffneten die Eisenbahner des Vatikans das legendäre braune Tor per Hand. Vermutlich ist es das einzige Eisenbahntor der Welt, an dem der Lokführer anhalten muss, um auszusteigen und auf dem Kies neben den Schienen herzugehen bis zu einer neben dem Tor angebrachten Klingel. Sie sieht aus wie eine ganz normale Klingel an einer Haustür. Erst wenn der Lokführer geläutet hat, machen ihm die Gendarmen im Vatikan auf. An diesem Morgen wurde also das Tor aufgestoßen, und die Schienenstrecke, die den Vatikan mit dem italienischen Netz verbindet, lag frei vor dem Zug. Pünktlich um acht Uhr dreißig schob eine Diesellok den Zug durch das Tor bis zum elektrifizierten Schienennetz, wo eine elektrische Lokomotive wartete. Dort wurden Intercity-Waggons angekoppelt, und der Zug fuhr ab. Mehr als 3000 Polizisten bewachten die Eisenbahn auf dem Teil des italienischen Schienennetzes, der an diesem Tag nur für den päpstlichen Zug reserviert war. Zwei Helikopter folgten in der Luft. Auf ausdrückliche Bitte des Papstes war auf einen Speisewagen verzichtet worden. Deshalb gab es nur Wasser und schwarzen Kaffee an Bord. Der Tag des Friedensgebets war immer auch ein Fastentag gewesen. Mit erhobener Stimme beteten Hindus und Bahai im Zug, während katholische Kardinäle aus der Bibel vorlasen. Die Bilder gingen um die ganze Welt. Johannes Paul II., der Medienpapst, hatte es wieder einmal geschafft. Es war eine Geste der Versöhnung, die der Welt zeigen sollte, dass alle Religionen sich um Frieden bemühen müssen. Diese Reise war auf eine gewisse Weise eine Fortsetzung des Treffens des Papstes in der Kairoer Al-Azhar-Universität; eine aufwendig inszenierte Geste, die zeigen sollte, dass im Namen Gottes keine Gewalt ausgeübt werden darf. Der Papst hatte diese Geste so inszeniert, dass die Medien gezwungen waren, darüber zu berichten. Wären die Religionsführer mit dem Helikopter nach Assisi geflogen, hätten weit weniger Medien über das Ereignis berichtet. Aber ein Papst, der einen stillgelegten Bahnhof wieder öffnen ließ, seine Gärtner losschickte, das Dickicht an den Gleisen zu beseitigen, und dann mit dem Zug nach Assisi fuhr – das war so spektakulär, dass die Medien darüber berichten mussten. Auf allen Kontinenten erschienen Fotos in Zeitungen, in mehr als hundert Ländern flimmerten die Bilder über den Fernsehschirm, wie die Religionsführer gemeinsam mit dem Papst in einen Zug stiegen und sich in sieben Eisenbahnwagen auf den Weg machten zu einem Treffen mit Gott.

Dieser Tag war ein Triumph für den Papst. Der Mann, dem Johannes Paul II. nach so langer Zeit auf dem Stuhl Petri vorübergehend die Last des Schicksals der katholischen Kirche aufbürden sollte, Joseph Ratzinger, saß auch im Zug. Johannes Paul II. hatte alle Chefs der Kongregationen gebeten, an der Reise teilzunehmen.

Ich sprach Kardinal Ratzinger im Zug an. Ich wollte wissen, wie dieser Mann mit dieser Geste umgehen würde, die wie ein Vermächtnis von Johannes Paul II. zu sein schien, das besagte, dass von nun an ein wichtiger Teil der Strategie der römisch-katholischen Kirche darin bestehen musste, die Aussöhnung der Religionen zu betreiben. Ich wollte wissen, wie gut dieses Vermächtnis bei dem Mann aufgehoben war, der zumindest für kurze Zeit einen großen Einfluss auf die Geschicke der katholischen Kirche haben würde.

Kardinal Ratzinger hatte sich nicht zu den anderen Religionsführern gesetzt. Er befand sich auch nicht im Abteil des Papstes, wo er hochwillkommen gewesen wäre. Er saß allein an einem Tischchen und blickte aus dem Fenster.

»Eminenz, wie beurteilen Sie diese Reise?«, fragte ich ihn.

Er antwortete: »Sie sehen ja: Ich fahre mit. Aber ich sitze entgegen der Fahrtrichtung.«

3

»Hab keine Angst!«

Karol Wojtyla wusste, dass sein Freund Kardinal Ratzinger in manchen Fragen anders dachte als er. Aber er wusste auch, dass dieser den Mut und das Durchsetzungsvermögen hatte, zu seiner Meinung, zu den Entscheidungen seines Gewissens zu stehen. Vermutlich hatte die Fürstin Gloria von Thurn und Taxis also Recht, als sie mir am Abend nach der Wahl Kardinal Ratzingers zum Papst sagte: »Ich bin mir ganz sicher, dass sich im Himmel jetzt Karol Wojtyla sehr freut.«

Die vier deutschen Kardinäle, die auch Diözesanbischöfe sind – Kardinal Friedrich Wetter, Kardinal Joachim Meisner, Kardinal Georg Maximilian Sterzinsky und Kardinal Karl Lehmann –, gaben an diesem Abend eine Pressekonferenz und erzählten, wie es zu der Wahl gekommen war: »Die abgegebenen Stimmen werden ja vorgelesen, und natürlich haben wir Strichlisten gemacht und mitgezählt. Als zum siebenundsiebzigsten Mal der Name Ratzinger gefallen war, standen wir auf und applaudierten. Es gab sogar Kardinäle, die verlangten, dass das Auszählen jetzt beendet werde. Aber es wurde weiter ausgezählt bis zur letzten Stimme.«

Wenn Papst Benedikt XVI. das Geheimnis nicht irgendwann einmal selbst preisgibt, wird vielleicht niemals bekannt werden, wie viele Stimmen er genau bekam. Aber die Kardinäle, die im Konklave zugegen waren, schätzten, dass er etwa siebenundneunzig Stimmen bekommen haben muss. Der neu gewählte Papst soll sich selbst keineswegs überschwänglich gefreut haben. Auf die Frage, ob er die Wahl annehme, soll er gesagt haben: »Im Namen des Heiligen Geistes nehme ich die Wahl an.«

Glücklich darüber, von nun an bis ans Ende seiner Tage überwacht zu werden und trotz des hohen Alters sehr viel arbeiten zu müssen, war der schüchterne und sehr zurückhaltende Kardinal Ratzinger sicher nicht. Er ging in die so genannte Kammer der Tränen, wo sein Gewand bereitlag, und kleidete sich an.

»Als er herauskam, sah er noch ziemlich zusammengeflickt aus. So ganz passte das alles nicht«, sagte später Kardinal Meisner. Der 264. Nachfolger des heiligen Petrus nahm also in etwas unordentlichem Papstgewand die Huldigungen der Kardinäle entgegen. Kardinal Meisner erzählte an diesem Abend auch davon, wie die Diözese Köln mit unglaublichem Aufwand den zwanzigsten Weltjugendtag vorbereite. Die deutschen Kardinäle waren sich einig, dass – wer auch immer der neue Papst sein würde – er gefragt werden sollte, ob er nach Köln kommen wolle. Denn sollte er sich dagegen entscheiden, hätte das für die Veranstalter eine echte Katastrophe bedeutet. Ein Weltjugendtag ohne Papst würde kaum Jugendliche anziehen. Millionen Euro Investitionen wären vergeblich ausgegeben worden. Kardinal Meisner erzählte, dass er so aufgeregt war, so überwältigt, dass er kein Wort herausbekam. Doch dann sprach der Gewählte ihn an und sagte: »Mach dir keine Sorgen, ich komme nach Köln.«

In der Sixtinischen Kapelle erklärte Papst Benedikt XVI. später, warum er den Namen Benedikt gewählt hatte. Kardinal Ratzinger hatte Papst Benedikt XV. (eigentlich Giacomo della Chiesa, Papst zwischen 1914 und 1922) schon immer bewundert. Er war ein Papst gewesen, der sich gegen den Ersten Weltkrieg aufgelehnt und den Krieg als »sinnlosen Gräuel« bezeichnet hatte. So brachte Deutschland, das während des Zweiten Weltkriegs die halbe Welt in Brand gesetzt hatte, knapp sechzig Jahre nach dem Ende des Krieges einen Papst hervor, der sich der Verständigung und dem Frieden der Völker widmen will. Zudem erinnerte der neue Papst mit der Wahl des Namens an Benedikt von Nursia (das heutige Norcia in der Provinz Perugia): an den Begründer des abendländischen Mönchtums. Häufig mit Buch und Abtstab dargestellt, hatte Benedikt (um 480 bis 547) um das Jahr 529 das Stammkloster der Benediktiner Monte Cassino bei Neapel gegründet. Damit schuf er eine wichtige Grundlage für die Entwicklung der abendländischen Kultur, denn in seinen Klöstern wurden den Europäern das Lesen und Schreiben sowie die Kenntnis der eigenen Geschichte beigebracht.

Nachdem die Kardinäle dem neuen Papst gehuldigt hatten, führte Benedikt XVI. gleich eine Neuerung ein: Als erster Papst lud er alle Kardinäle dazu ein, zur Feier des Tages in den Speisesaal des Hauses der heiligen Martha zu kommen, um mit ihm zu dinieren. Dort servierten die Ordensschwestern Salat mit luftgetrocknetem Rindfleisch, Nudeln und Fleisch, und danach gab es Eiscreme und ein Glas Sekt. Auch Papst Benedikt XVI., der ansonsten höchstens mal ein Weißbier trinkt, nippte am Sekt. Nur ein Kardinal fehlte bei der Party: Nach Berichten der italienischen Presse nahm der Belgier Godfried Danneels nicht daran teil. Ihm wurde nachgesagt, dass er von der Wahl Kardinal Joseph Ratzingers zum Papst nicht so begeistert gewesen sei. Offiziell hatte er an diesem Abend einen Termin mit Journalisten, den er nicht verschieben konnte.

Am nächsten Tag feierte der neue Papst dann mit den Kardinälen um neun Uhr eine heilige Messe in der Sixtinischen Kapelle und verkündete sein Programm. Im Grunde bestand es nur aus einem einzigen Punkt: Kardinal Ratzinger wollte das Werk von Papst Johannes Paul II. fortsetzen. Er nannte all das, was auch dem alten Papst, den er selbst einen »großen Papst« nannte, am Herzen gelegen hätte, und unterstrich zum Beispiel, dass auch er sich für die Ökumene einsetzen und wie Johannes Paul II. das Gespräch mit den jungen Menschen suchen wolle.

In dieser auf Latein gehaltenen Predigt steht ein wunderschöner Satz, der lautet: »Ich habe das Gefühl, dass die starke Hand Johannes Pauls II. meine Hand hält, und es scheint mir so, dass er seine Botschaft diesmal an mich richtet, die da immer heißt: ›Hab keine Angst!‹«

Bereits am Nachmittag desselben Tages demonstrierte der neue Papst seinen volksnahen Stil. Er fuhr mit dem Wagen in seine alte Wohnung an der Piazza della Città Leonina Nummer eins.

Sie liegt genau gegenüber dem Haupteingang des Vatikans, dem Tor der heiligen Anna. Hunderte Menschen sammelten sich davor, als der neue Papst wie ein ganz einfacher Prälat aus dem Auto stieg, um ein paar Sachen zu holen und in Ruhe und mithilfe der Bücher, die er brauchte, seine Predigt zu schreiben. Das Siegel des päpstlichen Appartements war zwar bereits gebrochen, aber die Wohnung musste erst für den neuen Papst renoviert werden. Benedikt XVI. blieb zunächst einfach im Zimmer im fünften Stock des Gästehauses des Vatikans, dem Haus der heiligen Martha. Doch die Arbeiter, die im Apostolischen Palast die Wohnung des neuen Papstes vorbereiten mussten, schalteten ab und zu schon das Licht in dem weltberühmten päpstlichen Appartement im dritten Stock des Apostolischen Palastes ein. Die Welt sah: Die etwas mehr als eine Milliarde Katholiken (nach Angaben der katholischen Kirche gibt es weltweit rund 1,086 Milliarden Katholiken, etwa 17,2 Prozent der Weltbevölkerung von 6,314 Milliarden Menschen) hatten wieder ein Oberhaupt.

Habemus Papam.

4

Der Papst ist tot

Am Sonnabend, dem 2. April 2005, ergab um 21.37 Uhr das zwanzigminütige Langzeit-EKG im Schlafzimmer von Johannes Paul II. im päpstlichen Appartement zweifelsfrei: Der Papst ist tot. Sein Sekretär Don Stanislaw Dziwisz ging zu dem strahlend weißen Bett und schloss ihm die Augen.

Ich habe oft zugesehen, wenn Papst Johannes Paul II. seine Augen schloss. Wenn er in einem Fußballstadion oder auf irgendeiner Wiese an irgendeinem Ort dieser Welt eine heilige Messe las, wenn Hunderttausende seinen Namen skandierten, wenn sie immer und immer wieder »John Paul two – we love you« riefen oder »Juan Pablo secundo – te quiere todo il mundo«. Er senkte dann oft kurz die Augenlider, sein Kinn stützte er auf die Faust. Er wusste, dass die Menschen da unten von ihm einen Kraftakt verlangten. Er sollte innerhalb der wenigen Stunden, die er bei ihnen verbrachte, etwas bewirken. Er sollte bewirken, dass jeder Einzelne dieser Gläubigen Gott irgendwie näher käme. Er wusste, dass er das nicht schaffen konnte. Er wusste, dass er mit jedem Einzelnen von ihnen hätte reden müssen, was unmöglich war.

Das war es gewesen, was er als Bischof in der Diözese von Krakau so geschätzt hatte: dass die Türen des erzbischöflichen Palastes immer offen gestanden hatten; dass jeder, ob Arbeiter oder Philosophieprofessor, kommen konnte, um mit ihm zu reden. Und sie waren auch gekommen. Aber als Papst vor den gewaltigen Prachtaltären der Welt gab es keinen direkten Kontakt mit einzelnen Menschen mehr. Karol Wojtyla musste jetzt der Kraft Gottes vertrauen, und bevor er zu diesen Massen sprach, schloss er die Augen und sammelte sich, betete wahrscheinlich zu seinem Herrn, auf dass er ihm die Kraft geben möge, vor diesen Tausenden von Augenpaaren, die versuchten, einen Blick von ihm zu erhaschen, Gottes Botschaft auf die richtige Weise zu verbreiten.

Und nun standen sie da unten vor seinem Sterbezimmer. Mehr als 100 000 Menschen waren zum Vatikan geströmt. Am Nachmittag gegen sechzehn Uhr erschienen unter dem Sterbezimmer des Papstes die »Papaboys« – eine bunte Gruppe junger Menschen, die von Weltjugendtag zu Weltjugendtag zieht. Als sie kamen, hatte der Papst noch etwa fünf Stunden zu leben. Am nächsten Tag erfuhren die jungen Menschen aus der Zeitung, dass er sie noch wahrgenommen hatte. Sie sangen und klatschten stundenlang. Im Sterbezimmer versuchte Johannes Paul II. etwas zu sagen, aber nur ein Krächzen ließ sich vernehmen. Sein Sekretär, Erzbischof Don Stanislaw Dziwisz, hielt seine Hand.

»In seinen letzten Stunden sah der Papst immer wieder zum Fenster, hinter dem die jungen Menschen sangen«, sagte Don Stanislaw am nächsten Tag. Der päpstliche Leibarzt Renato Buzzonetti, selbst bereits einundachtzig Jahre alt, empfand das Spektakel als unwürdig. »Es wäre besser gewesen, jemand hätte die Menge unter Kontrolle bekommen«, meinte er später. »Der Papst lag dort auf dem weißen Bett, er litt unter Schmerzen; ich dachte an Christus am Kreuz, als ich ihn da liegen sah. Er konnte nicht mehr sprechen, er kommunizierte nur noch mit den Augen«, erzählte der Leibarzt.

Auf dem Petersplatz herrschte unterdessen eine seltsame Mischung aus Trauerstimmung und Weltjugendtagsparty. Ich saß auf dem Mauerabsatz vor dem Pressesaal des Heiligen Stuhls und versuchte zu begreifen, was dort geschah. Die Jugendlichen hatten auf jeden Fall beschlossen, ihren Papst in den Himmel zu feiern. Es war ein Triumphmarsch in die Ewigkeit.

Ich erinnerte mich daran, wie Johannes Paul II. die Augen manchmal einfach vor Erschöpfung zugefallen waren. Besonders wenn es sehr heiß war. Ich dachte an eine heilige Messe in der Sankt-Josephs-Kirche im indischen Neu-Delhi: Die Ventilatoren versuchten frische Luft in den Raum zu wirbeln. Ohne Erfolg. Irgendein Priester hielt eine endlos lange Ansprache. Er redete gegen die sehr schlecht funktionierende Lautsprecheranlage an, und es schien den Priester nicht weiter zu stören, dass nur ein Krächzen in der Kirche zu hören war, dass der Papst die an ihn gerichteten Worte nicht einmal erahnen konnte. Der Priester sprach einfach weiter, und dem Papst fielen die Augen zu. Ich war froh, als ich das sah. Ich stand ganz nah am Altar. Ich weiß noch genau, was mir damals durch den Kopf ging: »Schlaf jetzt, alter Mann«, dachte ich, »ruhe dich endlich einmal aus.« Nach einigen Minuten schreckte der Papst hoch, sah sich um, entschuldigend, aber der Priester hatte nichts bemerkt.

Manchmal schloss Johannes Paul II. auch die Augen, wenn er sehr starke Schmerzen spürte. Dann atmete er tief durch und hoffte inständig, dass die Attacke an dem schlecht operierten Bein, an den von der Arthrose zerfressenen Knochen oder das von der Parkinson-Krankheit ausgelöste Ziehen in der Schulter nachließ. Aber meistens schloss er die Augen, um sich ganz auf seinen Herrn zu konzentrieren. Er konnte stundenlang dasitzen mit geschlossenen Augen und zu dem Gott der Christen beten.

Ich war nicht dabei, als Papst Johannes Paul II. zum letzten Mal die Augen schloss, aber ich bin sehr froh, zu wissen, dass er nicht allein war. Don Stanislaw Dziwisz hielt seine Hand – der Mensch, der Karol Wojtylas engster Freund gewesen war, der ihm Familie und Heim ersetzt hatte.

Seit 1966 lebten die beiden Männer Seite an Seite: der Sekretär des damaligen Bischofs von Krakau, Stanislaw Dziwisz, der es nicht fassen konnte, als am 16. Oktober 1978 da oben auf der Empore des Petersdoms plötzlich sein Chef erschien, nachdem der Kardinal Angelo Felici »Habemus Papam« gerufen hatte, und Karol Wojtyla, der als »Jahrtausendpapst« in die Geschichte eingehen sollte.

Wenige Stunden zuvor war Karol Wojtyla nichts weiter als ein kaum bekannter Bischof des Ostblocks gewesen, und kaum jemand hätte es für möglich gehalten, dass er dazu auserwählt werden würde, der 263. Nachfolger des heiligen Petrus zu werden, der 264. Papst nach kirchlicher Zählung. An diesem Abend rief der Papst seinen Sekretär zu sich in das neue Zuhause, den

Apostolischen Palast, und Don Stanislaw setzte sich auf eine Bank in der Küche des päpstlichen Appartements. Dort weinte er hemmungslos – genauso wie später in der Stunde des letzten Abschieds von Johannes Paul II.

5

Das Ende einer Epoche

Ich weiß noch genau, wann für mich der Augenblick des Abschieds nach fast zwei Jahrzehnten im Gefolge von Papst Johannes Paul II. gekommen war. Es war der Abend des 13. März 2005. Ich stand auf dem Petersplatz. Johannes Paul II. kehrte in einem silbernen Mercedes-Bus in den Vatikan zurück, nachdem er achtzehn Tage lang in der Gemelli-Klinik gewesen war. Am Abend des 24. Februar hatten ihm die Ärzte mit einem Luftröhrenschnitt das Atmen erleichtert. Ich stand dort am Petersplatz und wartete darauf, dass der Bus mit dem Papst an mir vorbeifahren würde. Ich wusste in diesem Augenblick noch nicht, dass genau an diesem Tag der Papst an mich und meine Familie gedacht hatte. Ich hatte ihm ein kleines Bild in die Klinik gebracht, das mein sechsjähriger Sohn Leonardo gemalt hatte, damit der Papst wieder schnell gesund werden würde. Es zeigte ein blaues, krakeliges Fischerboot mit einer weißen Figur darin, die der Papst sein sollte. Ich hatte es einfach abgegeben, wie wahrscheinlich viele andere Menschen auch dem Papst Geschenke ins Krankenhaus geschickt hatten, und wusste nicht, dass genau dieses gekritzelte Bild die letzte direkte Verbindung zu diesem Papst sein würde. An eben diesem Nachmittag, als er das Krankenhaus verließ, zeigte ihm sein Sekretär Erzbischof Stanislaw Dziwisz das Bild, und der Papst muss gerührt gewesen sein. Denn er wollte das Geschenk erwidern, und man brachte ihm ein Foto, das bei einer Audienz meiner Familie im Oktober entstanden war. Auf dem Foto sah man, wie er meinen Sohn küsste und meine Familie segnete. Auf dieses Foto schrieb er mit seiner klaren Handschrift sorgfältig seinen Namen auf Lateinisch, Ioannes Paulus II., und sagte: »Bringt es Andreas Englisch.« Am nächsten Tag bekam ich es dann im Büro von Don Stanislaw Dziwisz ausgehändigt.

Ich kannte den Wagen, in dem sie Johannes Paul II. in den Vatikan bringen wollten, ganz genau. Er gehörte eigentlich nicht dem Papst, sondern seinem engen Freund Kardinal Andrzej Maria Deskur, der – einundachtzig Jahre alt – auf den Rollstuhl angewiesen war. Der Bus parkte ständig vor der Wohnung des Kardinals, direkt an der Tankstelle des Vatikans. Kardinal Deskur hatte das Amt des Chefs der Kongregation für Soziale Kommunikation bekleidet und wohnte im Haus der Kongregation: Sein Bus war für Rollstuhlfahrer umgebaut, und der Erzbischof hatte angeordnet, den Papst mit diesem Bus aus dem Krankenhaus zu holen, was weit weniger kompliziert war als mit dem Papamobil. Gegen 19.30 Uhr sah ich den Bus auf den Petersplatz rollen und lief ein paar hundert Meter auf den Eingang des Vatikans am »Heiligen Ufficium« zu, sodass der Bus mit dem Papst direkt an mir vorbeirollen musste. Der Wagen fuhr sehr langsam, das Innere war erleuchtet, und ich konnte Johannes Paul II. gut sehen. Er bemerkte meinen Blick und erwiderte ihn. Ich werde nie vergessen, wie er mich an diesem Tag ansah: überrascht wie ein Vater, der sich wundert, wie groß sein Sohn schon geworden ist. Dabei schien das doch alles erst gestern gewesen zu sein, dass ich Papst Johannes Paul II. zum ersten Mal vorgestellt wurde, damals im Sommer 1988. Nun strengte er sich an, hob das ewig müde rechte Augenlid. Beide immer noch strahlend blauen Augen blickten mich an, und da war erneut dieser Blick des Erkennens, so als wolle er sagen: »Mein Gott, bist du groß geworden.«

In diesem Moment hätte ich gern noch ein Wort mit ihm gewechselt; hätte ihm gern noch einmal gesagt, dass es mir leid tut, dass ich ihm Unrecht getan, dass ich lange Zeit schlecht über ihn berichtet hatte. Das hatte mir so unendlich leid getan, dass ich ein sehr privates Buch darüber schrieb, welches dann zu dem am meisten verkauften Buch über einen Papst in der Geschichte Deutschlands wurde. Ich hätte ihm gern noch einmal erzählt, wie mein kleiner Sohn langsam größer wird und wächst und wie sehr ich mich gefreut habe, als er, der große Papst, den kleinen Mann in die Arme genommen und geküsst hatte – das Lächeln des alten Mannes, der mein Kind im Arm hält, war eines der schönsten Geschenke an mich. Ich hätte ihm auch gern davon erzählt, dass ich bei meinen Vorträgen über ihn nie zu erwähnen vergesse, was mich selbst mehr als irgendetwas anderes von der Bedeutung dieses Papstes überzeugt hat. Wie nämlich eine kleine alte Frau in Indien, während der Papst an jener Stelle betete, an der Mahatma Gandhi aufgebahrt wurde, zu mir sagte: »Ich bin eine Hindu, aber ich wusste, dass dieser Papst ein Mann ist, der im Namen Gottes kommt, denn er hatte auch nur zwei leere Hände, und alle Panzer des Sowjetreichs haben nichts gegen ihn vermocht, so wie gegen Gandhi alle Kanonenboote des britischen Empire nichts ausrichten konnten.«

Gandhi schrieb einmal, die Bergpredigt des Jesus von Nazareth sei die Grundlage einer jeden Ethik. Was gut und was böse sei, habe nie jemand so deutlich gemacht wie der Mann aus Nazareth am Berg der Seligpreisungen.

Es ist wahr, dachte ich mir, während der Bus vorbeifuhr, du hattest nur zwei leere Hände, und was hast du damit alles erreicht! Du hast die Welt verändert, und du hast es getan, nicht für Ruhm, nicht für Macht, sondern für das Gute, im Namen deines Herrn.

Leider warf ich auch an diesem Tag einen Blick auf den verfallenden Körper des leidenden Papstes, wie ich das immer getan hatte, seit Jahren, und auf einmal kam es mir so vor, als wollte er sagen: »Betrachte mich nicht so wie sonst immer. Vergiss das ein einziges Mal. Vergiss es, darauf zu achten, wie lange ich es schaffen werde, beide Augen aufzuhalten. Zähle heute einmal nicht die Sekunden, in denen es mir gelingt, ohne zu zittern den Arm an der Lehne meines Stuhls festzuhalten. Ich weiß, dass es dein Beruf ist, dem Papst zuzusehen. Ich weiß, dass mein Körper das Objekt deiner Berichterstattung ist. Aber sieh mir jetzt noch einmal in die Augen, denn ich gehe. Ich werde mich in den Aufzug rollen lassen, um in mein Zimmer zurückzukehren und dort zu sterben; vielleicht nicht heute, vielleicht erst morgen, aber sicher sehr bald. Mach's gut, Andreas. Gott schütze dich. Ich weiß, wie sehr du dich gefreut hast, als ich mit meiner alten, zittrigen Hand meinen Namen in dein Buch über mich schrieb. Ioannes Paulus II. Vergiss mich nicht und bete für mich.« Dann nickte er mir noch eine Sekunde lang zu, und diesen letzten Blick werde ich niemals vergessen.

Ich ging an diesem Abend zu Fuß nach Hause. Ich hatte es nicht eilig, ich träumte mich weg, dachte an die erste Begegnung mit ihm. Ein fünfundzwanzigjähriger Reporter stand damals einem gerade einmal achtundsechzig Jahre alten Papst gegenüber.

»Sind Sie ein Sohn eines Schweizergardisten?«, hatte mich der kraftstrotzende Johannes Paul II. im Jahr 1988 gefragt, und diese Frage war nicht weiter verwunderlich, denn alle Kollegen waren mindestens doppelt so alt wie ich, waren würdige ältere Herren in dunklen Anzügen.

Ich musste lachen und erwiderte: »Nein, Heiligkeit, ich bin auch Vatikan-Korrespondent, und es ist von nun an mein Job, alles zu beobachten, was Sie tun.«

Es war ein anstrengender Job, damals, an deiner Seite, Karol Wojtyla. Du konntest stundenlang durchs Gebirge wandern, Kilometer um Kilometer zu Fuß auf Pilgerreisen zurücklegen, endlose Zeremonien bis tief in die Nacht durchstehen. Du schienst keinen Schlaf und keine Erholung zu brauchen, und wenn ich an meine ersten Jahre an deiner Seite denke, war ich eigentlich immer übermüdet, ausgelaugt, fertig, ohne auch nur halb so alt zu sein wie du.

Es konnte diesem Papst nie schnell genug gehen. Immer vermittelte er das Gefühl, dass noch so viel zu tun blieb und erst so wenig getan war. Damals, 1988 in Castelgandolfo, stand ein sehr energischer Papst vor mir, und ich gebe zu, dass ich damals das Gefühl hatte, dass dies der erste Papst seit langer Zeit sein könnte, der im Augenblick seiner Wahl schon wusste, dass er nicht nur sein Kreuz, sondern auch das Schwert zu tragen hatte. Seine Feinde haben versucht, ihn umzubringen – am 13. Mai 1981 auf dem Petersplatz ist es ihnen fast gelungen. Die kommunistischen Machthaber in Polen brachten seine Priester um und warfen die Leichen in den Fluss, etwa den Priester Jerzy Popieluszko; die Polizei versuchte die Gläubigen in allen Ländern des Sowjetreichs, die der Papst besuchte, von ihm wegzudrängen. In Polen wurden Straßen und Plätze gesperrt, um die Menschen daran zu hindern, zu diesem Papst zu strömen.

Dieser Papst hat von Anfang an gewusst, dass er kämpfen musste in einer Welt, in der im Winter des Jahres 1981 Leonid Breschnew die Panzer an der polnischen Grenze aufmarschieren ließ, um einen Überfall auf Polen vorzubereiten, das – wie der damalige DDR-Staatschef Erich Honecker nach Moskau meldete – wegen des ersten slawischen Papstes in der Geschichte der Christenheit abtrünnig zu werden drohte. Ein solcher Papst in einer solchen Zeit hatte nie Zeit, sich auszuruhen, und er ließ auch den wenigen Reportern keine Zeit, die hinter ihm herhetzten.

Karol Wojtyla hatte es sich in den Kopf gesetzt, sehr lange Reisen zu machen – nach Polen zum Beispiel im Jahr 1999 zwei Wochen lang mit mehr als vierzig Veranstaltungen. Das war die Zeit, als ich den »Rettungs-Pullunder« erfinden musste. Als der Vatikan-Pressesprecher Joaquín Navarro-Valls mich wissen ließ, dass ich dazu auserwählt war, als einziger Reporter an irgendeinem Staatsakt teilzunehmen, bei dem Johannes Paul II. einen Ministerpräsidenten oder einen Staatschef traf, schrieb ich, so schnell ich konnte, meine Berichte, jagte in mein Hotelzimmer hoch, riss den Koffer auf und erstarrte: Der Stapel weißer Hemden war im Lauf der zwei Wochen aufgebraucht worden, die gebügelte und gefaltete weiße Pracht hatte sich während der Reise in einen zerknüllten, schweißgetränkten Haufen weißen Stoffes verwandelt. Aber es war unmöglich, als Reporter des vatikanischen Pressekorps zu einem Staatsakt zu gehen, wenn Dutzende Fernsehkameras jeden, der auch nur in zweiter Reihe dabei war, filmen würden. Ich konnte also unmöglich ein fleckiges Hemd anziehen, und um ein neues zu kaufen, blieb keine Zeit; deshalb suchte ich in meiner Not ein Hemd heraus, das am Kragen noch ganz sauber aussah, aber von einem verunglückten Abendessen einen gewaltigen Soßenfleck auf der Brust aufwies. Glücklicherweise hatte ich einen Pullunder dabei – eine dieser Altherren-Strickwaren, die keine

Ärmel haben und einen V-Ausschnitt, in dem man die Krawatte sieht, das Hemd aber versteckt bleibt. Es war ein widerliches Gefühl, frisch geduscht ein altes Hemd anzuziehen, aber von diesem Tag an hatte ich immer einen Notpullunder dabei. Oft schwitzte ich mir in dem schwarzen Stück Wolle die Seele aus dem Leib, doch während fleckige Hemden vom Vatikan absolut nicht akzeptiert werden konnten, sah man einem vor Schweiß glänzenden Journalisten diese Schwäche nach.

Die kleine Schar jener Journalisten, die der Vatikan auswählt, um stellvertretend für alle anderen ein Ereignis wahrzunehmen und danach in großen Pressesälen Hunderten von Journalisten darüber zu berichten, gehört zum so genannten Pool. Dutzende meiner Kollegen haben irgendwann angefangen, mich wegen dieses Worts zu hassen. Während der Veranstaltungen des Papstes mussten natürlich alle Handys ausgeschaltet werden, also meldete ich mich vorher immer in der Redaktion ab, sagte, falls es noch etwas zu besprechen gebe, müsse das jetzt sofort geschehen, denn binnen kurzem wäre ich nicht mehr zu erreichen: »Ich hab keine Zeit, ich muss gleich zum Pool«, sagte ich dann in der Regel, ohne lange nachzudenken.

»Zum Pool?«, brüllte daraufhin manchmal ein nicht eingeweihter Kollege in den Hörer und fuhr fort: »Du legst dich an den Pool, und wir schwitzen hier und bereiten deine Artikel für das Layout vor, und damit wir dich nicht beim Sonnenbaden stören, machst du auch noch das Handy aus?« Der eine oder andere setzte dann noch so etwas wie »Sauerei!« hinzu und schmiss den Hörer auf die Gabel, bevor ich irgendetwas antworten konnte.

Damals musste es immer schnell gehen im Gefolge von Johannes Paul II. Abends saßen wir dann völlig ausgelaugt zusammen, die Kollegen aus dem Gefolge des Papstes meistens bei Saft und Wasser, weil in vielen Ländern striktes Alkoholverbot herrschte, und versuchten zu verstehen, was da geschah, wie dieser Papst vor unseren Augen gründlich die Welt veränderte. Am Anfang war es nur ein Scherz, wenn wir ihn beim nächtlichen Geplauder den »eiligen Vater« nannten, den »Marathon-mann Gottes«, den »Reisepapst«, den »fliegenden Boten Gottes«. Wir gewöhnten uns an einen Papst, der nie müde zu werden schien; ein beispielloser Fels in der Brandung, und ich war nicht der Einzige, der am liebsten weggesehen hätte, als der Marathonmann Gottes dann am Ende war, als er keinen einzigen Schritt mehr aus eigener Kraft gehen konnte.

Das war in der Slowakei, im Jahr 2003. Ich sah aus der päpstlichen Maschine, wie der Wagen des Papstes vorfuhr, ein Mercedes-Cabriolet. Sein Sekretär Stanislaw Dziwisz wollte ihm aus dem Auto helfen, aber Karol Wojtyla winkte energisch ab. Er krallte seine rechte Hand in den Fensterrahmen und versuchte, sich hochzuziehen. Er versuchte es einmal, zweimal, dreimal, dann sank er in den Sitz zurück, sammelte alle Kraft und versuchte es noch ein weiteres Mal. Er wollte sich auf keinen Fall wie einen Gegenstand aus dem Auto zerren lassen, krallte die Hand in das Metall und schaffte es, sich halb hochzuziehen. Gleich darauf fiel er aber auf den Sitz zurück, und vier kräftige Männer hoben den Papst aus dem Wagen. Sie schoben und zerrten den Mann wie eine Puppe aus dem Auto. Ich hätte das nie sehen wollen: Der Marathonmann Gottes schien am Ende zu sein.

Aber ich spürte bald, dass das eine Fehleinschätzung war. Im Petersdom sah ich ihn wieder in seinem Rollsessel; er hatte nicht mehr die Kraft, selbst aufzustehen, aber er war immer noch da – trotz all seiner Gegner, selbst aus den Reihen der Kardinäle, die seinen Rücktritt wünschten. Er war noch da, aber etwas Wichtiges hatte sich geändert: Der bullige Papst, der bereit gewesen war, für Christus zu kämpfen, der jeder Strapaze gewachsen schien, den gab es nicht mehr – und den würde es auch nie wieder geben. Es war ein anderer Johannes Paul II., der da in seinem Rollsessel saß – ein Papst, der demütig vorlebte, dass alles in Gottes Hand liegt –, aber so schwach er körperlich jetzt auch war, so bedeutete das doch nichts: weil er sich auf der Seite einer Kraft wusste, die unendlich groß ist. Der leidende Papst lebte vor, dass es keinen Zweifel an der

Existenz des absolut guten Gottes geben kann. Er überließ es ihm, der ihn in dieses Amt berufen hatte, den richtigen Zeitpunkt auszuwählen, um den schwachen Menschen Karol Wojtyla von der Bürde seines Amtes zu befreien.

6

ES ist geschehen

Spätestens seit dem Attentat auf den Papst, also spätestens seit dem 13. Mai 1981, rechneten ganze Heerscharen von Journalisten, die nach Rom kamen und gingen, jeden Augenblick damit, dass ES – der Tod des Papstes, ein weiteres Attentat oder eine dramatische Einweisung Seiner Heiligkeit ins Krankenhaus – jederzeit passieren konnte. Wenn man den Statistiken des römischen Auslandspresseclubs »Stampa Estera« und den Schätzungen des Pressesaals des Heiligen Stuhls glauben kann, müssen seit 1981 etwa 10 000 wechselnde Korrespondenten, Journalisten und Kameramänner darauf gelauert haben, dass dem Papst etwas Dramatisches zustößt. Wegen der Furcht, den entscheidenden Augenblick zu verpassen, mussten Tausende Kinder weinend ihre Schwimmringe einpacken, weil Mama oder Papa ausgerechnet während des Traumurlaubs am Südseestrand einen Anruf bekommen hatten, in dem die Stimme eines Kollegen konspirativ und höchst alarmiert wissen ließ, der Papst habe sich erkältet; eine Lungenentzündung mit dramatischem Verlauf sei nicht auszuschließen. Frustrierte Ehegatten packten Badeenten und Schwimmringe in die Koffer und rasten zum Flughafen, zurück nach Rom, und stellten dort fest, dass die ganze Sorge umsonst war – die Erkältung des Papstes hatte sich längst gelegt.

Tausende von Journalisten beschäftigten sich jahrzehntelang mit der Frage, was geschieht, wenn ES passiert. Ich erinnere mich an meinen vierzigsten Geburtstag. Viele Vatikan-Journalisten waren in den langen Jahren meine Freunde geworden, und wir feierten in einem Haus am Südrand der Toskana bis spät in die Nacht. Marco Politi von der römischen Tageszeitung *La Repubblica* und Bruno Bartoloni von *Agence France Press*, Menachem Gantz von der israelischen Tageszeitung

Maariv und viele andere Reporter waren da, und als wir alle schon viel zu viel getrunken hatten, nahm mich Bruno Bartoloni beiseite und fragte: »Was ist, wenn ES jetzt passiert?«

Ja, was hätten wir tun sollen? Keiner hätte mehr mit dem Auto zurück nach Rom fahren, keiner mehr einen halbwegs brauchbaren Kommentar diktieren können, dazu hatten wir alle viel zu feste gefeiert. Ein Großteil der Mediennutzer der Welt hätte vom Alkoholgenuss der Verfasser beeinträchtigte Berichte einer dramatischen Nachricht bekommen, nur weil wir alle befreundet waren und weil ich vierzig Jahre alt geworden war. Erleichtert sahen wir am nächsten Tag, einem Sonntag, alle zusammen, wie Papst Johannes Paul II. das Angelusgebet sprach. Es war wieder einmal gut ausgegangen.

Die Panik, vom plötzlichen Tod des Papstes überrascht zu werden, hing auch damit zusammen, dass alle erfahrenen älteren Kollegen dramatische Geschichten als Warnung verbreiteten – sie hatten zwei plötzliche, völlig unerwartete Tode von Päpsten erlebt. Paul VI. starb an einem Sonntag, dem 6. August 1978, also nicht nur während der heißesten Ferienzeit, in der ganz Italien am Strand lag, sondern auch noch am Wochenende. Ungünstiger ging es nicht. Ihre Familien hatten den gestressten Vatikan-Journalisten schon im Frühjahr 1978 die Hölle heiß gemacht. Offensichtlich ging es Papst Paul VI. nicht gut, aber die Familie fürchtete eine andere Katastrophe – nämlich die, dass der lang erwartete Familienurlaub ausfallen könnte, weil Mama oder Papa Sorge hatte, den Tod des Papstes zu verpassen. Der Sommer zog sich hin, der Juni und der Juli verstrichen, und während alle anderen Kinder längst am Strand spielten, mussten die Sprösslinge der Vatikan-Journalisten in Rom schwitzen – ausgerechnet in einem Jahr, in dem Italien auch noch eine Hitzewelle erlebte. Anfang August platzte den meisten Mamas unter dem Druck einer genervten Kinderschar der Kragen. Die damals noch meistens männlichen Vatikan-Korrespondenten mussten sich immer wieder die Litanei anhören, dass sie doch wohl nicht etwa gedächten, auch im August und sogar am Sonntag die Familie allein an den Strand fahren zu lassen. Papst hin oder her: Wer sollte schließlich den

Sonnenschirm in den Sand rammen, die schweren Kühltaschen mit kaltem Nudelsalat und Cola schleppen und mit dem Töchterchen oder Sohnemann schwimmen gehen? Mama hätte sich doch im Wasser die Frisur ruiniert. So kam es zu den legendären Telefonaten am Freitag, dem 4. August 1978, als ausnahmslos alle Vatikan-Korrespondenten den damaligen Sprecher des Papstes anriefen und fragten: »Wie geht es Seiner Heiligkeit, sag mal ehrlich, wie steht es? Kann ich fahren, oder ist das zu riskant? Ist der Papst schwer krank, oder ist es nur ein leichtes Fieber?« Der Sprecher des Papstes beruhigte alle und sagte: »Fahrt ruhig ans Meer, es geht ihm gut, es kann nichts passieren.« Damit schickte er an diesem Wochenende eine ganze Generation von Vatikan-Journalisten in ihr Unglück. Der Papst war bereits zu schwach, um das Angelusgebet zu sprechen, und am Nachmittag erlitt er einen Herzanfall. Abends um 19.00 Uhr war er tot, und keiner der Reporter saß zu diesem Zeitpunkt, auf den er sich jahrzehntelang vorbereitet hatte, an seinem Platz. Die Chefs dieser Reportergeneration ließen hemmungslos ihren Zorn an den Untergebenen aus, die, statt vor dem päpstlichen Sommersitz in Castelgandolfo auszuharren, wo der Papst gestorben war, mit der Kinderschar und der Gattin am Strand spielten. Ganze Karrieren pulverisierte dieser Sonntag, Lebensläufe erlitten einen schweren Knick. Ob ihres Versagens demoralisierte Kollegen nahmen nun die anstrengende Arbeit auf, über das Konklave zu berichten und nach der Wahl von Albino Luciano zum Papst Johannes Paul I. am 26. August eine Unzahl von Berichten darüber zu verfassen, wer das neue Oberhaupt der katholischen Kirche nun eigentlich sei. Doch nach den ersten vier Wochen legte sich das Interesse; die Welt hatte sich an den neuen, stets lächelnden Papst schon gewöhnt. Im schnelllebigen Mediengeschäft verbrauchte sich die Nachricht des Papstwechsels in Rom rasch. Erschöpft von den anstrengenden, langen Arbeitstagen während der Beerdigung Papst Pauls VI., der dramatischen Tage des Konklaves und der anschließenden Amtseinführung Johannes Pauls I. nahmen sich die gestressten Korrespondenten nun eine Auszeit, die sie sich redlich verdient hatten. Sie taten also das, was man im Herbst nun einmal tut, wenn man in Rom wohnt und ein paar Tage ausspannen will: Man fährt zum Weintrinken und Thermalwasserbaden in die Toskana. Dann geschah das, womit niemand gerechnet hätte: Nach dreiunddreißig Tagen starb Johannes Paul I. urplötzlich, während eine Vielzahl von Vatikan-Reportern, die zuvor bereits den Tod Pauls VI. verpasst hatten, nun in der Toskana saß und Urlaub machte.

Dass ein Vatikan-Reporter den Tod eines Papstes verpassen konnte, war für einen Journalisten, der sich jahrzehntelang auf diesen Augenblick vorbereitet, schlimm genug – aber gleich zwei dramatische Tode von Päpsten zu verpassen, das war unverzeihlich. Eine ganze Generation von Vatikan-Reportern wurde in Rom abgelöst, nur wenige überlebten das Desaster in ihrem Beruf. Und die wenigen beruflich Überlebenden arbeiteten nun ständig begleitet von der Angst, dass sie nicht noch einmal, ein drittes Mal, den Tod eines Papstes verpassen durften.

Dies erklärt also zum Teil das aufgeheizte Klima unter den Journalisten, die vor allem nach dem Attentat auf Johannes Paul II. im Jahr 1981 stets damit rechnen mussten, dass der Papst urplötzlich sterben könnte. Ein weiterer Grund hing damit zusammen, dass viele Vatikan-Journalisten in eine seltsame Star-Rolle gerieten. Die meisten Fernsehsender wollten an dem Tag, an dem Papst Johannes Paul II. etwas wirklich Dramatisches zustoßen sollte, ein möglichst bekanntes Gesicht auf den Bildschirm bringen können. Auch mir wurden Verträge angeboten, um sicherzustellen, dass ich in bestimmte Sendungen kommen würde, sollte dem Papst etwas passieren. Ich spürte ganz deutlich, dass nicht nur ich, sondern alle Vatikan-Journalisten sich in so etwas wie »die Stars für den Augenblick« – des möglichen Todes, des Rücktritts oder eines Attentats auf den Papst – verwandelten. Ich bemerkte das zum ersten Mal auf sehr eindrucksvolle Weise, als mir eine bekannte Moderatorin eines Fernsehsenders erklärte, dass meine private Handynummer von den Fernsehsendern wie ein kostbarer Schatz gehütet werde – für den einen entscheidenden Moment, nämlich den eines dramatischen Ereignisses im Vatikan. Das Ganze nahm makabre Züge an, und mein Beruf bestand leider mit zuneh-

mender Gebrechlichkeit des Papstes immer mehr vor allem darin, auf das Ende der Regentschaft von Papst Johannes Paul II.,
auf welche Weise auch immer, zu lauern.

Tatsächlich erlebte das traurige Medienereignis seltsamerweise eine Art Generalprobe: Es geschah etwas Unvorhergese-
henes, und das ausgerechnet an dem Tag, an dem ES nicht geschehen durfte.

7

Die Auslandspresse tanzt

Vatikan-Reporter in Rom sprechen 364 Tage im Jahr über ein Thema: den Papst. Nur einmal im Jahr gerät Seine Heiligkeit für ein paar Stunden in Vergessenheit: Wenn der Auslandspresseclub »Stampa Estera« zum großen Ball lädt. Dann tauscht man am Telefon ausnahmsweise einmal nicht Mitteilungen über den vermeintlichen Gesundheitszustand oder die Pläne des Papstes aus, dann geht es nur darum, wer an welchem Tisch sitzt und an welchem er nicht sitzen möchte, welche Band eingeladen wurde und wer sich danach drängt, eine Rede zu halten. Die Diskussion zu Hause wird von der Frage der Damen bestimmt, ob ein neues Ballkleid nötig ist oder ob das »kleine Schwarze« reicht. Die Atmosphäre des Abends empfinden alle Beteiligten vor allem deswegen als überaus angenehm, weil an diesem einen Abend keiner ein wichtiges Ereignis verpassen kann – es sind ja alle auf der gleichen Fete. Ansonsten fürchtet nämlich jeder Korrespondent, der auf eine Feier geht, dass der einsatzbereit gebliebene Konkurrent eine Sensation erleben könnte, während man selbst gerade Champagner trinkt und das Handy ausgemacht hat. Dummerweise passiert das auch immer wieder. Als ein Erdbeben Umbrien verwüstete, besuchte ich gerade meine Schwiegereltern, als der nach Nordafrika geflohene, langjährige Ministerpräsident Bettino Craxi starb, auch. Doch an diesem einen Abend während des großen Balls der Auslandspresse konnte es ausnahmsweise nicht passieren, dass man zur falschen Zeit freinahm: Italien und der Vatikan müssen sich an diesem Abend damit abfinden, dass selbst dann, wenn etwas passiert, keiner da ist, um darüber zu berichten. Es ist ein Nachrichtenloch im Jahr.

Am 1. Februar des Jahres 2005 kamen auch wirklich alle abends zum Ball: Phil Pulella von Reuters, einer der wichtigsten Vatikan-Fachmänner, zum ersten Mal; auch sein wichtigster Konkurrent von der Associated Press (AP), Dennis Redmond, war da. Die deutschen Zeitungen und Fernsehsender waren vertreten, auch Alessio Vinci von CNN kam mit seiner neuen Lebensgefährtin.

Wochenlang hatten fleißige Organisatoren das Fest vorbereitet, und es schien wirklich ausgezeichnet gelungen zu sein – dennoch habe ich noch nie ein so aufwendig vorbereitetes Fest so restlos misslingen sehen. Das Essen schmeckte hervorragend, obwohl so viele Tische gleichzeitig bedient werden mussten. Das Lamm gelang dem Koch an diesem Abend perfekt, die Stimmung entwickelte sich blendend. Der deutsche Cheforganisator des Festes tat alles, um die Kollegen aus der Reserve und von ihren Plätzen am Tisch auf die Tanzfläche zu locken. Bei Tisch ging es hauptsächlich um die angenehme Frage, wer die anstehenden Skiferien wo verbringen wollte, ob es in die Sonne oder in die Alpen zum Skifahren gehen sollte. Der beliebte »Club Tennis spielender Journalisten« (so etwas gibt es wirklich) bot eine Reise in den Oman an, die heiß begehrt schien. Keiner ahnte, dass sich ein paar Augenblicke später alle Reisepläne zerschlagen würden, dass ganze Stapel von Hotelbuchungen und Flugtickets von Journalisten zurückgegeben werden mussten.

Zunächst aber beschäftigten sich die Gäste des Festes nur mit einer spannenden Frage: wer wohl das vom Fiat-Konzern gespendete Auto bei der großen Tombola gewinnen würde. Und dann geschah ES.

Es wirkte wie ein elektronisches Ballett, ein multimedialer Walzer. Gleichzeitig rissen Dutzende Kollegen ihr Handy aus der Tasche – nicht die normalen, schnöden Handys, sondern die mit der Geheimnummer; jene Handys, die nur in absoluten Notfällen angerufen werden durften. Wie von Zauberhand dirigiert, lief die komplette Journalistenhorde aus dem Ballsaal, in dem plötzlich eine Band vor halbleeren Tischen spielen musste, an denen verlassene Lebensgefährten saßen, die außerordentlich sauer darüber waren, dass sogar dieser eine Abend versaut worden war. Die Journalistentruppe sammelte sich auf dem

Flur vor dem Ballsaal, um telefonieren zu können, ohne dem Krach der Band ausgesetzt zu sein. Man blieb beieinander, um mitzubekommen, ob der eine oder andere Kollege mehr wusste als man selbst. Im Ballsaal versuchten die Organisatoren alles, um das Interesse am Fest wieder aufflackern zu lassen, und verlosten das Auto. Aber niemand schien jetzt noch an der Hauptattraktion des Abends interessiert. Verzweifelt rief der Organisator der Tombola die Nummern der Lose auf, deren Besitzer draußen im Foyer telefonierten und versuchten, sich die Nachricht bestätigen zu lassen, die sich dann auch tatsächlich als richtig herausstellte. Fluchtartig verließen die Reporter das Fest, das jetzt jeden festlichen Charakter verloren hatte.

Exakt um 22.50 Uhr hatte ein Krankenwagen Papst Johannes Paul II. aus dem Vatikan in das Krankenhaus Gemelli gebracht. Der schwer erkältete Papst litt seit Tagen an einer schmerzhaften Kehlkopfentzündung und bekam sehr schlecht Luft. An diesem Abend verschärfte sich die Situation drastisch. Der päpstliche Leibarzt Renato Buzzonetti ordnete die »eilige Überführung« ins Krankenhaus an, wie es in der Presseerklärung des Vatikans hieß ...

Vermutlich wird sich nie mehr klären lassen, wie nahe Papst Johannes Paul II. an diesem Abend dem Tod wirklich war. Die Zeitschrift *Inside the Vatican* berichtete später, dass der Papst nur ganz knapp dem Tod entkommen sei.

Vom Vatikan bis zum Gemelli-Krankenhaus braucht ein Krankenwagen mit einer Eskorte der Polizei mindestens fünfzehn Minuten. Der Papst muss aus seinem Appartement zunächst hinunter in den nach Papst Sixtus V. benannten Hof gebracht werden oder zum zweiten Ausgang des päpstlichen Appartements am Turm der Vatikanbank IOR. In jedem Fall muss der Krankenwagen zuerst kurz durch den Vatikan fahren und dann auf die Straße einbiegen, die an den römischen Stadtrand führt, wo im Nordwesten das Gemelli-Krankenhaus liegt. Das Risiko dabei besteht darin, dass die Straße durch einen Unfall oder einen Stau so verstopft sein könnte, dass auch die Polizeieskorte nicht weiterhilft. Schon nach dem Attentat am 13. Mai

1981 raste der Jeep mit dem Papst genau diesen Weg bis zum Gemelli-Krankenhaus, und schon damals verstrich dabei wertvolle Zeit. Unterwegs verlor der Papst über drei Liter Blut, und die Blutkonserven, die man ihm dann gab, waren auch noch mit einem Virus verseucht.

Wenn die Situation am 1. Februar 2005 wirklich so dramatisch war, wie berichtet wurde, dann ließ sich die Entscheidung der Verantwortlichen, den Papst erneut zum Gemelli-Krankenhaus zu fahren, nur mit seinem Status als Staats- und Kirchenoberhaupt erklären, das unbedingt in sein eigenes Appartement in dem Krankenhaus eingeliefert werden muss – aber nicht mit der Vernunft. Nur knapp zwei Autominuten vom Vatikan entfernt liegt nämlich das Krankenhaus des Heiligen Geistes, »Santo Spirito«, das sich vom Vatikan selbst bei katastrophalsten Verkehrsverhältnissen blitzschnell erreichen lässt. Wenn also in dieser Nacht, als die Auslandspresse tanzte, wirklich ein erstickender Papst den weiten Weg bis zum Gemelli-Krankenhaus gefahren wurde, dann hat vielleicht Gott ein weiteres Mal seine Hand über ihn gehalten – wie schon nach dem Attentat, als die Ärzte nur knapp verhindern konnten, dass er verblutete.

Mit dem erneuten Aufenthalt in der Gemelli-Klinik begann schließlich ein neuer Abschnitt des langen Pontifikats von Papst Johannes Paul II.

8

Der Papst verstummt

Es ist kalt vor dem Gemelli-Krankenhaus in diesem Februar, für Rom ganz ungewöhnlich kalt. Wir Vatikan-Reporter tragen dicke Handschuhe, Wollmützen und schauen den ganzen Tag und einen guten Teil der Nacht auf ein Fenster im zehnten Stock des Krankenhauses, als ob Papst Johannes Paul II. sich dort jeden Moment zeigen könnte. Auch die Kameraleute aller wichtigen Fernsehstationen der Welt haben Dutzende Teleobjektive wie eine ganze Batterie neugieriger Augen auf das Fenster gerichtet. Aber es ist das falsche Fenster. Das Fenster des Krankenzimmers, in dem der Papst liegt, geht auf den Pinienwald vor der Gemelli-Klinik hinaus. Es ist von nirgendwo einsehbar. Das Fenster zum Innenhof der Klinik, das Millionen Fernsehzuschauer der Welt immer wieder gezeigt bekommen, ist das eines Besucherzimmers des päpstlichen Krankenappartements. Dorthin hatten die Mitarbeiter des Papstes Johannes Paul II. während der vorherigen Aufenthalte an Sonntagen gebracht, damit er von dort vor der Menge das sonntägliche Angelusgebet sprechen konnte. Die Medien starrten also tagelang auf das Fenster eines leeren Zimmers. Ich habe Kameramänner kennen gelernt, die das nach Jahren noch nicht gemerkt hatten.

Die Mitarbeiter der Gemelli-Klinik ertrugen den Medienaufmarsch und die regelrechte Belagerungssituation mit einem bewunderungswürdigen Gleichmut. Der Parkplatz vor dem Gemelli-Krankenhaus verwandelte sich wie immer, wenn Johannes Paul II. in die Klinik eingeliefert worden war, in den so genannten Antennenhügel. Dutzende Übertragungswagen fuhren auf, ratternde Stromgeneratoren, gleißend blendendes Scheinwerferlicht, ein unglaublicher Wirrwarr an Stromkabeln für eine Unzahl tragbarer Computer. Eine Armee von Reportern nahm dem Krankenhaus im Pinienwald am Stadtrand den letzten Rest seiner beschaulichen Atmosphäre. Fernsehkommentatoren, schick in Szene gesetzt vor dem Hintergrund des Krankenhauses, wiederholten wieder und wieder die wenigen bekannten Einzelheiten über den Gesundheitszustand des Papstes. Um die Sendezeiten zu füllen und dem Informationshunger der Mediennutzer der Welt gerecht zu werden, spekulierten sie stundenlang darüber, wie es nun im Vatikan weitergehen werde. Vor dem Haupteingang des Gemelli-Krankenhauses tummelten sich so viele Kamerateams und Reporter, dass es »gewöhnlichen Patienten« kaum gelang, hineinzukommen. Der Vatikan sah sich deshalb gezwungen, den Verantwortlichen für Fernsehaufzeichnungen des päpstlichen Rates für Soziale Kommunikation, Doktor Angelo Scelzo, in die Klinik zu schicken. Im dunkelblauen Anzug und korrekter Krawatte hatte Scelzo die undankbare und unlösbare Aufgabe, die Medienhorde daran zu hindern, sich mit einigen Dutzend Kameras auf jede berühmte Persönlichkeit zu stürzen, die dem Papst einen Krankenbesuch abstatten wollte. Kardinäle und Minister der italienischen Regierung kamen voller Hoffnung durch den Haupteingang, gingen dann nach links und mussten im Grunde nur etwa zwanzig Meter hinter sich bringen sowie dann nach rechts abbiegen, um zu dem von der Polizei gesicherten Fahrstuhl zu gelangen, der direkt zum zehnten Stock in das Appartement des Papstes hinauffuhr. Aber diese zwanzig Meter hatten es in sich. Die Medienmeute keilte jeden Besucher gnadenlos ein und ließ selbst alte und gebrechliche Kardinäle erst dann weitergehen, wenn sie irgendetwas über den Papst und seinen Gesundheitszustand gesagt hatten. Angelo Scelzo versuchte es deshalb mit einem Deal: Er schlug uns Reportern vor, jeden Besucher zu einem Briefing in den improvisierten Presseraum des Krankenhauses zu bringen, wenn wir davon abließen, ihn am Weitergehen zu hindern. Doch das Abkommen scheiterte, ohne Schuld Scelzos. Einige Besucher wollten schlicht nicht mit der Presse sprechen, gingen wortlos an den Reportern vorbei, und so brach das alte Chaos wieder aus. Deshalb gestaltete sich Scelzos zweiter Versuch bereits aggressiver. Er ließ eine Absperrung errichten und die Polizei aufmarschieren. Die Reporter sollten nun wie Löwen im Käfig zusehen, wie berühmte Besucher unbehelligt an ihnen vorbeizogen. Aber auch dieser Versuch schlug fehl. Kameramänner mitsamt Ausrüstung überstiegen die Absperrung und drängelten sich hinter dem Rücken der Polizei vorbei. Manche Kardinäle unterliefen ihrerseits Scelzos Konzept: Statt rasch und grußlos an der mühsam eingekeilten Reportertruppe vorbeizu gehen, blieben sie stehen und gaben Statements zum Gesundheitszustand des Papstes ab, um die Öffentlichkeit zu beruhigen. Dann musste Scelzo den mühevoll aufgebauten Schutzwall beiseite räumen lassen, um den Kardinälen die Möglichkeit zu geben, sich der geballten Medienpräsenz zu stellen. So löste auch jeder Besuch des Papstsprechers Joaquín Navarro-Valls immer die gleiche Medienschlägerei um Bilder aus. Immerhin konnte er die Medien relativ rasch beruhigen: Der Papst war schon bald fieberfrei und zu Scherzen aufgelegt. »Wenn ich genau wissen will, wie es mir wirklich geht, dann lese ich eine Zeitung«, amüsierte er sich. Mit Spannung fieberte die Medienhorde dem Sonntag entgegen, dem 6. Februar. Um 12.00 Uhr zeigte sich der Papst auch tatsächlich am Fenster, ein weiteres Mal schien er es allen gezeigt zu haben und alle Medienpropheten, die ihn bereits in den päpstlichen Todeskampf geschrieben hatten, ein weiteres Mal ins Unrecht zu setzen – dennoch verlief dieses Angelusgebet dramatisch. Nur vier kaum verständliche Worte, den Beginn des Segens »Benedicat vos omnipotens Deus« (»Es segne euch der allmächtige Gott«), konnte der Papst murmeln, und plötzlich ging der katholischen Kirche in der ganzen Welt auf, dass dieser Papst vielleicht nie wieder würde frei und kräftig sprechen können. Gläubige auf der ganzen Welt diskutierten daraufhin hitzig die Frage, ob ein derart geschwächter Papst die Kirche überhaupt noch regieren könne. Über den Vatikan legte sich plötzlich wie ein grauer Schleier ein ungeheurer Verdacht: Wollte die Kirchenregierung diesen gebrechlichen Papst jetzt etwa loswerden? Fanden die Kardinäle, dass es an der Zeit war, dem Oberhaupt der Katholiken klar zu machen, dass es nun doch besser sei, den von Johannes Paul II. selbst verfassten Artikel 332, zweiter Absatz, des Kirchenrechtes anzuwenden, in dem der Rücktritt eines Papstes geregelt wird? Dieser Paragraph schreibt vor allem vor, dass ein Papst niemandem Rechenschaft ablegen muss, wenn er zurücktreten will. Nachdem die Gläubigen gesehen hatten, wie schwach der Papst wirklich war, tauchte plötzlich der Verdacht auf, dass der Papst jetzt vollkommen verstummen werde. Und einen Tag danach, am Montag, dem 7. Februar 2005, kam es zu einem Zwischenfall, der eine sensationelle Vorentscheidung zu sein schien.

9

Irrungen und Wirrungen

Das Drama spielte sich an einem höchst unscheinbaren Ort ab: der Libreria Editrice Vaticana, kurz Lev genannt – einem Gebäude am Petersplatz, in dem durchschnittlich etwa eine halbe Million Pilger pro Jahr die Veröffentlichungen des Heiligen Stuhls kaufen. Um 18.00 Uhr am 7. Februar sollte Kardinalstaatssekretär Angelo Sodano die erweiterte Bibliothek einweihen, segnen und ihr den Namen des Mannes geben, der zurzeit im Krankenhaus lag, Papst Johannes Paul II.

Unter normalen Umständen hätte das auch ein weit weniger bedeutender Kardinal besorgen können. Doch nach der vor allen Augen demonstrierten Schwäche des Papstes am Vortag fragte sich nun die ganze Welt, was die Kurie, was also ihr wichtigster Mann, Kardinal Angelo Sodano, über die Situation dachte. Gegen 18.00 Uhr strömten daher alle Reporter zu der Bibliothek, deren Verantwortliche ihr Glück darüber kaum fassen konnten, dass die schlichte Erweiterung des Gebäudes anscheinend das Interesse der kompletten in Rom akkreditierten Weltpresse erweckt hatte. Würdevoll segnete Angelo Sodano die Bibliothek, doch kaum war die Zeremonie zu Ende, drängten sich die Reporter um ihn, und Marco Politi von der italienischen Tageszeitung *La Repubblica* wagte es schließlich, die entscheidende Frage zu stellen. »Soll Johannes Paul II. jetzt zurücktreten?«

Sodano hatte auf diese Frage schon Dutzende Male und immer auf die gleiche Art und Weise geantwortet, indem er nicht etwa seine eigene Meinung sagte, sondern den Papst zitierte. Im Vatikan ist das eine gängige, die Arbeit der Journalisten erschwerende Praxis, dass nahezu alle Würdenträger immer die gleiche Antwort wiederholen – nämlich die, die der Papst einmal gegeben hat. Weil der Vatikan nun einmal eine Wahlmonarchie und keine Demokratie ist, gilt die eigene Meinung wenig. Wichtig ist es dagegen, auf der richtigen Seite, der Lehrmeinung, zu stehen, und mit einem Zitat des Papstes war jeder Kirchenmann immer und unter allen Umständen auf der richtigen Seite.

Johannes Paul II. hatte auf die Frage, ob er sich vorstellen könnte, zurückzutreten, immer geantwortet, dass Jesus ja auch nicht vom Kreuz herabgestiegen sei. Und jahrelang hatte Angelo Sodano genau diese Formulierung wiederholt, mit der jede Möglichkeit eines Rücktritts kategorisch ausgeschlossen wurde. Als Sodano an diesem Abend also die Lippen öffnete, um zu antworten, wartete ich schon auf die bekannte Antwort. Doch dann geschah die Sensation. Angelo Sodano sagte etwas ganz anderes. Sodano sagte: »Der Papst allein wird mit seinem Gewissen ausmachen, ob er zurücktreten will oder nicht.«

Allen stockte der Atem, plötzlich wurde es totenstill. Zum ersten Mal hatte Sodano einen Rücktritt nicht kategorisch zurückgewiesen. Bedeutete das, dass der Kardinalstaatssekretär, die Nummer zwei im Vatikan, den Papst geradezu aufgefordert hatte, zurückzutreten? Mehrere Kardinäle sahen das so, und viele Mitglieder der Kurie zeigten sich zutiefst empört. Der mächtige Kardinal Giovanni Battista Re, Chef aller Bischöfe und pikanterweise der ehemalige Mitarbeiter des Kardinalstaatssekretärs, schimpfte, dass es »eine Unverschämtheit« sei, über den Rücktritt des Papstes »auch nur zu sprechen«. Das saß. Sofort schlug sich eine ganze Reihe Kardinäle auf die Seite von Re, der Kardinalstaatssekretär schien isoliert.

Vermutlich wird man nie erfahren, was Sodano an diesem Abend vorhatte. Wenn er wirklich plante, die Kurie auf den Kurs einzuschwören, den Papst zum Rücktritt zu bewegen, dann war dieser Plan gründlich schief gegangen. Sodano erkannte den Fehler sofort: Noch am selben Abend fuhr er in die Gemelli-Klinik, um dem Papst seine Worte zu erklären, was einer Entschuldigung gleichkam. Doch das Vertrauensverhältnis zwischen Kardinal Sodano und dem Papst dürfte an diesem Tag einen nicht mehr zu kittenden Riss bekommen haben.

Denn Johannes Paul II. musste das Gefühl haben, dass sein wichtigster Mann ihn ausgerechnet in dem Moment im Stich ließ, in dem er ihn am dringendsten brauchte.

Schon immer, wenn ein Papst erkrankt war, äußerten die Medien den Verdacht, dass der Vatikan den wahren Gesundheitszustand des Papstes verheimliche. Um die Theorie, der Vatikan belüge die Öffentlichkeit und verschleiere den wahren Gesundheitszustand des Papstes, zu untermauern, verwiesen die Reporter auf irgendwelche nebulösen »Gewissheiten«. So kursierte seit Jahrzehnten der Spruch, einem Papst gehe es ausgezeichnet bis zum Tag nach seinem Tod. Keiner konnte je den Beweis dafür erbringen, dass diese »Gewissheiten« auch wirklich wahr sein sollten; in jedem Fall sorgten sie für ein unglaubliches Klima das Misstrauens im Pressesaal des Heiligen Stuhls, sobald der Papst erkrankte.

Konkret sah das so aus: Der Sprecher des Papstes kam in den Pressesaal, setzte sich hinter das päpstliche Wappen an den langen dunklen Tisch auf dem Podest und sah die versammelte Reporterschar an. Navarro-Valls wusste ganz genau, dass jeder einzelne der Reporter dachte: »Navarro lügt oder verschweigt zumindest die Wahrheit über den Gesundheitszustand des Papstes.« Natürlich traute sich keiner der Reporter, das offen auszusprechen. Stattdessen saß die Reporterschar lächelnd da und fragte Navarro-Valls brav, wie es dem Papst denn nun gesundheitlich gehe, um ein paar Minuten später vor laufenden Fernsehkameras die Worte Navarros anzuzweifeln und über den »wahren« Gesundheitszustand des Papstes zu spekulieren.

Als wolle er ein Lehrstück für die Pressegeschichte zelebrieren, entlarvte Navarro-Valls am 10. Februar 2005 diesen absurden Mechanismus auf bravouröse Weise. Es war der zehnte Tag des Krankenhausaufenthalts von Papst Johannes Paul II., und als Navarro den Pressesaal betrat, sah ich seinem Gesicht an, dass er sich etwas überlegt hatte. Er war nämlich ausgezeichneter Laune, als er an diesem Donnerstag wie stets an dem großen dunklen Tisch auf dem Podest saß, auf die versammelte Reporterschar hinabsah und ein viel sagendes Papst-Lotto inszenierte: »Also, meine Damen und Herren«, fragte er in die Runde, »was glaubt ihr: Wann kommt Papst Johannes Paul II. aus dem Krankenhaus?«

»Montag«, schrie der Erste. Dann ein Zweiter: »Sonntag.« »Dienstag«, schrie ein Dritter, und so ging das munter fort. Während wir Reporter vermutete Entlassungstage in den Pressesaal riefen, wurde uns das Spiel plötzlich klar. Angesichts der Tatsache, dass alle Medien der Welt immer wieder berichteten, Navarro sage nicht die Wahrheit, ließ er uns diesmal selbst Antworten geben nach dem Motto: »Egal, was ich sage, ihr glaubt es mir ja sowieso nicht, weil ihr nämlich davon lebt, eurem Publikum zu erzählen, wie es dem Papst ›wirklich‹ geht; und wenn ich doch die Wahrheit sagte, könntet ihr ja nicht mehr spekulieren. Also gebt euch doch gleich selbst die Antwort. Vielleicht glaubt ihr ja die.«

Nach einigen Minuten hob Joaquín Navarro-Valls die Hand und beendete das Spiel, indem er sagte: »Ihr habt mit euren Tipps alle unrecht. Johannes Paul II. kommt schon heute heraus.«

Mir fiel fast das Mikrofon aus der Hand, als ich das hörte. Nicht, weil Johannes Paul II. so rasch entlassen wurde, sondern weil Navarro diese Entlassung angekündigt hatte. Entweder hatte er damit eine unglaubliche Unvorsichtigkeit begangen, was ich angesichts seiner zwanzigjährigen Erfahrung nicht so recht glauben konnte, oder der Vatikan hatte etwas vor. Denn Navarro kannte selbstverständlich die Situation am Krankenhaus: An allen sechs Ausgängen standen Kamerateams in der Hoffnung, der Papst werde gerade dort, vor ihnen, herausfahren. Wir alle aber wussten, dass der Vatikan uns problemlos ins Leere laufen lassen konnte. Man brauchte Johannes Paul II. nur in irgendeinen jener Krankenwagen zu setzen, die alle paar Minuten das Krankenhaus verließen, und dessen trübe Milchglasfenster würden schon allein verhindern, den Papst zu erkennen. Aber die Information, dass der Papst heute noch die Klink verlassen würde, bedeutete natürlich, dass die Kamerateams unentwegt an den Eingängen lauerten, in der Hoffnung, den päpstlichen Krankenwagen zu erkennen. Und sollte der Vatikan so unvorsichtig sein, dem Papst eine Eskorte der Polizei mitzuschicken, dann ließe sich der päpstliche Krankenwagen ganz leicht ausmachen. Sofort würden die Reporterteams dem Papst hinterherfahren, und bisher waren wir immer davon ausgegangen, dass der Vatikan eine solche Medienshow auf jeden Fall verhindern wollte. Es wäre folglich viel besser gewesen, ihn aus der Klinik zu holen und erst danach anzukündigen, der Papst sei schon wieder im Vatikan. Was wollte Navarro-Valls also mit seiner Ankündigung erreichen?

Wie alle anderen fuhr auch ich hinaus zur Gemelli-Klinik, und dort spielte sich genau das ab, was zu erwarten gewesen war. An allen Ausgängen drängelten sich Kameramänner, Fotografen und Reporter. Hunderte von Römern, die Angehörige in der Klinik besucht hatten, stolze Väter, die Mütter mit ihren Neugeborenen aus der Klinik fuhren – sie alle mussten durch die Meute der Medienleute, die immer wieder rief: »Da kommt er!«, sobald ein verdächtiges Auto zu sehen war. Stets erwies sich das als falscher Alarm. Doch dann geschah etwas Ungeheuerliches: Am Ausgang der früheren alten Notaufnahme, der heute als Nebeneingang benutzt wird, bauten plötzlich die Hausmeister Palmen auf, rollten rote Teppiche aus und reparierten in aller Ruhe die quietschende Glasschiebetür. Ich saß dort vor dem Eingang in der Sonne und sah zu, wie der Teppich sorgfältig gesaugt wurde, und plötzlich wurde mir klar: Der Vatikan wollte die Medien gar nicht fernhalten, sie sollten im Gegenteil einen Triumphzug filmen, fotografieren und beschreiben. Die triumphale Rückkehr des Papstes in den Vatikan. Alle Welt sollte sehen: Der Papst hatte es noch einmal geschafft.

Und die Inszenierung hätte nicht perfekter sein können. Der Sekretär des Papstes informierte schließlich sogar die in der Kälte zitternde Reporterschar, dass es erst um neunzehn Uhr so weit sein werde. Und tatsächlich: Da kam er. Der Vatikan hatte die Sache ganz groß aufgezogen und sogar das Papamobil in die Klinik geschickt. Von zahlreichen Scheinwerfern im Inneren des Autos angestrahlt, fuhr der Papst im Geländewagen, dem Papamobil, die Rampe hoch. Sie war so steil, dass der sechsundsiebzig Jahre alte Chef der vatikanischen Gendarmerie, Camillo Cibin, der den Papst seit sechsundzwanzig Jahren beschützte und immer neben dem Papamobil herlief, kaum mehr nachkam. Mitten im Feierabendverkehr fuhr das Papamobil an Tausenden staunender Römer vorbei, die stehen blieben und klatschten. Am Petersdom sammelten sich Gruppen von Gläubigen und sangen, als der Papst in den Vatikan zurückkehrte. Trotz aller Unkenrufe war er nun also wieder da.

Die Strategie des Vatikans nach der Rückkehr schien relativ klar zu sein. Der Papst war im idealen Augenblick in den Vatikan zurückgekehrt, in der einzigen Woche im Jahr, während der im Vatikan alle offiziellen Termine abgesagt werden: der Woche der Exerzitien. In dieser Woche beten die Kurienkardinäle zusammen, sie hören sich Vorträge an und meditieren.

Die Kardinäle verheimlichten nicht, dass der Papst an den Exerzitien nicht direkt, sondern nur in seinem Zimmer teilnahm, ohne irgendjemanden zu sehen. Auch am Sonnabend, bei der Abschlussmesse der Exerzitien, fehlte der Papst seltsamerweise – zunächst war seine Teilnahme angekündigt worden. Was ging da also vor?

Am Sonntag, dem 20. Februar, erschien ein erschöpfter Papst am Fenster seines Arbeitszimmers und sprach wenige Worte des Segens. Am Mittwoch, dem 23. Februar, sagte der Vatikan die Teilnahme des Papstes an der Mittwochsaudienz ab und sandte nur eine Videobotschaft an die in der Halle Paul VI. versammelten Audienzteilnehmer. Erst einen Tag später, am 24. Februar, erfuhr die Welt, wie sehr der Papst in dieser Zeit gelitten haben musste. Überstürzt brachte ein Krankenwagen den Papst gegen 10.40 Uhr erneut in die Gemelli-Klinik. Die Diagnose der Ärzte beschrieb, wie sehr sich der Papst in den vierzehn Tagen seit dem Verlassen des Krankenhauses in seinem Appartement geschunden haben musste. Die Ärzte sprachen von einer ständigen akuten Atemnot, die den Papst seit Tagen plagte. Speichel und Schleim des entzündeten Rachenraums machten ihm das Atmen nahezu unmöglich. Die von der

Parkinsonkrankheit geschwächten Lungen schafften es einfach nicht mehr, den Speichel und den Schleim aus den Lungen nach oben zu befördern; der Papst drohte daran zu ersticken.

Den ganzen Tag über schien es am wahrscheinlichsten zu sein, dass der Papst künstlich beatmet werden würde. Im improvisierten Presseraum in der Nähe des Fahrstuhls richteten sich die Reporter auf eine lange Nacht ein. Plötzlich, um 19.55 Uhr, kam die Nachricht: Der Papst wird auf eine Operation vorbereitet. Um 20.05 Uhr rollten die Pfleger den Papst in den OP.

10

Die letzte Reise

Nun saßen wir da auf unseren Taschen und Metallkoffern, auf denen noch die Aufkleber der päpstlichen Reisen nach Manila und Rio de Janeiro, nach Abuja in Nigeria und nach Mexico City klebten. Der Marathonmann Gottes hatte uns mehr als 1,2 Millionen Kilometer um den Globus gescheucht. Überall auf der Welt hatten wir nachts zusammengesessen, irgendwer hatte vielleicht das häufige Alkoholverbot auf Papstreisen zu umgehen gewusst und ein paar Flaschen Wein aufgetrieben, den wir dann aus Zahnputzbechern tranken, während wir auf einem Flughafen warteten und der Papst vielleicht noch mitten in der Nacht vor dem Weiterflug eine Delegation empfing, in einer Kirche betete oder sich in einem Krankenhaus zu Sterbenden setzte, statt schlafen zu gehen. Um uns die Zeit zu vertreiben, hatten wir Karten gespielt und um das letzte Glas Wein gewürfelt. Doch diesmal tranken wir nichts, ließen die Computer zugeklappt und sahen stumm gegen die Wand. Wir dachten wohl alle das Gleiche, erinnerten uns an Karol Wojtyla, diesen Bären von einem Mann, der uns während vieler Auslandsreisen schon um vier Uhr morgens aus dem Bett geworfen hatte, weil das erste Pressebriefing über seine Tagespläne um 4.15 Uhr begann, und der uns erst abends gegen dreiundzwanzig Uhr nach seinem letzten Gebet, der letzten Ansprache, der letzten Messfeier ins Bett fallen ließ. Manchmal hatte er zu einem Kollegen im Flugzeug gesagt: »Mann, seht ihr müde aus, ihr müsst mal nach Castelgandolfo.« Das ist der Sommersitz der Päpste, dort reisten andere Päpste hin, um auszuruhen. Karol Wojtyla hatte dazu keine Zeit. Er jagte uns über alle Kontinente, bis wir ihn nicht mehr nur den eiligen Vater nannten, sondern auch Marathonmann. Ich glaube, es war in Afrika, als wir ihn das erste Mal so nannten; wir saßen abends zusammen, halb eingeschlafen wegen der Hitze und des Stresses, denn es war einer dieser Mammuttage gewesen, an denen der Papst gleich mehrere Städte besucht und jede Menge Predigten gehalten hatte, und von da an nannten wir ihn immer so, und das wusste er auch. Jetzt aber lag er da, nur ein paar Meter von uns entfernt, und kämpfte im OP um seinen Atem und um sein Leben. Der Mann, der unermüdlich schien, der uns wie eine ungezogene Schulklasse behandelte, wenn wir auf dem Rückflug nach einer seiner anstrengenden Reisen zu viel Sekt tranken und sangen: »Take off the cross, boss« (»Nimm das Kreuz ab, Chef«), worauf er sich manchmal das Mikrofon geben ließ und uns zum Spaß ausschimpfte. »Das hier ist eine Pilgerreise«, sagte er dann und lachte. Jetzt saßen wir da erneut zusammen, und zum ersten Mal warteten wir nicht ungeduldig auf die nächste Pressemitteilung. Dieses Mal fürchteten wir sie. Denn wir wussten, sie konnte dieses Mal aus nur vier Worten bestehen, die lauten würden: »Der Papst ist tot.«

Es ist still im Pressezentrum der Klinik, gespenstisch still, und ich wünsche mir, dass der Papst uns in diesem Augenblick sehen könnte, seltsam orientierungslos, als wäre uns der Chef abhanden gekommen: er, der allem einen Sinn gab. Ich wünsche mir, dass dieser starke Karol Wojtyla, der stundenlang durch die Berge Polens laufen konnte, bis ich Blasen an den Füßen bekam, noch einmal wiederkommt. Der starke Karol Wojtyla hätte genug Kraft gehabt, jede Operation durchzustehen, und nun hoffe ich, dass noch etwas von dieser Kraft in dem Greis übrig ist, der jetzt im OP liegt und mit dem Tod ringt. Denn dieses letzte bisschen Kraft hat er jetzt bitter nötig.

Um 20.55 Uhr schieben die Ärzte Papst Johannes Paul II. aus dem OP in sein Appartement im zehnten Stock. Er muss nicht auf die Intensivstation. Die Ärzte haben ihm eine Kanüle in die Luftröhre eingesetzt. Er kann jetzt leichter atmen, die Lungen füllen sich wieder besser mit Luft. Johannes Paul II. muss nicht mehr mit der Angst leben, zu ersticken. Die Ärzte versichern uns, die Operation sei gut verlaufen. Wir strecken uns auf den Stühlen aus, die in dem improvisierten Pressesaal herumstehen. Einige Kollegen holen aus der Pizzeria, die genau gegenüber der Gemelli-Klinik liegt, Bier, Wein und kalte Nudeln. Um 2.20 Uhr löscht Don Stanislaw Dziwisz das Licht im Zimmer des Papstes. Alles ist ruhig, er wird auch diesmal überleben. Zahnputzbecher haben wir keine, deshalb trinken wir den Wein gleich aus der Flasche.

In den Tagen nach der Operation besprach ein Großteil der Welt vor allem ein Thema: Würde der Papst jemals wieder sprechen können? Oder musste sich die katholische Kirche an einen stummen Papst gewöhnen? Kam es nun doch noch zu einem Rücktritt Karol Wojtylas?

Der Kirchenstaat bot alles auf, um zu beweisen, dass Johannes Paul II. ohne Einschränkungen weiterhin alle wichtigen Entscheidungen höchstpersönlich traf. Trotzdem wurde immer nachhaltiger darüber spekuliert, wer denn jetzt der eigentliche Chef im Vatikan sei. Unter allen scheuen Kirchenfürsten gab es zu dieser Zeit ein ganz besonders scheues Exemplar: Kardinal Joseph Ratzinger. Der Papst blieb lange im Krankenhaus, bis zum 13. März, einem Sonntag. Aber dann, kurz nach dem Angelusgebet um 12.06 Uhr, zeigte er sich am Fenster der Klinik und ließ sich zur Überraschung aller ein Mikrofon geben. Klar und deutlich sagte er auf Italienisch: »Liebe Brüder und Schwestern, vielen Dank, dass ihr gekommen seid, um mich zu besuchen.« Noch einmal hatte er es allen gezeigt. Am Abend verließ er das Krankenhaus und fuhr zurück in den Vatikan. Mehrere tausend Römer bereiteten ihm am Petersplatz einen stürmischen Empfang und riefen: »Benvenuto a casa« – »Willkommen daheim.«

Doch die überstandene Krise konnte nicht darüber hinwegtäuschen, wie schwach dieser Papst war. Von dem einst so energischen Johannes Paul II. war nichts weiter übrig geblieben als eine Ikone: Wie ein lebendes, hochverehrtes Bild, das im Ruf der Heiligkeit stand, tauchte das Gesicht des stummen Papstes an seinem Fenster auf. Es schien unglaublich, was geschah, wenn sich dieser Mann am Fenster seines Arbeitszimmers im dritten Stock des Apostolischen Palastes zeigte. Ich habe Hunderte Menschen gesehen, die plötzlich in Tränen ausbrachen, die hemmungslos heulten, die ergriffen zu diesem Fenster hochstarrten, als geschehe dort etwas Unerhörtes, obwohl sich dort doch nur ein alter, kranker Mann ein paar Augenblicke zeigte. Ich habe nie wirklich verstanden, was eigentlich da auf dem Petersplatz geschah. War es das Gefühl, einen Heiligen zu sehen? Glaubten die Menschen, dass dort oben ein Mann stand, der schon mehr war als ein frommer Mensch und ein großer Papst? Sahen sie in dieser Ikone einen Menschen, der schon in einer besonderen, nicht mehr allein irdischen Beziehung zu seinem Gott stand? Einem Gott, der dabei war, diesen Papst zu sich zu holen? Umgab diesen Papst schon diese Aura eines Mannes, der zu seinem Herrn ging? Vielleicht war es auch nur die schlichte Tatsache, dass Johannes Paul II. so unglaublich lange regiert hatte, sechsundzwanzig Jahre lang, sodass die Menschen auf dem Platz vielleicht einfach Dankbarkeit dafür empfanden, dass sie diesen Mann, den sie seit ihrer Kindheit oder Jugend kannten, noch einmal sehen konnten. Immerhin hatte dieser Papst so lange regiert, dass diejenigen Menschen, die jünger als vierzig Jahre alt waren, sich kaum mehr an einen anderen Papst erinnern konnten. Aber was immer die Menschen auf dem Petersplatz so gerührt haben mag, ich habe selten eine so mystische Atmosphäre erlebt. Ich unterhielt mich mit Menschen, die nicht einmal besonders religiös waren, deren Sehgewohnheiten durch das Fernsehen geprägt worden waren, die weder Bilder explodierender Panzer noch abstürzender Flugzeuge sonderlich aufregen konnten, die aber auf dem Petersplatz die Fassung verloren, wenn sich in mehreren hundert Meter Entfernung ein alter Mann stumm am Fenster zeigte.

Johannes Paul II. litt manchmal extrem unter dieser Situation. Er litt darunter, dass er nicht mehr sprechen konnte, sich nicht mehr bewegen konnte, kaum noch der Papst sein konnte, der er immer sein wollte. Trauer und Schwermut wichen nur noch selten von ihm. Manchmal war es nur noch furchtbar, ihn da oben stehen zu sehen. Ich erinnere mich noch genau an den

Palmsonntag des Jahres 2005, den 20. März: Da überkam mich zum ersten Mal das Gefühl, dass er mit seinem Leben abgeschlossen hatte. Mehr als 50 000 Jugendliche waren zum Jugendtag zum Petersplatz gekommen, um den Papst zu feiern. Nach der Messe schrien sie seinen Namen. Diese jungen Menschen hatten dem Papst immer wieder neue Kraft gegeben, doch an diesem Tag standen nur noch Niedergeschlagenheit, Resignation und Traurigkeit im Blick des Mannes, der stumm mit einem Palmwedel am Fenster stand, um die Woche einzuleiten, in der die katholische Kirche des Todes des Jesus von Nazareth gedenkt. Dieses Gedenken bedeutete für den Papst in diesem Frühjahr nicht nur eine liturgische Pflicht: Johannes Paul II. wusste, dass er seinem eigenen Tod gegenübertrat, wenn er in der Ölbergstunde am Donnerstag Jesu von Nazareth gedachte, wie er sich darauf vorbereiten musste, das Entsetzen des Augenblicks des Todes zu erleben; das Wissen zu ertragen, vielleicht zum letzten Mal das Licht der Sonne gesehen und die Wärme eines Menschen gespürt zu haben. Der Papst, der sein Pontifikat auf Maria aufgebaut hatte, betete jetzt auch für sich selbst: »Bitte für uns jetzt und in der Stunde unseres Todes.«

11

Ave Maria

Alle Energie, alle Konzentration richtete Papst Johannes Paul II.
seit dem Frühjahr des Jahres 2005 auf einen Tag: das Osterfest am
27. März. Johannes Paul II. wusste, dass er an diesem Tag die
Menschen würde segnen müssen. Es gab keine andere Möglichkeit. Der Papst musste um zwölf Uhr am Ostersonntag die »Urbi-et-orbi«-Formel für den päpstlichen Segen sprechen. Über alles andere konnte man reden, alle anderen Termine ließen sich ab-
sagen oder verschieben, aber nicht dieser Segen vor der ganzen
Welt am Ostersonntag. Für den Vatikan ging es um viel, denn an
diesem Tag blickte die ganze Welt nach Rom. Das tat sie ohnehin
Jahr für Jahr am Ostersonntag, aber die Konzentration auf den
Vatikan verstärkte sich natürlich ungemein, seitdem sich der Gesundheitszustand des Papstes verschlechtert hatte und er immer
wieder in das Gemelli-Krankenhaus eingeliefert worden war.
Das Interesse der Welt am Vatikan zu Ostern in dieser besonderen Situation ließ sich ganz einfach ermessen: Zum ersten Mal baten einundachtzig Fernsehstationen um die Erlaubnis, den Ostersegen des Papstes live in alle Welt übertragen zu dürfen. So viele waren es noch nie gewesen.

Die Einweisungen des Papstes ins Krankenhaus am 1. Februar und erneut am 24. Februar sollten dem einzigen Zweck
dienen, den Papst in die Lage zu versetzen, die wenigen Minuten am Fenster seines Arbeitszimmers durchzustehen, wenn
er am Ostersonntag den Segen für die Stadt und den ganzen
Erdkreis, also »urbi et orbi« beten musste. Genau genommen
musste der Papst nur ein einziges Wort sagen: »Benedicat«. Was
auf Lateinisch so viel bedeutet wie »Es segne euch«. Den Rest
des Segens (»Benedicat vos omnipotens Deus« – »Es segne
euch der allmächtige Gott«) hätte schon jemand anderer sagen
können. Doch alle Anstrengungen zielten darauf ab, dass der

Papst den Segen für die Gläubigen selbst sprechen konnte. Deshalb ließ der Vatikan Sprachtrainer kommen, die dem Papst eine neue Methode beibringen sollten, um trotz der Kanüle in der Luftröhre sprechen zu können. Mit Sorge sah sein Sekretär, dass der Papst nur sehr wenige Worte sagen konnte. Auf der anderen Seite hatte dieser Papst gerade dann, wenn es darauf ankam, immer alles geschafft. Immer dann, wenn er irgendeine Hürde einfach nehmen musste, dann hatte er sie auch genommen. Es schien also nicht völlig unwahrscheinlich zu sein, dass Papst Johannes Paul II. es noch einmal schaffen sollte. Nach dem Osterfest würde er sich dann eine lange Auszeit nehmen, um langsam das Sprechen wieder zu erlernen. Mit dem Voranschreiten des Frühlings schien es auch wahrscheinlicher zu werden, dass sich sein Gesamtzustand wieder verbesserte. Der Vatikan dachte darüber nach, den Papst nach dem Osterfest erneut in die Gemelli-Klinik einzuweisen, um ihn in seinem Appartement in der Klinik ideal zu betreuen. Aber bevor daran zu denken war, wie der Papst seinen Gesundheitszustand stabilisieren konnte, musste er erst einmal das Osterfest überstehen, musste er also unbedingt am Ostersonntag an seinem Fenster stehen, während mehr als eine Milliarde Fernsehzuschauer weltweit auf diesen Augenblick warten und genauestens registrieren würden, wie viel Kraft dieser Pontifex noch hatte.

In der Woche vor dem Osterfest verbreitete der Vatikan die Einzelheiten der verschiedenen Zeremonien. An allen anderen Veranstaltungen außer der Segnung sollte der Papst nur per Videoschaltung teilnehmen. Doch der Kalender der Zeremonien wies eine seltsame Unregelmäßigkeit auf. Für alle Zeremonien, die der Papst eigentlich selbst hätte zelebrieren müssen, war ein Kardinal vorgesehen, der ihn vertreten sollte. Die Messe am Ostermorgen sollte die Nummer zwei im Vatikan, Kardinalstaatssekretär Angelo Sodano, lesen, die Messe in der Osternacht Kardinal Joseph Ratzinger übernehmen. Die an das Waschen der Füße der Jünger durch Jesus erinnernde rituelle Fußwaschung am Gründonnerstag sollte Kardinal Alfonso Lopez Trujillo zelebrieren. Bis zum Jahr 2002, solange es dem Papst gesundheitlich noch besser ging, hatte Johannes Paul II. einfachen Gemeindepfarrern der Diözese Rom in der Lateransbasilika die Füße gewaschen. Doch für die zentrale Zeremonie, das Gebet des Kreuzwegs am Karfreitag, war kein Zelebrant vorgesehen. Jedenfalls fehlte auf dem Plan, den der Vatikan am Montag, dem 21. März, verteilte, für die Karfreitagsstunde der Name eines zelebrierenden Priesters. Sollte es möglich sein, dass der Vatikan überraschend plante, den Papst doch noch diese besonders dramatische Zeremonie leiten zu lassen?

Schon Papst Paul VI. hatte die bereits im Jahr 1750 zum ersten Mal gepflegte Form des Kreuzweg-Gebets im Kolosseum wieder eingeführt. Es ging darum, den Moment des Todes von Gottes Sohn, diesen zentralen und so traurigen Moment, besonders würdig zu feiern. Die Zeremonie ließ sich aber nicht leicht organisieren und stellte auch einen gesunden Mann vor ziemliche Herausforderungen. Zunächst einmal schien der Himmel über Rom am Karfreitag immer zu weinen – seltsamerweise regnet es regelmäßig am Karfreitagabend in Rom. Um den Kreuzweg beten zu können, muss der Zelebrant mindestens einmal das Kreuz in die Hand nehmen – allein das stellte den Papst im März des Jahres 2005 schon vor erhebliche Probleme. Einen alten, schwer kranken, soeben an der Luftröhre operierten Mann in die Kälte hinaus zum Kolosseum zu schicken, schien absolut verantwortungslos. Auf der anderen Seite maß der Papst dieser Zeremonie offenbar eine ganz besondere Bedeutung bei: Johannes Paul II. ahnte den nahen Tod. Mehrfach sagte er: »Ich weiß, dass der Moment näher rückt, in dem ich zum Herren eingehen werde.« Der Karfreitag des Jahres 2005 konnte der letzte seines Lebens sein. Johannes Paul II. wollte in den dramatischen Stunden, in denen die Kirche sich daran erinnert, wie Jesus am Kreuz mit dem Tod ringt, nicht einfach zu Hause sitzen.

Es ist kalt am Karfreitag in Rom, eine große Menschenmenge drängt sich schon eine Stunde vor Beginn der Zeremonie, die für 21.15 Uhr angesetzt ist, am Kolosseum. Es regnet leicht, und als ich ankomme, denke ich mir nichts dabei, dass überall sehr große Videoschirme aufgebaut worden sind. Ich nehme an, dass die Videoschirme einfach die Zeremonie übertragen sollen. Im letzten Augenblick teilt der Vatikan mit, dass Kardinal Camillo Ruini, der Generalvikar von Rom, die Zeremonie leiten wird. Die Entscheidung erscheint mir absolut folgerichtig: Wenn der Bischof von Rom, Papst Johannes Paul II., verhindert ist, muss sein Vikar die wichtige Zeremonie leiten.

Kurz vor Beginn des Kreuzwegs zünden die Organisatoren im Kolosseum die Fackeln am Kreuz an. Es sieht so aus, als würde das Kreuz selbst brennen – ein Moment, der den Zuschauern einen Schauder über den Rücken jagt. Kerzen werden verteilt, mit einem Papierschutz gegen den Wind, die Menschen beginnen zu singen. Dann geht auf einmal ein Raunen durch die Menge. Kurz bevor die Zeremonie um 21.10 Uhr beginnt, leuchten alle Videoleinwände auf, und das Bild von Papst Johannes Paul II. erscheint. Ein ungläubiges Staunen erfüllt die Menschen, einige Gläubige klatschen begeistert Beifall, dann ist es wieder totenstill.

Das Bild des Papstes an diesem Abend werde ich bestimmt niemals vergessen. Sie filmten ihn von der Seite. Das Gesicht konnte man nicht sehen. Er saß in seiner Privatkapelle. Unter dem Altar war ein großer Fernseher aufgebaut worden, sodass der Papst die Bilder aus dem Kolosseum sehen konnte. Er saß dort still und sah auf die Bilder, während die Menschen im Kolosseum wie gebannt auf die Bilder des Papstes in seiner Kapelle blickten. Eine unglaubliche Magie ging vom Bild dieses nach vorn gebeugten Mannes aus, von dem großen weißen Rücken, den die Bildschirme in die Nacht übertrugen. Der Papst erschien wie eine rätselhafte Ikone – ein Bild, das man nicht mehr zeigen darf, mit Augen, die schon auf den Moment des Todes gerichtet sind, die einen zu intimen, heiligen Moment erleben, um sie zeigen zu dürfen.

Nie zuvor hatte Johannes Paul II. so krank und so schwach, so hilflos eine so lange Zeremonie durchgestanden, die ausschließlich der Angst vor dem Sterben und den Todesqualen gewidmet war. Immer wieder wurde der stumme Papst eingeblendet. Ein unheimliches Bild. Die leere Kapelle war zu sehen, die Gebetsbank des Papstes und das Buch der Karfreitagszeremonie, das dort hingelegt worden war. Der supermoderne Flachbildschirm unter dem Altar bildete einen seltsamen Kontrast. Jeder, der im Kolosseum dabei war, dachte wohl das Gleiche: Die katholische Kirche zelebrierte in diesem Jahr nicht nur den Tod des Jesus von Nazareth, sondern auch den drohenden Tod des Papstes.

Eineinhalb Stunden saß der Papst dort, dann erschien zum letzten Mal sein Bild auf dem Schirm. Sein zweiter Sekretär, Mieczyslaw Mokrzycki, reichte ihm das Kreuz. Papst Johannes Paul II. versuchte es zu halten. Mit seinen schwachen Händen versuchte er das Kreuz hochzuheben, wie es Tradition ist an jeder Kreuzwegstation, aber er schaffte es nicht. Selbst das leichte Holzkreuz war zu schwer geworden für den Papst. Als die Verbindung mit dem Vatikan abgebrochen wurde, schwiegen die Menschen, als ahnten sie, dass auf den gebrechlichen Mann jetzt ein sehr schweres Kreuz wartete, sein letztes.

Auch an diesem Ostermorgen des Jahres 2005 ist es kalt in Rom. Jahr um Jahr lag der Petersdom am Ostersonntag meistens in strahlendem Sonnenschein, doch diesmal fegt ein eisiger Wind über den Platz. Die etwa 120 000 Menschen, die sich versammelt haben, frieren bitterlich. Regen peitscht herab. Kardinal Angelo Sodano liest dennoch regungslos und ohne Unterbrechungen die Ostermesse. Die Spannung steigt, auf der ganzen Welt unterbrechen Menschen das späte Osterfrühstück, Mütter lassen die Kochtöpfe stehen, und alle wollen sehen, ob Papst Johannes Paul II. in der Lage sein wird, den Ostersegen zu sprechen.

Exakt um 12.06 Uhr ist es soweit. Das Fenster des päpstlichen Arbeitszimmers öffnet sich. Der Teppich mit dem Wappen des Papstes wird herausgehängt. Die Menge applaudiert frenetisch. Alles scheint gut zu gehen, denn klar und deutlich ist links am Fenster neben dem Papst ein Mikrofon zu erkennen. Johannes Paul II. scheint also ein weiteres Mal das Unmögliche zu schaffen. Er wird sprechen. Zunächst grüßt er mit der Hand die Menge, segnet die jugendlichen Gläubigen etwa eine Minute lang, dann schlägt er immer wieder das Kreuzzeichen. Ich sehe, dass viele Menschen in Tränen ausbrechen und denken, dass dieser Papst ja vielleicht doch noch einmal eine gute Zeit vor sich haben könnte. Die schlichte Anwesenheit des Mikrofons neben dem Papst vertreibt alle düsteren Vorahnungen des Abends am Karfreitag.

Wenn er es geschafft haben sollte, sich seine Stimme wieder anzutrainieren, dann könnte dieser Papst vielleicht wieder in der Lage sein, regelmäßig Generalaudienzen zu geben, kurze Reisen zu unternehmen, einfach noch einige Jahre weiterregieren. Denn seine Ärzte haben immer wieder unterstrichen, dass Johannes Paul II. nicht an einer lebensbedrohenden Erkrankung leidet: Die Parkinsonkrankheit erlaubt vielen Menschen durchaus, sehr alt zu werden.

Genau im richtigen Moment – am Ostersonntag, während der Verkündigung der Botschaft, dass das Leben über den Tod gesiegt hat – scheint es also wieder Hoffnung zu geben für den Papst. Hoffnung darauf, dass der Papst noch ein paar gute Jahre vor sich haben und wie ein guter alter Freund der großen Familie der Katholiken der Welt zur Seite stehen könnte. Dann endlich schiebt der zweite päpstliche Sekretär Mieczyslaw Mokrzycki dem Papst das Mikrofon zu. Nur ein Wort fehlt jetzt dem Papst noch zu seinem Erfolg und zur Beruhigung der Katholiken der Welt: »Benedicat« (»Es segne euch«) musste er sagen, weiter nichts. Er scheint alle Luft, die ihm noch bleibt, in die Lungen zu pumpen, und versucht dieses Wort auszusprechen. Wie ein hoher Berg liegen diese vier Silben vor dem alten Bergsteiger Karol Wojtyla. Der Mann, der einst bis zu zwanzig Predigten und Ansprachen am Tag hielt, mehr als jeder seiner Vorgänger, kämpft mit einem einzigen Wort. Dann ist es soweit. Er legt seine Hand an den Hals, als könnte er dadurch dieses vermaledeite Wort aus dem alten, geschundenen Hals pressen, nähert seinen Mund dem Mikrofon und öffnet die Lippen, doch zu hören ist nichts als ein schreckliches Gurgeln: Der große, sieggewohnte Papst hat diesen Kampf verloren. Verzweifelt reißt er die Hände nach oben. Vielleicht ist das der dramatischste Moment seines Pontifikates. Es ist nicht die Niederlage, die den Augenblick so furchtbar macht, sondern etwas anderes. Es sind seine Augen, wie sie um Hilfe suchen, seine Sekretäre ansehen wie ein Tier, das von seinem Schlächter in die Enge getrieben wird, das verzweifelt nach einem Ausweg sucht und gleichzeitig weiß, dass es keinen gibt. Verzweifelt suchen seine Augen nach Hilfe, nach irgendetwas, woran er sich klammern könnte, irgendetwas, das ihn aus dieser Lage befreien würde, nicht sprechen zu können, obwohl er doch muss, einfach muss. Aber sein Blick erkennt: Da gibt es keine Hilfe und niemanden mehr, der ihm jetzt noch hätte helfen können. Das Kreuz muss Karol Wojtyla jetzt allein schleppen – die letzten, die schrecklichsten Meter.

Noch einmal reißt Papst Johannes Paul II. die Arme hoch, und wenn ich könnte, würde ich in diesem Augenblick am liebsten zu ihm laufen, um seine Hand zu halten und diesen verzweifelten Blick aus seinen Augen zu vertreiben. Wie er den Arm hochhält, wie sein Blick die Menge sucht, wie er die Schultern hochzuziehen versucht – all das zeugt nicht nur von seiner Hilflosigkeit, sondern auch von Scham: Der alte Mann schämt sich, es diesmal nicht geschafft zu haben, und er zeigt auf seinen Hals. »Seht, ich kann einfach nicht sprechen«, heißt das. »Seht, ich kann nicht mehr«, heißt das auch. »Es tut mir so leid«, soll das heißen, »dass ihr hier alle auf mich wartet, aber ich kann einfach nicht mehr.« Zwei lange Minuten schämt sich der arme alte Mann vor den Fernsehaugen der Welt, nachdem er vergeblich zu sprechen versucht hat, exakt bis um 12.12 Uhr zeigt er sich am Fenster, insgesamt sechs quälend lange Minuten trotz der Kälte und trotz der Operationswunde am Hals, wo eine Kanüle ihm das Atmen erleichtern soll. Dann wird das Mikrofon zur Seite genommen, das Fenster geschlossen.

Ich glaube, dass der Tod am Tag danach, am Ostermontag, in dieses Zimmer einzog. Ich glaube, dass der Papst am Montag begann, sich aufzugeben, dass er nach dieser Niederlage nicht mehr leben wollte. Seit sechsundzwanzig Jahren hatte er sich am Ostermontag gezeigt und die Menge begrüßt. Auch an diesem Ostermontag, dem 28. März, waren Zehntausende zum Petersplatz geströmt, um Johannes Paul II. zu sehen. Das Fenster des Arbeitszimmers des Papstes war geschlossen, doch die Menge gab sich zuversichtlich, sang und applaudierte in der Hoffnung, es würde geöffnet. Der Papst würde sich in dem Augenblick, wenn unten die Gläubigen auf ihn warteten, bestimmt am Fenster zeigen wollen. Zur Zeit des Angelusgebetes, um zwölf Uhr, wenn der Papst sich immer gezeigt hatte, selbst als er im Gemelli-Krankenhaus lag, begann die Menge erneut zu singen und zu klatschen, »John Paul two, we love you«, und so weiter. Die Mitarbeiter des Papstes erzählten später, dass Johannes Paul II. in diesem Augenblick, als die Menge ihn zu feiern begann, von seinem Rollstuhl aus stumm auf das geschlossene Fenster deutete und dann auf seine schlichte Uhr. Mit verzweifelten Gesten wollte er immer wieder sagen: »Es ist Zeit, mein Gott, ich habe sechsundzwanzig Jahre lang kein Angelusgebet ausgelassen, schon gar nicht am Ostermontag.« Verzweifelt sah er seine Mitarbeiter an. »Bringt mich zum Fenster, helft mir doch, lasst mich hier nicht so sitzen!« Er hob die Arme, als könnte er aus eigener Kraft das Fenster erreichen. Doch dann erkannte er an den Blicken seiner Mitarbeiter, was sie dachten. »Es hat keinen Zweck mehr, Heiligkeit. Sie setzen sich nur der kalten Luft aus, aber zu den Menschen können Sie nicht mehr sprechen.«

Ich glaube, dass in diesem Augenblick, als ein verzweifelter Papst zum Fenster sah, hinter dem Zehntausende vergeblich auf ihn warteten, der größte Kämpfer, den ich je erlebt habe, sich aufgab und seinen Herrn inständig in seinem Inneren bat, ihn jetzt zu sich zu holen.

Am Dienstag, dem 29. März, begann für mich eine ungewöhnliche Woche im Vatikan, die mit einem geradezu unwahrscheinlichen Zufall enden sollte: Ich war einer der letzten Menschen, die den Haushalt von Papst Johannes Paul II. im päpstlichen Appartement besuchen sollten. In Abstimmung mit dem Chef der Öffentlichkeitsarbeit des Weltjugendtags in Köln, Matthias Kopp, plante ich einen Film zum Weltjugendtag in der Stadt am Rhein. Die Idee bestand darin, eine Einladung über das Fernsehen an alle Jugendlichen dieser Welt zu schicken. Ich wollte mit Partnern einen Film produzieren, der das ganz normale tägliche Leben im Vatikan zeigte und die Jugendlichen neugierig machte auf die katholische Kirche und den Papst. Voraussetzung für das Projekt sollte sein, dass keiner Geld an dem Film verdienen würde. Die Fernsehanstalten sollten den fertigen Film zum Selbstkostenpreis bekommen und ausstrahlen dürfen.

Am Dienstag besprach ich die Einzelheiten mit Angelo Scelzo, dem für Fernsehaufnahmen zuständigen Verantwortlichen des Päpstlichen Rats für Soziale Kommunikation. Ich wollte Bilder aus dem Vatikan zeigen, die so noch nie gezeigt worden waren. Scelzo war überaus skeptisch, vor allem weil ich Bilder aus dem privaten Appartement des Papstes zeigen wollte: Dort durften Fernsehteams seit sechsundzwanzig Jahren nicht hinein. Um dort filmen zu dürfen, musste der Papst höchstpersönlich dem Projekt zustimmen, und da lag der Haken. Der Vatikan musste mir blind vertrauen, denn es gab aus Sicht des päpstlichen Haushaltes eine große Gefahr: Weltexklusive Bilder aus dem päpstlichen Appartement waren eine Menge Geld wert – sehr viel mehr Geld, als der Vatikan wahrscheinlich ahnte. Es ging um mehrere hunderttausend Euro. Aus Sicht der Umgebung des Papstes stellte sich das Problem so: Möglicherweise gab ich nur vor, einen Film für den Weltjugendtag zu machen, einen kompletten Film mit anständigen Texten, die ich vorher absprechen wollte. Möglicherweise gab ich nur vor, dass ich im päpstlichen Appartement drehen wollte, wo noch nie gefilmt worden war, um die Aufmerksamkeit der Jugendlichen der Welt zu wecken. Möglicherweise steckte ein ganz anderer Plan dahinter, mit dem einzigen Zweck, mich zu bereichern. Aus der Sicht des Vatikans war es immerhin möglich, dass ich ein skrupelloser Geschäftemacher war, der unter irgendeinem Vorwand im päpstlichen Appartement filmen und dann die Bilder an jeden verkaufen würde, der viel Geld dafür bezahlen wollte. Mit negativen Kommentaren unterlegt, könnten diese Bilder dann eine ganz andere Aussage bekommen, als von mir gedacht. So etwas war zumindest denkbar, und der Vatikan musste vorsichtig sein. Ich sollte am nächsten Tag mit meinem Partner ein Gespräch mit Don Stanislaw Dziwisz haben, von dem alles abhing. Ich wollte ihm möglichst viele Einzelheiten der Planung vorlegen, und vor allem wollte ich ihm so bald wie möglich den Kameramann präsentieren, der den Film drehen sollte. Nach meiner Planung sollten die ersten Schritte so verlaufen: Am Mittwoch sollte das Gespräch mit Don Stanislaw sein. Wenn dieser mit dem Papst gesprochen hatte und Seine Heiligkeit dem Projekt zustimmen würde, konnten wir am Donnerstag, dem 31. März, mit dem Kameramann alle Orte besuchen, an denen gedreht werden sollte, um ganz einfache Fragen zu klären: Wo gab es Strom für die Scheinwerfer im päpstlichen Appartement, wann schien in welchem Raum die Sonne, war es besser, dort vormittags oder nachmittags zu drehen? Welche Räume durften wir eigentlich betreten und welche nicht?

Zunächst versuchte ich einmal, die technische Seite zu klären und ein gutes Kamerateam zu beschaffen. Vor allem kam es darauf an, eine der modernen Kameras aufzutreiben, die in dem neuen »High-Definition-Wide-Screen«-Fernsehformat (16:9) filmen konnten. Der Tag entwickelte sich zu einem Desaster. Ich ging viel zu naiv vor. Ich wusste zwar, dass die Medien einen unglaublichen Druck auf alle Reporter in Rom ausübten und dass mit harten Bandagen gekämpft wurde, aber ich hatte unterschätzt, wie hart die waren. Die Situation war unglaublich angespannt: Der Papst war weltweit das Thema Nummer eins, und nach den dramatischen Bildern vom Ostersonntag schaute jetzt die ganze Welt nach Rom, um zu sehen, ob dieser Pontifex noch einmal auf die Beine kommen würde. Stündlich wurden neue Spekulationen verbreitet. Von einer unmittelbar bevorstehenden erneuten Einweisung des Papstes in die Gemelli-Klinik war die Rede. Die Medien lieferten sich eine gnadenlose Schlacht. Als ich einen Freund anrief, den ich seit vielen Jahren kannte und schätzte und der für amerikanische Fernsehteams arbeitete, machte ich einen Fehler. Ich bat ihn nicht nur, mir die Nummer eines freien Fernsehteams zu geben, sondern plapperte auch noch aus, wozu ich das Team brauchte. Wenn der Papst dem Filmprojekt zustimmte, sagte ich, würden wir im Vatikan in Räumen drehen, in denen noch nie jemand gedreht hatte. Damit wollte ich klar machen, dass ich wirklich ein sehr gutes Team brauchte. Er rief mich zurück und versicherte mir, es gebe zurzeit kein einziges freies Team in Rom, ich müsse seines nehmen. Das war eine überaus ungewöhnliche Antwort. In Rom gibt es ein Überangebot an Fernsehteams, und dass zufällig alle ausgebucht waren, schien mir sehr unwahrscheinlich zu sein. Also dankte ich erst einmal meinem Freund und rief einen entfernten Bekannten an, dem ich nur sagte, dass ich ein Team bräuchte, und ein paar Minuten später hatte ich gleich drei Angebote sehr guter Teams, die alle frei waren. Mein Freund, der fortan nur noch mein Bekannter war, hatte mich also hereinlegen wollen. Er hatte versucht, die Kontrolle über die Bilder zu bekommen, denn wenn ich gezwungen war, mit seinem Team zu drehen, dann hatte er als Erster die Bilder und konnte sie im schlimmsten Fall auf eine nicht einwandfreie Art und Weise verkaufen.

Am Mittwoch trafen mein Partner und ich uns wie abgesprochen um zwölf Uhr mit Don Stanislaw Dziwisz. Er wollte genau wissen, was für ein Projekt wir planten. »Es ist eine Fernsehsendung, die sich an die Jugend der Welt richten soll, und eine Würdigung der Leistung dieses Papstes.« Ich versuchte Erzbischof Dziwisz klar zu machen, dass ich ein Non-Profit-Projekt plante, bot ihm an, dass er im Gegenzug für sein Vertrauen vor der Ausstrahlung den Film ansehen könne und wir seine Meinung beim Schnitt berücksichtigen und Szenen, die ihm nicht gefallen sollten, gern wieder herausschneiden würden. Daraufhin sagte er etwas, das ihm alle Ehre machte: »Ich bin doch keine Zensurbehörde. Ihr könnt das drehen, was ihr für richtig haltet.«

Diese Stunde in seinem Büro bedeutet mir nicht nur deshalb sehr viel, weil ich das Gefühl hatte, dass er mir wirklich vertraute. Während wir miteinander sprachen, erkannte ich auch die Möglichkeit, dass sich nun die Teile eines Puzzles zusammensetzten, das bisher nur in ungeordneten Einzelteilen vor mir gelegen hatte. Mir war, als könnte ich es jetzt erst zusammensetzen und zum ersten Mal das ganze Bild sehen. Bislang kannte ich ja nur einen Teil der Wahrheit der Geschichte von Johannes Paul II., aber Don Stanislaw konnte mir die fehlenden Versatzstücke der Geschichte geben, die aus den Einzelteilen ein gesamtes Bild entstehen lassen würden. Bisher hatte er das nie getan. In den neununddreißig Jahren an der Seite des Erzbischofs Karol Wojtyla und später des Papstes hatte er nie ein einziges Interview gegeben. Jetzt sprach er mit mir, ich konnte ihn endlich fragen, was mich seit Jahren beschäftigte, und er gab mir tatsächlich Antwort. Er klärte zum Beispiel ein Rätsel auf, das mich schon seit vielen Jahren beschäftigte: Was war am 8. November 1999 wirklich geschehen? An diesem Tag hatte ich mit dem Papst ein kurzes Interview machen sollen aus Anlass des zehnten Jahrestages des Mauerfalls. Er hatte auch wirklich kurz mit mir gesprochen, aber nie zuvor war mir Johannes Paul II. so leidend vorgekommen wie an diesem Tag. Er zitterte so stark, dass er hinzufallen drohte. Ich wusste nicht, war das eine Fehleinschätzung? Übertrieb ich sein Leiden in diesem Moment vielleicht? Was war wirklich passiert? Denn an diesem Tag hatte sich im Kaukasus ohne Zweifel etwas sehr Ungewöhnliches zugetragen: Geplant war, dass der Papst aus Indien kommend nach seiner Landung in Tiflis mit den Kardinälen in die ehrwürdigste Kirche des Landes nach Mtskheta fliegen sollte, dreißig Kilometer vor der georgischen Hauptstadt. Doch die Kardinäle fuhren nicht mit in die Kirche, sondern gleich nach Tiflis in die Stadt. Hatten sie sich im Flugzeug mit dem Papst gestritten? Und wenn ja, worüber? Tatsache ist, dass der Papst damals allein nach Mtskheta flog und einen so starken Anfall erlitt, dass ich dachte: »Jetzt stirbt er.« Er zitterte so heftig, dass er keine Luft mehr zu bekommen drohte. Nun, sechs Jahre nach diesem Ereignis, klärte mich der Sekretär des Papstes auf: »Es ist wahr, einige Kardinäle haben ihn damals allein nach Mtskheta fliegen lassen. Sie hatten in der Nuntiatur in Indien alle etwas Schlechtes gegessen, da hatte wohl jemand Fleisch auf dem Schwarzmarkt gekauft. Der Papst hatte schon in der Nacht vor dem Abflug nach Georgien hohes

Fieber. Nach der Landung fuhren die Kardinäle in ihre Hotels, schlossen sich ein und erholten sich. Aber Johannes Paul II. musste allein in diese eiskalte Kathedrale fahren. Du hast es ganz richtig gesehen. Es ging ihm an diesem Tag sehr, sehr schlecht.«

Seine Kardinäle hatten also den großen Kämpfer Wojtyla allein gelassen, als er ihre Hilfe brauchte: Jene Kardinäle, die purpurrote Soutanen tragen, um damit zu symbolisieren, dass sie bereit sind, ihr Blut für die Kirche zu geben, hatten sich also, als es darauf ankam, in das warme Hotel verzogen. So war das also gewesen. »Armer Karol Wojtyla«, dachte ich.

Don Stanislaw stimmte dem Projekt schließlich zu und erklärte, dass auch der Papst seinen Segen für das Projekt geben werde und bereit sei, eine Einladung an die Jugendlichen der Welt zu unterschreiben. Ausschlaggebend für das Wohlwollen des päpstlichen Sekretärs war wohl vor allem das persönliche Vertrauen, das er zu meinem Partner Dr. Peter Marx hatte. Don Stanislaw Dziwisz erlaubte uns, am kommenden Tag für die nötige Besichtigung in das Appartement des Papstes zu kommen.

Genau acht Stunden, bevor Johannes Paul II. die gesundheitliche Krise erlitt, die schließlich zu seinem Tod führte, um Punkt neun am 31. März des Jahres 2005, einem Donnerstag, klingelte ich am Appartement des Papstes in der so genannten dritten Loggia, dem dritten Stock des Apostolischen Palastes. Völlig unbesorgt öffnete mir der zweite Sekretär des Papstes, Mieczyslaw Mokrzycki, Spitzname Mietek. Er hatte offenbar nicht die geringste Vorahnung, welche Tragödie sich in den kommenden Stunden abspielen sollte. Mit rührender Geduld half er mir bei den Vorbereitungen. Der Schweizergardist am Eingang verrückte hilfsbereit seinen Schreibtisch, sodass der Kameramann sich die Steckdosen anschauen konnte. Dann einigten wir uns auf die erste Einstellung. Der Film sollte ganz naiv beginnen. In der ersten Szene sollte der Moderator des Films die Klingel betätigen: »Wir klingeln beim Papst.« Dann sollte Mietek die Tür aufziehen und uns Einlass gewähren.

Also erklärte uns Mietek den Vorraum, zeigte uns das Schaltbrett an der linken Wand. Dort leuchteten Nummern auf, wie in einer geheimnisvollen Lotterie. Mietek erklärte uns auch die Bedeutung: An den aufleuchtenden Ziffern ließ sich im päpstlichen Appartement erkennen, für wen gerade eine Botschaft angekommen war. Wenn zum Beispiel die Nummer neun aufleuchtete, bedeutete dies, dass eine Botschaft für den Papst angekommen war. Leuchtete die Nummer zwei auf, war eine Botschaft für die Ordensschwestern im Haushalt des Papstes eingegangen. Der Gendarm im Hof Sixtus V. nahm die Botschaften für die Bewohner des päpstlichen Appartements entgegen und löste dann die Anzeigetafel im dritten Stock aus. Vom Hof Sixtus V. konnten Besucher direkt mit dem Aufzug bis zum päpstlichen Appartement fahren. Doch der Fahrstuhl ließ sich nur dann bedienen, wenn man den Codeschlüssel besaß. Es war ein kleiner Metallstift, den man an das Schaltbrett des Fahrstuhls halten musste, damit er sich in Bewegung setzte. Dann sahen wir uns in dem großen Wohnzimmer um – dem Raum, den die Sekretäre »Salon« nannten. Auf dem enormen Schreibtisch lag der kleine braune Klingelschalter, den bereits Papst Paul VI. hatte anbringen lassen, um während eines Gesprächs seine Sekretäre zu sich rufen zu können. Hier an diesem Schreibtisch hatte Johannes Paul II. sechsundzwanzig Jahre lang mit den wichtigsten Kardinälen die Nachmittagsbesprechungen abgehalten. Am Montag und am Freitag war Kardinalstaatssekretär Angelo Sodano gekommen, am Donnerstag Kardinal Joseph Ratzinger, mittwochs der Chef aller Bischöfe, Kardinal Giovanni Battista Re. Doch jetzt war der große Tisch verwaist, lagen keine Unterlagen mehr darauf. Auch der kleine private Schreibtisch daneben schien perfekt aufgeräumt. Ich betrachtete das Telefon. Am Abend des 7. Dezember 1980 hatte der Papst es in der Hand gehabt, als Jimmy Carter anrief und ihm von dramatischen Ereignissen berichtete: US-Aufklärungssatelliten hatten beobachtet, wie die Sowjetarmee Panzerdivisionen an der Grenze zu Polen zusammenzog; auch in der DDR wurden Truppen mobilisiert. Die Nato war informiert worden, ein Einmarsch in Polen wie im Jahr 1968 in

der Tschechoslowakei schien damals unmittelbar bevorzustehen.

Aus dem Salon führte Mietek uns in die Privatkapelle, wo
wir niederknieten und beteten. Ein paar Stunden später wollten alle wichtigen Fernsehstationen der Welt von mir die Bestätigung eines einfachen Details, das ich mit eigenen Augen gesehen hatte: Auf dem Altar in der Privatkapelle lag an diesem
Morgen das Messgewand des Papstes bereit. Die Schwestern
hatten ganz offensichtlich geglaubt, dass der Papst auch an
diesem Morgen wie immer die Messe lesen werde. Bis zu diesem Zeitpunkt gab es also offenbar keinerlei Anzeichen einer
Verschlechterung seines Gesundheitszustands. Doch der Papst
hatte an diesem Vormittag nicht die Messe in der Privatkapelle
gelesen, er hatte sich schwach gefühlt, aber niemand in seinem
Appartement maß zu dieser Zeit, gegen zehn Uhr, diesem Anzeichen eine besondere Bedeutung bei.

Ich ging mit Mietek durch die Kapelle, hinter den Altar zum
Schrein der Reliquien. Zum ersten Mal sah ich den dunklen Be-
hälter, der die Knochensplitter des heiligen Petrus enthält und
den Reliquienbehälter mit einem Stück blutgetränkten Stoffs
von Mutter Teresa. Die albanische Nonne war in Kalkutta be-
stattet worden, dieses mit Blut getränkte Stück Stoff ist die einzige Reliquie, die von ihr existiert.

Mit dem Fahrstuhl fuhren wir hinauf auf die päpstliche Terrasse. Wenn ich an diesem Tag auch nur den geringsten Verdacht gehabt hätte, dass es dem Papst ungewöhnlich schlecht
gehen könnte, wäre er dort zerstreut worden. Denn beide Sekretäre, Mieczyslaw Mokrzycki und Don Stanislaw Dziwisz,
spazierten mit mir über die Terrasse. Ich dachte sogar, dass es
dem Papst an diesem Tag relativ gut gehen müsse, denn sonst
hätten ihn sicher nicht beide Sekretäre gleichzeitig verlassen –
in der Regel blieb immer einer beim Papst. Beide Sekretäre erzählten mir, dass sie diesen ersten lauen Frühlingstag dazu genutzt hätten, um den Papst im Rollstuhl hier herauf zu bringen. Man hat dort eine fantastische Sicht über Rom, und die
Sekretäre berichteten mir, dass der Papst es bedauere, wie sich
die Ansicht Roms verändert hat. Als Johannes Paul II. 1978 ge-

wählt wurde, schimmerten die Dächer von Rom noch in einem rötlichen Glanz. Jetzt hingegen zerstören Abertausende von Satellitenschüsseln das Panorama, die Dächer von Rom wirken wie mit weißen und grauen Metallschalen gepflastert. Nach dem Attentat vom 13. Mai 1981 auf Johannes Paul II. hatte der Vatikan die Terrasse mit Panzerglasscheiben schützen lassen, denn rein theoretisch konnte ein Scharfschütze von der Kuppel aus auf den Dachgarten schießen. Doch die Marmorverkleidungen auf dem Dach waren zu schwer, der komplette apostolische Palast hatte sich abgesenkt, und die zentimeterdicken Panzerglasscheiben zwischen den Mauern hatten Sprünge bekommen.

Auf dem Dach hängen auch die Stationen des Kreuzwegs, und eine davon verschlug mir regelrecht den Atem. Ich hatte zwar davon gehört, dass es existiert, aber ich hatte das Relief noch nie gesehen: Es zeigt die Kreuzwegstation, an der Jesus das Kreuz dem Simon von Kyrene übergibt. Auf dem Bronzerelief konnte man Christus genau erkennen, der das Kreuz abgibt. Aber der Mann, der es nimmt, trägt das Gesicht von Karol Wojtyla. Wir blieben ein paar Minuten vor der Kreuzwegstation stehen, ohne auch nur im Geringsten zu ahnen, dass Karol Wojtyla in den kommenden Stunden genau das bevorstand: dass er sein Kreuz nehmen und zur Todesstätte tragen würde.

Gegen elf Uhr verließen wir das Appartement des Papstes. Mit Erzbischof Dziwisz verabredeten wir, dass die Dreharbeiten in der Bibliothek des Papstes am Mittwoch der kommenden Woche, dem 6. April, beginnen sollten und dass die Dreharbeiten im Appartement des Papstes am darauf folgenden Donnerstag starten sollten. Zunächst hatten wir vorgeschlagen, am Mittwoch auch schon im päpstlichen Appartement zu drehen, doch Don Stanislaw Dziwisz meinte, dass wir stören könnten, denn dann sei ja wie jede Woche Generalaudienz. Dieser Satz enthielt für mich zwei wichtige Informationen: Offenbar ging es dem Papst gut genug, dass man darauf hoffen konnte, er würde in einer Woche schon wieder vom Fenster seines Arbeitszimmers aus die Pilger grüßen. Zweitens steckte in dem

Satz die Information, dass Don Stanislaw Dziwisz nicht damit rechnete, dass der Papst in der kommenden Woche in die Audienzhalle Papst Paul VI. kommen könnte, um dort die Generalaudienz abzuhalten, sodass wir im päpstlichen Appartement gar nicht gestört hätten. Als wir uns von Erzbischof Dziwisz verabschiedeten, schien er zuversichtlich und gut gelaunt. Die Sonne wärmte bereits, es war ein herrlicher Tag. Das Leben feierte ein Fest. Ich kann bis heute nicht glauben, dass um diese Zeit dem Papst nur noch wenige Stunden blieben, bevor das Fieber plötzlich drastisch stieg und er seinen letzten Kampf mit dem Tod aufnehmen musste.

Nach dem Besuch im Appartement sahen wir uns nun zusammen mit Angelo Scelzo die Arbeitsräume von Johannes Paul II. an. Wir gingen durch die Thronsäle und in die legendäre Bibliothek, in der Papst Johannes Paul II. so viele Jahre lang Staatsgäste empfangen hatte. Ich war schon hundertmal hier gewesen, aber noch nie ohne den Papst und seine Gäste. Zum ersten Mal konnte ich mich ungehindert bewegen und mir alles genau anschauen. Sorgfältig betrachtete ich die Reliquie auf dem Schreibtisch. Es ist nur ein kleines Glaskästchen, und ich hatte immer geglaubt, dass es Knochensplitter des heiligen Petrus enthielte, aber auf dem Reliquienkasten stand »Ex ossibus S. Andreae et S. Benedicti Eremitae« – es handelte sich also um Knochensplitter des heiligen Andreas und des heiligen Benedikt. Ich betrachtete auch die beiden Telefone in der Bibliothek, die das Wappen der Päpste tragen, die Schlüssel des Himmels, sah mir in Ruhe die Bücherschränke an und bestaunte deutsche Bibeln, die schon Papst Paul VI. geschenkt bekommen hatte.

Anschließend schaute ich im Pressesaal des Heiligen Stuhls vorbei und traf dort auf Kollegen, die gerade im Zweifel waren, was ihre Verabredungen für das Wochenende anging. Manche wollten aufs Land fahren oder Freunde besuchen, und aus dem Vatikan kamen plötzlich alarmierende Nachrichten. Der Papst habe hohes Fieber, hieß es. Als ich gefragt wurde, was ich darüber denke, sagte ich allen das Gleiche: »Das ist ein falscher

Alarm. Mach dir keine Sorgen, fahr ruhig ins Wochenende. Ich war noch heute Morgen in der Wohnung des Papstes und sprach mit beiden Sekretären. Wenn die besorgt gewesen wären, dann hätten sie den Papst nie und nimmer allein gelassen. Wenn es auch nur das geringste Anzeichen gegeben hätte, dass sich der Gesundheitszustand des Papstes verschlechtert hätte, also drastisch verschlechtert hätte, dann wäre mit Sicherheit einer der beiden Sekretäre an seiner Seite geblieben.« Leider glaubten mir eine ganze Menge Kollegen, packten noch am Donnerstag ihre Sachen und fuhren aufs Land, zum Weintrinken in die Toskana. Tatsächlich machte ich mir auch überhaupt keine Sorgen, obwohl die Nachrichten, dass der Papst hohes Fieber habe, immer nachdrücklicher verbreitet wurden und immer alarmierender klangen. Aber ich war selbst schon viele Male auf alarmierende Nachrichten aus dem Vatikan hereingefallen und hatte selbst auch schon viel zu oft darüber geschrieben, wie schlecht es dem Papst gehe. In diesem Zusammenhang erinnere ich mich an einen ganz besonders peinlichen Zeitungsartikel von mir aus dem Jahr 1997. Der Papst flog am 31. Mai nach Polen, und ich hatte schrecklich ernste Nachrichten über seinen Gesundheitszustand gehört. Angeblich litt er an einer lebensbedrohlichen Form von Krebs. Deshalb schrieb ich, der Papst fahre noch einmal nach Hause, um sich zu verabschieden – und dann entpuppte sich das als eine völlig falsche Einschätzung. Nach meinem Besuch im päpstlichen Appartement meinte ich also, gelassener bleiben zu können, bis dann abends gegen 22.30 Uhr der päpstliche Sprecher Joaquín Navarro-Valls bestätigte, dass der Papst an hohem Fieber leide. Das war untypisch für ihn, und ich wurde stutzig. Ich kenne Joaquín Navarro-Valls seit langem und weiß, dass er auf keinen Fall so spät am Abend eine so alarmierende Nachricht veröffentlichen würde, wenn er nicht ernsthaft besorgt wäre. Wirklich besorgt. Mir blieb also nichts anderes übrig, als meine Zeitungen in Alarmzustand zu versetzen und zu versuchen, die Kollegen zu erreichen, die ich ins Wochenende geschickt hatte.

Es war eine unruhige Nacht, die auf eine schreckliche Art und Weise endete. Um 6.20 Uhr am Freitag, dem 1. April, verfasste Joaquín Navarro-Valls eine sehr dramatisch klingende Mitteilung. Der Zustand des Papstes hatte sich drastisch verschlechtert. Er litt an einer schweren Infektion der Harnwege, seine Situation musste als sehr ernst eingeschätzt werden. Dennoch fuhr ich voller Zuversicht am Morgen in den Vatikan. Ich kannte Johannes Paul II. Ich wusste, dass er ein Läuferherz hatte, eine Kämpfernatur war. Dieser Papst hatte immer alles überstanden, er hatte immer alles geschafft. Was immer man ihm auch als Hindernis in den Weg gelegt hatte, er hatte es überwunden. Johannes Paul II. war kein Mann, der sich selbst aufgab.

Joaquín Navarro-Valls sah etwas angespannt aus, als er um zwölf Uhr in die Pressekonferenz im Pressesaal des Heiligen Stuhls kam – angespannt, aber auch nicht mehr. Er verlas seine Pressemitteilung so vor der ganzen Weltöffentlichkeit, wie er alle Pressemitteilungen verlesen hatte: korrekt. Darin stand, dass der Papst eine Blutvergiftung erlitten hatte, dass die Antibiotika, die er bekam, diese Infektion vielleicht nicht in den Griff bekommen würden. Bei einem so alten Mann mit so vielen schweren Krankheiten klang das schon fast wie ein Todesurteil, aber ich wollte es noch immer nicht glauben.

Joaquín ließ einige Fragen zu. Er erklärte noch einmal, dass die Lage sehr ernst sei, dann riss ich den Arm hoch, und er sagte: »Andreas, was ist die Frage?«

Ich sagte nur: »Was denkst du?« Er kannte mich lange genug, um zu wissen, was ich damit sagen wollte: Ich wollte nicht wissen, was der Papstsprecher dachte, ich wollte ihn fragen: »Was denkst *du*?«

Er antwortete so, wie er stets auf eine solche Frage geantwortet hätte: »Es tut nichts zur Sache, was ich denke.« Aber dann brach seine Stimme ab. Es war, als hätte ihm jemand alle Kraft genommen, und nun konnte er sich als Person nicht mehr hinter der formalen Pressemitteilung verstecken. Nun kam der Mensch Navarro-Valls zum Vorschein, nicht mehr nur der stets korrekt arbeitende Pressesprecher. Er konnte nicht mehr weitersprechen, und ich sah, wie Tränen in seine

Augen schossen. Dann stand er auf und verließ den Saal. Ich ahnte: Der Papst stirbt wirklich.

Die Nachricht vom bevorstehenden Tod des Papstes breitete sich wie ein Lauffeuer aus, immer mehr Menschen strömten über die mittlerweile gesperrte Hauptzufahrtsstraße, die Via della Conciliazione, zum Petersplatz. Dort herrschte eine gespenstische Ruhe. Obwohl mittlerweile 40 000 oder 50 000 Menschen auf dem Petersplatz leise beteten, konnte man das Plätschern der Brunnen vor Sankt Peter hören. Wie ernst die Lage inzwischen war, erkannte ich auch an dem grauen Pkw vom Typ Lancia Delta, Kennzeichen CV 03359 (CV für Città del Vaticano, Vatikanstadt): Obwohl die Via della Conciliazione gesperrt worden war, stellte der Heilige Stuhl den Dienstwagen von Joaquín Navarro-Valls vor dem Pressesaal bereit. Irgendwann würde Joaquín Navarro-Valls einen Anruf bekommen, sein Büro verlassen und vorbei an einem Spalier geschockter Journalisten zum Wagen gehen. Irgendwann würde sich dieser Wagen in Bewegung setzen, links am Petersplatz vorbeifahren, zum Eingang des Vatikans am so genannten Portal des Heiligen Ufficiums. Von dort würde er am Eingang zu den Gräbern der Päpste am Petersdom vorbeifahren, bis zur Sixtinischen Kapelle, durch den Hof des Papageien quer über den Damasus-Hof bis zum Hof Sixtus V. Dort würde der Kammerdiener des Papstes, Angelo Gugel, im Aufzug auf ihn warten, um Joaquín Navarro-Valls nach oben zu begleiten. Er würde durch den Salon eilen, in dem ich noch vor vierundzwanzig Stunden bester Dinge einen Film vorbereitet hatte, in der Kapelle des Papstes ein kurzes Gebet sprechen und dann durch die Arbeitszimmer der Sekretäre bis zum Schlafzimmer des Papstes gehen. Kardinal Mario Francesco Pompedda, den der Papst dorthin zu sich gerufen hatte – um von ihm Abschied zu nehmen? –, erzählte mir, wie es dort aussah: »Es ist ein weißes, großes Schlafzimmer. Der Papst wird nicht beatmet, er hat keine Sauerstoffmaske vor dem Gesicht, ein paar Maschinen stehen neben seinem Bett. Ich habe mich hingekniet, er fing meinen Blick auf und sah mich an, er war bei Bewusstsein, aber er schien zu leiden. Er machte das Kreuzzeichen mit der Hand, fasste sich an den Hals, als wollte er sich dafür entschuldigen, dass er nicht sprechen konnte.« Auch Joaquín Navarrao-Valls würde nun bald in dem weißen Zimmer stehen, am Bett des Mannes, der ihn vor so langer Zeit, im Jahr 1984, zu seinem Sprecher gemacht hatte.

Die Stunden verstrichen, und der Wagen blieb stehen. Sobald die Büros in Rom schlossen, strömten Zehntausende Römer statt nach Hause zum Petersplatz, gegen 17.30 Uhr müssen bereits mehr als 100 000 Menschen auf dem Petersplatz und in der Via della Conciliazione gewesen sein. Der Abend senkte sich herab auf den Petersplatz, die Menschen sangen jetzt und starrten dabei wie gebannt auf die Lichter im päpstlichen Appartement. Um achtzehn Uhr kam dann der Moment, den ich am meisten gefürchtet hatte: Mit versteinerter Miene kam Joaquín Navarro-Valls aus seinem Büro, ging rasch und ohne eine Erklärung abzugeben zu dem Auto. Ich setzte mich mit fast allen anderen Kollegen vor den Pressesaal und überlegte, was es bedeuten würde, wenn Joaquín rasch zurückkehrte. Wenn Papst Johannes Paul II. gestorben war, gab es vermutlich eine Menge zu besprechen, ging es ihm besser, kehrte Joaquín Navarro-Valls wahrscheinlich rasch zurück. Aber das Auto ließ auf sich warten. Joaquín kam erst nach etwa vierzig Minuten wieder, und gleich darauf warteten wir ungeduldig im Pressesaal auf eine Erklärung von ihm. Vor dem Pressesaal drängelten sich jetzt Hunderte Reporter, die noch eingelassen werden wollten. Der Vatikan musste um Polizeischutz bitten – acht Beamte schützten daraufhin den Eingang zum Pressesaal. In einem ehemaligen Kino an der Engelsburg war ein zweites Pressezentrum eingerichtet worden, Joaquín Navarro-Valls sah man dort aber nie – seine Pressekonferenzen wurden nur per Videoschaltung dorthin übertragen. Im Pressesaal am Petersplatz herrschte bleierne Stille. Wie gelähmt saßen die Kollegen zusammen, starr vor Entsetzen. Wir alle hatten das Gefühl, dass der gute alte Mann, der irgendwie zu unserer Familie gehört hatte, uns nun verließ.

Als die Angestellten am Eingang des Pressesaals das magische Wort »Bollettino« in die Mikrofone sagten, waren wir wie elektrisiert. Normalerweise schert sich kaum jemand um diese Bulletins des Vatikans. Üblicherweise kündigen sie Entscheidungen des Papstes an, die die Welt nicht sonderlich interessieren. Darin steht, wann die Messen des Papstes anfangen, ob die Öffnungszeiten des Petersdoms geändert werden, und manchmal werden auch Enzykliken zusammengefasst. Meistens werden diese Bulletins überhaupt nur von ein paar Reportern von Kirchenzeitungen oder von einigen Agenturen abgeholt. Aber an diesem Abend wartete die ganze Welt darauf, zu erfahren, was in den Bulletins stand. Dass die Angestellten des Pressesaals das Wort »Bollettino« in die Mikrofone gesprochen hatten, bedeutete, dass Joaquín Navarro-Valls die Neuigkeiten über den Zustand des Papstes nicht persönlich im Pressesaal vortragen wollte, sondern ein Bulletin verfasst hatte. Wir wussten, dass in diesem Bulletin jetzt auch der entsetzliche Satz stehen konnte: Der Papst ist tot.

Noch aber war es nicht so weit. Der Gesundheitszustand des Papstes hatte sich weiter verschlechtert, stand in dem Bulletin. Es schien so, als würde Johannes Paul II. diese Nacht nicht überleben.

Um einundzwanzig Uhr begann dann auf dem Petersplatz das Rosenkranzgebet für Papst Johannes Paul II., und dabei kam es zu einer unglaublichen Peinlichkeit. Das Gebet leitete der zuständige Erzbischof Angelo Comastri, Vikar des Vatikans und nicht zu verwechseln mit dem Generalvikar der Stadt Rom, Kardinal Camillo Ruini. Comastri war erst vor wenigen Tagen zum Vikar befördert worden. Während Johannes Paul II. noch mit dem Tod rang, betete unten auf dem Platz Bischof Comastri: »Heute Abend oder spätestens heute Nacht wird Christus dem Papst die Pforten öffnen.« Kaum hatte Comastri diesen Satz gesagt, überschlugen sich die Nachrichtenagenturen. Wie konnte der Vatikan Bischof Comastri so etwas sagen lassen? Wie würde man dastehen, wenn sich der Papst im Lauf der Nacht wieder erholte? Wie konnte Angelo Comastri so für ihn beten, wenn auch nur der geringste Zweifel daran bestand, dass der Papst bald tot war? Wenige Augenblicke, nachdem Comastri den verhängnisvollen Satz gesagt hatte, machten nahezu alle Fernsehsender der Welt daraus die Nachricht: »Der Papst ist tot.« Dem Pressesaal des Heiligen Stuhls blieb keine andere Wahl als zu dementieren. Seine Exzellenz Comastri war also tatsächlich auf den Petersplatz gegangen und hatte den Papst bereits sterben lassen, obwohl Johannes Paul II. noch immer mit dem Tod rang.

Gegen Mitternacht bestätigten dann auch die Fernsehstationen, dass Johannes Paul II. noch am Leben war. Im Pressesaal keimte erneut so etwas wie Hoffnung auf. Wir unterhielten uns leise, und dabei dachte ich darüber nach, was ich dem Papst jetzt wünschen sollte. Sollte ich ihm wünschen, diese Nacht noch zu überstehen, sollte ich für sein Leben beten oder dafür, dass der Herr den Qualen des Karol Wojtyla ein Ende setze? Ich wusste es nicht.

Inzwischen ging es auf 1.30 Uhr zu. Joaquín Navarro-Valls hatte ausrichten lassen, dass der Pressesaal die ganze Nacht offen bleibe. Mir fielen die Augen zu. Aber kein Reporter konnte und wollte jetzt nach Hause gehen. Ich war davon überzeugt, dass Joaquín Navarro-Valls die Nachricht, auf die alle warteten, persönlich überbringen würde, in einem würdevollen Rahmen. Und ich hatte mir im Lauf der Jahre im Vatikan ein Netz von Informanten und Freunden aufgebaut, auf die ich vertraute. Gegen drei Uhr morgens rief mich einer meiner wichtigsten Informanten an und versicherte mir: »Es wird heute Nacht keine Nachricht mehr geben. Selbst wenn er sterben sollte, werden wir es erst morgen früh verkünden.« Ich wusste, dass ich mich auf diese Aussage verlassen konnte, und erklärte deshalb einem Kollegen, dass ich mich jetzt schlafen legen wollte. Sicherheitshalber bat ich ihn trotzdem, mich zu wecken, wenn ES passieren sollte, und ging zu meinem Auto, das in der Nähe des Pressesaals geparkt stand. Dort legte ich mich auf die Rückbank und schlief ein, während Hunderte von Menschen mit Kerzen in der Hand die ganze Nacht an mir vorbei zum Petersdom pilgerten.

Am Samstagmorgen wachte ich völlig zerschlagen gegen sieben Uhr in meinem Auto auf. Noch immer pilgerten die Menschen zum Petersplatz, aber ich sah, dass die Büros der päpstlichen Kongregationen rund um den Petersplatz geöffnet wurden. Das bedeutete, dass die Kurie weiterarbeitete, dass der Papst noch lebte. Notdürftig wusch ich mich im Pressesaal und rief dann meinen Informanten an. Jetzt wusste ich es sicher: Der Papst war noch am Leben. Mein Informant erzählte mir aber auch, dass die Situation nach wie vor sehr ernst war. Am Abend zuvor hatte der Papst gegen 19.30 Uhr ein weiteres Mal von seinem persönlichen Sekretär und Erzbischof Stanislaw Dziwisz die Letzte Ölung erhalten. Auch am Abend des 13. Mai 1981 hatte Don Stanislaw dem Papst schon einmal die Letzte Ölung gespendet, als der Attentäter Ali Agca ihn angeschossen hatte. Nun aber schien sich der Zustand des Papstes verbessert zu haben. Meine Informanten bestätigten mir, dass der Papst am Morgen gegen sieben Uhr in seinem Zimmer der Morgenmesse zugehört habe; er sei bei Bewusstsein gewesen. Das alles klang weniger dramatisch als befürchtet, deshalb fuhr ich nach Hause, um zu duschen und mich umzuziehen.

Kurz nach zwölf Uhr kam Navarro-Valls dann in den Pressesaal und bestätigte erneut, dass der Zustand des Papstes sehr ernst sei. Er erklärte, dass der Papst die Letzte Ölung erhalten und während der Messe am frühen Morgen die Kommunion bekommen habe. Seine Ärzte seien bei ihm, für den Papst werde alles Menschenmögliche getan. Ein weiterer Tag nervenaufreibenden Wartens begann.

Inzwischen waren alle wichtigen Kardinäle zum Papst gerufen worden, Kardinal Ratzinger war bereits am Freitagabend bei Johannes Paul II. gewesen, kam am Sonnabend aber noch einmal. Auch der Chef aller Bischöfe, Kardinal Giovanni Battista Re, der Kardinalstaatssekretär Angelo Sodano und selbstverständlich die beiden Sekretäre des Papstes, Don Stanislaw Dziwisz und Mieczyslaw Mokrzycki, waren bei ihm. Ich fragte mich, wie sich Bischof Comastri jetzt wohl fühlte, nachdem der Papst noch nicht, wie von ihm angekündigt, in den Armen Jesu Christi lag, sondern auch diese Nacht überstanden hatte.

Gegen sechzehn Uhr begannen die »Papaboys« auf dem Petersplatz zu singen. Allein, dass sie da waren, dass die Stimmung plötzlich an die Weltjugendtage, die größten Triumphe Johannes Pauls II. als Papst, erinnerten, machte mir noch einmal Hoffnung.

Allmählich wurde es Abend. Immer mehr Menschen strömten auf den Petersplatz und beteten innig den Rosenkranz. Auf einmal bemerkte ich, wie am Ende der eigentlich ja für Fahrzeuge gesperrten Via della Conciliazione zwei große Lkws auf den Parkplatz an der Engelsburg fuhren, in der Nähe des Tiber, etwa 400 Meter vom Petersplatz entfernt. Ich ging die Straße hinunter zum Tiber, um mir die Lkws anzusehen, die jeweils einen großen weißen Container geladen hatten. Als ich die Polizisten fragte, was das denn zu bedeuten habe, erhielt ich eine erschreckende Antwort: Die Polizisten hatten die Weisung, in dem Augenblick, in dem die Nachricht vom Tod des Papstes öffentlich wurde, die Lkws auf den Petersplatz fahren zu lassen. Dort sollten die Container abgeladen und damit begonnen werden, die Pressetribüne für die Trauerfeiern aufzubauen. In den Containern verbargen sich die Übertragungsmaschinen der Fernsehanstalten, und der Beamte meinte: »Sie haben uns gesagt, dass die Lkws schon mal zur Via della Conciliazione fahren dürfen. Es scheint ihm sehr schlecht zu gehen.«

Daraufhin ging ich zurück zum Pressezentrum und behielt von dort aus die gewaltigen Lkws immer im Blick. Neben den niedrigen Häusern der Altstadt am Vatikan, am so genannten Borgo, wirkten sie auf mich wie riesige schlafende Tiere. Noch standen sie still, die Scheinwerfer waren abgeschaltet, aber auch so würde die Nachricht vom Tod des Papstes »verkündet« werden: Diese beiden Vierzigtonner würden auf den Petersplatz rollen, als unübersehbares Symbol für den Tod von Johannes Paul II.

Wie am Abend zuvor wurde nun auf dem Petersplatz der Rosenkranz gebetet. Zehntausende Münder formten in vielen Sprachen die Worte: »Bitte für uns jetzt und in der Stunde unseres Todes.« Immer wieder sah ich zum Appartement des Papstes hoch. Erst brannte im dritten Stock noch Licht. Dann, gegen einundzwanzig Uhr, erlosch es plötzlich, und kurz danach ging auch das Licht im Badezimmer aus. Entweder schläft er jetzt, oder er ist tot, dachte ich. Erschöpft setzte ich mich in eine Ecke des Pressesaals und wäre fast eingedöst, als auf einmal die Kollegen der staatlichen italienischen Nachrichtenagentur durch den Pressesaal riefen: »Er ist tot. Tot!« Das Wettrennen um die erste Nachricht vom Tod des Papstes, das während der aktuellen Ereignisse zu den unwürdigsten Schauspielen geführt hatte, war vorbei. Und es reichte völlig aus, vor dem Computer sitzen zu bleiben: Joaquín Navarro-Valls hatte sich eines demokratischen Systems bedient, und so bekamen alle Agenturen die Nachricht gleichzeitig: per E-Mail.

Ich ging hinaus auf den Petersplatz vor dem Pressezentrum, wie betäubt. Es konnte doch nicht wahr sein, dass meine lange Reise mit diesem Mann jetzt wirklich zu Ende sein sollte. Ich war froh, als ich vor dem Pressesaal den einzigen Mann sah, den ich jetzt ertragen konnte, Menachem Gantz von der israelischen Tageszeitung *Maariv*. Wir fielen uns in die Arme, und ich war froh, dass ich in seinen Armen weinen konnte. Wir beide wussten vielleicht besser als irgendwer sonst, was dieser Papst geleistet hatte. Am 23. März des Jahres 2000 hatte Papst Johannes Paul II. die Gedenkstätte Yad Vashem besucht. Der Vatikan hatte entschieden, dass zwei Journalisten mit dem Papst in das Gebäude gehen sollten, in dem die Reste aus den Öfen der KZs aufbewahrt werden, in denen mehr als sechs Millionen Juden umkamen. Menachem saß in der Dunkelheit der Gedenkstätte neben mir und erzählte von seinen Verwandten, die in Auschwitz umgekommen waren. Er sagte mir: »Ich hatte immer vor, einmal nach Deutschland zu fahren, aber ich glaube, ich schaffe das nicht.« Nie habe ich es so sehr als Last empfunden, ein Deutscher zu sein, wie an diesem Abend. Bevor ich in die Gedenkstätte gegangen war, hatte mir ein anderer jüdischer Kollege, Bruno Bartoloni von der französischen Agentur AFP, erzählt: »Meine Mutter war aus Deutschland geflohen, hatte überlebt, und wenn wir Kinder in Rom mit ihr spazieren gingen und eine deutsche Familie fragte auf Deutsch nach dem Weg, tat sie immer so, als würde sie nicht verstehen. Ich war ein Kind und sagte dann immer auf Italienisch: ›Aber Mama, warum antwortest du nicht? Du kannst doch Deutsch.‹«

Ich wusste, warum sie nicht geantwortet hatte: Weil Deutsche etwas getan hatten, was niemand hatte verarbeiten, niemand hatte begreifen und niemand jemals würde verzeihen können.

Ich werde nie vergessen, wie der Papst in der Gedenkstätte die Juden um Vergebung bat für das, was Christen ihnen angetan haben, was er drei Tage später, an der Klagemauer, noch einmal wiederholte. Ich saß neben Gantz in der Dunkelheit und sah voller Hoffnung auf den Papst. Ich glaube, nie zuvor hat ein Staatsmann oder ein religiöser Führer jemals etwas so sehr auch in meinem Namen getan wie diese Bitte Johannes Pauls II. um Vergebung. Damals nahm ich Menachem in den Arm und sagte: »Es tut mir leid, alles was passiert ist; ich meine, was wir gemacht haben«, und er antwortete: »Ich habe das Gefühl, dass dieser Papst da gerade ein neues Buch aufschlägt und die lange Geschichte zwischen Juden und Christen endlich eine gute Wendung nehmen könnte.« Vier Jahre später besuchte Menachem Berlin.

Dieser Tag in Jerusalem blieb uns beiden unvergessen, und in dem Augenblick, in dem auf dem Petersplatz die Totenglocken läuteten und Kardinal Angelo Sodano der Menge verkündete, dass der Papst tot sei, da wussten wir, dass die Welt einen bedeutenden Menschen verloren hatte. Wir standen vor dem Pressezentrum auf der Straße, irgendwann schrie mich ein Polizist an, und ich begriff nicht, was er von mir wollte. Erst dann erkannte ich, dass ich den beiden gewaltigen Lkws Platz machen sollte, die zum Petersplatz rollten.

Wie Tausende anderer Menschen ging ich daraufhin mit Menachem Gantz zum Petersplatz und hörte, wie Kardinal Angelo Sodano das Totengebet für den Papst anstimmte: »De profundis«. Die Totenglocken des Petersdoms klangen dumpf; es war ein erschütternder, hohler Ton, der da über den Petersplatz klang.

Zwei erfundene Geschichten kursierten in dieser Nacht. Sie waren beide herzzerreißend gut, hatten aber beide den Schönheitsfehler, dass sie leider nicht wahr waren. Meine Zeitungen machten einen ungeheueren Druck auf mich, weil sie unbedingt eine Schlagzeile haben wollten, die auf einer Geschichte beruhte, die ein Journalist der genuesischen Tageszeitung *Secolo XIX* erfunden hatte. Darin hieß es, der Papst habe sich einen Zettel geben lassen und darauf geschrieben: »Ich bin froh, seid ihr es auch.« Doch, diese Geschichte war wirklich wunderschön. Herrlich ließ sich darüber spekulieren, wie friedlich dieser Papst in den Tod gegangen war, dass er ohne Furcht gegangen sei und dennoch seiner Leute gedenke. Es war schön, sich vorzustellen, wie friedlich ein Mann eingeschlafen sein muss, der so etwas schrieb. Doch leider musste Papstsprecher Joaquín Navarro-Valls die Geschichte dementieren. Angeblich hatte der Papst diesen Zettel den polnischen Ordensschwestern und seinem Sekretär Erzbischof Stanislaw Dziwisz gegeben, doch weder die Schwestern noch Don Dziwisz hatten je einen solchen erhalten.

Die zweite schöne Geschichte erfand der polnische Priester Yarek Cielecki, der selbst nicht dabei war, aber behauptete, sie aus zuverlässigen Quellen erfahren zu haben. Demnach hätte sich der Papst vor seinem letzten Atemzug zum Fenster des Schlafzimmers gedreht und »Amen« gesagt.

Das letzte Wort des Papstes: Amen. Was für eine Schlagzeile! Doch auch das stimmte nicht. Renato Buzzonetti, der Arzt des Papstes, erklärte schließlich: »Johannes Paul II. hat am letzten Tag seines Lebens weder etwas geschrieben noch etwas gesagt. Er ist stumm gegangen.« Aber ein Papst, der zum Abschied nichts sagt, ist keine gute Nachricht. Am Todestag des Papstes hätte ich es gern verhindert, dass die Zeitungen eine solche erfundene Geschichte druckten, aber es gelang mir nicht. Selbst an diesem Abend spielten die Medien ihr schreckliches Spiel, und ich würde lügen, wenn ich von mir behauptete, dieses Spiel nicht selbst manchmal mitzuspielen, aber an diesem Abend kotzte es mich an.

Nun hatte ich als Korrespondent eigentlich nichts mehr zu tun. Ich hätte nach Hause gehen sollen, die Zeitungen liefen längst aus den Druckmaschinen. Da sah ich Menachem immer noch vor dem Pressezentrum sitzen und neben ihm einen alten Freund von mir, A., einen Fotografen, und im ersten Augenblick dachte ich, dass er zufällig vorbeigekommen sei. Aber als er aufstand und ich in seine glänzenden Augen sehen konnte, wusste ich, dass es nicht so war. Er hatte sich einfach von der Pressetribüne entfernt, und das konnte ihn seinen Job kosten – er hätte jetzt weinende Pilger fotografieren müssen. Seine schwere Kameratasche hing an ihm herunter wie immer. Ich glaube, wir haben uns in unserem ganzen Leben noch nie verabredet, trafen uns nur immer wieder irgendwo, auf einem G8-Gipfel etwa, wo er randalierende Demonstranten fotografieren musste, wenn ein Passagierflugzeug in Mailand in einen Hangar gerast war oder während der Filmfestspiele in Venedig, aber jedes Mal, wenn wir uns sahen, tranken wir am Abend zu viel Rotwein und erinnerten uns stets an die gleichen drei Minuten unseres Lebens, als wir beide glaubten, in einem Hubschrauber gemeinsam mit Johannes Paul II. zu sterben.

»Ich werde ihn immer so in Erinnerung behalten«, sagte der Fotograf: »Wie er uns in den Helikopter gescheucht hat, völlig furchtlos, als könnte ihm nie etwas passieren, obwohl sogar der Pilot die nackte Angst nicht verbergen konnte, in dieses fürchterliche Gewitter zu fliegen.«

Das war am Abend des 12. Juni 1999 in Polen gewesen. Der Papst war an diesem Tag im Badezimmer gestürzt. Nichts Ernstes, er war hingefallen, hatte ein kleines Pflaster am Kopf, aber es ging ihm blendend. Der Helikopter flog uns von Warschau zunächst nach Sandomierz und von dort nach einer Messe mit 500 000 Menschen nach Zamosc, wo wieder eine Messe mit 500 000 Menschen gefeiert wurde. Danach musste der Papst Kinder segnen und eine Unzahl Priester begrüßen, es wurde spät, und der Abend brach herein, als wir aufbrechen wollten, um wie geplant nach Warschau zurückzufliegen. Die polnische Regierung hatte uns zwei Helikopter gestellt, einen blendend weißen für den Papst und einen etwas dunkleren für die Presse. Am Himmel schien sich Wotan höchstselbst auszutoben; Blitze zuckten durch die pechschwarzen Wolken, es hagelte offenbar da oben. Sorgenvoll sah der Pilot in das Gewitter: »Unmöglich«, meinte er schließlich und streichelte seinen Helikopter. »Seit dem Zusammenbruch des Sowjetreichs bekommen wir keine Ersatzteile mehr für die Hubschrauber.«

»Was?«, dachte ich, »seit zehn Jahren fliegen die mit diesen Kisten, ohne die Ersatzteile auszutauschen? Das ist ja Selbstmord.« Ich setzte mich neben A. an den Eingang des Helikopters und versuchte, aus einem polnischen Kollegen herauszubringen, wo man in Zamosc erstens vernünftig essen konnte, zweitens die bescheuerte Prohibition, das Alkoholverbot, umgehen konnte und wo es, drittens, ein anständiges Hotel gab. Dann war der Papst endlich fertig mit seinen letzten Gesprächen, dem letzten Segen, dem letzten Gebet und kam im Auto auf die wartenden Helikopter zugefahren. Während wir völlig ausgelaugt von der langen Reise waren, stieg er aus dem Auto aus, blickte zum Himmel hinauf und lächelte uns dann an, als wollte er sagen: »Jungs, von dem bisschen Gewitter wollt ihr euch doch nicht einschüchtern lassen. Ich muss nach Warschau zurück, und zwar heute noch, also packt mal eure Sachen und, husch, rein in den Helikopter.«

Tatsächlich stiegen wir dann also ein, und nun standen uns die schrecklichsten Minuten unseres Lebens bevor. Der Helikopter schaukelte im Gewitter wie verrückt, der Pilot flog mit einem vor Angst verzerrten Gesicht. Mit lauter Stimme beteten wir: »Ave Maria, voll der Gnaden, bitte für uns jetzt und in der Stunde unseres Todes.« Ich hielt die Hand von A., und wir malten uns aus, was wir machen würden, sollten wir diesen Flug wider Erwarten doch überleben – wir wollten gute Menschen werden. Es war ein Albtraum. In Warschau stiegen wir kreidebleich aus dem Helikopter, der Papst war bereits gelandet und saß im Auto. Es fuhr aber nicht einfach weg, sondern kam an uns vorbei, damit der Papst uns grüßen konnte: »War doch gar nicht so schlimm«, signalisierte seine Geste – »der Himmel ist eben mit uns«, lachte er und fuhr ab. So war der Marathonmann Gottes: Er musste immer weiter, und er wusste, dass er Gott an seiner Seite hatte.

»Es ist furchtbar, dass dieser Mann jetzt da oben tot liegen soll«, sagte A.

Es tat gut, ihn in den Arm zu nehmen und den Gefühlen freien Lauf zu lassen.

»Weißt du, was sie uns nie glauben werden? Wie viel Spaß wir manchmal mit ihm hatten. Sie werden aus ihm ein eiskaltes konservatives Denkmal machen. Das tut mir so leid für ihn. Das war er nicht.«

Ich hatte nie geglaubt, dass A. ein religiöser Mensch sei. Er war ein ziemlich harter Bursche. Auf dem Balkan hatte ihn die Kalaschnikow eines sechzehn Jahre alten Soldaten mehrfach getroffen, er hatte Durchschüsse an Brust und Bauch. Wir hatten auch nie darüber gesprochen, ob er religiös ist, aber ich weiß, dass er zu den ganz wenigen Profifotografen gehörte, die für den Papst auch mal auf ein Bild verzichteten, das ihnen einen Haufen Geld gebracht hätte. In seiner Heimatgemeinde Sankt Florian bei Krakau hatte sich der Papst im Sommer des Jahres 2002 ganz unvermittelt an die Gemeinde gewandt und gesagt: »Betet für mich, wenn ich tot sein werde.« Dazu faltete er die Hände – ein idealer Moment für einen »Abschuss« durch einen Fotografen, aber ich erinnere mich, wie A. damals die Kamera sinken ließ und ebenfalls die Hände faltete.

»Du musst jetzt wieder arbeiten gehen«, sagte ich zu A., »du kriegst Ärger.« Ich brachte ihn noch bis zur Pressetribüne, legte mich dann auf den Rücksitz meines Autos und schlief wie ein Stein. Die ganze Nacht zogen Hunderttausende an mir vorbei. Jetzt erst begriff ich es: Johannes Paul II. war wirklich von uns gegangen.

Am nächsten Morgen weckten mich die Gesänge der Menschen. Mehr als zwei Millionen Trauernde waren unterwegs nach Rom, mehr als 800 000 Trauergäste waren bereits eingetroffen. Die Via della Conciliazione war ein Meer von trauernden Menschen. Ich wusch mich im Pressesaal, wechselte den Anzug. Es war sein Pressesaal, er trug seinen Namen, »Johannes Paul II.«, und jetzt blieb mir nichts anderes mehr übrig, als zu seiner Leiche zu gehen und ihm die letzte Ehre zu erweisen. Ich hatte einen Anruf bekommen, dass ich kommen sollte, doch zuvor gab ich noch die Nachrichten des Morgens nach Deutschland durch: Ein unglaubliches Menschenmeer machte sich auf zur Beerdigung nach Rom. Mehr als 10 000 Busse wurden erwartet, der Katastrophenschutz sollte auf dem riesigen Gelände von Tor Vergata am Stadtrand von Rom eine Zeltstadt aufstellen. Ich ging über den Petersplatz, quetschte mich an den Polizisten vorbei. Überall waren ganze Türme von Mineralwasserflaschen aufgebaut worden. Immer wieder verloren Menschen das Bewusstsein, mussten aus der Masse herausgeholt werden, die versuchte, den Petersplatz zu erreichen. Durch das Bronzeportal ging ich hoch bis zum Damasus-Hof. Ich wusste, dass sie ihn in der Sala Clementina aufgebahrt hatten. Den Rosenkranz betend schritten die Trauergäste die Flure entlang.

Ich bin schon mehr als hundertmal in die Sala Clementina im Vatikan gerufen worden, und immer bin ich gelaufen. Johannes Paul II. ging es nie schnell genug, und ich hatte immer Angst, zu spät zu kommen, wenn er in der Sala Clementina irgendeinen Staatschef oder eine Delegation empfing. Kamen die Reporter des Pressepools zu spät, gab es Ärger. Also wetzte ich die vier steilen Treppen hinauf bis zum Eingang des Saals, wo mich ein Schweizergardist erkannte und durchwinkte. Vor allem im Sommer war ich hier oft in Schweiß gebadet gewesen, und den Weg kenne ich in- und auswendig: Vom Damasus-Hof rennt man an der Statue des den Drachen bekämpfenden heiligen Georg auf die bunten Glasfenster zu, auf denen Papst Gregor der Große zu sehen ist.

Doch an diesem Tag gab es überhaupt keinen Grund zur Eile: »Ich werde eine Ewigkeit Zeit haben, um auszuruhen«, hatte der Papst stets auf die Frage geantwortet, wann er sich endlich einmal schonen wollte. Nun war es so weit.

Mit den anderen Trauergästen stieg ich die Treppen hinauf. Alle beteten wir das Ave Maria. Dort in der Sala Clementina hatte der Papst früher immer vor dem Marmorkamin gestanden, später wartete er dort in einem Sessel auf die Besucher, und an dieser Stelle fand ich ihn auch heute. Tot. Aufgebahrt auf dem Totenbett. Sie hatten seinen Bischofsstab neben ihn gelegt, als wenn er sich daran festhalten könnte. Er hielt seinen Rosenkranz in der Hand, und seinem Gesicht sah man an, dass er bis zum Schluss um jeden Atemzug gekämpft hatte. Seine Wangen waren voller Flecken, sein Gesichtsausdruck angespannt. Er hatte viel Gewicht verloren, seine Hände schienen wie ausgetrocknet zu sein, seine einst so kräftigen Finger waren bis auf die Knochen abgemagert. Er lag ein wenig auf der Seite, und nun war es an der Zeit, von ihm Abschied zu nehmen. Wie hatte er damals in seiner Heimatgemeinde so unvermittelt gesagt? »Betet für mich, wenn ich tot bin.«

Ave Maria.

12

Das Begräbnis

Ich bin mir sicher, dass der Begräbnisgottesdienst für Johannes Paul II. eine Vorentscheidung für das Konklave bedeutet hat. Ich glaube, dass das Kardinalskollegium sich noch während des Gottesdienstes mit der Vorstellung anfreundete, dass der Mann, der so würdevoll das Begräbnis leitete, auch der nächste Papst sein könnte. Kardinal Joseph Ratzinger gab an diesem Sonntagmorgen das wichtigste Signal vor den Gläubigen und vor den Kardinälen: dass er Johannes Paul II. zutiefst bewundert und geliebt hatte. Das bedeutete vor allem eines: Sollte Kardinal Ratzinger der nächste Papst werden, dann würde er im Sinne seines Freundes Johannes Paul II. weitermachen. Und genau das, eine Fortführung des Pontifikates von Johannes Paul II., wünschte sich auch die Menge der Gläubigen, die während des Requiems immer wieder »Santo subito« forderten – »Sprecht ihn sofort heilig.« Kardinal Ratzinger nahm die Menge wie die Kardinäle auf eine unglaublich überzeugende Art und Weise für sich ein, und zwar genau an der Stelle, vor dem Portal des Petersdoms, wo die Reise des Marathonmannes Gottes enden sollte.

Begonnen hatte die Woche der Trauer am Montag, dem 4. April, 16.50 Uhr. Die Träger brachten den Leichnam aus dem Saal Papst Klemens VII. des Apostolischen Palasts hinunter über die Prachttreppe Scala Reggia, und um 17.03 Uhr erreichten sie den Haupteingang zum Apostolischen Palast: das Bronzetor. Ein gewaltiger Applaus empfing den Leichnam, während er über den Petersplatz getragen wurde, an der Stelle vorbei, an der auf den Papst geschossen worden war. Die Träger brachten ihn die Treppenstufen hinauf in den Petersdom. Hinter der Leiche gingen die engsten Mitarbeiter, die »Familie« des Karol Wojtyla: Sein Sekretär Erzbischof Stanislaw Dziwisz wirkte innerlich gebrochen; ihm folgten die fünf Ordensschwestern, die den Papst bedient hatten, der Kammerdiener Angelo Gugel, der Präfekt des päpstlichen Haushaltes, Bischof James Harvey. Dann wurde der Leichnam vor dem Grab des heiligen Petrus im Petersdom aufgebahrt. Bis um zwei Uhr nachts und dann wieder ab fünf Uhr morgens konnten die Menschen nun von ihm Abschied nehmen. Rund um den Vatikan bildete sich eine unvorstellbare Menschenschlange. Geduldig schoben sich die Menschen über Stunden und Stunden Zentimeter für Zentimeter näher an den Leichnam des berühmten Mannes heran. Viele stellten sich gegen Mitternacht in die Schlange, schliefen dann zwischen zwei und fünf Uhr mitten in der Menschenmenge und konnten dann, nachdem die Kirche um fünf Uhr wieder geöffnet wurde, gegen sechs Uhr den Sarg erreichen.

Es war ein kalter April in Rom, der Zivil- und Katastrophenschutz verteilte Decken. Unablässig betete die Menge den Rosenkranz. Es schien, als habe sich die ganze Welt aufgemacht, um in die heilige Stadt zu pilgern, und der Petersplatz bot ein gespenstisches Bild: Unter dem düsteren, verhangenen Himmel schob sich eine unglaubliche schwarze Menschentraube auf den Petersplatz zu. Dort teilte die Polizei die Menschen auf, in drei Schlangenlinien, die sich zum Petersdom hinaufwanden und schließlich in dem mit dem roten Samt der Trauer geschmückten Portal des Petersdoms verschwanden. Menschen, die mehr als einen halben Tag in der Schlange gestanden hatten, fielen erschöpft vor der Leiche des Papstes auf die Knie. Hunderttausende schluchzten vor diesem Leichnam. Es war unübersehbar, für die trauernden Menschen war auch ein Abschnitt in ihrem Leben zu Ende gegangen.

Die Pilger, die bis in die Kirche kamen, gehörten zu den Glücklichen. Auf dem Campingplatz am römischen Stadtrand campierten unterdessen mehr als eine Million Menschen, vor allem aus Polen, die versuchten, in die Stadt zu kommen, aber angesichts der völlig überfüllten Verkehrsmittel und total verstopften Straßen meist aufgeben mussten. Vor Videoleinwänden nahmen sie vom Papst Abschied. Zum ersten Mal in der Geschichte entschloss sich das Innenministerium, an alle Handybesitzer, die im Einzugsbereich der Stadt Rom registriert waren, SMS-Botschaften zu schicken: »Fahren Sie nicht nach Rom hinein. Die Stadt kann nicht mehr Pilger verkraften. Stellen Sie sich nicht mehr in die Schlange!« Doch trotz aller Warnungen riss der Strom der Pilger nicht ab.

Die Organisation der römischen Taxifahrer wurde von der Stadtverwaltung angewiesen, Tag und Nacht zu arbeiten, doch die Taxis blieben stehen. Die Pilger gingen Kilometer um Kilometer zu Fuß von den Auffanglagern am Stadtrand bis in die Innenstadt, mehr als fünfundzwanzig Kilometer weit. Die Pilgerbusse wurden bereits auf der Ringautobahn um Rom abgefangen und zu den Megaparkplätzen auf den leeren Feldern am Rand der Metropole dirigiert, wo auch während des Weltjugendtags 2,5 Millionen Menschen Platz gefunden hatten. Es waren viele arme Menschen darunter, die zu Fuß gehen mussten, nur ein bisschen Brot und Obst bei sich hatten und eine unglaubliche Tortur auf sich nahmen, um den Papst ein letztes Mal zu sehen.

Am Sonnabend trafen dann die Staatsgäste ein. Drei US-Präsidenten knieten neben dem Leichnam des Papstes, George Bush, Bill Clinton und George W. Bush. Gegen alle drei hatte dieser Papst gekämpft: Er hatte sich dem Golfkrieg von George Bush widersetzt und Bill Clintons Embargo gegen Kuba gegeißelt, er hatte allem Druck aus Washington auch dann nicht nachgegeben, als George W. Bush die Regierung übernahm. Auch dem Krieg gegen den Irak verweigerte der Papst seinen Segen. Aber am Sonnabend knieten die drei Präsidenten ehrfurchtsvoll vor der Leiche eines Mannes, der schon lebend zu einem Denkmal geworden war.

Am darauf folgenden Tag des Begräbnisses hingen dunkle Wolken über der Stadt. Niedergeschlagen kamen die Trauergäste auf den Petersplatz. Die Menge klatschte, als die Träger den Sarg von Papst Johannes Paul II. aus dem Petersdom trugen und auf dem Petersplatz vor dem Altar absetzten. In der ersten Reihe der vielen prominenten Trauergäste saß auch der Mann, der an diesem Tag am meisten trauerte: Don Stanislaw Dziwisz. Auf dem Sarg lag ein Evangelium, wie es der Papst in seinem Testament angeordnet hatte, und der Wind blätterte in den Seiten. Einer der treuesten Gefolgsmänner Johannes Pauls II. war ihm auch an diesem Tag treu: Zeremonienchef Bischof Piero Marini blieb geduldig neben dem Sarg sitzen, sein Stellvertreter Enrico Vigano assistierte Kardinal Joseph Ratzinger.

Ich hatte mit einer präzisen, genauen Würdigung Johannes Pauls II. gerechnet, einer akademischen Ansprache, wie sie zu dem Wissenschaftler Kardinal Ratzinger eben passt. Seitdem ich Kardinal Joseph Ratzinger zum ersten Mal gesehen habe, vor siebzehn Jahren, bewundere ich seinen Intellekt: Ich habe nie in meinem Leben einen Menschen kennen gelernt, der so druckreif aus dem Stand heraus sprechen kann. Scheinbar mühelos kann Kardinal Ratzinger überaus präzise formulieren. Also hörte ich ihm aufmerksam zu, und ich muss gestehen, dass ich ihm das nicht zugetraut hätte, was er da leistete: eine menschliche, warmherzige Predigt – keine akademische Würdigung, sondern eine Predigt, die zu Herzen ging, die der Liebe gerecht wurde, die so viele Menschen diesem Papst entgegengebracht hatten. Er traf genau den richtigen Ton, indem er den Menschen Johannes Paul II. in Erinnerung brachte. Es gelang ihm, die Menschen auf dem Platz zu trösten, und er tröstete auch mich. Er wusste, dass alle Trauergäste zu dem Fenster hinaufschauen würden, wo Johannes Paul II. sechsundzwanzig Jahre lang immer wieder gestanden und die Menschen gesegnet hatte, und er sagte: »Der Papst steht noch immer am Fenster. Er steht am Fenster des Hauses Gottes und schaut jetzt auf uns herab. Segne uns, Heiliger Vater.«

Kardinal Ratzinger betete, und in diesem Augenblick hatte er mein Herz gewonnen; sicher auch die Zustimmung und das Wohlwollen der meisten Kardinäle, deren rote Gewänder im Wind aufflatterten. Gebannt sahen sie zu ihrem Dekan, dessen Stimme man anmerkte, dass auch er einen Freund verloren hatte, einen *wirklichen* Freund, den er niemals verraten würde.

In den darauf folgenden Tagen trafen sich die Kardinäle zu zwölf Generalkongregationen, berieten Fragen der Organisation und setzten den Beginn des Konklaves fest. Am Montag, dem 18. April, begann die feierliche Messe »Pro eligendo Papa«.

Der Teil des Petersdoms, wo die *Pietà* des Michelangelo steht, war in eine gewaltige Sakristei für 115 Kardinäle umfunktioniert worden, und so zogen sie denn ein. Insgesamt gab es 186 Kardinäle zu diesem Zeitpunkt, 117 davon waren wahlberechtigt, doch zwei der wahlberechtigten Kardinäle waren erkrankt und konnten nicht kommen.

Die wahlberechtigten Kardinäle saßen dicht am Altar, die über Achtzigjährigen erstmals auf der »Ersatzbank«: Für sie waren die ersten Reihen im Petersdom reserviert, aber erkennbar gehörten sie jetzt nicht mehr zu den Akteuren.

Kardinal Joseph Ratzinger hielt die Predigt. Er war heiser – es war nicht zu überhören und zu übersehen, dass die zwei Generalkongregationen Kraft gekostet hatten –, er musste um seine Worte ringen. Aber trotz dieses Handicaps hielt er auch hier eine bravouröse Predigt, deren Kern aus zwei Aspekten bestand: Zum einen brauchte die katholische Kirche wieder einen Papst und starken Anführer, und zum anderen brauchte sie eine Fortsetzung dessen, was der »große Papst«, so nannte Kardinal Joseph Ratzinger Johannes Paul II., begonnen hatte. Er plädierte für Kontinuität. Ich rechnete damit, dass die Kardinäle nach der Predigt Kardinal Ratzingers klatschen würden und dass man an der Zahl der applaudierenden Kardinäle erkennen könnte, wie groß die Zustimmung für ihn im Konklave sein würde. Tatsächlich applaudierten nicht mehr als fünfzehn Kardinäle – der Syrer Ignace Moussa Daoud auffallend lange. War das ein Zeichen?

Einige Stunden später, um sechzehn Uhr, sammelten sich die Kardinäle in der Halle der Segnungen, um ins Konklave einzuziehen. Eigentlich hatte die apostolische Konstitution Papst Johannes Pauls II. vorgesehen, dass sie sich in der Kapelle des heiligen Paulus sammeln sollten, doch das hatte Johannes Paul II. nicht ahnen können: dass im Augenblick seines Todes die Kapelle gerade restauriert wurde.

13

Das letzte Jahr des Karol Wojtyla und die »Affäre Jesus«

Wenn ich mir den Augenblick des Todes von Papst Johannes Paul II. vorstellen sollte, dann dachte ich mehr als zehn Jahre lang immer, dass er eines Tages einfach umfallen würde wie ein Baum. Ich dachte, er würde am Altar sterben oder auf einer Reise nach der unfassbaren Arbeitsleistung seines Lebens. Aber seltsamerweise war der bärenstarke Papst dazu bestimmt, das Siechtum seines langsam verfallenden Körpers erleben zu müssen. Der schrittweise seine Kräfte verlierende Karol Wojtyla stand vor seinem eigenen Denkmal und konnte einfach den Ansprüchen des Jahrtausendpapstes Johannes Paul II. nicht mehr genügen. Die Bischöfe, die zu Ad-limina-Besuchen nach Rom kamen, bemerkten den Verfall der Kräfte als Erste. Auf einen Ad-limina-Besuch am Grab Petri bereiten sich die Bischöfe meist jahrelang vor. Sie konnten in Rom mit dem Papst wochenlang über die Lage in ihrem Land diskutieren. Doch tief traurig und hinter vorgehaltener Hand berichteten immer mehr Bischöfe, dass manche dieser Besuche nur einige Augenblicke gedauert hatten; der Papst hatte die Delegation nur gesegnet, dann waren die Bischöfe auch schon entlassen.

Daraufhin wurde unter den Kardinälen die Diskussion darüber, ob ein so schwacher Papst gut für die katholische Kirche sei, immer lauter geführt. Mehrere Kardinäle schlugen eine Altersbegrenzung vor, die für Päpste gelten sollte. Gleichzeitig zeigte sich aber ebenso, dass gerade die Schwäche des Papstes der katholischen Kirche auch Vorteile brachte. Die Tatsache, dass der Papst viele Ansprüche nicht mehr erfüllen konnte, wurde dadurch wieder aufgewogen, dass ihr sterbendes Oberhaupt die katholische Kirche auf sehr glaubwürdige Weise auf ihre Grundfrage zurückführte: Was bedeutet der Tod?

Dass der Papst ganz offensichtlich qualvoll leidend, langsam, aber furchtlos starb, brachte der katholischen Kirche unerwartet viele Sympathien ein und sicherte jahrelang das Interesse der Weltöffentlichkeit. Aus Sicht der Massenmedien ereignete sich etwas Ungeheuerliches: Ein Mensch starb öffentlich. Ein weltberühmter Mann, der ein Schwerstpflegefall geworden war, ließ sich nicht wegschließen in die kaum zugänglichen Teile eines Hospizes, wo er diskret sein Ende erwartete. Nein, der weltberühmte Mann beschloss, sich mitten in Rom auf den Petersplatz zu setzen und die heilige Messe zu lesen, und dadurch zwang er die Fernsehsender der Welt, diese Bilder eines sterbenden alten Mannes auszustrahlen.

Aber die katholische Kirche als Papst zu regieren bedeutet selbst für einen gesunden Mann eine gewaltige Herausforderung. Ein pflegebedürftiger, beinahe bettlägeriger Mensch kann diese Aufgabe nicht bewältigen. Der Vatikan versuchte, dieses Dilemma mit einem Drahtseilakt zu lösen: Einerseits wollte man unter allen Umständen demonstrieren, dass der Papst noch alles im Griff habe. Gleichzeitig mussten immer öfter öffentliche Auftritte abgesagt werden. So hangelte sich der Vatikan von Ausrede zu Ausrede. Zunächst wurde der randvolle Kalender mit den Auftritten des Papstes präsentiert, um den Anschein zu erwecken, alles verlaufe normal. Dann erschienen nach und nach Korrekturen. Plötzlich fand eine bestimmte Messe nicht mehr statt, weil der Papst sich erkältet hatte oder weil er sich angeblich auf einen neuen apostolischen Brief konzentrieren musste. Doch dann erschütterte plötzlich ein heftiger kircheninterner Machtkampf den Vatikan.

Möglich wurde die Affäre nur deshalb, weil im Herbst des Jahres 2003 die Kurie schon hoffnungslos überaltert war und eine seltsame Stimmung herrschte, als sei der Papst schon nicht mehr da. Johannes Paul II. hatte keinen Zweifel mehr daran gelassen, dass er fest damit rechnete, in Kürze zu sterben. Deshalb weigerte er sich auch, Schlüsselpositionen der katholischen Kirche neu zu besetzen. Er wollte seinem Nachfolger freie Hand lassen. Das bedeutete: Er ließ Kardinäle, die längst die Altersgrenze von fünfundsiebzig Jahren überschritten hatten und demnach zurücktreten mussten, einfach im Amt. Aus Sicht des Nachfolgers war das außerordentlich freundlich gedacht: Das bedeutete, dass dieser die wichtigsten Kardinäle samt und sonders in die längst verdiente Rente schicken konnte, um anschließend alle wichtigen Positionen neu zu besetzen, mit Kardinälen seiner Wahl. Papst Johannes Paul II. wollte eben nicht über das Grab hinaus Einfluss auf die katholische Kirche nehmen. Er wollte verhindern, dass sein Nachfolger eine relativ junge Mannschaft vorfinden würde, die er nicht mehr umformen kann. Zwar verfallen fast alle Ämter in der Kirchenregierung aus formalen Gründen mit dem Tod des Papstes. Üblich ist es jedoch, dass der Nachfolger die Kurienkardinäle aus Respekt für seinen soeben verstorbenen Vorgänger in ihren Ämtern bestätigt. Um einen Kardinal im Amt nicht zu bestätigen, also zum vorzeitigen Rücktritt zu zwingen, bedarf es schon eines gewichtigen Grundes. Hätte Johannes Paul II. die Schlüsselpositionen neu besetzt, wäre Benedikt XVI. also praktisch dazu gezwungen gewesen, mit den von Johannes Paul II. ausgewählten Geistlichen zusammenzuarbeiten.

Aus diesem Grund saß im September des Jahres 2004 der am 16. April 1927 geborene Joseph Kardinal Ratzinger noch immer auf dem Chefsessel der Glaubenskongregation. Auch er hätte schon mit Erreichen des fünfundsiebzigsten Lebensjahres, also bereits im April des Jahres 2002, zurücktreten müssen. Tatsächlich bot er dem Papst seinen Rücktritt auch an. Doch dieser lehnte ab. In einer solchen Situation galt es bis dahin als üblich, dass der Kardinal noch einige Monate, maximal ein weiteres Jahr, im Amt blieb und danach seinen Rücktritt ein weiteres Mal anbot. Ein zweites Rücktrittsgesuch hatte der Papst bisher immer angenommen. Kardinal Joseph Ratzinger erklärte also im April des Jahres 2003, dass er amtsmüde sei, und bot erneut den Rücktritt an. Aber zum Erstaunen des Kardinals lehnte der Papst wieder ab.

Ähnlich ging es dem Kardinalstaatssekretär Angelo Sodano. Der am 23. November 1927 geborene Sodano hätte im November des Jahres 2002 in Rente gehen müssen. Seine Rücktrittsgesuche waren aber ebenfalls abgelehnt worden. So saßen im Vatikan auf vielen Schlüsselpositionen Kirchenmänner, die längst amtsmüde waren und nur noch auf den Tod ihres hinfälligen Vorgesetzten warteten. Diese Situation übertrug sich auf den kompletten Apparat der Kirchenregierung. Es ließ sich deutlich spüren, dass eine Epoche zu Ende ging. Es fehlte an aufstrebenden Männern. Eine gewisse Disziplinlosigkeit schlich sich ein. Um es salopp zu sagen: Im Vatikan ging es zu wie in einem Büro, dessen Chef im Urlaub ist. Wer gezwungen ist, auf einem Posten zu verharren, fürchtet sich nicht vor Sanktionen und schon gar nicht davor, seinen Posten zu verlieren. Vor diesem Hintergrund trug sich im August des Jahres 2003 die schon erwähnte Affäre zu, die zunächst nur als eine Episode erschien. Erst später stellte sich heraus, dass der Vorfall ein Zeichen dafür war, dass hinter den Mauern des Vatikans der Versuch einer Revolution begonnen hatte.

Es fing damit an, dass Ende August in der Redaktion der Monatszeitschrift des Jesuitenordens, *Jesus*, ein seltsamer Briefumschlag eintraf. In dem Umschlag steckte ein kircheninternes Diskussionspapier, ein Entwurf. Aber was für ein Entwurf! Da das Monatsblatt des Jesuitenordens nicht in dem Ruf steht, ein Skandalblatt zu sein, blieb den Redakteuren eigentlich nur eine Wahl: das Papier zurückzuschicken. Ein Entwurf eignet sich kaum zur Veröffentlichung. Die Autoren, die an dem Entwurf arbeiteten, wollten natürlich nicht, dass dieser jetzt schon veröffentlicht werde. Sie hatten ihn auch nicht an die Redaktion geschickt, sie wussten offensichtlich nicht einmal, dass die Redakteure den Text schon in der Hand hielten. Doch die Sache hatte auch eine andere, ziemlich dramatische Seite: Das Papier kam zweifelsohne aus dem Vatikan, denn der Briefumschlag war im Vatikan abgeschickt worden. Wer auch immer den Brief abgeschickt haben mochte, der verfügte ganz sicher über großen Einfluss im Vatikan, weil er ansonsten einen solchen Entwurf nie in die Hand bekommen hätte. Aber warum spielte er den Text der Zeitschrift *Jesus* zu?

Als die Redakteure ihn gelesen hatten, begriffen sie, was da gespielt wurde. Böswillig hätte man sagen können, dass der

Text so etwas wie Hochverrat an Papst Johannes Paul II. war. In den mehr als zwei Jahrzehnten seiner Regentschaft war niemals etwas Ähnliches passiert. Der Text enthielt den Entwurf einer Reform der Heiligen Messe, die vieles zu zerstören versuchte, wofür Papst Johannes Paul II. ein Vierteljahrhundert gestanden hatte. Wer auch nur ein bisschen was von der katholischen Kirche versteht, musste sofort sehen, dass es sich nicht um ein normales Diskussionspapier handelte, sondern um eine Kriegserklärung. Das ließ sich schon am Stil erkennen: Alle Unterlagen des Vatikans kranken daran, dass sie zu unkonkret formuliert sind. Um nur ja in kein Fettnäpfchen zu treten, herrscht ein völlig verklausulierter Sprachstil. Wenn über Reformen gesprochen wird, dann zunächst immer auf einer hoch theoretischen Ebene. Praktische Anweisungen fehlen in der Regel völlig. Doch dieses Papier, das da in der Redaktion ankam, nannte ganz konkrete Beispiele. Es schien, als habe der Autor zunächst die Erfolge von Papst Johannes Paul II. ins Visier genommen, um sie dann wie mit einer Waffe Punkt für Punkt zu eliminieren.

Der Reformvorschlag sah in einem ersten Punkt vor, Mädchen als Messdiener wieder vom Altar zu verbannen. Diese Forderung war zwar völlig unsinnig, weil Fragen wie der Einsatz von weiblichen Messdienern von den Bischöfen vor Ort entschieden werden dürfen. Warum Rom sich in eine solche Kleinigkeit einmischen wollte, schien zunächst unverständlich. Wer aber weiterdachte, begriff, was gemeint war: Wenn der Vatikan selbst eine solche Kleinigkeit von Rom aus entschieden wissen wollte, dann hieß das, dass der zentrale Apparat noch weiter gestärkt werden sollte, während die Bischöfe vor Ort eine weitere Schwächung hinnehmen sollen. Und allen, die sich ein Priestertum für Frauen in der katholischen Kirche vorstellen können, sollte mit dem Papier gleichzeitig auch klar gemacht werden: keine Chance! Die Forderung sollte klarstellen, dass ein unglaublicher Ruck der ganzen Kirche ins konservative Lager bevorstand. Mit einer solchen Reform hätte man den Kniefall des Papstes vor den Frauen zunichte gemacht. Denn Johannes Paul II. hatte sich in seinem offenen Brief an die

Frauen für jene Mitglieder der katholischen Kirche entschuldigt, die Frauen als Menschen zweiter Klasse ansahen. Er hatte sich also ausdrücklich für Mitglieder der Kirche entschuldigt, die Frauen diskriminieren.

Weiter schlug der Text vor, die Teilnahme nichtkatholischer Priester an heiligen Messen kategorisch zu verbieten. Der größte Erfolg des Papstes waren aber doch gerade jene gemeinsamen Gottesdienste etwa mit den Rabbinern an der Klagemauer in Jerusalem oder das Gebet in der Omajjaden-Moschee in Damaskus mit den Großscheichs Syriens gewesen. Die heilige Messe besaß natürlich immer eine Sonderstellung. Aber selbst was sie anging, hatte der Papst eine Öffnung vorangetrieben: Er wählte eine bestimmte Form der heiligen Messe mit einem entsprechenden Glaubensbekenntnis, sodass er zusammen mit den orthodoxen Patriarchen den Gottesdienst feiern konnte. Damit hatte er symbolisch den nahezu tausendjährigen Streit zwischen der katholischen Kirche und den orthodoxen Kirchen beendet. Der Papst war grundsätzlich um Gesten der Aussöhnung bemüht gewesen: So öffnete er im Jahr 2000 die Heilige Pforte der Sankt-Pauls-Basilika in Rom zusammen mit dem anglikanischen Erzbischof von Canterbury, George Carey, und dem Chef des Lutherischen Weltbundes, Landesbischof Christian Krause. Die anderen Kirchen wissen ganz genau, dass die heilige Messe sehr wichtig ist für den Katholizismus. Deshalb war es eine überflüssige Ohrfeige für die anderen christlichen Religionen, dieses Verbot in einem »Reformvorschlag« noch einmal so deutlich herauszustellen.

Außerdem schlug der Text vor, Tänze, Applaus und nichtkirchliche Gesänge während der Messfeiern zu verbieten. Dieser scheinbar harmlose Vorschlag war ein Torpedo gegen einen wichtigen Pfeiler des Lebenswerks des Papstes, der eine Weltkirche geschaffen hatte. Johannes Paul II. hatte die katholische Kirche von der Übermacht der europäischen und besonders der italienischen Kardinäle befreit. In der Kurie saßen nunmehr Kardinäle aus der ganzen Welt. Vor allem in Lateinamerika und in Afrika wuchs die katholische Kirche sehr stark. Das war auch deshalb gelungen, weil den Bischöfen vor Ort erlaubt worden war, Traditionen der Völker in die heilige Messe einfließen zu lassen. Natürlich sangen Indios auch Lieder aus der Tradition ihrer Vorfahren während der heiligen Messe, und selbstverständlich konnten während der Gottesdienste in Afrika die traditionellen Tänze aufgeführt werden. Europa wollte der Welt nicht seine Kirchenlieder aufzwingen, sondern mit allen Menschen der Erde Gottes Sohn, Jesus von Nazareth, gedenken.

Alle drei Punkte trafen also ins Mark. Wer hatte das Schreiben verfasst? Wieso hatte er das getan? Was wollte er damit bezwecken? Und wie war es möglich, dass ein so brisantes Papier einer Zeitschrift zugespielt wurde?

Eine Tatsache zeigte diese Affäre jenseits aller Fragen zweifelsfrei: Der Papst hatte die vollständige Kontrolle über den Apparat des Kirchenstaats verloren. Hätte Karol Wojtyla noch alles im Griff gehabt, so hätte es niemand gewagt, der Zeitschrift *Jesus* das Papier zuzuspielen, und die Redaktion hätte es auch nicht gedruckt, denn sowohl der Verfasser des Papiers als auch der, der es hinausgeschmuggelt hatte, hätten ebenso wie der verantwortliche Redakteur enormen Ärger zu befürchten gehabt. Aber einen greisen Papst fürchtete der Machtapparat Vatikan nicht mehr. Den Redakteuren war vollkommen klar, dass die Veröffentlichung des Dokuments gleichzeitig das Ende dieser unausgegorenen Vorschläge bedeuten würde. Das Dokument hatte nur dann eine Chance, irgendwann in Kraft zu treten, wenn es geheim blieb. Jede vorhergehende öffentliche Diskussion war hochgradig schädlich. Und wer immer der Zeitschrift das Dokument zugespielt hatte, bezweckte offensichtlich genau das. Die Zeitung sollte für das Machtspiel der Kardinäle benutzt werden, und *Jesus* spielte mit. Der Entwurf wurde veröffentlicht, und damit wurde die Diskussion, die eigentlich hinter verschlossenen Türen stattfinden sollte, in die Öffentlichkeit gezerrt.

Die Entrüstung innerhalb der Kirche über das Papier war maßlos. Der Vorsitzende der Deutschen Bischofskonferenz, Kardinal Karl Lehmann, sagte auf der Frankfurter Buchmesse im Oktober des Jahres 2003, dass man diese Vorschläge »getrost vergessen« könne. Wer hinter dem Papier steckte, kam nicht heraus. Nur der Name eines beteiligten Autors wurde bekannt: Der US-amerikanische Dominikanerpater Joseph Augustine Di Noia soll an dem Text mitgeschrieben haben. Kaum jemand im Vatikan kannte diesen Mann.

Der Machtkampf der Kardinäle unter Zuhilfenahme der Zeitschrift *Jesus* war nur ein Symptom für das, was sich in der letzten Phase des Lebens von Karol Wojtyla im Vatikan abspielte: der Versuch einer Revolution von rechts. Weite Teile im Vatikan wünschen sich eine konservativere Kirche als die, für die der progressive Johannes Paul II. stand. Noch zu Lebzeiten Karol Wojtylas wollten besonders konservative Kardinäle die Weichen stellen für die Zeit nach Karol Wojtyla. Diejenigen Kardinäle, die in das Konklave einziehen würden, um einen neuen Papst zu wählen, sollten ein eindeutiges Zeichen erhalten, das zeigte, wie sich ein großer Teil der Kurie die Zukunft der katholischen Kirche vorstellte.

Begonnen hatte der Bruch zwischen dem Papst und einem Großteil der Kardinäle aber bereits am 27. Oktober 1986. Damals betete ein kraftstrotzender Karol Wojtyla mit sechzig religiösen Oberhäuptern in Assisi, der Stadt des heiligen Franz, für den Frieden in der Welt. Indianer wandten sich mit der Friedenspfeife in der Hand an den »Großen Geist«, Muslime an Allah. Es kamen Shintoisten, Anhänger von Zarathustra, Jainisten und religiöse Führer der Bahai. Hindus, die an viele Göttern glauben, waren ebenso vertreten wie Juden, die zu dem einen Gott Jahwe beten. Für Kardinal Ratzinger war das damals der Beginn einer völlig falschen Entwicklung. Wie viele in der Kurie sah er die katholische Kirche einer sehr schlimmen Gefahr ausgesetzt: einer religiösen Beliebigkeit. In Europa und Nordamerika fühlten sich Katholiken von asiatischen Religionen und Philosophien angezogen. Schauspieler, auch einige Weltstars, bekannten öffentlich, dass sie ihr Christentum mit Elementen asiatischer Religionen bereichert hätten. Verschiedene Religionen wurden in einen Topf geworfen. Neben dem Kruzifix tauchten in vielen katholischen Familien Buddha-Statuen und Bilder von Krischna auf. Die romantische Idee, dass alle Religionen, egal ob sie einen Gott oder mehrere Götter verehren, gleichberechtigt nebeneinander stehen können, dass es so etwas wie eine religiöse Wahrheit gar nicht gibt, setzte sich immer mehr durch. Die Frage, an was man glaubte, wurde in den Hintergrund gedrängt. Wichtiger schien, ob man überhaupt an einen Gott glaubte. Glaubensbekenntnisse schienen beliebig variabel, nicht einmal der Unterschied zwischen Philosophie und Religion schien mehr ernsthaft eine Rolle zu spielen.

Das Bild eines Papstes, der mit den Anführern unterschiedlichster Religionen gemeinsam um Frieden bat, ging um die Welt. Das musste den konservativen Anhängern der Kurie ein Dorn im Auge sein. Ihnen kam es vor allem darauf an, Nichtchristen zum katholischen Glauben zu bekehren. Ein unklares Gefühl für Religiosität schien ihnen eine ernsthafte Bedrohung zu sein.

14

Der Tod in Bild und Ton

Im selben Augenblick, als die Nachricht vom Tod des Papstes
über den ganzen Erdball gejagt wurde, lief vor den Mauern des
Vatikans die Medienmaschine mit voller Wucht an. Überall
wurden Kameras aufgebaut und Bilder in die ganze Welt geliefert. Gleichzeitig breitete sich im Vatikan ein ungutes Gefühl aus. Viele Kirchenmänner sahen mit Entsetzen, wie die
Medien über die Nachricht vom Tod des Papstes »herfielen«.
Während hinter den Fassaden des Vatikans Stille und Trauer
herrschten, fuhren draußen Übertragungswagen vor. Fotografen bezogen Stellung, Regisseure brüllten Kommandos über
den Petersplatz. Es schien, als würden die Medien über den
Tod des Papstes genauso gnadenlos berichten wie über einen
Massencrash in der Formel 1.

Mehrfach sprachen mich in diesen Tagen alte Weggefährten
Karol Wojtylas darauf an, ob es nicht würdelos sei, in einem
solchen Moment unter dem Einsatz von Ellbogen um einen
Platz im Pressesaal des Heiligen Stuhls zu kämpfen und hek-
tisch Nachrichten über den Tod des Papstes in einen Computer zu hacken. »Mir scheint, dass jetzt tausend Kameras auf den
Vatikan gerichtet sind«, beschwerte sich ein betagter Prälat bei
mir und fuhr fort: »Seit Tagen lungern da draußen rauchende,
Kaffee trinkende, ja Witze reißende Journalisten vor den Toren
des Kirchenstaates herum, ohne jeglichen Respekt vor einem
solchen Moment«, und ich kam bei diesen Worten doch sehr
ins Grübeln. Danach ging ich über den Petersplatz in eine Ecke
des Platzes Pius X., wo ich schon tausendmal in der Sonne gesessen und auf den Petersdom geschaut hatte, wenn es im an-
grenzenden Pressesaal gerade nichts zu tun gab. Dabei hatte
ich mir nicht gerade die gemütlichste Stelle ausgesucht. Der
Stromgenerator des Imbisswagens, der dort seit Jahrzehnten

am Rand des Petersplatzes steht, rattert laut, und den Krach überbrüllen nur die Fahrer am nahen Taxistand, die das Fußballspiel vom letzten Sonntag diskutieren, und die Kunden des Zeitungskiosks auf der anderen Straßenseite, die einen total genervten Verkäufer jeden Tag tausendfach nach dem Weg zur Sixtinischen Kapelle fragen. Dennoch mag ich den Platz, vielleicht weil die Sonne den honigfarbenen Travertinstein so angenehm wärmt und man das Chaos der Menschen, die aus aller Herren Länder dem Petersdom zuströmen, so gut beobachten kann. Für mich hatte hier alles angefangen. Hier kaufte ich mir nach meiner ersten Akkreditierung im Jahr 1987 eine Postkarte mit dem Foto des Papstes und setzte mich in die Sonne. Das ist also der Mann, dachte ich damals, um den du dich kümmern sollst. Auf dem Foto betete der Papst mit gefalteten Händen. Die Postkarte gibt es längst nicht mehr. Ich erinnere mich an den himmelblauen Hintergrund und das Lächeln des Papstes auf dem Foto. Eigentlich hätte ich ihn schon kurz nach dem ersten Tag in der sonnigen Ecke am Petersplatz kennen lernen können. Der Papst empfing alle Journalisten der Auslandspresse in Castelgandolfo, aber ich konnte dort nicht hingehen, weil mein Chef dorthin ging. Ich musste erst selbst der Chef werden, um mich Seiner Heiligkeit vorstellen zu können, musste erst das Vertrauen seines Pressechefs Joaquín Navarro-Valls gewinnen, um ein erstes kurzes Interview mit dem Papst führen zu dürfen. Das war in seiner Dienstmaschine. Johannes Paul II. kam auf mich zu, und Joaquín Navarro nickte ermunternd: »Andreas, du kannst Seine Heiligkeit ansprechen.« Doch ich blieb erst einmal stumm. Als der Mann von der Postkarte vor mir stand, wollte mir erst einmal kein einziger, geschweige denn ein vernünftiger Satz einfallen. Dabei hatte ich jahrelang auf diesen Moment gewartet und hart darauf hingearbeitet. »Was ist denn?«, fragte Navarro-Valls, »sprich ruhig.« Schließlich stellte ich doch eine schlecht formulierte Frage zur Schwangerenkonfliktberatung: Ich fragte, ob der Kurs der Kirche gegenüber Frauen, die abtreiben wollen, nicht zu hart sei, und dabei dachte ich die ganze Zeit nur: »Was machst du, wenn er dir auf Latein antwortet?« Stattdessen sprach er Deutsch, fehlerfrei. Ich weiß noch genau, dass er zurückfragte: »Können sich die Deutschen nicht leisten, ihre Kinder großzuziehen?«

Damals ahnte ich nicht, dass ich fünf Jahre später in den Bergen des Kaukasus für das Leben dieses Mannes beten würde. Ich hätte niemals für möglich gehalten, dass ich eines Tages in Tiflis eine Verhaftung riskieren würde, um wenigstens zu versuchen, dass irgendeiner der Verantwortlichen einem schwer erkälteten, unter Schüttelfrost leidenden Papst klar machte, dass er diese Zeremonie jetzt abbrechen musste, weil er am Ende war und in ein Bett gehörte. Ich hätte nicht für möglich gehalten, dass der Reporter Andreas Englisch diesem Papst gegenüber einmal vor allem Dankbarkeit empfinden würde und so etwas wie Scham. Ich hatte diesen Papst lange völlig falsch beschrieben. Ich hatte ihn wie eine unnahbare Majestät dargestellt, als einen verbissenen, alten Mann. Ich hatte noch keine Ahnung von jener Menschlichkeit und der unglaublichen Wirkung, die dieser Papst überall auf der Welt erzielen konnte, und ich hatte mich auch noch in einem anderen Punkt geirrt: Ich hätte nicht gedacht, dass es so viel Spaß machte, einem Papst bei der Arbeit zuzusehen. Ich wusste, dass Fürstenhöfe Beobachter schnell zu Bewunderern machen, und ich war gewarnt davor, dass unabhängige Beobachter in einem Palast wie dem vatikanischen leicht zu Untertanen werden können. Bedingt durch meinen Job als Auslandskorrespondent in Italien, hatte ich mit vielen Menschen dramatische Stunden erlebt und jahrzehntelange Freundschaften gepflegt. Ich hatte den langjährigen Ministerpräsidenten Giulio Andreotti, der verdächtigt wurde, ein Mörder und Mafioso zu sein, ein Jahrzehnt lang für unschuldig gehalten, ihm das immer wieder gesagt und mit ihm zusammen den Freispruch in letzter Instanz gefeiert, aber mit dem Papst unterwegs zu sein, war etwas ganz anderes: weil es nicht in erster Linie den Reporter interessierte, was Karol Wojtyla tat, sondern den Menschen Andreas Englisch. Dennoch hätte ich niemals für möglich gehalten, dass ich eines Tages bleich werden würde vor Wut, weil ein greiser Papst stumm und nachdenklich vor seinem Vaterhaus in Wadowice stand und ein Vikar ihn wegzerren wollte zur nächsten Veranstaltung. Ich hätte niemals gedacht, dass ich dann vor Wut platzen könnte, nur weil der alte Johannes Paul II. in Gedanken versunken da stand, wo der kleine Karol, Spitzname Lolek, einmal aufgebrochen war, um einen sehr langen Weg hinter sich zu bringen, und weil man ihm diesen Moment der Erinnerung nicht gewähren wollte. Ich hätte nie geglaubt, dass ich eines Tages einen syrischen Geheimdienstbeamten, der die Taschen einiger Mitglieder der vatikanischen Delegation durchwühlen wollte, anschrie, er solle diese Leute in Ruhe lassen, sie seien schließlich nicht hierher gekommen, um Politik oder Geschäfte zu machen, sondern im Namen des allmächtigen Gottes. Ich spürte, dass ich manchmal voller Stolz das päpstliche Wappen, die Schlüssel des Himmels, als Erkennungszeichen für die Polizei auf meine Koffer klebte, wie vom Vatikan verlangt, weil ich das Gefühl hatte, mit einem Mann kreuz und quer über den Globus zu reisen, der im Namen des Guten unterwegs und bereit war, alles dafür zu geben – weit mehr, als eigentlich in seiner Kraft stand. Und nun saß ich nach seinem Tod an meinem Platz in der Ecke des Platzes Pius XII., angelehnt an die Wand des Pressesaals, und sah auf den Platz vor der riesigen Peterskirche. Dieses Eckchen an der Piazza Pius XII. hatte mein Leben grundsätzlich verändert. Denn irgendwann hatte ich hier an der Mauer gelehnt und darüber nachgedacht, ob mein Sohn mich eines Tages fragen würde: »Sag mal, wer ist eigentlich dieser Johannes Paul II.?« Ich beschloss noch dort an diesem Mauervorsprung in der Sonne, für meinen Sohn ein Buch zu schreiben; also aufzuschreiben, wo ich eigentlich mit diesem Papst unterwegs war, als er bei der Mama zu Hause saß und manchmal im Fernsehen mitverfolgte, wo der Papst und damit auch der Papa gerade waren. Verlage interessierten sich zu meiner Verwunderung für das Buch, es erschien schließlich und hatte einen unglaublichen Erfolg – einen so großen Erfolg, wie ihn niemand, weder ich noch der Verlag, dem Buch je zugetraut hätten. Über Nacht wurde ich plötzlich von Talkshow zu Talkshow im Fernsehen weitergereicht, wildfremde Menschen sprachen mich auf der Straße an, ich erhielt

Dankesbriefe von Mitgliedern der Deutschen Bischofskonferenz – dabei hatte ich doch nur meine eigene, ganz persönliche Geschichte erzählt; ich hatte nur beschrieben, wie ich als Mensch und Reporter diesen Papst über fast zwei Jahrzehnte erlebt und wie sehr er mich verändert hatte. Nach der Veröffentlichung erhielt ich waschkörbeweise Briefe, und fast alle, die mir schrieben, beendeten ihren Brief mit der Frage: »Was wird das wohl für Sie bedeuten, wenn dieser Papst einmal stirbt?«

Natürlich wusste ich eine Antwort auf die Frage, was es bedeutete, wenn dieser Mann starb; das war mein Job. Nun war er gestorben, und genau in diesem Augenblick hätte ich eigentlich gar keine Zeit haben dürfen, hier draußen an der Wand zu lehnen mit abgeschaltetem Handy, sondern ich hätte im Pressesaal sitzen müssen, Interviews geben und Artikel genau über diese Frage verfassen müssen. Ich hätte schreiben sollen, dass eine Epoche zu Ende gegangen war, dass es jetzt darauf ankam, das theologische Testament des Papstes umzusetzen – und so weiter und so fort. Alles in allem waren die Antworten, die ich dafür hatte, auch ganz in Ordnung – nur darum ging es nicht. Was bedeutet es für mich, lautete die Frage. Darum ging es, und das versuchte ich mir erst einmal selbst klarzumachen.

Ich sah hoch zu seinem Fenster, wo ich ihn Abertausende Mal beim Angelusgebet an Sonntagen gesehen hatte und wo ich ihn nun nie wieder sehen würde. Ich hatte Dutzende Auslandsreisen mit diesem Papst in seinem Dienstflugzeug hinter mich gebracht. Wenn er in den Kaukasus fliegen wollte, packte ich meine wärmsten Sachen in den Koffer und flog mit, und wenn er trotz Attentatsdrohungen nach Syrien wollte oder alte sowjetische Hubschrauber benutzte, die seit Ewigkeiten nicht gewartet worden waren, in Baku oder in Aserbaidschan oder in Afrika, dann schluckte ich, atmete einmal tief durch, versuchte meine Angst zu vergessen und – flog mit.

Wo immer dieser Papst hinreiste: Ich war sein Reporter, ich war ihm überallhin gefolgt, im Zug und im Flugzeug, im Auto und manchmal zu Fuß. Aber da, wo er jetzt hingegangen war, dahin konnte ich ihm nicht folgen.

Ja, was bedeutete es für mich? Ich fühlte mich allein gelassen, ein Teil meines Lebens war zu Ende gegangen, ein Teil von mir verabschiedete sich jetzt. Alles hatte sich jahrelang um diesen Mann aus Polen gedreht, aus vielen Kollegen waren Freunde geworden, und wenn sie mich anriefen und wir uns darüber beklagten, dass man in großen Städten wie Rom nie Zeit findet, sich zu treffen, weil alle Wege zu weit und das Leben so kompliziert ist, dann endeten alle diese Telefongespräche immer mit der gleichen Frage: »Und, wie geht es ihm?« Und stets konnte mit dieser Frage nur er gemeint sein, Karol Wojtyla. Längst schon hatte ich gelernt, jeden Blick, jede Geste von ihm einzuschätzen oder, wenn man ihm einmal wirklich nichts ansah, auf die Reaktion seines ergebenen Sekretärs Stanislaw Dziwisz oder auf die Miene des nahezu regungslosen Zeremonienchefs Bischof Piero Marini zu achten, um zu deuten, wie es Johannes Paul II. wirklich ging. Ich hatte Karol Wojtyla auf diesem Platz vor dem Petersdom, der Arena der Päpste, so oft gesehen. Es war ihr Schicksalsplatz, auf dem Balkon mussten sie sich zeigen, nachdem das »Habemus Papam« gesagt worden war. Hier mussten sie sich zur Schau stellen, hier versammelten sich zu Weihnachten und zu Ostern Hunderttausende, und die Geschichte hatte zufällig den ehemaligen Laienschauspieler Karol Wojtyla ausgesucht, der als erster Papst erkennen musste, dass dieser Platz zwar groß zu sein scheint, in Wirklichkeit aber nur eine intime kleine Bühne ist für Hunderte Millionen Fernsehzuschauer in aller Welt. Es war ausgerechnet diesem kranken, unter dem Verfall seines Körpers leidenden Papst aufgebürdet worden, dass die Menschen in nahezu allen Ecken der Welt über eine Unzahl Kameras jede Bewegung, jede Geste des Oberhaupts von einer Milliarde Christen gnadenlos geliefert bekamen. Es war ihm nicht erspart geblieben, dass die Welt dabei zusah, wie ihm der Speichel unkontrolliert aus seinem Mund tropfte. Sein Herr hatte ihm auch das aufgebürdet, und nie hatte er sich davor gedrückt. Es hätte ihn nur eine Andeutung gekostet, einen irritierten Blick, um die Welt der Kameras auszusperren. Aber er tat es nie. Nicht einmal in dem Moment, in dem er vermutlich alles dafür gegeben hätte, allein zu sein, um noch ein einziges Mal am Grab seiner Eltern zu beten, ohne den Beraterstab und ohne die Medienmeute, ohne die Blitzlichter der Kameras und die ständig klingelnden Handys der Reporter. Er hätte nur seinen Sekretär Don Stanislaw Dziwisz gewähren lassen müssen, der um jeden einzelnen Moment der Ruhe für seinen Chef kämpfte, aber er ließ ihn nie gewähren: auch nicht, als er dorthin zurückkam, wo für ihn alles angefangen hatte – in die Krakauer Gruft, in der er seine erste Messe als katholischer Priester gelesen hatte.

Damals war er noch allein gewesen dort unten. Nur seine Stimme war zu hören, als er die Totenmesse für seine verstorbenen Eltern und Geschwister las. Aber im Sommer 2002, als er in derselben Gruft kniete und glauben musste, nie wieder dorthin zurückzukehren, als er, schon von Todesahnungen erfüllt, die Polen um das Versprechen bat, für ihn zu beten, wenn er tot sein würde – nicht einmal an diesem Tag ließ er die unerbittlich auf ihn gerichteten Kameras aussperren.

Johannes Paul II. hat immer gewusst, dass er einen sehr hohen Preis dafür zahlen musste, dass das Schicksal ihm aufgebürdet hatte, der Papst zu sein. Für Karol Wojtyla war seine Bezeichnung »Diener der Diener Gottes« nicht nur einer der neun Titel eines Papstes. Es war seine Berufung. Natürlich war ihm bei seiner Wahl noch nicht klar gewesen, was wirklich alles auf ihn zukommen würde. Er hatte keine Ahnung davon gehabt, dass ihm vorbestimmt sein würde, öffentlich unter den Augen von Millionen Zuschauern zu leiden, die neugierig zusahen, wie ein alter Mann seinem Tod entgegenging. Aber er hatte die Spielregeln akzeptiert. Er wusste, dass dieser Petersplatz, auf dem ich gerade stand, seine Arena war. Nur ganz selten hatte er um Gnade gebeten. Fast immer hatte er die gleichgültigen Augen der Fernsehproduzenten ertragen, die einen Papst filmen ließen, wie sie auch einen Boxer aufgenommen hätten, bedacht auf technisch perfekte Fernsehbilder. Er ertrug den Krach der Stative, die die Fotografen immer mit sich schleppten und geräuschvoll in den Boden rammten, damit sie ihn besser fotografieren konnten: »abschießen«, wie das bezeichnenderweise heißt. Er ertrug das Piepen der tragbaren Computer, die während stummer Andachten in kleinen Kapellen hochgefahren wurden, während er versuchte zu beten. Und manchmal gelang ihm sogar ein Wunder. Manchmal konnte er sogar diese abgebrühten Medienleute erreichen, die ihn meistens nur durch ihre Objektive sahen und darauf warteten, dass er einen Schwächeanfall erlitt, weil sie diese Bilder eines zusammenbrechenden Papstes besser verkaufen konnten. Manchmal sah er ihnen in die Augen, und gelegentlich ließen dann selbst diese Reporter, für die der Papst nur eine Nachricht war, die Mikrofone oder Fotokameras sinken und falteten die Hände, weil sie an ihren eigenen Tod dachten und an ihre eigene Frage danach, ob ein gütiger Gott existiert.

Karol Wojtyla wusste das alles. Er wusste, dass nicht einmal sein Tod ihm gehören würde, dass er als Papst seine Rechte als Privatperson verloren hatte. Er wusste, dass die Übertragungswagen anrücken würden, und er hätte über den Eifer der vor sich hinfluchenden, ständig über irgendein Malheur schimpfenden Medienleute gelächelt. Vielleicht hätte er auch dem Prälaten, der sich über den pietätlosen Medienrummel echauffierte, zugelächelt und gesagt: »Hast du denn in der langen Zeit, in der ich hier im Vatikan war, nichts verstanden? Weißt du nicht, dass wir uns opfern müssen, wie sich Christus geopfert hat? Sie haben um seine Kleider gewürfelt, als er am Kreuz hing, sie haben ihn angespuckt und verhöhnt.« Karol Wojtyla hatte begriffen, dass die Welt schon lange nicht mehr voller Demut und Ergriffenheit auf einen Papst sah. Die Welt wollte überzeugt werden. Die Liebe der Menschen bekommen Päpste nicht mehr geschenkt. Sie müssen sie sich verdienen. Das war es, was Karol Wojtyla verstanden hatte. Er war es, der beschlossen hatte, öffentlich zu sterben, der sich nicht in den Petersdom zurückzog, um seine Gebrechlichkeit zu verbergen. Er hatte seinen Stuhl auf den Petersplatz stellen lassen und seinen verfallenden Körper einer Medienmeute gezeigt, weil ihm daran gelegen war, seine Botschaft so glaubwürdig wie möglich weiterzugeben, die da lautete: »Habt keine Angst! Habt keine

Angst vor dem Tod, wie ich keine Angst vor dem Tod habe, denn es gibt einen gütigen Gott im Himmel.«

Papst Johannes Paul II. wusste ganz genau, dass die Bilder von ihm keineswegs nur der Verbreitung seiner Botschaft dienten, sondern auch dazu, Geld zu verdienen, ein »werbefreundliches Umfeld« zu schaffen für Anzeigen und Werbespots. Johannes Paul II. wusste das alles, und jedes Mal, wenn er darauf angesprochen wurde, ob ihm nicht klar sei, dass seine Gesten auch missbraucht werden könnten, hatte er abgewunken und gesagt: »Natürlich wird das auch missbraucht werden. Aber um diese Gefahr auszuschließen, dürfte man gar nichts mehr tun.«

Der prophetische Medienpapst hatte immer wieder versucht, den Vatikan an die Präsenz der Massenmedien zu gewöhnen, und sein Nachfolger, Benedikt XVI., wird davon profitieren.

15

Vorteil für Benedikt XVI.

Am 23. April 2005 trat Papst Benedikt XVI. um elf Uhr in der großen Audienzhalle das Erbe des Medienpapstes an. Noch vor der Einführung in sein Amt wollte er die Medienvertreter treffen, die sich in Rom aufhielten. Mit Spannung erwarteten die Frauen und Männer den neuen Papst, und als Benedikt XVI. in die Audienzhalle kam, lag ein strahlendes Lächeln auf seinem Gesicht. Er hob die Arme zum Segen, und die etwa 5000 Menschen in der Halle applaudierten. Eigentlich hätten nur Journalisten und deren Mitarbeiter in der Audienzhalle anwesend sein dürfen, aber irgendwer hatte – vermutlich, um die leeren Plätze zu füllen – ganze Schulklassen in die Audienzhalle gelassen, und kaum betrat der Papst die Audienzhalle, hörte man das natürlich. Die Kinder und Jugendlichen schrien immer wieder den Namen des Papstes. »Be-ne-det-to« hallte es immer und immer wieder durch die Halle. In den ersten Minuten nahm der Papst den Applaus hin, dann applaudierten auch die Journalisten, der Beifall donnerte durch die Halle. Der Papst hob noch einmal die Arme, doch als die Kinder nun wie im Fußballstadion zu pfeifen anfingen, senkte der Papst sie demonstrativ, um den Anwesenden klar zu machen: Es reicht jetzt, wir sind hier nicht bei einer Sportveranstaltung. Die Menge gehorchte, Papst Benedikt XVI. setzte sich und hatte auf kurze, eindringliche Weise den Reportern der Welt gezeigt, was für einen Stil er pflegen würde. Applaus wollte der Papst entgegennehmen wie sein Vorgänger, aber eine Atmosphäre wie während eines Rockkonzerts oder während einer Sportveranstaltung wollte er nicht dulden. Triumphzüge wie unter Johannes Paul II. mit langen Ovationen würde es nicht mehr geben. Ich war ziemlich gespannt, wie Benedikt XVI. das vor einem wirklich frenetischen Publikum durchsetzen wollte, vor

Hunderttausenden Mexikanern etwa – den fanatischsten Papstanhängern, die ich je gesehen habe – oder vor den mehr als eine Million Jugendlichen, die ihn in Köln erwarten würden. Solche Mengen in den Griff zu bekommen, würde keine leichte Aufgabe sein. Doch der Geste, die den Applaus unterbrach, folgte nun eine sehr warmherzige Ansprache mit Worten voller Verständnis. Viele Reporter hatten drastische Änderungen erwartet – es galt als sicher, dass der als schüchtern geltende Joseph Ratzinger einen deutlichen Kurswechsel vornehmen und die Medien weit mehr auf Distanz halten würde. Die meisten Reporter erwarteten an diesem Morgen, dass der Papst während des ersten Treffens mit den Journalisten vor allem eine deutliche Kritik an den Massenmedien anbringen würde; schließlich hatten sie sowohl den Tod des alten als auch die Wahl des neuen Papstes nach allen Regeln der Kunst ausgeschlachtet. Doch statt die Medien zu schelten, dankte der Papst den Vertretern der Massenmedien sehr herzlich und zeigte Verständnis für ihre Arbeit: »Ich weiß«, sagte er, »dass Sie manchmal unter schwierigen Umständen arbeiten müssen. Sie haben in den vergangenen Wochen das Interesse der ganzen Welt auf Rom gelenkt während der Trauerfeier und der Wahl eines neuen Papstes. Dafür gebührt Ihnen Dank.« Nach einem drastischen Kurswechsel und einer großen Distanz dieses Papstes zu den Massenmedien klang das nicht. Aber nicht nur der Inhalt der Ansprache überraschte die Gläubigen, sondern auch die Sprache. Benedikt XVI. begann seine Ansprache auf Italienisch, dann sprach er auf Englisch weiter, was völlig normal und angebracht schien, da das Treffen dem Päpstlichen Rat für Soziale Kommunikation galt und dessen Chef, dem US-Amerikaner John Patrick Foley. Aber dann wechselte Papst Benedikt XVI. erneut die Sprache und hielt einen Teil seines Vortrags auf Französisch, was ebenfalls noch relativ normal schien, weil Französisch nun einmal die Sprache der Diplomatie ist. Auch Papst Johannes Paul II. hatte sich vor allem während seiner Ansprachen an Politiker oder Diplomaten ab und zu der französischen Sprache bedient. Aber dann sprach Benedikt XVI. auch noch deutsch, und sobald er das erste Wort auf

Deutsch gesagt hatte – »Damit ...« –, applaudierten die deutschen Journalisten. Benedikt XVI. unterbrach sich und brachte fast so etwas wie eine Entschuldigung vor. Er sagte: »Ich bediene mich jetzt der Sprache meines Heimatlandes.«

Danach zeigte sich die wichtigste spanische Nachrichtenagentur, »EFE«, darüber enttäuscht, dass der Papst kein Wort Spanisch gesprochen hatte, obwohl dies die Sprache der Mehrheit der Katholiken auf der Welt ist, vor allem in Süd- und Mittelamerika. Und schon war ein Teil der Medien, die Benedikt XVI. eben noch eher zurückhaltend an ihre Verantwortung erinnert hatte, was die Schaffung eines bestimmten Klimas innerhalb der Öffentlichkeit angeht, entschlossen, gegen den Papst in den Kampf zu ziehen, nur weil er sich ihrer Sprache nicht bedient hatte. Das zeigt: Auch dieser Papst wird sich daran gewöhnen müssen, jetzt im absoluten Rampenlicht der Medien zu stehen. Mit allem, was das bedeutet.

16

Wer ermordete Johannes Paul II.?

Während der ersten Pressekonferenz nach dem Tod des Papstes fragte ein Kollege der politischen Wochenzeitschrift *Panorama* im Pressesaal des Heiligen Stuhls: »Warum wurde die Leiche von Papst Johannes Paul II. erst am Tag nach dem Tod obduziert?« Dahinter stand noch eine andere Frage: Wurde Papst Johannes Paul II. ermordet wie sein Vorgänger Papst Johannes Paul I.? Ist es denkbar, dass der Papst nicht eines natürlichen Todes starb, sondern einfach durch unterlassene Hilfeleistung umgebracht wurde? Hatten die Zeitungen Recht, die spekulierten, dass Johannes Paul II. schon mehrere Stunden tot war, bevor ihn der Vatikan abends um 21.37 Uhr offiziell für tot erklärte? Sollten da Spuren verwischt werden? Hatten seine Ärzte in dem Augenblick, als ihn ein Elektroschock noch einmal hätte ins Leben zurückholen können, auf diese extreme Maßnahme verzichtet? War die Sauerstoffflasche, die sein Leben hätte retten können, aus dem päpstlichen Appartement geschafft worden, um dafür zu sorgen, dass Johannes Paul II. einen akuten Anfall nicht mehr überstünde? War ein Papst, der nicht mehr sprechen konnte, der Kirche nicht mehr zuzumuten gewesen und musste deshalb sterben, durch Menschenhand? War es denkbar, dass Johannes Paul II. von einer rätselhaften Gruppe im Vatikan umgebracht worden war, der geheimnisumwitterten Loge P2, die bereits am Mord Johannes Pauls I. beteiligt gewesen sein soll? War es denkbar, dass die große Gruppe von Kardinälen, die schon seit langem der Meinung war, dass dieser Karol Wojtyla einfach nicht mehr in der Lage war, sein Amt auszuüben, zu dem Entschluss gekommen war, sie müsste »nachhelfen«? Oder war Johannes Paul II. von denjenigen ermordet worden, die sein Elend nicht mehr mit ansehen konnten: Sterbehilfe am Vikar Jesu Christi?

Seit es Massenmedien gibt, spekulieren Reporter über alles Mögliche während eines Papstwechsels – vor allem natürlich darüber, wer der nächste Papst werden kann, was für ein Mann das sein wird und was die Kardinäle wollen. Doch nach dem Tod von Papst Johannes Paul II. war alles anders als in den vergangenen Jahrhunderten, denn es kam ein neues, sensationelles Element hinzu, vielleicht das sensationellste überhaupt. Die Frage: Ist auch dieser Papst ermordet worden?

Niemand hätte es in den Tagen während der Wahl seines Vorgängers Johannes Paul I. gewagt, über einen solchen monströsen Verdacht zu spekulieren. Als dieser in der Nacht zum 28. September 1978 verschied, dachte niemand im Vatikan auch nur vage an die Möglichkeit, die Leiche des Papstes obduzieren zu lassen, um die Todesursache festzustellen. Im Herbst des Jahres 1978 war es noch unvorstellbar gewesen, dass nur wenige Jahre später Millionen Katholiken auf allen Kontinenten der Welt davon überzeugt sein könnten, dass dieser Papst ermordet wurde. Doch sechs Jahre nach dem Tod von Johannes Paul I. gelang es dem Autor des Buches *Im Namen Gottes?*, die Weltöffentlichkeit davon zu überzeugen, dass der Papst ermordet worden war. Und seit damals dachte das Publikum der Massenmedien diese Möglichkeit immer mit.

Ich habe Johannes Paul II. fast zwei Jahrzehnte lang begleitet, und ich schwöre, es gab nicht einen Ort, selbst in den entlegensten Winkeln der Welt, an dem ich nicht immer wieder auf diese rätselhafte Geschichte angesprochen wurde. Manchmal waren es Funktionäre der Polizei, manchmal einfache Gläubige, manchmal sogar Priester, die immer die gleiche Frage formulierten, die in wenigen Abwandlungen ungefähr so lautete: »Sagen Sie mal, Sie müssen es doch wissen, Sie sind doch so nah dran: Ist es wahr, dass Johannes Paul I. im Vatikan ermordet wurde?«

Ich erinnere mich auch an viele Fernseh-Talkshows, an denen ich teilnahm und in denen der Mord an Johannes Paul I. gar als nachgewiesene Tatsache dargestellt wurde. Wenn ich den Namen Johannes Paul I. erwähnte, unterbrach mich oft ein ande-

rer Talkgast und sagte: »Das ist doch der, der ermordet wurde.«
Und so gab es in den Tagen nach dem Tod von Papst Johannes
Paul II. so gut wie keinen Journalisten in Rom, der sich nicht
ausführlich mit dem vermeintlichen Mordkomplott gegen Papst
Johannes Paul I. beschäftigte. Die Nachricht vom Tod des
Papstes hatte bereits in allen Zeitungen gestanden, der Ritus
seiner Beisetzung und die Spekulationen um das Konklave
würden nur noch Menschen interessieren, die wenigstens einen
minimalen Anteil an den Geschicken der katholischen Kirche
nahmen. Aber was sollte man in der Zwischenzeit erzählen?
Worüber sollte man berichten, um die breite Masse religiös
desinteressierter Menschen anzusprechen? Die betenden Kardinäle, die am Sarg des großen Papstes Johannes Paul II. aus-
harrten, interessierten nur eine Minderheit. Die Mehrheit
brauchte eine interessantere Geschichte. Und nichts bot sich
besser an als die Spekulation: »Was ist, wenn auch Papst Johannes Paul II. ermordet wurde?« Dabei spielte es überhaupt keine Rolle, ob die Reporter selbst an diese Möglichkeit glaubten.
Mord im Vatikan, ein Mordanschlag, angestiftet oder sogar
ausgeführt von Kardinälen, das ist die sensationellste denkbare
Geschichte. Das Publikum empfindet es als brisant, darüber
nachzudenken, ob ein angeblich heiliger Ort wie der Vatikan
sich in Wirklichkeit als Mördergrube entpuppen könnte und
welche Motive hinter einer solchen Tat stehen könnten. Journalisten gibt das zudem die Möglichkeit, über all die möglichen
Ränkespiele und Eifersüchteleien zu spekulieren, die viele hinter den Mauern des Vatikans am Hofe des Papstes vermuten.
Es war also nur logisch, dass auch in den Tagen nach dem Tod
Johannes Pauls II. eine solche Geschichte erzählt wurde. Eine
ausgedachte Geschichte.

Es war eine klitzekleine Lüge des Vatikans gewesen, die für die
Entstehung des monströsen Verdachtes, Johannes Paul I. sei
ermordet worden, verantwortlich war: Im Morgengrauen des
28. September 1978 entdeckte eine Ordensschwester, die im
Appartement des Papstes arbeitete und ihm den Kaffee bringen
wollte, die Leiche von Papst Johannes Paul I. Dem Kirchen-

staat war es peinlich, dass eine Frau seine Leiche gefunden hatte. So verbreitete man die Version, es sei sein Sekretär gewesen, der den Leichnam des Papstes Johannes Paul I. entdeckt habe. Auf dieser Lüge baute der britische Journalist David Yallop ein unglaubliches Konstrukt aus Fantasien und Halbwahrheiten auf, die seine Kernthese belegen sollten: Der Papst ist ermordet worden. Sein Buch erschien im Jahr 1984 und wurde ein Weltbestseller. Es gelang Yallop tatsächlich, den größten Teil der Weltöffentlichkeit davon zu überzeugen, dass der Papst ermordet worden war. Die Verantwortlichen im Pressesaal des Heiligen Stuhls waren entsetzt: Wie war es nur möglich, dass ein Buch das Vertrauen in eine der ältesten Institutionen der Menschheit so erschüttern konnte? Wie war es möglich, dass damit Millionen Gläubige davon überzeugt waren, dass der Vatikan in Wirklichkeit eine Schlangengrube ist; dass die Kardinäle, die sich Jesus Christus verpflichtet hatten, in Wirklichkeit nur an die Macht dachten und selbst vor einem Mord am Stellvertreter Gottes auf Erden nicht zurückschreckten?

Die Konsequenzen für den Vatikan waren fürchterlich: Es half nichts, dass der Kirchenstaat immer wieder darauf hinwies, die Version Yallops entspreche nicht der Wahrheit. Selbst Staatsanwaltschaften glaubten Yallop und erklärten sich bereit, dem Mordverdacht nachzugehen, wenn der Vatikan an einer Aufklärung der Tatumstände interessiert sei. Doch der Vatikan wehrte sich. Er wollte nicht einmal die Minimalforderung erfüllen, nämlich die Leiche Johannes Pauls I. exhumieren und untersuchen zu lassen. Das nährte neue Gerüchte: »Warum darf diese Leiche nicht obduziert werden?«, fragte die Weltöffentlichkeit. Der Vatikan muss also tatsächlich etwas zu verbergen haben, dachten viele Millionen Katholiken auf der Welt. Nach Erscheinen des Buches erhöhte sich die Zahl der Kirchenaustritte. Das Misstrauen gegen den Vatikan nahm gewaltige Ausmaße an, und es wurde zusätzlich genährt durch die Erkenntnis, dass der Vatikan in schwere Verbrechen verwickelt gewesen sein könnte. Schon am 28. Juli 1982 hatte die Mailänder Staatsanwaltschaft den Vatikan darüber informiert, dass gegen den Chef der Vatikanbank IOR (Istituto per le Opere di

Religione) ermittelt werde. Bischof Paul Marcinkus stand im Verdacht, am betrügerischen Bankrott beteiligt gewesen zu sein, der zum Zusammenbruch der Banco Ambrosiano geführt hatte. Außerdem geriet Marcinkus in einen zweiten Verdacht: mit der Geheimloge P2 zusammenzuarbeiten. Das kam einem Hochverrat gleich, denn wie nahezu alle Freimaurerlogen verfolgte auch die P2 das erklärte Ziel, die katholische Kirche zu zerstören. Sie nannte sich »Propaganda Due«, kurz P2, nach einem Geheimbund, der bereits im 19. Jahrhundert gegründet worden war. Licio Gelli hatte die Loge wiederbelebt mit dem Ziel, die mächtigsten Männer Italiens zusammenzubringen. Und nach den Ermittlungen der Staatsanwaltschaft soll die P2 an den furchtbarsten Verbrechen in Italien beteiligt gewesen sein, so am Attentat vom 2. August 1980, als um 10.25 Uhr eine Bombe im Bahnhof von Bologna explodierte. Fünfundachtzig Menschen starben damals, zweihundert wurden verletzt. Mit einer solchen »Verbrecherorganisation«, wie sie der Staatspräsident Alessandro Pertini nannte, sollte Bischof Marcinkus also zusammengearbeitet haben, und der Verdacht erwies sich als begründet: Marcinkus war ein Logenbruder, und er soll mitschuldig gewesen sein am Tod eines anderen Logenbruders. Am 18. Juni 1982 hatte Scotland Yard in London unter der Blackfriarsbridge die Leiche von Roberto Calvi entdeckt, dem Chef der Banco Ambrosiano. Er schien sich aufgehängt zu haben. Doch eine Rekonstruktion der Tat ergab, dass Calvi sehr wahrscheinlich ermordet wurde, denn Roberto Calvi hinkte. Er konnte nur unter Mühen gehen. So hielten es seine Ärzte für unmöglich, dass Calvi allein unter die Brücke geklettert war, sich zwei Backsteine in die Taschen gesteckt und unter der glitschigen Eisenbrücke den Strick angebracht hatte, um sich dann daran aufzuhängen. Die Staatsanwaltschaft ermittelte wegen Mordes. Calvi soll in Wirklichkeit bereits tot gewesen sein, als seine Mörder den Leichnam unter der Blackfriarsbridge aufhängten – gut sichtbar als Warnung, wie unter Mafiosi üblich –, und Yallop behauptete, dass dieselben Hintermänner, die Calvi in London ermorden ließen, dieselben Männer, die mit Paul Marcinkus den Zusammenbruch der Banco Ambrosiano herbeigeführt hatten, auch den Mordplan gegen Johannes Paul I. erdacht und umgesetzt hatten. Diese Tätergruppe gehörte nach Ansicht von Yallop in das Umfeld der Geheimloge P2.

An den Haaren herbeigezogen war der Zusammenhang zwischen Bischof Marcinkus und der P2 nicht. Das Geld der zusammengebrochenen Banco Ambrosiano tauchte ein Jahr nach dem Zusammenbruch wieder auf: auf dem Konto der Geheimloge P2. Es gab keinen Zweifel, dass Bischof Paul Marcinkus am Zusammenbruch der Banco Ambrosiano beteiligt gewesen war, denn er überwies eine Wiedergutmachung in Höhe von 250 Millionen US-Dollar an die geprellten Kunden der Bank. Aber warum sollte die P2 Dollarmillionen aus dem Vatikan bekommen? Etwa um den Papst zu töten, und zwar zuerst Johannes Paul I. und später dann auch Johannes Paul II.?

Exakt eine Woche vor dem Attentat auf Papst Johannes Paul II., am 6. Mai 1981, durchsuchte die Polizei den Palazzo Giustiniani, der von der Loge als Hauptquartier genutzt wurde, und entdeckte dabei auch die Namensliste der Mitglieder der P2. Auf der Liste stand unter anderen der Name des damaligen italienischen Ministerpräsidenten Silvio Berlusconi. Außerdem standen darauf die Namen von Generälen und selbst der des damaligen Ministers für Justiz, Adolfo Sarti. Die P2 hatte einen Staatsstreich geplant, doch nun flog der Plan auf. Am 23. Mai trat der Justizminister zurück. Am 26. Mai 1981 musste Ministerpräsident Arnaldo Forlani zurücktreten. Dem Großmeister Gelli gelang die Flucht. Er tauchte am 13. September 1982 verkleidet mit einem falschen Bart in einer Filiale der Schweizer Bank UBS wieder auf. Auf seinem Konto in dieser Filiale lagen 120 Millionen Dollar – Geld, das wahrscheinlich der Banco Ambrosiano gehört hatte. Gelli wurde in der Schweiz verhaftet. Am 10. August 1983 gelang ihm die Flucht.

Laut Yallop hatte Johannes Paul I. gedroht, den ganzen Umfang des Betrugs und die Schuld der P2 aufzudecken. Yallops Glaubwürdigkeit stieg einige Jahre später noch an: Am 25. Februar 1987 erließ die Staatsanwaltschaft Mailand einen Haftbefehl gegen Bischof Paul Marcinkus. Das kam einer absoluten

Katastrophe gleich. Seit den Lateranverträgen, dem Friedensschluss zwischen Papst Pius XI. für den Apostolischen Stuhl und Benito Mussolini für den italienischen Staat, am 11. Februar 1929 hatte es nie wieder eine so schwere Krise zwischen dem Kirchenstaat und Italien gegeben. Dieser Haftbefehl war allerdings eine reine Formalität, denn der Vatikan unterhält mit keinem Staat der Welt ein Auslieferungsabkommen. Aber der Schaden für das Ansehen des Kirchenstaats war natürlich enorm, denn statt Marcinkus dazu zu bringen, freiwillig auszusagen und sich festnehmen zu lassen, schützte der Vatikan den Bischof durch die Immunität des Vatikanpasses. Marcinkus wurde nie zur Rechenschaft gezogen, sein Name steht nach wie vor im Verzeichnis des Vatikans: In der Ausgabe des Jahres 2005 wird der heute in Arizona lebende Marcinkus auf Seite 2163 aufgeführt.

Ich habe mich oft gefragt, ob diese rätselhafte Welt der Verschwörungen und Komplotte tatsächlich existiert und ob sie wirklich sogar bis zur Planung des Mords an einem Papst führen mag. Es gibt nicht den geringsten Zweifel daran, dass Päpste innerhalb des Vatikans Feinde haben. Ich hatte das im Fall Johannes Pauls II. mehrfach erlebt. Vertraute aus seiner nächsten Umgebung beschwerten sich immer wieder darüber, dass sie allzu abgeschottet und einsam im Vatikan lebten. Auch der Kirchenstaat wird von Menschen gemanagt – Menschen, die Karriere machen wollen, die Freunde und Feinde haben; vielleicht auch Menschen, die der P2 angehör(t)en. Aber hatten diese Menschen im Fall Papst Johannes Pauls I. tatsächlich einen Mord begangen?

Nach Überzeugung der italienischen Gerichte führten alle Spuren immer in die gleiche Richtung, zur Geheimloge P2. Sie soll entscheidend am Zusammenbruch der Banco Ambrosiano beteiligt und laut David Yallop auch an der Ermordung von Johannes Paul I. beteiligt gewesen sein.

Zog die P2 danach immer noch die Fäden im Vatikan? Hatte sie ihre Macht behalten? Steckte auch hinter Entscheidungen von Papst Johannes Paul II. in Wirklichkeit die P2?

Noch immer glaubt die Staatsanwaltschaft, dass der Großmeister der P2, Licio Gelli, »sozial gefährlich« ist. Seit seiner
ersten Festnahme am 13. September 1981 war ihm immer wieder die Flucht aus Hochsicherheitsgefängnissen geglückt, zuletzt im Jahr 1998. Er tauchte erst im Jahr 2002 wieder auf,
diesmal in Frankreich, wurde erneut verhaftet und nach Italien
abgeschoben. Ein Richterspruch aus dem Sommer des Jahres
2004 besagt, dass Gelli weiterhin »gefährlich« sei; er lebt abge-
schirmt unter Hausarrest in seinem Haus bei Arezzo: Der
mehrfach verurteilte Großmeister ist für eine Gefängnishaft zu
krank.

Ich habe Jahre meines Berufslebens darauf verwendet, dem Verdacht nachzugehen, dass es Hintermänner im Vatikan gibt, die
Kontakte zu Geheimlogen unterhalten, vor allem zur allmächtigen P2. Ich wusste, dass Gelli der einzige Mensch auf der Welt
war, der darüber Auskunft geben konnte, ob es Mordkomplot-
te im Vatikan gegeben hatte und ob die P2 tatsächlich noch immer im Vatikan die Fäden zieht. In den Jahren, in denen Gelli auf
der Flucht war, gab es keine Chance, Kontakt mit ihm aufzunehmen. Als er nach Italien zurückkam, saß er in Haft oder unter
Hausarrest. Es war unmöglich, ihn direkt zu sprechen. Also gab
es nur eine Möglichkeit: Er musste mich einladen, dann konnte
die Polizei mich bei ihm vorlassen. Doch alle Versuche, einen In-
terviewtermin zu bekommen, scheiterten kläglich. Seine Anwäl-
te lehnten meine Bitte, den Großmeister sprechen zu wollen,
über Jahre konsequent ab. Auch seine Söhne wollten mir nicht
helfen. Anfang der 1990er Jahre beschloss ich deshalb, die Methode zu ändern. Ich führte Interviews mit Menschen, die Gelli
kannten, wichtigen Menschen: Staatspräsidenten, Ministerpräsidenten, Ministern. Am Ende eines jeden Interviews sagte ich
beiläufig, dass ich dringend mit Licio Gelli sprechen müsste, ich
hätte ihm etwas Vertrauliches zu sagen. Ich hoffte, dass diese
wichtigen Leute Gelli den Tipp gaben, dass es sich im Zweifels-
fall lohnen würde, mit mir zu sprechen. Ich hatte nichts anzubie-
ten, ich wusste nichts, was Gelli interessiert hätte, aber ich hoffte, gut zu bluffen.

Gelli war ein vorsichtiger Mann, und er ging ungern ein Risiko ein. Ich musste erreichen, dass er sich fragte, was ich ihm wohl zu sagen hatte. Ich begann mit einem Interview mit dem ehemaligen Staatspräsidenten Francesco Cossiga. Ich wusste, dass Cossiga Gelli kannte. Ich wusste nicht, wie gut. Auch Cossiga hatte auf gewisse Weise eine geheime Organisation geführt, die »Operation Gladio« in Italien. Cossiga war als Innenminister und Ministerpräsident verantwortlich für das geheime Nato-Programm »Stay behind«, das im Fall eines Angriffs der Sowjets die Verteidigung aus dem Untergrund hätte organisieren sollen. Das Gladio-Programm flog auf, im April 1992 trat Cossiga vorzeitig als Staatspräsident zurück. Aus seiner Zeit als Innenminister hatte er einen Tick behalten: Er interessierte sich für Hochtechnologie, die Geheimdienste zur Spionage einsetzten. Cossiga passte ohne Zweifel gut zu Gelli. Nach einem Interview mit Cossiga sagte ich also wie geplant, ich müsse Gelli dringend sprechen. Doch Cossiga reagierte überhaupt nicht.

Das ging jahrelang so weiter. Als Nächstes versuchte ich es mit dem im Jahr 1994 nach Hammamet in Tunesien geflohenen ehemaligen italienischen Ministerpräsidenten Benedetto (»Bettino«) Craxi. Ich war der erste Journalist, der sein Refugium in Hammamet betrat; wir redeten nächtelang. Ich wusste nicht, ob Craxi Kontakte zu Licio Gelli gehabt hatte – viele sagten ihm das aber nach. Zum Schluss des Interviews erklärte ich dem (im Jahr 2000) verstorbenen Ex-Ministerpräsidenten, dass ich dringend mit Gelli sprechen müsse. Er sagte nichts, sah mich nur an. Also machte ich einfach weiter.

Ich traf den ehemaligen Außenminister Gianni de Michelis, der wegen Korruption angeklagt worden war und sehr wahrscheinlich Gelli kannte, ich traf das Logenmitglied der P2, Silvio Berlusconi, und viele weitere ohne irgendeinen Erfolg. Dann geschah das Unglaubliche: Ich erhielt einen Brief. Einen Brief von Licio Gelli mit der Bitte, ihn in seiner Villa Wanda bei Arezzo an einem Freitag um elf Uhr zu besuchen. Ich hatte es geschafft!

Ich erinnere mich noch genau an die Fahrt nach Arezzo, ein herrlicher Tag im Spätsommer 1994. Ich war früh aufgestanden und hatte die Geräte zum Aufzeichnen des Interviews vorbereitet. Ich fuhr rechtzeitig los, war schon gegen zehn Uhr in Arezzo, versuchte den sehr genauen Hinweisen Gellis zu folgen – und verfuhr mich total. Ich hatte einfach nicht bedacht, dass ich es noch nie geschafft habe, eine simple Straßenkarte zu lesen. Ich lebe seit 1987 in Rom und verfahre mich heute noch auf dem Weg zur Schule meines Sohnes.

Verzweifelt irrte ich mit meinem VW Passat am Stadtrand Arezzos umher, um diese Villa Wanda zu suchen. Gelli hatte mir keine Telefonnummer gegeben. Sein Telefon wurde überwacht, und er wollte nicht, dass ich ihn anrief. Es war mittlerweile fast 11.30 Uhr, als ich völlig verzweifelt einen Tankwart fragte, ob er wisse, wo Licio Gelli wohne. Er antwortete nicht und sah mich an, als hätte ich gesagt: »Entschuldigung, ich bin ein Kinderschänder, wo ist die nächste Schule?« Erst gegen zwölf Uhr begriff ich Gellis Karte und fuhr zurück zu dem Hügel, den er gemeint hatte. Ich wunderte mich über die zahlreichen geparkten Vans rund um den Hügel, die Amateurfunkern zu gehören schienen. Alle hatten sehr hohe Antennen auf dem Dach. Dann endlich fand ich den Eingang zur Villa Wanda, fuhr auf ein großes Tor zu, stieg aus und meldete mich mit meinem Namen. »Herr Gelli hatte gesagt, elf Uhr, nicht zwölf Uhr«, antwortete eine Damenstimme. »Herr Gelli drückt sich in diesen Dingen sehr genau aus. Warten Sie! Ob er jetzt noch Zeit hat, muss ich erst erfragen«, sagte die Stimme. Ich hätte mich ohrfeigen können. Dann schwang aber doch das große Stahltor auf, und gleich darauf fuhr ich auf einem weißen Kiesweg zu einer wunderschönen Villa. So in etwa stellt man sich ein Traumhaus in der Toskana vor: bewachsen mit Glyzinien, überall stehen große Terrakotta-Töpfe, in denen Zitronenbäume blühen – ein kleiner Garten Eden. Eine Haushälterin kam die Treppe hinunter und bat mich herein. Sie führte mich durch eine Reihe großer Zimmer in ein kleines, intimes Besprechungszimmer; nur zwei weiße Sessel standen sich gegenüber. Ich nahm Platz auf dem Sessel, der mir angewiesen wurde. Der leere Sessel mir gegenüber wurde eingerahmt von zwei großen Porzellanhunden. Sie verwandelten den mit hellem Stoff bezogenen Sessel in eine Art Thron. Ein amerikanischer Mafiaboss würde genauso einen Thron haben wollen, dachte ich: ein süßlicher Kitsch, der Grausamkeit zu verraten schien. Wie ein Massenmörder, der gern mit süßen Kätzchen spielt. ... Ich krallte mich an meinem Sessel fest, und mir war ziemlich klar, was mir jetzt bevorstand. Gelli würde auftauchen und höflich fragen, was ich ihm denn eigentlich so Bedeutungsvolles zu erzählen hätte, und dann hatte ich keine andere Wahl, als irgendeine Ausrede zu erfinden. ... Sehr wahrscheinlich würde aber ein Mann wie Gelli sich meine Ausrede nicht einmal zu Ende anhören, sondern mich schlicht hinauswerfen. Nein, dachte ich, er würde mich hinauswerfen lassen: Ein solcher Mann machte sich an einem Journalisten wie mir die Finger sicher nicht schmutzig.

Dann kam der Großmeister auch schon. In Italien nennen sie ihn »Il Venerabile«, den Verehrungswürdigen – ein Titel, der ihm als Logenchef zusteht. Er war kleiner, als ich ihn mir vorgestellt hatte, wirkte beinahe zerbrechlich. Aber sein Gesichtsausdruck war fest, und er gab mir entschlossen die Hand. Seltsam und in den ersten Minuten schwer zu ertragen war seine Angewohnheit, seinem Gegenüber ununterbrochen in die Augen zu sehen. Er starrte mich die ganze Zeit über durchdringend an und fragte: »Haben Sie meine Freunde aus Israel da draußen gesehen?«

Zuerst war ich baff. Aber natürlich: Gellis P2 war auch so etwas wie eine internationale Organisation der extremen Rechten. Erklärte Faschisten hatten sich in Argentinien der P2 angeschlossen. Gelli arbeitete jahrelang mit zahlreichen arabischen Auftraggebern zusammen. Die faschistische Untergrundorganisation »Ordine Nuovo« (Neue Ordnung) arbeitete nach Polizeiberichten mit der P2 zusammen, vereint im Hass auf Juden und Kommunisten. Israel musste in Gelli durchaus eine Gefahr sehen. ...

»Die Vans da draußen mit den Antennen...?«, fragte ich schließlich zurück.

»Das sind keine Urlauber«, sagte Gelli, »ich bin mir ziemlich sicher, es ist der Mossad, der israelische Geheimdienst. Sie möchten gern wissen, wer zu mir kommt, glaube ich.« Er machte ein Pause, dann fuhr er fort: »Ich habe mich über Sie informiert. Sie schreiben Romane. Das interessiert mich, denn ich liebe nichts mehr als die Poesie. Sie wissen, dass ich Gedichte schreibe?«

Ich wusste es – Gelli war sogar mehrfach bei italienischen Poesiewettbewerben ausgezeichnet worden.

»Poesie ist für mich das Größte und das Wichtigste«, sagte Gelli. »Ich schreibe oft Gedichte für meine verstorbene Frau Wanda. Die Liebe findet in der Poesie die wahre Ausdrucksform.«

Dann zitierte der gefürchtete Großmeister, der im Verdacht stand, das Massaker von Bologna mit verursacht zu haben, aus seinen Gedichten, und ich dachte wieder an den mit seinen Kätzchen spielenden Massenmörder …

Lange sprachen wir über Poesie; er schenkte mir seine Gedichtbände und führte mich durch sein Haus. Besonders stolz war er auf seine Sammlung alter Waffen und auf die Bücher, die über ihn geschrieben worden waren. In einem dunklen Holzschrank bewahrte er sie auf: Zweihunderteinundfünfzig verschiedene Titel, die sich mit dem rätselhaften Großmeister Licio Gelli beschäftigten. Dann zeigte er mir seinen Rosengarten und die Züchtungen, auf die er besonders stolz war. Er erzählte von seiner Zeit in Argentinien, der Haft in der Schweiz und dem Zusammenbruch der Banco Ambrosiano. Ich spürte, dass Gelli in Plauderlaune geriet, fragte aber nach wie vor vorsichtig. Ich war mir ziemlich sicher, dass er die Gefährlichkeit der P2 herunterspielen würde, wie er das schon so oft in Gerichtsgebäuden getan und die P2 dabei jedes Mal als einen einfachen Debattierclub dargestellt hatte. Mit dieser Strategie erreichte Licio Gelli einen schier unglaublichen Erfolg. Die Gerichte klagten ihn immer wieder an, gegen die P2 wurden Dutzende von Verfahren angestrengt – aber trotz allen Beweismaterials konnte kein Prozess je beendet werden, und es gelang nie, die P2 zu verbieten.

»Was war, oder besser: was ist die P2?«, fragte ich ihn. Ich war mir sicher, jetzt eine Menge Ausflüchte zu hören über die »humanitäre Einrichtung P2«. Doch ich irrte mich.

»Ich habe nichts mehr zu verlieren«, sagte Gelli. »Ich bin zu alt und weiß, dass ich von nun an immer unter Hausarrest leben werde. Es widerstrebt mir zu lügen. Ich habe das nicht mehr nötig und sage Ihnen klipp und klar: Die P2 wollte einen Staatsstreich, sie hat ihn geplant und hätte ihn ausführen können. Es war schon besprochen, was in der ersten Stunde passiert: Wir hätten die Fernsehsender besetzen lassen.«

»Was für ein Mensch war Calvi? Wer hat ihn umgebracht und so spektakulär unter die Brücke gehängt?«, fragte ich ihn.

»Calvi war ein Buchhalter-Typ, kein Verbrecher.«

»Und Bischof Marcinkus?«, hakte ich nach.

»Er wurde übers Ohr gehauen. Er hatte keine Ahnung von Bankgeschäften und vertraute einfach Calvi; dem stand aber das Wasser bis zum Hals. Ich erinnere mich, wie Calvi in einem Restaurant die Banderolen von ganzen Banknotenstapeln abriss. Auf den Banderolen stand immer IOR, Vatikanbank. Marcinkus konnte nicht mit Geld umgehen, der vertraute Calvi viel zu große Summen an. Marcinkus verstand einfach nichts von Geld. Er war ein Opfer. Ihn zum Mörder von Papst Johannes Paul I. hochzustilisieren, ist blanker Unsinn.«

Den ganzen restlichen Tag sprachen wir über Politik, über die Liebe und über Gedichte. Es wurde Abend, als ich zum neunten Mal die Kassetten in dem Aufnahmegerät wechselte. Ich spürte, dass ich jetzt nicht mehr viel Zeit hatte, der Großmeister wurde langsam müde.

»Ich habe eine Bitte«, sagte ich deshalb. »Ich suche nach einer Antwort auf eine Frage, die nur Sie geben können. Ich bin hierher gekommen, weil ich mir ziemlich sicher bin, dass Sie mir antworten werden, denn Sie haben, wie Sie sagen, jetzt nichts mehr zu verlieren. Ich frage nicht als Journalist, ich frage als gläubiger Christ. Ich weiß, dass Sie niemanden anschuldigen können, deswegen werde ich ganz allgemein fragen.« Ich machte eine Pause und sah ihn dann an: »Wenn ich Sie also frage, ob die P2 im Vatikan die Fäden zog und immer noch zieht, werden Sie mir darauf eine ehrliche Antwort geben? Ich sage Ihnen auch, warum ich es wissen will: Ich glaube an diesen christlichen Gott und auch an diese Kirche; Sie haben jetzt die Gelegenheit, meinem Glauben einen schweren Stoß zu versetzen, denn ich werde Ihre Antwort sehr ernst nehmen. Also: Werden Sie mir ehrlich antworten?«

Gelli sah mich an. »Mich ehrt, was Sie sagen, Sie scheinen mich trotz allem für einen Ehrenmann zu halten.«

»Sie hätten nichts davon, mich anzulügen, es geht nur um meine Beziehung zum Glauben, das ist alles. Es steht nicht genug auf dem Spiel, um einen Licio Gelli zu interessieren«, erwiderte ich.

»Gut«, meinte er, »ich werde Ihnen ehrlich antworten, ich schwöre es.«

»Also ich frage Sie: Zieht oder zog die P2 im Vatikan die Fäden? Ist die Spitze der katholischen Kirche von dieser Organisation unterwandert, und nimmt die P2 noch immer Einfluss auf die Kirche? Hat die P2 auch den Mord an Johannes Paul I. organisiert? Hat sie diesen Papst Johannes Paul II. finanziert oder korrumpiert?«

Gelli antwortete: »Ich halte nicht viel von Ihrer Kirche, und ich war mir der Stärke der P2 sehr sicher, und ich würde jetzt eigentlich ganz gern sagen, dass die P2 stark genug war, auch den Vatikan zu unterwandern, aber es wäre gelogen. Ich schwöre Ihnen: Die katholische Kirche hatte mit der P2 nichts zu tun, und die Darstellungen Yallops eines Mordkomplotts gegen den Papst sind Unfug. Das behaupte ich gern auch vor jedem Gericht der Welt.«

17

Das öffentliche Sterben

Karol Wojtyla hatte auf schmerzhafte Weise erfahren, wie sein eigener Tod vermarktet werden würde. Er hatte in den letzten Monaten seines Lebens miterleben müssen, wie der Welt Generalproben des Todes von Johannes Paul II. per Bildschirm und Zeitung verkauft wurden. Fernsehkommentatoren spekulierten ganz offen live vor den Zuschauern darüber, ob eine verschobene Generalaudienz nicht in Wirklichkeit die versteckte Nachricht des plötzlichen Todes von Papst Johannes Paul II. beinhaltete. Der letzte Abschnitt des Lebens von Karol Wojtyla war gezeichnet von einer persönlichen Tragödie: Die Welt interessierte sich immer weniger für die Botschaft des Papstes; das Interesse richtete sich ausschließlich auf seinen Gesundheitszustand. Dem Mann, der mit seinen Worten die Welt verändert hatte, hörte keiner mehr zu. Mich fragte niemand mehr, was seine Predigten zu bedeuten hatten, seine Ansprachen, die Hinweise während der Angelusgebete. Selbst seine erklärten Gegner fragten mich nicht mehr, was der vermeintlich konservative Mann nun wieder gesagt oder getan haben sollte. Sogar die erklärten Papstfeinde in den Redaktionen wollten alle nur noch eines wissen: Wie geht es ihm? Wie krank ist er wirklich? Wie lange hat er noch zu leben?

Die Erfolgsstory eines Papstes wurde zur Krankheitsgeschichte eines alten Mannes. Das lag auch daran, dass Karol Wojtyla einfach nicht mehr in der Lage war, lange Reden zu halten. Die Texte der Ansprachen umfassten meist nur noch einige Sätze, die Predigten wurden immer kürzer. Für mich war der von Jahr zu Jahr, von Monat zu Monat dünner werdende Stapel der täglichen Reden des Papstes eines der sichtbarsten Zeichen dafür, wie sich nicht nur der Körper, sondern auch der Geist des Karol Wojtyla langsam von dieser Welt verabschiedete.

Früher war das anders. Ich erinnere mich sehr genau an die dicken Stapel von Predigten und Reden, die ich jahrelang jeden Tag zu lesen gehabt hatte. Es gab apostolische Reisen, während derer der Papst bis zu zwölf Ansprachen hielt. Manchmal kamen Hunderte von Seiten bedruckten Papiers zusammen. Während der letzten Lebensmonate von Johannes Paul II. verstrichen hingegen ganze Wochen, ohne dass der Papst eine einzige längere Predigt gehalten hatte.

Der Papst, der so lange nahezu unsterblich schien, der schon so lange regierte, dass ein Großteil der Welt sich an gar keinen anderen Papst mehr erinnern konnte – dieser scheinbar ewige Karol Wojtyla schien jetzt tatsächlich zu seinem Herrn zu gehen, und die Welt schaute fasziniert zu. Die Berichterstattung über den Gesundheitszustand des Papstes entpuppte sich als eine begehrte Handelsware. Der sterbende Papst bedeutete für die Medien einen gesteigerten Umsatz. Brutal nutzten die Mächtigen der Medienbranche das persönliche Drama des Karol Wojtyla aus, der die letzten Meter seines Weges auf Erden ging.

Eines der erstaunlichsten Anzeichen dafür bekamen zunächst die internationalen Fernsehanstalten zu spüren. Immerhin fünfundzwanzig Jahre lang hatte ein einfacher Grundsatz gegolten: Mit den Bildern des Papstes darf kein Geld verdient werden. Während päpstlicher Reisen stellten die Gastländer die Bilder des Papstes nahezu kostenlos zur Verfügung. Wenn er zum Beispiel Deutschland besuchte, fuhren vor allem ARD und ZDF alles auf, was sie hatten, um dieses Ereignis zu »covern«: Übertragungswagen und Satellitenschüsseln, ganze Armeen von Kameramännern, Reportern und Technikern. Schließlich ging es darum, historische Augenblicke festzuhalten, wie etwa den, als der damalige Bundeskanzler Helmut Kohl im Juni 1996 mit Papst Johannes Paul II. durch das Brandenburger Tor schritt. Solche Fernsehbilder zu produzieren, ist teuer. Theoretisch hätten ZDF und ARD dafür von den ausländischen Fernsehanstalten, die sie ebenfalls übertragen wollten, viel Geld verlangen müssen und auch erhalten. Doch es galt wie gesagt die Regel, dass die Bilder des Papstes keine

Handelsware sein dürfen. Fernsehstationen, die Filmmaterial ankaufen wollten, zahlten den Sendern des Gastlandes also lediglich Unkostenbeiträge. Weltweit üblich waren bis zu 6000 US-Dollar. Doch vor der 104. Auslandsreise nach Lourdes am 14. und 15. August des Jahres 2004 wurde diese eiserne Regel plötzlich gebrochen. Der Vatikan musste sich einschalten, weil das französische Staatsfernsehen statt der üblichen Unkostenbeiträge bis zu 200 000 Euro für die Übertragungsrechte der Bilder des Papstes verlangte. Das bedeutete: In armen Ländern wären die TV-Bilder nicht mehr ausgestrahlt worden. Aus kirchlicher Sicht war das ein ungeheurer Vorgang, weil die TV-Bilder des Papstes nicht nur einen Nachrichtenwert haben, sondern Teil der Religion sind. Ein päpstlicher Segen wie etwa der »Urbi-et-orbi«-Segen, der unter bestimmten Umständen auch einen Ablass der Sünden beinhaltet, wirkt nach Lehrmeinung der Kirche auch dann, wenn er über einen Fernsehsender übertragen wird. Schließlich können die etwas mehr als eine Milliarde Katholiken der Welt nicht alle nach Rom pilgern. Aber die Kommerzialisierung eines von Gott gesandten Segens bedeutete für die katholische Kirche eine Horrorvision: Geld zu zahlen für göttliche Anteilnahme, das sollte ein längst überwundenes Kapitel in der Geschichte der katholischen Kirche sein. Also schaltete sich der Vatikan ein und verlangte, dass das französische Staatsfernsehen die Kosten senke, was dann auch prompt geschah: auf immerhin noch 20 000 Euro. Nun ließ es sich beim besten Willen nicht mehr verschleiern, dass die Bilder des sterbenden Pontifex eine begehrte Handelsware geworden waren.

Das Medieninteresse war zweifellos pietätlos. Auf eine gewisse Art und Weise konnte man das Interesse der Menschen aber verstehen: Eine Ikone dieser Welt schien sich angesichts ihres Todes auf eine seltsame mystische Weise zu verwandeln. Und es war wirklich beeindruckend, das zu erleben.

Ich erinnere mich an einen Vormittag, es war der 14. August 2004. Papst Johannes Paul II. traf am Flughafen von Tarbes mit dem französischen Staatspräsidenten Jacques Chirac zusammen, kurz bevor er in den nahe gelegenen Marienwallfahrtsort

Lourdes weiterfuhr. Ich hatte den Papst oft in Situationen erlebt, die eine scharfe Auseinandersetzung erforderten. Nun hatte sich Chirac mit aller Macht dafür eingesetzt, dass in der Verfassung der EU kein Bezug auf den Papst aufgenommen wird, und Papst Johannes Paul II. kämpfte monatelang wie ein Löwe, um eine EU-Verfassung zu verhindern, in der es keinen Hinweis mehr auf die »christlichen Wurzeln Europas« gab. Der Papst hatte seine besten Leute aufgeboten. So appellierte Kardinal Joseph Ratzinger als Chef der Glaubenskongregation immer wieder an die europäischen Staatschefs, die europäische Geschichte und Tradition ernst zu nehmen. Schließlich hatten die Mönche in den europäischen Klöstern einst die Schriftkultur gepflegt und die Geschichte Europas aufgeschrieben. Auch die Entstehung der ersten europäischen Universitäten ließ sich ohne die Tradition der Hüter des Wissens in christlichen Klöstern nicht erklären. Selbst die Reformation wäre ohne den Augustinermönch Martin Luther kaum denkbar gewesen. Aus der Sicht des Vatikans ist die europäische Geschichte ohne die christliche Tradition nicht vorstellbar. Während einer viel beachteten Ansprache auf Einladung des Präsidenten des italienischen Senats am 13. Mai 2004 erklärte Kardinal Joseph Ratzinger seine Haltung ausführlich und führte aus, dass ihn das christliche Europa derzeit an das römische Imperium in der Epoche des Untergangs erinnere. In Europa sei man gegenüber allen Religionen tolerant, nur nicht gegenüber der eigenen. Die Botschaft des Jesus von Nazareth hat die Verfassungen zahlreicher Staaten geprägt, und aus der Sicht des Vatikans ist die Beschreibung des Menschen als ein Geschöpf Gottes unverzichtbar, weil nur so der unvergleichliche Wert des Menschen, seine einzigartige Stellung in der Schöpfung, deutlich werden kann. Ja, mehr noch: In der Bibel heißt es, dass Gott den Menschen nach seinem Ebenbild schuf. Aus der Sicht des Vatikans sind keine komplizierten anthropologischen, philosophischen oder juristischen Begründungen mehr nötig, um die Einzigartigkeit des Menschen zu erklären, und Karol Wojtyla musste deshalb diesem französischen Präsidenten seine Meinung sagen, und das sehr deutlich. Der Papst hatte solche Auseinandersetzungen nie gemieden. Am 27. Januar 1999 fertigte er zum Beispiel den damals mächtigsten Mann der Welt, den US-Präsidenten Bill Clinton, auf dem Flughafen von St. Louis, Lambertsfield, in sehr scharfer Form ab, bezichtigte ihn, das Oberhaupt einer egoistischen Nation zu sein, die bereit sei, mithilfe von brutaler Gewalt, ohne einen Krieg zu scheuen, eigene Interessen durchzusetzen. Nun erwartete ich einen ähnlichen Auftritt in Tarbes und konnte nicht fassen, was geschah, als der Thron des Papstes neben den Stuhl des Präsidenten gerollt wurde. Johannes Paul II. erwähnte den Konflikt zwischen Frankreich und dem Vatikan mit keinem Wort. Höflich hörte er sich die umständlichen Begrüßungsworte des Präsidenten an, ein oberflächliches Lob seines Lebenswerks; er hörte so zu, wie es die Höflichkeit gebot: aktiv, was bedeutet, dass er ab und zu zustimmend mit dem Kopf nickte. So saß er dort also wie immer bei solchen Gelegenheiten auf seinem Thron, ganz aufmerksames Staatsoberhaupt, aber an seinen Augen konnte ich erkennen, dass er kaum mehr zuhörte. Die Höflichkeitsfloskeln Jacques Chiracs interessierten ihn nicht. Er nickte nur mehr automatisch. Seine Augen schienen nach innen gekehrt, voller Freude darauf, bald an einem Ort beten zu dürfen, wo die Muttergottes im Jahr 1858 der damals vierzehnjährigen Maria Bernarda (Bernadette) Soubirous erschienen sein soll. Ein Mann wie Chirac, der offensichtlich den christlichen Gott nicht so hoch schätzte, dass er Europa eine Zukunft nach den Prinzipien des Jesus von Nazareth in der Verfassung wünschte, interessierte diesen Karol Wojtyla nicht mehr. Und der Medienapparat des Vatikans bemerkte sofort, was geschah. Die Weltpresse wartete hungrig auf Bilder des schimpfenden Papstes, der mit dem Stock aufschlug und den französischen Präsidenten schalt, wie er das in vergleichbaren Situationen getan hatte, doch Johannes Paul II. saß nach der Ansprache nur dort auf dem Sessel im Wartesaal des Flughafens Tarbes vor dem Bild der Pyrenäen und – betete.

Daraufhin versuchte der Vatikan zu retten, was zu retten war – und schoss ein Eigentor: Auf die Frage von US-Reportern, warum der Papst die französische Haltung in Bezug auf die EU-Verfassung nicht kritisiert hatte, antwortete ein offenbar schlecht vorbereiteter Organisator, dass der Papst »im Vier-Augen-Gespräch«, wenn die beiden Staatsoberhäupter allein seien, das Thema anschneiden wolle. Dabei war es nur zu offensichtlich, dass dem vierundachtzigjährigen Papst jedes einzelne Wort, zumal in verständlichem Französisch, unglaublich schwer fiel. Er war kaum in der Lage, die wenige Sätze lange Ansprache abzulesen – von dem, was er sagte, verstand man so gut wie kein Wort; es waren die verzweifelten Bemühungen eines Schwerkranken, verständlich zu sprechen. Außer einem Händedruck und ein paar Floskeln konnte der Papst zu einem Vier-Augen-Gespräch nichts mehr beitragen.

Im Nachhinein scheint es mir so, als hätte Karol Wojtyla an diesem Vormittag geahnt, dass ihm eine der schlimmsten Ölbergstunden seines Lebens bevorstand. Für eine Aussprache mit dem Präsidenten, der kaum verbergen konnte, wie wenig er diesen Papst schätzte, hatte Wojtyla jetzt keine Kraft mehr und auch keine Zeit. Es war eine der Generalproben seines Todes, einer der Momente, in denen Fernsehproduzenten durchdrehten und live in die Mikrofone schrien: »Mein Gott, er stirbt, sehen Sie doch, er stirbt!«

Johannes Paul II. verurteilte sich selbst dazu, den Medien die Generalproben seines Todes zu liefern. Ich war an diesem Tag zufällig dabei; der Pool, der den Papst bis zur Grotte begleiten durfte, in der im Jahr 1858 die Muttergottes erschienen sein soll, war sehr klein, es gab nur Platz für drei Redakteure, und nun stand ich also genau dort und wartete auf den Papst.

Johannes Paul II. hatte diesen magischen Ort schon einmal besucht, am 14. und 15. August des Jahres 1981. Dieser Besuch damals war kein Zufall gewesen: Am 13. Mai 1981 hatte der türkische Attentäter Ali Agca versucht, Johannes Paul II. zu erschießen. Seine Ärzte hatten dem Papst nach seiner Rettung erklärt, dass die Kugel in seinem Körper eine sehr »seltsame Kurve beschrieb«. Es schien, als habe eine unsichtbare Hand die Kugel abgelenkt und die lebenswichtigen Organe des Papstes geschützt, sagten damals die Ärzte, die den Papst operiert hatten. Das Attentat war an einem 13. Mai geschehen, und am 13. Mai 1917 war die Muttergottes zum ersten Mal den drei Kindern in Fátima erschienen. Damals soll sie den Kindern eine bis zum Jahr 2000 geheim gehaltene Prophezeiung offenbart haben, dass es nämlich einmal einen Papst geben werde, auf den geschossen würde. Johannes Paul II. war zutiefst überzeugt, dass er selbst dieser Papst war, dass die Muttergottes das Attentat vom 13. Mai 1981 auf ihn prophezeit und ihm auch das Leben gerettet hatte. Ein Jahr nach dem Attentat reiste er nach Fátima, um der Muttergottes die in einer goldenen Krone gefasste Kugel zu schenken, die aus seinem Körper herausoperiert worden war. Am 14. August 1981 hatte er der Muttergottes dann auch in Lourdes dafür gedankt, dass sie die tödliche Kugel abgelenkt hatte. Ein Gebet vor der Muttergottes, an einem Ort, an dem die Jungfrau erschienen war; einem Ort, der der Madonna heilig war – das bedeutete dem Papst sehr viel. Wenn es schwere Entscheidungen zu treffen gab, wenn er Angst hatte und sich allein fühlte, dann begab er sich in den Garten hinter dem vatikanischen Palast, wo die Grotte nachgebaut worden war. Der Bischof von Tarbes, auf dessen Territorium Lourdes liegt, hatte Papst Leo XIII. den exakten Nachbau der Grotte geschenkt. Hier kniete Johannes Paul II. zum Beispiel im Winter des Jahres 1980, als der damalige US-Präsident Jimmy Carter ihn darüber informierte, dass eine Invasion Polens durch die Sowjetarmee unmittelbar bevorzustehen schien. Wenn Johannes Paul II. in den vatikanischen Gärten spazieren gegangen war, machte er sich häufig auf den Weg zum Nachbau der Grotte, der am Bahnhof des Vatikans vorbeiführt, und stieg die Treppen hinauf zum seltsamsten Appartement des Vatikans, dem Turm des heiligen Johannes. Dieser steht an der höchsten Stelle des 0,44 Quadratkilometer kleinen Vatikanstaats, und nur die ranghöchsten Gäste der Päpste, so der Patriarch von Konstantinopel, dürfen in dem darin untergebrachten Appartement übernachten. Vor der Tür zu dem Turm bog er rechts um die hohe Hecke, wo der Hubschrauberlandeplatz des Vatikan-Staats liegt und ein uraltes Feuerwehrauto von Magirus-Deutz, ein Geschenk aus Deutschland, steht. Von hier oben sieht man nachts ganz Rom in einem unglaublichen Lichterglanz, und manchmal schleichen sich die Studenten des Äthiopischen Kollegs, das in den vatikanischen Gärten liegt, hierher, um die Aussicht zu genießen. Nun musste Johannes Paul II. nur noch ein paar Meter weitergehen in Richtung des Palastes des Gouverneurs, und dort liegt in einer Nische der Nachbau der Grotte von Lourdes. Für den Papst, der seine ganze Amtszeit Maria verschrieben hatte, war dies einer der wenigen Orte im Vatikan, an denen er sich heimisch fühlte. Doch in der echten Grotte von Lourdes zu sein und den Boden zu berühren, den die Muttergottes berührt hatte, das bedeutete für den Papst natürlich eine besondere Ehre und ein ganz besonderes Ereignis. Deshalb wunderte es mich auch nicht, dass er seinem Reisechef Monsignor Boccardo aufgetragen hatte, eine Gebetsbank in die Grotte stellen zu lassen – vor der Muttergottes wollte dieser Papst nicht im Sitzen beten, sondern auf Knien, wie er es sein Leben lang aus Hochachtung vor Maria getan hat.

Der weiße Allradwagen vom Typ Mercedes-Benz, M-Klasse, Kennzeichen SCV 1 (Stato della Città del Vaticano/Vatikanstadt), rollte auf die Grotte zu. Alles schien wie immer, der Jeep stoppte, Stanislaw Dziwisz öffnete die hintere Tür des Jeeps, die eingebaute Hebebühne an der Seite fuhr nach oben, und der Papst wurde auf seinem Thron hinausgerollt. Vor der Grotte stand die mit rotem Samtstoff bezogene Gebetsbank, und bis zu diesem Zeitpunkt lief alles wie geplant. Bischof Dziwisz half ihm auf die Gebetsbank, doch Johannes Paul II. sah schlecht aus in diesem Augenblick. Es war heiß, mindestens dreißig Grad, und ich wusste seit langem, dass der Papst Hitze nur schwer verträgt. Dann vollzog sich ganz langsam eine der seltsamsten Tragödien, die ich je erlebt habe: Der Papst sollte nur auf dieser Gebetsbank knien und beten – das war selbst für einen alten kranken Mann zu schaffen. Im Vatikan war man sicher, dass es keine nennenswerten Probleme geben würde, deshalb wurde dem französischen Fernsehen auch erlaubt, eine bewegliche Kamera direkt neben dem Papst zu

installieren. Die Fotoreporter mussten auf eine andere Tribüne, und ich erinnere mich noch an das laute Fluchen der Journalisten, denen das Bild des Tages entging: »Wir sehen hier
nichts, verdammt noch mal!«, riefen die Fotojournalisten in allen möglichen Sprachen über den Platz, während der Papst
vorfuhr. Der Tag war für sie damit verschwendet und auch viel
Geld: Das Bild vom betenden Papst vor der Grotte in Lourdes
wollten sehr viele Zeitungen auf dem Globus drucken, und sie
waren bereit, dafür sehr hohe Summen zu bezahlen – nur weil
ein Organisator die Fotografen auf die falsche Tribüne geschickt hatte, würde es dieses Foto heute nicht geben. Mich dagegen, der ich gar keine Kamera bei mir trug, hatte der Organisator, aus welchen Gründen auch immer, auf die richtige Tribüne platziert.

Als Johannes Paul II. niederkniete, sah ich auf die Uhr, es
war genau 12.47 Uhr. Alles schien perfekt, der Papst kniete
dort, genau so, wie der Vatikan sich das vorgestellt hatte, und
genau dieses Bild des knienden weißen Papstes auf einer mit
rotem Samt bezogenen Gebetsbank vor der Grotte der Muttergottes zierte auch das Deckblatt des offiziellen Reisekalenders
von Radio Vatikan mit dem auch für die 104. Auslandsreise
des Papstes minutiös ausgearbeiteten logistischen Plan. Das
Kalenderblatt und die Wirklichkeit deckten sich ein paar Sekunden lang, der Papst kniete dort vor der Grotte und betete,
doch dann geschah etwas: Der kranke Mann war zu einer Frau
zurückgekommen, der er sein ganzes Leben verschrieben hatte.
»Totus Tuus« (Ganz dein) hieß das an die Muttergottes gerichtete Motto seines Wappens, und nun weinte der einstmals so
kraftvolle, stolze Papst vor dieser Frau darüber, dass er so alt,
so elendig geworden war, dass er die Bürde seines Amtes kaum
noch tragen konnte, dass der kleine Karol, Spitzname Lolek,
aus Wadowice diese Muttergottes immer noch liebte, wie er
seine Mutter geliebt hatte, die starb, als er noch ein Kind gewesen war.

Völlig regungslos filmte ein Kameramann in Großaufnahme,
wie dem Papst Tränen durch die gefalteten Hände sickerten,
wie auf einmal die ganze Kraft aus ihm gewichen zu sein schien.

So muss es aussehen, dachte ich, wenn ein Ertrinkender von der letzten Planke, an die er sich auf offener See klammert, abrutscht und stirbt. Mit aller Kraft versuchte sich Johannes Paul II. an der Gebetsbank festzuhalten. Er wusste ganz genau, was der Vatikan erwartete und was sein Sekretär ihm vorher immer wieder gesagt hatte: Heiligkeit, Sie müssen auf dieser Gebetsbank nur ein paar Minuten durchhalten, nur so lange, bis die Fernsehsender das Bild des betenden Papstes eingefangen und übertragen haben. Aber Johannes Paul II. war kein Schauspieler. Er konnte nicht vorgeben, an einem Ort zu sein, der ihm heilig war; nicht mal für ein paar Minuten. Er war wirklich zutiefst erschüttert. Sein Körper schien nach unten gezogen zu werden, die Hände suchten verzweifelt Halt auf dem rutschigen Samt. Gleich einem Bündel Mensch gewordenen Leidens kauerte der Papst auf dieser roten Bank. »Ich habe es nicht geschafft«, stand auf seinem Gesicht zu lesen, und »Reiß dich zusammen, Karol Wojtyla!«, schien er sich selbst zurufen zu wollen; doch er hing wie ein Sterbender auf der Bank und drohte endgültig abzurutschen, als sein Sekretär Stanislaw Dziwisz herbeisprang und ihn auffing.

Diese Augenblicke, in denen er sich an der Bank festklammerte und abzurutschen drohte, müssen ihn eine gewaltige Kraft gekostet haben. Als er endlich saß, sank sein Kopf auf die Brust, und es war überdeutlich: Ein kranker Papst, der zu den Kranken gekommen war, die aus der ganzen Welt nach Lourdes strömten, um die Muttergottes für ihre Genesung zu bitten, litt mit ihnen zusammen auf eine ganz und gar dramatische Art und Weise.

Die Bilder dieser Szene gingen augenblicklich rund um die Welt. Viele Fernsehsender unterbrachen ihr Programm, um die Aufnahmen auszustrahlen. Die Zeitungen mussten am nächsten Tag Fotoprints des Videobands benutzen, also Ausdrucke des Fernsehbildes, weil die Fotografen ja auf der falschen Tribüne gestanden hatten und es keine Pressefotos vom Schwächeanfall des Papstes gab, der die Welt bewegte. Es schien so, als lauere die sensationslüsterne Öffentlichkeit geradezu auf den Tod dieses Mannes, als konsumierten die Mediennutzer der Welt mit eigenartigem Genuss jede Krise des Papstes wie eine Generalprobe seines Todes.

Ich fand es furchtbar, das Leid dieses Mannes mitzuerleben, seinen Kampf, und gleichzeitig spürte ich auch das kalte Medieninteresse, die Maschine, deren Teil ich war. Ich bin lange genug Journalist, um zu wissen, dass das Geschäft so eiskalt ist, und ich schäme mich dafür. Was ich aber nicht verstehen konnte, war, dass selbst Kardinäle diese Atmosphäre des unmittelbar bevorstehenden Todes von Papst Johannes Paul II. herbeiredeten, die genau wie die Medien den baldigen Tod des Papstes beschworen.

In Lourdes gab es dafür ein besonders drastisches Beispiel: Am Nachmittag wollte Papst Johannes Paul II. noch einmal in der Grotte beten, an derselben Stelle wie mittags, als ihn die Kräfte verließen. »Hier bin ich nun, am Ziel meiner Pilgerreise«, wollte er dort in seinem Gebet sagen, und dass er diese Worte erst am Nachmittag und nicht schon während seines ersten Besuchs sagen wollte, schien aus der Sicht des Vatikans vollkommen logisch zu sein: Am Mittag hatte er persönlich der Muttergottes gedankt, dass er sie sehen und an dieser heiligen Stelle zu ihr beten konnte. Es war wie ein privates Treffen zwischen dem Papst und der Muttergottes gewesen. Am Nachmittag begann dann sozusagen der offizielle Teil, die öffentliche Pilgerreise. Doch zu meiner Verwunderung interpretierte der belgische Kardinal Godfried Danneels den Satz ganz anders. Nachrichtenagenturen sagte er, dieser Satz lasse sich so verstehen, dass der Papst das Gefühl habe, nicht nur das Ziel seiner Pilgerreise, sondern auch das Ende seines Lebens erreicht zu haben. Für mich war das eine unnötige Dramatisierung und auch inhaltlich ganz falsch. Denn zu diesem Zeitpunkt stand schon fest, dass der Papst am 5. September eine weitere Pilgerreise antreten wollte, nach Loreto in Italien. Die Medien stürzten sich natürlich auf Danneels Interpretation, und in vielen Agenturberichten wurde ausführlich darüber geschrieben, dass der Papst das Gefühl habe, am Ende seines Lebens angekommen zu sein.

Von Bedeutung war der Vorfall vor allem deshalb, weil Danneels nicht irgendein Kardinal war, sondern von vielen Zeitungen als möglicher Nachfolger von Johannes Paul II. gehandelt wurde. Und Danneels hatte schon einmal, im Oktober des Jahres 2000, in einem Interview mit der Zeitschrift *Tertio*, über das Ende des Pontifikates von Papst Johannes Paul II. so abenteuerlich spekuliert, dass man sich im Vatikan gezwungen sah, den Kardinal zu dementieren. Damals hatte Danneels erklärt, dass der Papst möglicherweise am Ende des heiligen Jahres 2000 zurücktreten werde. Daraufhin musste der Sprecher des Papstes, Dr. Joaquín Navarro-Valls, ausdrücklich betonen, dass es sich hier um eine »rein persönliche Äußerung des Kardinals« gehandelt habe, die »keinerlei Bestätigung« fände. Für Navarro-Valls waren das ungewöhnlich harte Worte – einem Kardinal widerspricht auch ein päpstlicher Sprecher nicht gern. Das Verhalten Danneels zeigt aber, dass es nicht die Medienmeute allein war, die ständig über den Tod und das mögliche nahe Ende des Pontifikates von Papst Johannes Paul II. spekulierte. Später, nach der dramatischen Nacht des 1. Februar 2005, spekulierte sogar der wichtigste Mitarbeiter des Papstes, die Nummer zwei im Vatikan, Kardinalstaatsekretär Angelo Sodano, über den möglichen Rücktritt und beschädigte damit eine alte Freundschaft.

18

Mediale Trauer

Nie zuvor in der Geschichte der Menschheit haben so viele Menschen einen Verstorbenen betrauert wie Papst Johannes Paul II. Das lag nicht nur an seinem Charisma und auch nicht nur an seiner Lebensleistung, sondern schlicht und einfach auch daran, dass noch nie zuvor so viele Menschen in der Geschichte des Globus mit einem bestimmten Menschen ein ganz persönliches, bestimmtes Erlebnis, eine Erinnerung verbanden. In den Stunden nach seinem Tod glichen sich die Fernsehbilder auf der ganzen Welt: In Indien und in Mexiko, auf den Philippinen und in Nigeria zeigten Christen und Nichtchristen Bilder, Flugblätter oder kleine Statuen der Muttergottes, einen bestimmten Rosenkranz – lauter Gegenstände, die sie während des Papstbesuchs in ihrem Land gekauft oder geschenkt bekommen hatten; Gegenstände, die sie daran erinnerten, dass sie einmal selbst einen historischen Moment erlebt hatten: Sie waren dabei gewesen, als ein Papst zum ersten Mal in der Geschichte ihr Land besuchte.

Johannes Paul II. reiste während seiner Amtszeit in 130 Länder. 112 dieser Länder hatte noch nie zuvor ein Papst betreten. Der erste Papst der modernen Geschichte, der sich überhaupt ins Ausland begab, war Papst Paul VI. Er besuchte aber nur 18 Länder. Zu den weltweiten Audienzen von Johannes Paul II. kamen nach Schätzungen des Vatikans mehr als 200 Millionen Menschen. In den 130 Ländern, die er bereiste, hielten Millionen Menschen die Erinnerung an den Tag wach, als der Papst ihr Land, ihre Kirche und damit auch sie selbst besucht hatte. So gingen im Vatikan in den Stunden nach dem Tod des Papstes Hunderte von TV-Anfragen nach genauen Informationen über die Einzelheiten der Trauerfeierlichkeiten aus aller Herren Länder ein. Selbst Staaten, in denen Katholiken eine winzige Minderheit bilden, schickten Reporter und Fernsehteams, um über dieses Ereignis zu berichten. Der Ansturm der Medien war beispiellos, und er traf ein winziges Büro, das normalerweise geschützt im Schatten des Petersdoms die Ruhe der Vatikanischen Gärten genießt, nahe am Bahnhof des Vatikans, der seinerseits eine die Zeit überdauernde Gelassenheit ausstrahlt, als befinde er sich in einem Dornröschenschlaf – denn im Gegensatz zu allen anderen Bahnhöfen der Welt hetzt durch diesen Bahnhof nie jemand, um noch den Zug zu bekommen, und nur alle zwanzig oder dreißig Jahre fährt hier überhaupt ein Zug ab.

Allen Reportern, die in Rom anreisten, war klar, dass der Tod eines Papstes ein »Mega-Event« ist, und fast alle Journalisten erwarteten daher auch, dass eine enorme Behörde sich der Tausenden von Reportern annehmen würde, die in Rom einfielen. Denn über einen Papstwechsel berichtet nicht irgendwer – die Redaktionen hatten ihre fähigsten Leute entsandt. Diese Starreporter sind gewaltige Pressebüros gewöhnt, von Regierungen, den Vereinten Nationen oder der NATO, und sie konnten es schlicht nicht fassen, dass das zuständige Büro für den Massenauftrieb der Weltpresse nicht nur winzig klein ist, sondern auch noch unerreichbar hinter den Mauern des Vatikans liegt. Dort kann man nicht einfach mal eben vorbeigehen wie in jedem anderen großen Pressebüro der Welt, denn das zuständige Amt liegt ja auf vatikanischem Territorium, und um überhaupt dorthin – also an der Schweizergarde vorbei – zu kommen, brauchten die verwöhnten Medienmächtigen erst einmal eine Genehmigung.

Das zuständige Büro trägt den Namen »Pontificium Consilium de Communicationibus Socialibus«, was aus dem Lateinischen übersetzt so viel heißt wie Päpstlicher Rat für Soziale Kommunikation. Allein schon dieser Titel zeigt den fundamentalen Unterschied zwischen der Auffassung des Vatikans und der bitteren Realität. Für den Vatikan handelt es sich um soziale Kommunikation – draußen vor den Toren des Vatikans lauerten aber Vertreter der Massenkommunikation. Die absolute Mehrheit der Medienmeute hatte keineswegs irgendetwas Soziales im Sinn – sie wollten ihren Job machen und über ein

Großereignis berichten, und dabei war es ihnen im Grunde egal, ob es sich um ein Endspiel der Fußballweltmeisterschaft oder den Tod eines Papstes handelte. Diese Medienmächtigen konnten es einfach nicht fassen, dass eine Hand voll völlig überforderter Angestellter im Päpstlichen Rat für Soziale Kommunikation über Drehgenehmigungen entschied, also über ein Ja oder ein Nein, das Millionen Dollar wert war. Mächtige Fernsehanstalten, die es gewöhnt waren, in Blitzeseile die Antworten auf ihre Anfragen zu bekommen, mussten sich damit abfinden, tagelang auf eine Drehgenehmigung zu warten und sogar hinzunehmen, dass sie ganz verweigert wurde. Das war fatal, denn schon der Petersplatz gehört nicht mehr zu Italien, sondern zum Territorium des Vatikans. Wer auch nur auf dem Platz vor der Peterskirche filmen will, braucht dafür den Segen des Rats. Auch die Drohung, persönlich zum Rat zu gehen und da furchtbar auf den Tisch hauen zu wollen, ließ sich nicht umsetzen, weil man zunächst am Tor zur Audienzhalle vorbei musste – und dort wachte die Schweizergarde. Das Büro des Rats hatte zwar eine Akkreditierungsstelle am Petersplatz eingerichtet, aber die war wegen des Heeres der Trauernden, das den Petersplatz überfüllte, sehr schwer zu erreichen. Wer alte Beziehungen zum Päpstlichen Rat für Soziale Kommunikation spielen lassen konnte, hatte schon fast gewonnen, musste aber ebenfalls erst einmal bis in den Vatikanstaat zum Hauptquartier der »Sozialen Kommunikation« vordringen. Doch das lohnte sich, denn es ging um viel: Die älteste Wahlmonarchie der Welt konnte die modernen Menschen des anbrechenden dritten Jahrtausends mit vergleichsweise unspektakulären Bildern eines uralten Rituals fesseln. Medienkonsumenten, für die sensationelle Bilder explodierender Hochhäuser und Filmaufnahmen aus dem Weltraum eine Selbstverständlichkeit waren, sahen jetzt gefesselt zu, wie sich purpurrote Gewänder tragende Kardinäle in Rom versammelten, um ihr Oberhaupt zu Grabe zu tragen und hinter verschlossenen Türen einen Nachfolger zu wählen. Das Ereignis war auch deshalb eine unglaubliche Herausforderung für die Journalisten, weil es in der Mediengeschichte kein Vorbild gab, an dem man sich orientieren konnte. Die Medienwelt des Jahres 1978, als Johannes Paul II. den Thron Petri bestieg, war noch eine vollkommen andere gewesen als die am Tag des Todes von Karol Wojtyla. Immerhin hatte man sich sehr lange darauf vorbereiten können. Das öffentliche Sterben des Papstes hatte sich in die Länge gezogen ...

Schon im Sommer 1992 kam es zu einer seltsamen Klingelaktion in den Stadtteilen Borgo Pio und Prati, vor allem an der Piazza Risorgimento. Am 15. Juli 1992 war dem Papst eine Geschwulst am Darm entfernt worden. Hartnäckig hielt sich das Gerücht, dass Johannes Paul II. an einer gefährlichen Krebserkrankung leide und nur noch einige Monate zu leben habe. Bereits damals versuchten sich die wichtigsten Medien der Welt, die besten Aussichtspunkte für den Fall einer Papstwahl zu sichern.

Für die Fernsehsender war ganz entscheidend wichtig, dass sie den Schornstein filmen konnten, aus dem nach erfolgreicher Wahl des nächsten Papstes in der Sixtinischen Kapelle weißer Rauch aufsteigen würde. Diesen Schornstein kann man aber nur von sehr wenigen Terrassen in Rom aus sehen. Hartnäckige Produzenten mit gut gefüllten Geldkoffern tauchten in diesem Sommer des Jahres 1992 zum ersten Mal in den Wohnungen ahnungsloser Römer auf, um ihnen ein Geschäft vorzuschlagen. Wenn der TV-Sender auf der privaten Terrasse im Falle des plötzlichen Todes des Papstes seine Kameras aufbauen durfte, war die Fernsehanstalt bereit, eine überaus hohe Miete für die Nutzung der Dachterrasse zu zahlen. Die besten Terrassen gingen damals schon weg. Wer zu spät kam, musste sich mit einem Aussichtspunkt begnügen, von dem man nicht den Großteil des Vatikans, sondern nur die enorme Kuppel des Petersdoms sehen kann. Für die Fernsehreporter war aber zumindest der Blick auf die Kuppel unerlässlich: Während der so genannten Stand-ups, wenn der Reporter seinen Text vor der Kamera spricht, braucht er eine entsprechende Kulisse im Hintergrund.

Die Fernsehwelt des neuen Jahrtausends folgt ganz neuen Gesetzen. Während es bei der Wahl des Papstes 1978, als es weltweit nur eine überschaubare Anzahl fast ausschließlich staatlicher TV-Sender gab, genügt hatte, dass ein Reporter einem Kameramann mit dem Petersdom im Rücken seinen Text vorsprach, mussten jetzt wegen der völlig veränderten Ansprüche an Fernsehbilder aufwendige Konstruktionen gebaut werden: Zelte, in denen enorme Lichtanlagen und Maschinen für digitale Bildtechnik untergebracht werden konnten. Das alles brauchte sehr viel Platz. An einer Straßenecke irgendwo am Petersdom ging das nicht. So wurde das Hauen und Stechen um die besten Plätze mit allen erdenklichen Tricks geführt. Rund um den Vatikan liegen viele Klöster. Einige gehören verarmten Orden. Die sahen plötzlich, wie sich eine unerwartete Geldquelle auftat. Das Rennen um die besten Plätze gewannen schließlich einige US-Fernsehsender und das italienische Staatsfernsehen Rai. Der deutsche Fernsehkoloss ZDF musste sich mit einem Platz an der Via della Conciliazione ohne direkten Einblick auf den Petersplatz zufrieden geben.

Dem Kampf um die besten Standorte folgte der um die besten Gesprächspartner. Alle Journalisten wussten, dass sie während des Konklaves das gleiche Problem haben würden: Die wichtigsten Gesprächspartner – die einzigen, die wirklich kompetent Auskunft geben konnten – waren Kardinäle, und die waren unerreichbar eingeschlossen im Konklave. An eine Kontaktaufnahme war nicht einmal zu denken. Schon Mitte der 1990er-Jahre unterzeichneten deshalb Zeitungen und Zeitschriften sowie zahlreiche Fernsehsender Verträge, um für den Fall des Papsttodes Informanten und Talkgäste vorweisen zu können. Da hochkarätige Kirchenmänner, auch wenn sie keine Kardinäle sind, in einer solchen Situation zu Diskretion und eisigem Schweigen neigen, wussten die Medien, dass sie sich anders behelfen müssen. Deshalb begann ab Mitte der 1990er-Jahre eine absurde Jagd auf »Experten«, die im Fall eines Papstwechsels Auskunft geben würden. Wichtig war dabei nicht, was die Herren sagen würden, sondern dass man überhaupt einen Mann aus dem Vatikan vor dem Mikrofon oder vor der Kamera hatte. Selbst den wichtigen Medien, angesehenen Tageszeitungen und großen Fernsehstationen, war jedes Mittel recht. Besonders hohe Konjunktur hatten Geistliche in Pension, die im Grunde seit Jahren von den internen Angelegenheiten der katholischen Kirche ausgeschlossen waren. Um überhaupt jemanden vor den Kameras präsentieren zu können, traten gleich reihenweise hochbetagte Kirchenmänner auf, die über den Vatikan spekulierten, in Wirklichkeit aber schon seit langem keinerlei Kontakt mehr zur Kirchenspitze hatten. Viele von ihnen berichteten vor allem von der eigenen Enttäuschung, nie bis zum Bischof und Kardinal aufgestiegen und somit von der Papstwahl ausgeschlossen zu sein …

Einige Vorbereitungen der Journalistengruppen schlugen auch gründlich fehl. Manche Reporter, bekannte Zeitungen und Fernsehanstalten hatten Jahre vor dem Tod des Papstes zur Sicherheit an römische Hotels mehrfach einen seltsamen Reservierungswunsch abgeschickt. Auf den Faxen und in den E-Mails stand immer das Gleiche: »Ab dem Augenblick des Todes des Papstes reservieren wir so und so viele Zimmer im Hotel.« Die meisten Hotels hatten diese Reservierungswünsche einfach weggeworfen, weil eine Reservierung ohne ein Datum nun mal nicht möglich ist. Außerdem konnten die Hotels im Fall des Ablebens des Papstes kaum alle zu diesem Zeitpunkt bereits im Haus wohnenden Gäste plötzlich vor die Tür setzen. So trafen kurz nach dem Tod des Papstes in Rom zahlreiche Journalisten ein, die nicht fassen konnten, dass ihre Buchungen einfach ignoriert worden waren. Viele von ihnen mussten bis in den Kurort Fiuggi ausweichen, wo es zahlreiche Hotels gibt. Aber die Fahrt vom Vatikan nach Fiuggi dauert gut zwei Stunden mit dem Auto.

19

Das Geisterhaus: Domus Sanctae Marthae

Nur wenige Stunden, nachdem die Nachricht vom Tod des Papstes bekannt geworden war, verwandelte sich das elegante Gebäude gegenüber der Tankstelle im Vatikan, das wie ein Hotel eingerichtet ist, nach und nach in ein Geisterhaus. Alle Gäste, alle Ordensleute, Zimmermädchen, Telefonisten, Köche – kurz alle, die Leben in dieses Haus gebracht hatten, verschwanden nach und nach. Die neuen Herren des Hauses, die wahlberechtigten Kardinäle der Welt, packten derzeit gerade die Koffer, die sie im Domus Sanctae Marthae wieder auspacken sollten. Alles musste so eingerichtet werden, als führten nach Eintreffen der Kardinäle unsichtbare Gespenster in dem Haus die Regie. Die Kardinäle würden im prächtigen Speisesaal des Domus Sanctae Marthae gedeckte Tische vorfinden; aber niemand würde kommen, um das schmutzige Geschirr abzuräumen. Am Empfang des Hotels würde niemand sitzen – nur weit entfernt, in den Gewölben unter dem Haus, würden hochspezialisierte Techniker darüber wachen, dass niemand versuchte, die abgeschaltete Telefonanlage des Hauses wieder in Gang zu bringen.

Im Domus Sanctae Marthae begann ein völlig neuer Abschnitt in der zweitausendjährigen Geschichte der Wahl eines Nachfolgers des heiligen Petrus. Plötzlich mussten sich die Regeln der uralten Wahlmonarchie, die zur Wahl eines Papstes gelten, in der modernen Welt bewähren: in einem Hotel. Es war für die Organisatoren, als würde ein erfahrener Ritter des Mittelalters, der jedes Pferd reiten konnte, plötzlich in einen supermodernen Sportwagen gesetzt und darum gebeten, sofort loszufahren. Dem Chef des Hauses war vollkommen klar, dass ihm eine historische Aufgabe zufiel. Zum ersten Mal in der Geschichte der Wahl eines Papstes sollten die wahlberechtigten

Kardinäle auf moderne Weise untergebracht werden, was völlig neue Probleme mit sich brachte.

In den vergangenen Jahrhunderten hatten die Kardinäle immer in den prächtigen Räumen im Apostolischen Palast gewohnt. Für die Dauer eines Konklaves verwandelten sich Zimmer, die eigentlich ein Teil der Vatikanischen Museen waren, in eine Herberge für Kardinäle. Dieser Ort war zweifelsfrei überaus prächtig, und das Ganze bot auch einen pittoresken Anblick – die einfachen Betten der Kardinäle wurden unter Fresken von Raffael und Pinturicchio aufgebaut, Nachttischchen neben Skulpturen der Antike aufgestellt. Die Kardinäle schliefen auch in den Zimmern, die Papst Alexander VI. für sich, seine Familie und seine Geliebte Giulia Farnese bauen ließ – in einem davon schlief die wunderschöne Dame Nacht für Nacht an der Seite des Papstes. Alle diese Räume, die Zimmerfluchten der Renaissance-Päpste wie die Gemächer Julius' II., waren in perfekte Museumssäle umgebaut worden, die bestens dafür geeignet sind, dass sich täglich Tausende mehr oder weniger an Kunst interessierte Museumsbesucher hindurchschieben. Sie geben auch einen prächtigen Rahmen für die Konsistorien ab, die »Vollversammlung« der Kardinäle, aber als Schlafzimmer für alte Männer sind sie denkbar ungeeignet und überaus unpraktisch. Denn: Wie man anhand vieler Grundrisse von Palästen des Barock oder der Renaissance leicht nachvollziehen kann, waren die Ansprüche der Kirchenfürsten an Hygiene in den vergangenen Jahrhunderten eher gering. Während ungeheure Summen für die Dekorierung der Räume ausgegeben wurden, sparte man etwa beim Einbau von Badezimmern. Die Zeiten haben sich geändert, und der Apostolische Palast in Rom ist trotz aller denkbarer Hilfsmittel nun einfach nicht mehr dafür geeignet, für eine ungewisse Zeit fast hundertzwanzig Kardinäle aufzunehmen, die sich morgens duschen und die Zähne putzen wollen. Außerdem gab es ernste Gefährdungen für die Gesundheit. Papst Johannes Paul II. hatte selbst miterlebt, wie die Hitze den Kardinälen im Konklave am 25. und 26. August 1978 zugesetzt hatte. Die Regeln verboten den Kardinälen, die Fenster zu öffnen. In der Hitze erlitten einige Wahlberechtigte Schwächeanfälle. Am 23. Februar 1996 ließ Johannes Paul II. die päpstliche Konstitution »Universi dominici gregis« veröffentlichen, die mit dem improvisierten Lager der Kardinäle Schluss machte. Mit diesem Schreiben änderte und ergänzte der Papst die bis dahin gültige Wahlordnung für Päpste, die Papst Paul VI. im Jahr 1975 in der Schrift »Romano Pontifici eligendo« sehr genau festgelegt hatte, und führte ein, dass in Zukunft die Kardinäle während des Konklaves im Haus der heiligen Martha residieren sollten.

Das Gebäude war unter Papst Leo XIII. im Jahr 1884 auf den Grundmauern einer mittelalterlichen Ruine errichtet worden. Dass es nahe dem Petersdom aufgebaut wurde, war kein Zufall. Nur vierzehn Jahre zuvor hatten die Päpste ihren Staat, der ganz Mittelitalien umfasste, verloren. Statt ihre Burgen an der Adria, der Toskana oder im Latium auszubauen, musste jetzt innerhalb der letzten Bastion, die den Päpsten geblieben war, in einem nur 0,44 Quadratkilometer kleinen Land, neuer Raum geschaffen werden. Leo XIII. wählte für das Gebäude den Namen jener Martha, der Schwester des Lazarus, die Jesus beherbergt hatte. Zunächst diente das Haus der heiligen Martha im Vatikan als Krankenhaus und wurde italienischen Nonnen anvertraut. Später ließen die Päpste das Gebäude in ein Gästehaus umbauen – knapp hundert Jahre lang war es das einzige echte Gasthaus im Vatikan. Johannes Paul II. entschied sich dafür, das Haus grundlegend umbauen zu lassen, um möglichst jedem wahlberechtigten Kardinal ein Zimmer zur Verfügung stellen zu können. Trotz erheblicher Proteste der Anwohner, denen durch die Aufstockung des Hauses der unbezahlbare Blick auf die Peterskuppel verbaut wurde, ließ der Papst das Gebäude aufstocken. Die Architekten konnten in dem Haus 108 Suiten und 23 Einzelzimmer einbauen.

Ich glaube nicht, dass es viele Menschen gibt, die freiwillig im Domus Sanctae Marthae Urlaub machen würden. Sonderlich besucherfreundlich ist das Hotel nicht: Frühstück gibt es nur von 7.30 bis 8.45 Uhr, Mittagessen von 13.00 bis 14.00 Uhr, zu Abend gegessen wird zwischen 19.30 und 20.30 Uhr. Um 22.00

Uhr abends wird der Haupteingang abgeschlossen. Wer später kommen will, muss einen Sonderschlüssel erbitten, den so genannten blauen Schlüssel. An Werktagen wird das Hauptportal um 7.00 Uhr aufgeschlossen, an Sonntagen um 8.00 Uhr. Frühmessen werden täglich um 7.00 Uhr zelebriert. Im zweiten und fünften Stock stehen Kapellen zur Verfügung, wo jederzeit eine Messe gelesen werden kann. Es gibt einen Wäscheservice für Kleider. Die sorgfältig gebügelte Wäsche wird allerdings erst drei Tage nach Abgabe zurückgegeben. Rauchen ist erlaubt, aber nicht im Fernsehzimmer.

Das Domus Sanctae Marthae ist ein düsterer Ort, obwohl schwer zu sagen ist, woran das eigentlich liegt. Die Architekten haben sich alle Mühe gegeben, das Haus wohnlich zu machen. Die jungen Frauen an der Rezeption gießen regelmäßig die Stechpalmen in der Eingangshalle, die dem Ort eher vergeblich so etwas wie Charme geben sollen. Der blitzblank polierte Marmor, die geschickt angedeutete Kuppel der Eingangshalle, die bis in den zweiten Stock hinaufreicht, sollen dem Ort so etwas wie ein »Gesicht« geben; auch das mit eher mäßigem Erfolg. Die überdimensionalen Bilder Marias an den Wänden, die leise hinauf- und hinabgleitenden Fahrstühle verbreiten in dem Haus eine Atmosphäre, als müsse hier stets geflüstert werden. Selbstverständlich gibt es keine Bar, sondern nur ein kleines, knapp zehn Quadratmeter großes Fernsehzimmer rechts neben dem Eingang. Dort saßen sonst immer Kirchenmänner, um sich darüber zu informieren, was draußen in der Welt außerhalb dieser blitzblanken Flüsterhallen geschah. In den Tagen nach dem Tod des Papstes Johannes Paul II. waren sie täglich die Stars auf dem Fernsehschirm, aber sie durften sich nicht sehen. Der Fernseher war verbannt worden, weil Fernsehberichte die Kardinäle im Konklave beeinflussen könnten.

Nach dem Tod des Papstes leerte sich das Haus langsam, aber stetig. Vor allem Mitarbeiter des Staatssekretariats, aber auch andere wichtige Gäste hatten in dem Haus zum Teil jahrelang gewohnt. Nun teilte man ihnen mit, dass sie sehr rasch ihre Zimmer räumen müssten, um Platz für die Kardinäle zu schaffen, für die das Haus ja schließlich gebaut worden ist. Für einige

Gäste des Hauses bedeutete diese Situation einen regelrechten Schock, weil sie wirklich nicht wussten, wo sie so rasch unterkommen sollten. Rom befand sich schlagartig in einem Ausnahmezustand. Mit den wahlberechtigten Kardinälen reisten Sekretäre, Berater und auch neugierige Bischöfe und Priester aus der ganzen Welt an, die das Ereignis der Wahl eines neuen Papstes einmal miterleben wollten. Heerscharen von Reportern und Fernsehteams fielen gleichzeitig in Rom ein. Jedes Zimmer in einem Hotel, einem Kloster, einer Pension oder einem Priesterheim war vergeben. Die heimatlosen Ex-Bewohner des Domus Sanctae Marthae bemerkten erst, als sie auf der Straße standen, was für eine ungeheuer teure Stadt Rom sein kann, wenn man dringend eine neue Bleibe braucht. Im Domus Sanctae Marthae hatten sie 62 Euro pro Tag für eine Suite mit Halbpension gezahlt, inklusive Nutzung der Tiefgarage. Für die gleiche Summe bekamen sie in einem der wenigen Luxushotels in Rom, die noch ein Zimmer frei hatten, gerade einmal einen Stellplatz in der Garage und das Frühstück. Aber ein Zimmer unter 300 Euro pro Nacht zu finden, war schlicht unmöglich.

In Rom rückte man in diesen Tagen zusammen. In allen Klöstern wie in den Gästehäusern der Gemeindekirchen teilten sich Priester und Laien die Zimmer. Die Ex-Gäste des Domus Sanctae Marthae waren nun die berühmtesten »obdachlosen« Priester der Stadt und mussten wieder und wieder erzählen, wie es in dem rätselhaften Gästehaus aussah, in das jetzt die Kardinäle einzogen, um die Zukunft der katholischen Kirche zu bestimmen. Dort ruhten die Augen der Büste Papst Johannes Pauls II. auf jedem einzelnen Ankömmling. Sie stand auf der rechten Seite neben der Tür des Eingangs, als wollte der Papst über das Grab hinaus jedem der Kardinäle noch einmal ins Herz schauen, auf dass sie reinen Gewissens seinen Nachfolger wählten.

Als die Kardinäle einzogen, glich das einer unglaublichen Mischung aus Mittelalter und Moderne. Es war, als würde ein Kreuzritter, der gerade von der Eroberung Jerusalems zurückkam, in den Business-Class-Sitz eines Linienflugzeugs bugsiert. Ein ultramoderner Aufzug für Gehbehinderte beförderte alte Kardinäle, die unsicher auf den Beinen waren und die wenigen Treppenstufen in die Halle nicht mehr schafften, sicher an die Rezeption. Alles wäre ganz normal gewesen, wenn die Kardinäle dort wie in einem Hotel den Zimmerschlüssel bekommen hätten – aber so einfach ist das in einer zweitausend Jahre alten Organisation nicht. Dass es, wie schon erwähnt, in dem Hotel 108 Suiten und 23 Einzelzimmer gab, entpuppte sich als ein schweres Problem. Die Kardinäle sind nämlich nicht alle gleich, es gibt wichtigere und weniger wichtige – aber leider nicht exakt 108 wichtige und 23 unwichtige, dann wäre die Verteilung ja einfach gewesen. So aber mussten die Zimmer verlost werden, um niemanden in seiner Ehre zu verletzen. Die Kardinäle erfuhren an der Rezeption, welches Los sie getroffen hatte, und dagegen war kein Einspruch möglich. Mancher mächtige Kirchenmann musste in ein kleines Einzelzimmer, während junge Kardinäle aus fernen Ländern eine Suite genießen konnten.

Grundsätzlich teilen sich alle Kardinäle in zwei Gruppen. Es gibt jene, die nach dem Tod eines Papstes ihr Amt behalten – das sind nur sehr wenige –, und solche, die im Augenblick des Papsttodes ihr Amt verlieren. Diese dürfen nach dem Ableben des Pontifex keine wichtigen Entscheidungen mehr treffen, nur noch die Geschäfte führen, und sie müssen dem neu gewählten Papst ihren Rücktritt anbieten. Nur wenn dieser das Rücktrittsgesuch ablehnt, können sie ihre Amtgeschäfte wieder aufnehmen.

Nach dem Tod eines Papstes bleiben im Amt:

1. Der Kardinalkämmerer der Heiligen Römischen Kirche, in Rom nennt man ihn den Camerlengo, es ist Kardinal Eduardo Martinez Somalo, ein Spanier.

2. Der Generalbeichtvater oder Großpönitentiar, Kardinal James Francis Stafford, ein US-Amerikaner.

3. Der Kardinalerzpriester der Basilika von Sankt Peter, Kardinal Francesco Marchisano, ein Italiener.

4. Der Generalvikar der Vatikanstadt, Kardinal Angelo Comastri, ein Italiener.

5. Der Generalvikar der Stadt Rom, Kardinal Camillo Ruini, ein Italiener.
6. Der Substitut des Staatssekretariats, Leonardo Sandri, ein Argentinier.
7. Der Almosenier des Papstes, Oscar Rizzato, ein Italiener.

Diese sieben Männer waren das letzte Aufgebot des alten Papstes und dafür zuständig, dass in der Übergangszeit alles reibungslos lief.

Mit Abstand der wichtigste Mann dieser Gruppe ist bei jedem Papstwechsel der Camerlengo. Er ist der Mann, der als Erster an das Totenbett das Papstes gerufen werden muss. Doch Kardinal Eduardo Martinez Somalo kam am 2. April 2005 nicht an das Totenbett eines Papstes – er kam an das Totenbett eines Freundes. Mehr als sechzehn Jahre hatten sie Seite an Seite gearbeitet; am 28. Juni 1988 ernannte Johannes Paul II. ihn zum Kardinal und holte ihn nach Rom. Somalo hatte die Sorgen des Papstes geteilt, hatte immer wichtige Aufgaben gehabt, war zuständig für die Ordensgemeinschaften. Unter anderem musste er Johannes Paul II. schlimme Nachrichten über das immer raschere Ausbluten der katholischen Orden überbringen: Ordensgemeinschaften, die mehr als ein Jahrtausend überlebt hatten, drohten innerhalb weniger Jahrzehnte zugrunde zu gehen. Somalo und Karol Wojtyla mussten beide gegen eine Gesellschaft ankämpfen, die die katholische Kirche immer mehr abzulehnen begann. Aber sie hatten auch Triumphe gefeiert. Stolz erlebte Somalo, dass der Papst nur an wenigen Orten der Welt so überschwänglich gefeiert wurde wie in Spanien, Somalos Heimatland. Zuletzt sah er ihn dort an einem milden Abend in Madrid inmitten von etwa 300 000 Jugendlichen glücklich lachen.

Nun hatte Somalo den traurigen Auftrag festzustellen, ob der Papst wirklich tot war. Noch zu Lebzeiten hatte Johannes Paul II. dafür gesorgt, dass dem Camerlengo in diesem Augenblick eine überaus makabre Pflicht erspart blieb, indem er das Ritual abschaffte, das bis zum Tod Johannes Pauls I. gegolten hatte. Bis dahin war ein Kardinalkämmerer dazu verpflichtet gewesen, am Totenbett des Papstes dreimal mit einem silbernen Hämmerchen gegen die Stirn des Toten zu schlagen, ihn mit seinem Taufnamen anzureden und zu fragen: »Albine, dormisne?« (»Albino, schläfst du?« – der Taufname von Johannes Paul I. war Albino Luciani.) Somalo dagegen musste lediglich den Totenschein ausstellen sowie den Ring und das Siegel des Papstes an sich nehmen. Später wurde der Ring während einer der Sitzungen des Kardinalskollegiums zertrümmert. In Erinnerung an Simon Petrus, den Sohn des Jonas, Fischer in Galiläa, heißt der Ring der Päpste noch immer Fischerring. Früher wurde er dazu genutzt, das Siegel der Päpste in das frische Wachs unter Dokumenten zu drücken, und heute wäre es genau genommen nicht mehr nötig, den Ring und das Siegel zu zerstören, da auch die päpstlichen Dokumente längst elektronisch gesichert verbreitet werden; doch der Vatikan hält an der Tradition fest, um damit das offizielle Ende der Regierungszeit eines Papstes zu zelebrieren.

Es ist also der Kämmerer, der zusammen mit dem Zeremonienmeister und dem Kanzler der Apostolischen Kammer den Totenschein ausstellt und beglaubigt. Danach muss er den Vikar der Stadt Rom über den Tod des Papstes informieren, der wiederum die Gläubigen darüber unterrichtet, dass der Bischof von Rom nicht mehr lebt. Anschließend informiert der Camerlengo zuerst den Dekan der Kardinäle über den Tod des Papstes und dann den Kardinalerzpriester des Petersdoms. Der Dekan der Kardinäle hat dann mit dem Camerlengo dafür zu sorgen, dass alle Kardinäle, die reisen können, sich so rasch wie möglich auf den Weg nach Rom machen, um nach der neuntägigen Trauerfrist den neuen Papst zu wählen. Während der Kardinalkämmerer ein Mann ist, der nach dem Tod eines Papstes wirklich gebraucht wird, hat die Tatsache, dass auch der Generalbeichtvater oder Großpönitentiar im Amt bleibt, keinen praktischen, sondern einen theologischen Grund: Die Beichte muss zu jeder Zeit möglich sein, die Vergebung von Sünden darf nicht unterbrochen werden.

Es ist ein seltsames Amt, das Kardinal James Francis Stafford da zugefallen ist. Stafford liebt klare Entscheidungen, er ist ein nüchtern denkender Mensch und ein anerkannter Theologe, der angehende Priester unterrichtete – er wollte nie eine große Karriere im Vatikan machen, sondern hatte einfach nur Glück: Er war zur richtigen Zeit am richtigen Ort. Stafford war nämlich Bischof von Denver, als der Papst dort zum ersten großen Weltjugendtag eintraf. »Denver 1993« war nicht nur ein Erfolg, sondern geradezu ein Triumph und eine völlig neue Erfahrung für die katholische Kirche. Bis zu diesem Weltjugendtag hatte die Kirche gefürchtet, den Kontakt zu den jungen Menschen zu verlieren – in Denver sah man, wie sehr sich junge Menschen von Johannes Paul II. und seiner Botschaft inspirieren ließen. Stafford wurde über Nacht zum Star, zum Mann, der »das Wunder von Denver« geschaffen hatte. 1996 stieg er zum Chef des Päpstlichen Rats für die Laien auf und war von nun an zuständig für alle Weltjugendtage.

Stafford liebte es mitzuerleben, welche unglaubliche Wirkung Johannes Paul II. auf Jugendliche und junge Erwachsene haben konnte, auf Laien, auf ganz normale Menschen, die vielleicht nicht einmal besonders religiös waren und trotzdem wie in einem Rausch diesen Papst erlebten. Die Nachricht vom Tod Karol Wojtylas versetzte ihm einen furchtbaren Schlag, es gab wenige Kardinäle im Vatikan, die das Ende Karol Wojtylas in so tiefe Trauer stürzte, denn im Gegensatz zu den meisten anderen Kardinälen war für ihn nicht nur ein charismatischer Mann gestorben, vor dessen Lebensleistung er Respekt hatte – Stafford sah in Johannes Paul II. einen wirklichen Mann Gottes, einen Papst, den der Herr im Himmel ausgewählt hatte, um vor den Menschen in schweren Zeiten erstaunliche Werke zu tun.

Tief erschüttert war Kardinal Stafford gewesen, als das Ausmaß des Kinderschänderskandals in seinem Heimatland, den USA, deutlich wurde, und bis zu dem Moment, als erdrückende Beweise gegen katholische Priester in den USA vorgebracht wurden, hatte er sich geweigert zu glauben, was geschehen war: dass nämlich das Vertrauen der Eltern, die ihre Kinder zu katholischen Priestern gebracht hatten, in Kirchen und Gemeindezentren auf entsetzliche Weise missbraucht worden war. Im Herbst 2001, als Dutzende US-amerikanischer Priester wegen

Kindesmissbrauchs angeklagt worden waren, wusste Stafford sofort, was das für Konsequenzen haben konnte. Denn im Juli des darauf folgenden Jahres sollte der Weltjugendtag im kanadischen Toronto, an der Grenze zu den Vereinigten Staaten, stattfinden: Würden US-amerikanische Eltern unter solchen Umständen ihre Kinder mit Priestern losziehen lassen, um tagelang zusammen mit den Geistlichen in Zelten zu schlafen? Innerhalb des Vatikans gab es viele Stimmen, die von Stafford verlangten, diesen Weltjugendtag abzusagen, doch dann geschah ein Wunder: Angesichts des Kinderschänderskandals hatten die Veranstalter mit maximal 100 000 Jugendlichen gerechnet, doch als Papst Johannes Paul II. schließlich den Abschiedsgottesdienst las, nahmen mehr als 700 000 junge Menschen daran teil. Sie waren in Scharen gekommen – und nun war der Mann, der solche Wunder vollbringen konnte, tot.

Im Jahr 2003 erfuhr der Kardinal, dass er Generalbeichtvater werden solle – kein sehr dankbares Amt. Denn als solcher hatte sich Stafford mit einer ziemlich seltsamen, aber seit dem Mittelalter gängigen Praxis zu beschäftigen: den Ablass der Sünden zu genehmigen. Wenn irgendwo auf der Welt irgendein katholischer Priester eine Pilgerreise organisiert, kann dieser den Teilnehmern einen Ablass der Sünden in Aussicht stellen. Diesen Ablass aber muss er sich vorher vom Generalbeichtvater genehmigen lassen – das war also die neue Aufgabe Staffords. Einem Priester darf zu keiner Zeit, nicht einmal wenn ein Papst gestorben ist, die Möglichkeit verwehrt werden, diese Genehmigung zum Sündenablass einzuholen, und deshalb bleibt der Generalbeichtvater auch im Amt.

Der Erzpriester von Sankt Peter, Kardinal Francesco Marchisano, ist ein sehr verschlossener Mann. Erst im Herbst 2003 bekam er die Kardinalswürde verliehen – zuvor hatte er Papst Johannes Paul II. kaum persönlich gekannt. Als Priester mied er die Öffentlichkeit, wo immer er konnte, und damit war er für seine Aufgabe als Kardinalerzpriester der größten Kirche der Welt bestens vorbereitet. Sein Job besteht nämlich maßgeblich darin, im Hintergrund zu bleiben und dafür zu sorgen, dass in der Kirche alles reibungslos abläuft. Der Erzpriester muss dafür sorgen, dass die Trauerfeier nach dem Tod des Papstes in der Peterskirche optimal vorbereitet wird und die Zeremonien würdevoll ablaufen können.

Der Vikar des Kirchenstaats, Bischof Angelo Comastri, musste im Amt bleiben, um die Seelsorge im Kirchenstaat zu gewährleisten und mit den Gläubigen des Vatikans des toten Papstes zu gedenken. Bischof Angelo Comastri, der erst wenige Wochen zuvor aus Loreto an der Adria nach Rom gewechselt war, verpatzte seinen gut gemeinten Auftritt gründlich. Er betete auf dem Petersplatz mit den Gläubigen für den Papst, der »spätestens im Laufe der Nacht« sterben werde. Doch der Papst überlebte die Nacht. Das Totengebet kam zu früh.

Der Generalvikar von Rom, Kardinal Camillo Ruini, musste deshalb im Amt bleiben, weil nach dem Tod des Bischofs von Rom, also des Papstes, der Generalvikar an dessen Stelle als Oberhaupt der Diözese Rom tritt. Schließlich darf der ganz normale Ablauf des kirchlichen Lebens in Rom nicht unterbrochen werden, es müssen weiterhin Eheschließungen und Beerdigungen möglich sein, und der komplette soziale wie auch der pastorale Dienst dürfen nicht unterbrochen werden.

Auch Camillo Ruini zeigte sich von der Nachricht des Papsttodes überaus bestürzt. Denn er hatte Johannes Paul II. viel zu verdanken, der den unscheinbaren Theologen zum Generalvikar sowie zum Chef der italienischen Bischofskonferenz CEI gemacht und zweimal im Amt bestätigt hatte. Dabei waren Camillo Ruini und Karol Wojtyla zwei völlig unterschiedliche Menschen. Ruini lebt wie ein Asket. Er ist ein stiller, in sich gekehrter Mann, der fast nie Wein trinkt, einen geordneten Schreibtisch schätzt und den allein schon die Vorstellung anwidern muss, durch den Schlamm eines Flusses zu waten, wie der in sein Kajak vernarrte Karol Wojtyla, oder mit Gemeindemitgliedern unter freiem Himmel in einem Schlafsack zu schlafen, wie das der spätere Papst tat, als er noch Bischof war. Ruini ist völlig unsportlich, körperliche Nähe scheint ihm unangenehm zu sein, und auf die meisten Menschen wirkt er kalt. Wobei ich mich jedes Mal, wenn ich den Lateranspalast besuchte, fragte, ob dieser Eindruck nicht auch mit dem Palast zu tun hat. Ich glaube, in Rom gibt es kein abweisenderes Gebäude: Die gewaltigen Zimmerfluchten, die langen Flure sind mit polierten Marmorplatten ausgelegt. Kalter Stein, wohin das Auge fällt. Selbst im Sommer fröstelt es einen in dem gewaltigen, stets mit Bohnerwachs hochglanzpolierten Palast, in dem man sich wie im Inneren eines Eiskristalls fühlt. Aber man sollte den äußeren Eindruck nicht mit dem inneren Wesen verwechseln: Ruini war ein treuer Weggefährte. Die italienischen Bischöfe hatten beim Amtsantritt Johannes Pauls II. zunächst mit Entsetzen gesehen, wie ihre Macht geopfert wurde. In allen Diözesen der Welt konnten sich die Bischöfe selbst ein Oberhaupt wählen, aber in Rom gilt eine Sonderregel, wonach der Papst zu bestimmen hatte, wer die einstmals allmächtigen italienischen Bischöfe leitete. Viereinhalb Jahrhunderte hatten italienische Bischöfe unter sich ausgemacht, wer der nächste Papst werden sollte – jetzt mussten sie sich in der Weltkirche behaupten wie alle anderen auch. Unter Johannes Paul II. ging ihr Machteinfluss stetig zurück. Der Chef der Bischofskonferenz, Kardinal Camillo Ruini, aber kam gut damit zurecht, dass der Lateran keine Machtzentrale mehr war, da es in der katholischen Kirche unter Johannes Paul II. nur ein Machtzentrum gab, den Vatikan. Als Generalvikar war er die ideale Besetzung an der Seite des alles und alle in den Schatten stellenden Johannes Paul II. Ruini zog den Platz im Schatten vor, und jetzt, nach dem Tod des Mannes, der das alles gewusst, verstanden und respektiert hatte, fühlte sich der schwer herzkranke Ruini auf der Welt sehr einsam.

Der Substitut des Staatssekretariats, Leonardo Sandri, blieb im Amt, weil er die Beziehungen zu den vielen diplomatischen Vertretungen des Vatikans, den so genannten Nuntiaturen, auf der ganzen Welt halten musste. Im Augenblick des Papsttodes vertritt jeder einzelne Nuntius in jedem Land auch weiterhin den Heiligen Stuhl – er darf allerdings nichts mehr entscheiden, sondern nur noch nach Rom berichten, wie der Tod des Papstes aufgenommen wurde. In Rom gehen diese Berichte dann nicht an den Kardinalstaatssekretär, der sein Amt verliert, sondern an dessen Untergebenen, den Substituten im Staatssekretariat. Der in Buenos Aires geborene Leonardo Sandri wurde 1997 zum Titular-Erzbischof von Aemona und zum Apostolischen Nuntius von Venezuela ernannt, im selben Jahr erhielt er die Bischofsweihe. Am 1. März 2000 wurde er zum Apostolischen Nuntius von Mexiko bestellt, und wenig später, am 16. September 2000, folgte die Ernennung zum Substituten des Staatssekretariats.

Der für die Almosen zuständige Mann, Oscar Rizzato, blieb ebenfalls aus ganz praktischen Erwägungen im Amt: Es muss zu jeder Zeit möglich sein, Spenden an den Vatikan zu richten, egal ob ein Papst tot ist oder nicht. Die Verwaltung der päpstlichen Wohltätigkeit an der römischen Kurie ist bereits seit dem 12. Jahrhundert in der Eleemosinaria Apostolica institutionalisiert. Heute verwaltet sie in direkter Abhängigkeit vom Papst dessen private Wohltätigkeit.

Alle anderen Kardinäle, die nicht zu diesen Ausnahmen zählen, also nicht im Amt bleiben dürfen, werden in drei Kategorien unterteilt: eine kleine Elitegruppe, eine Gruppe erfahrener Kardinäle und eine Gruppe Newcomer. Geteilt werden die Kardinäle aus einem ganz einfachen Grund: Die Elitegruppe soll die geeigneten Kandidaten für das Amt des Papstes ins Spiel bringen, die übrigen Kardinäle können dann die Vor- und Nachteile dieser Auserwählten abwägen.

Die zur Elitegruppe gehörenden Kardinäle heißen Kardinalbischöfe, dann folgen die Angehörigen der weitaus größten Gruppe, die Kardinalpriester, und schließlich die Gruppe der Kardinaldiakone: Ihrer Gruppe gehörten im Augenblick des Todes von Johannes Paul II. zweiunddreißig Kardinäle an.

Kardinäle rücken im Lauf ihres Lebens ganz langsam auf. Sobald ein Kardinalpriester stirbt, rückt der älteste der Kardinaldiakone nach. Zur Gruppe der Kardinalbischöfe gehören nur sechs Kardinäle: der Dekan der Kardinäle, Joseph Ratzinger, der Kardinalstaatssekretär Angelo Sodano, der ehemalige Dekan Bernardin Gantin, der Chef der Kongregation für die Bischöfe, also der oberste Boss aller Bischöfe, Giovanni Battista Re, der Ex-Chef der wichtigen Kongregation für Gerechtigkeit und Frieden, Roger Etechgaray, und Alfonso Lopez Trujillo, der Chef des Päpstlichen Rats für die Familie. Zu den Kardinalbischöfen gehört noch eine Sondergruppe, die Kardinalpatriarchen des Ostens: Nach dem Tod von Papst Johannes Paul II. waren es drei an der Zahl: Ignace Moussa I. Daoud aus Antiochia, Pierre Sfeir Nasrallah, ebenfalls aus Antiochia, und Stephanos II. Ghattas, der Patriarch der Kopten. So hohes Ansehen die Patriarchen des Ostens auch genossen, während des Konklaves spielten sie nur am Rand eine Rolle, weil sie nur eine verschwindend geringe Minderheit von Katholiken repräsentieren.

Soweit die offizielle Unterteilung in Kardinäle. Hinter den Kulissen gab es aber noch eine viel wichtigere Unterteilung der Kardinäle: die in Statisten und Stars.

20

» Tu mir das nicht an «

Die meisten Kardinäle, die nach dem Tod Johannes Pauls II. nach und nach im Haus der heiligen Martha eintrafen, waren ganz mit ihrer Trauer über den Verlust eines alten Freundes und langjährigen Weggefährten beschäftigt. Es gab aber auch eine kleine Gruppe von Kardinälen, bei denen zur Trauer auch sehr gemischte Gefühle kamen, als sie am Eingang von Sancta Martha eincheckten: Das waren diejenigen Kardinäle, die wussten, dass sie die Wahl treffen konnte. Diese kleine Gruppe der Stars musste damit rechnen, dass die kommenden Tage in Rom nicht nur den traurigen Abschied von einem großen Papst bedeuten würden, sondern auch die ebenso anstrengende wie aufregende Beteiligung an der Wahl des Nachfolgers. Den Stars war klar, dass diese Tage in Rom ihr Leben schlagartig und für immer verändern konnten, bis zum Tag ihres Todes. Denn ihnen drohte das Schicksal, einen der anstrengendsten »Jobs« der Welt machen zu müssen und in die älteste und wahrscheinlich geheimnisumwittertste Machtzentrale des Globus einzuziehen. Deshalb mag es manchem von ihnen so gegangen sein wie Kardinal Joseph Ratzinger, der später berichtete, er habe im Konklave gedacht: »Tu mir das nicht an.«

Im Augenblick des Todes von Papst Johannes Paul II. gab es vier unbestrittene Stars unter den Kardinälen: einen Deutschen (Walter Kasper), zwei Italiener (Dionigi Tettamanzi und Angelo Scola) sowie einen Inder (Ivan Dias). Kardinal Dionigi Tettamanzi hatte sich selbst in einer unvergleichlich spektakulären Aktion in die beste denkbare Ausgangslage gebracht, um die Wahl zum Papst gewinnen zu können. Innerhalb der katholischen Kirche gilt bis auf ganz, ganz wenige Ausnahmen die Regel, dass Kardinäle, die Bischöfe einer Stadt sind, dort auch bleiben müssen – es sei denn, der Papst ruft sie nach Rom. So wurde ein Kardinal, der Bischof von Berlin war, nur ausnahmsweise nach Köln befördert, in die wesentlich größere und wichtigere Diözese. Für Bischöfe, die keine Kardinäle sind, gilt das nicht. Ein Bischof kann sehr wohl zunächst Bischof von Osnabrück sein und dann zum Bischof von Paderborn befördert werden. Aber den Sitz eines Kardinals gegen einen anderen auszutauschen, das bleibt die Ausnahme. In der langen Amtszeit von Papst Johannes Paul II. war diese Ausnahme der Fall Dionigi Tettamanzi: Der am 14. März 1934 in Renate nordöstlich von Bergamo geborene Dionigi Tettamanzi wurde 1995 zum Bischof von Genua befördert, und da Genua traditionell Sitz eines Kardinals ist, erhielt Tettamanzi 1998 automatisch auch noch den Hut des Kardinals. Ab diesem Zeitpunkt hatte Kardinal Tettamanzi im Grunde nur noch eine Chance, einen weiteren Karriereschritt zu machen. Diese Chance bestand darin, als Bischof von Genua zum Papst gewählt zu werden.

Genua ist auch aus der Sicht der Kirche eine wichtige Stadt, doch nicht wichtig genug für einen Mann wie Tettamanzi. Er war also bereits Kardinal, als der Papst ihm im Jahr 2002 den Bischofssitz Mailand verlieh. Die Diözese Mailand gilt als Sprungbrett für Päpste. In den vergangenen hundert Jahren sind zwei Päpste Erzbischöfe von Mailand gewesen, Pius XI. (Papst 1922–1939) und Paul VI. (Papst 1963–1978). Wenn das Konklave einen Italiener als nächsten Papst wünschte, ließe sich nichts so leicht bewerkstelligen wie die »Beförderung« des Erzbischofs der zweitwichtigsten Diözese Italiens, Mailand, zum Bischof der wichtigsten Diözese Italiens, Rom. Dionigi Tettamanzi organisierte eine regelrechte Wahlkampagne, um als möglicher Kandidat für das Amt des Papstes ins Gespräch zu kommen. Zu einer solchen Wahlkampagne gehört, dass sich der Kardinal, der Papst werden möchte, zu den verschiedensten, möglichst kontrovers diskutierten Themen äußert, sehr viele Bücher schreibt – oder besser: schreiben lässt – und sich der Unterstützung der einflussreichsten innerkirchlichen Bewegungen versichert. All das hatte Tettamanzi getan: Er hatte sich in einer Unzahl von Büchern und Aufsätzen zu allen modernen Themen geäußert, sei es zur Soziallehre oder zur Bioethik. Trotz dieser überaus intensiven Tätigkeit als Wissenschaftler hatte Tettamanzi sich auch noch stark in der Seelsorge engagiert. Der Mann konnte offensichtlich alles und dazu noch gleichzeitig schaffen – ein Superpriester. Und trotz seiner knappen Zeit hatte er nicht vergessen, sich auch um Unterstützer zu bemühen. Am 22. September 1999 landete er einen großen Coup: Er versicherte sich der Unterstützung der mächtigsten innerkirchlichen Gruppe: Opus Dei. An diesem Tag stellte Kardinal Tettamanzi die neue »Bibel« der Prälatur Opus Dei vor: den Nachlass des Ordensgründers Josemaria Escrivá de Balaguer; sein spirituelles Testament mit dem Titel »Apuntes intimos«. Tettamanzi schlug damit gleich zwei Fliegen mit einer Klappe: Er zeigte Opus Dei, wie sehr er die Prälatur schätzte, und dem Rest des Kardinalskollegiums, dass er sich der Unterstützung von Opus Dei sicher sein konnte. Und die Prälatur ließ tatsächlich keinen Zweifel daran, dass sie auf Tettamanzi als einen wichtigen Kandidaten setzte: Am 26. November des Jahres 2002 erhielt Tettamanzi von der päpstlichen Akademie vom Heiligen Kreuz die Ehrendoktorwürde. Diese päpstliche Akademie ist eine Einrichtung von Opus Dei; ihr Hauptquartier liegt in der Nähe der wunderschönen Piazza Navona, mitten in Rom. Aber Kardinäle wie Tettamanzi, die nicht nur vage andeuten, dass sie Karriere machen wollen, sondern sich auch mit Elan ins Gespräch bringen, setzen sich zwangsläufig der Gefahr aus, Fehler zu machen. Und Tettamanzi machte Fehler. Zwei davon waren so schwer, dass es so aussah, als habe er sich um jede Chance gebracht, sein großes Ziel zu erreichen, der nächste Papst zu werden.

Fehler Nummer eins war seine Fehleinschätzung der Ziele der Globalisierungsgegner während des Treffens der großen acht Industrienationen (G8). Im Juli 2001 tagten die G8 in Genua, der Stadt Tettamanzis, und der Kardinal wollte die Chance nutzen, um soziales Profil zu zeigen. Zuerst forderte er die Jugendlichen auf, sich mehr und mehr in der Politik zu engagieren, und dann erklärte er schließlich offen seine Sympathie für die Globalisierungsgegner. Das hätte er besser nicht getan, denn am 20. Juli nahmen die politisch interessierten Jugendlichen Genua auseinander. Die Stadt versank im Chaos, ein Demonstrant kam ums Leben. Banken wurden geplündert, Autos angezündet, ganze Häuserblocks verwüstet. Die Mehrheit der italienischen Katholiken warf Tettamanzi vor, er habe sich auf die falsche Seite gestellt. Tettamanzi versuchte daraufhin den Schaden zu begrenzen, indem er erklären ließ, er sei falsch verstanden worden.

Fehler Nummer zwei leistete sich Tettamanzi, mittlerweile Erzbischof von Mailand, am 7. März des Jahres 2004. Da lud er einen Terroristen und Mörder in die Mailänder Kathedrale ein, um über Schuld und Sühne zu sprechen. Dabei handelte es sich nicht um irgendeinen Terroristen, sondern um eine sehr auffällige Figur im öffentlichen Leben Italiens: um Adriano Sofri, den ehemaligen Chef der Terrorbewegung »Lotta continua« (»Fortwährender Kampf«), der am 17. Mai 1972 den Polizeikommissar Luigi Calabresi erschossen haben soll. Sofri wurde zu zweiundzwanzig Jahren Haft verurteilt. Viele Italiener sehen in Sofri einen der maßgeblichen Intellektuellen Italiens. Zahlreiche italienische Zeitschriften und Tageszeitungen nahmen den verurteilten Terroristen unter Vertrag. Dieser hat zweifellos eine brillante Art zu schreiben, in zahlreichen Publikationen kommentierte er das italienische öffentliche Leben intelligent und witzig. Zudem schwang für das Massenpublikum bei der Lektüre der Kommentare von Adriano Sofri immer der Kitzel mit, die Texte eines »echten Mörders« zu lesen. Das war aber genau der entscheidende Punkt: dass Adriano Sofri nun mal gezielt einen Menschen umgebracht hatte. Der Kardinal hätte sich also fragen müssen, ob nicht auch die Gefühle der Angehörigen des Opfers zu respektieren wären, für die es ein bitterer Anblick sein musste, dass Adriano Sofri es bis auf die Kanzel einer der wichtigsten Kirchen der Welt bringen sollte. Trotzdem lud der Kardinal den Terroristen zu einer Gebetsstunde über Schuld und Sühne ein, bei der Sofri Texte zum Thema Versöhnung vorlesen sollte. Nun wiederholte sich das Phänomen von Genua: Die Aufmerksamkeit für den Kardinal war enorm, gerade weil seine Position so kontrovers diskutiert werden konnte. Das hätte er als Erfolg für sich verbuchen können, wäre die Stimmung nicht umgeschlagen, zu seinen Ungunsten. Das Gleiche geschah nun in Mailand: Tettamanzi hatte eine sensationelle Geste der Versöhnung geplant, ein beispielloses Symbol. Er wurde zum Tagesgespräch, war in allen Medien. Doch er hatte sich erneut verschätzt: Die Empörung über seine Einladung schlug hohe Wellen, und Tettamanzi hätte nun die Gelegenheit gehabt, Charakter zu zeigen, indem er trotz der Ablehnung, die ihm entgegenschlug, an der Einladung festhielt, weil im Hause Gottes »vor allem die willkommen sind, die Schuld auf sich geladen haben«, wie Tettamanzi zunächst erklärte.

Dann aber tat er das Falscheste, was er tun konnte, indem er sich für einen wenig durchdachten Rückzug entschied. Nicht er persönlich habe die Einladung ausgesprochen, erklärte er auf einmal, sondern der zuständige Erzpriester des Mailänder Doms. Das war nicht nur eine fadenscheinige, sondern auch eine ziemlich dumme Ausrede. Denn jeder, der sich auch nur ein bisschen in der Kirchenhierarchie auskennt, weiß, dass es völlig undenkbar ist, dass ein Erzpriester eine so spektakuläre Einladung ohne Abstimmung mit dem zuständigen Bischof aussprechen kann. Und dieser Bischof hieß nun mal Tettamanzi. Nun musste dieser sich auch noch von dem Terroristen aus der Patsche helfen lassen: Adriano Sofri lehnte den bereits genehmigten Ausgang für die Zeremonie im Dom von Mailand ab und zog es vor, in seiner Zelle zu bleiben, um den Kardinal nicht in Bedrängnis zu bringen. Das war sehr peinlich für den Kardinal, der selbst weder den Mut gehabt hatte, zu seiner Einladung zu stehen, noch sie zurückzuziehen. Sehr peinlich.

Ich wusste bereits eine Menge über Dionigi Tettamanzi, bevor ich ihn zum ersten Mal persönlich kennen lernte. Das war vor vielen Jahren auf einer Veranstaltung zum Thema Bioethik in Rom. Dieses Treffen verlief für mich so überraschend, dass ich bis heute Kardinal Tettamanzi für einen der rätselhaftesten Menschen halte, die mir je begegnet sind. Ich hatte mir einen Machtmenschen vorgestellt, einen vor Selbstbewusstsein strotzenden, intelligenten, sehr dominanten, fast vorlauten Kirchenfürsten, der wusste, was er erreichen wollte: nämlich Papst werden. Deswegen dachte ich zunächst, ich spreche mit der falschen Person, als er mir vorgestellt wurde. Kardinal Tettamanzi ist ein schüchtern wirkender, leise auftretender Mann, der sehr viel von einem einfachen Priester und sehr wenig von einem großen Kirchenfürsten hat. Ich konnte mir nicht erklären, wie ausgerechnet ein so bescheidener Mann einen solchen Wahlkampf geführt hatte, um der nächste Papst zu werden.

Für den zweiten Spitzenkandidaten aus Italien, Angelo Scola, sprachen vor allem zwei Gründe, um ihn für den erlesenen Kreis der »Papabili«, der Kandidaten für das Amt des Papstes, zu prädestinieren: Der am 7. November 1941 in Malgrate bei Mailand geborene Scola galt erstens als Spitzenkandidat der innerkirchlichen Bewegungen, und zweitens war er bereits Patriarch von Venedig. Die Lagunenstadt gilt neben Mailand als zweites Sprungbrett für einen Papst. Im vergangenen Jahrhundert waren gleich drei Patriarchen von Venedig zum Papst »befördert« worden, Pius X. (Papst 1903–1914), Johannes XXIII. (Papst 1958–1963) und Johannes Paul I. (Papst im Jahr 1978); alle drei waren zuvor Patriarchen von Venedig gewesen. Das Geheimnis des rasanten Aufstiegs des Angelo Scola steckt in zwei Buchstaben, dem C und dem L, das ist die Abkürzung der Bewegung Comunione e Liberazione. Der 1922 in Desio bei Mailand geborene Luigi Giussani gründete im Jahr 1954 in Mailand eine katholische Studentenbewegung. Damals ahnte noch niemand, dass diese Gründung von entscheidender Bedeutung sein sollte, weil die Studenten in den 1960er Jahren auch in Italien eine regelrechte Revolte anzetteln würden. Was als harmloser Studentenclub katholischer junger Menschen gedacht war, teilte plötzlich die italienische Studentenschaft in zwei Lager. Die Studenten interessierten sich leidenschaftlich für Politik und kultivierten eine romantische Bewunderung für alles Sozialistische und Kommunistische, vor allem unter dem Eindruck des Vietnamkriegs, wo der militärische Riese USA gegen den vermeintlichen Zwerg, den militärisch unterlegenen

Vietcong, kämpfte. Es war an den Universitäten nahezu unmöglich, nicht von einer Ideologisierungswelle erfasst zu werden – die Welt teilte sich in links und rechts, ein Mittelweg schien unmöglich. Der Druck auf alle Studenten, sich dem kommunistisch-sozialistischen Block anzuschließen, war sehr groß. Wer das nicht wollte, der hatte die Wahl zwischen Bewegungen wie CL mit dem Hauptquartier in Mailand oder Sant' Egidio mit dem Hauptquartier in Rom. Comunione e Liberazione bot sich an den Universitäten als Alternative an.

Die Haltung von CL ließ sich stark vereinfacht so beschreiben, dass die Bewegung Basischristentum leben und darstellen wollte. Das hieß etwa, dass ein Student, der kein Kommunist war, deswegen noch lange nicht automatisch ein angepasster Ausbeuter sein musste. CL bedeutete: Auch innerhalb der Studenten, die nicht zur linken Szene gehörten, gab es ein soziales Gewissen. Luigi Giussani bewältigte im Lauf der Jahre eine Aufgabe, die eigentlich unlösbar schien: nämlich die aufbegehrenden jungen katholischen Studenten in den Apparat der Kirche zu integrieren. Die Kirchenhierarchie verdächtigte seine Bewegung, die Amtskirche zu verachten und nicht ernst zu nehmen. Giussanis Gegner warteten nur darauf, dass er einen Fehler machte – indem er zum Beispiel, um sich bei den Studenten beliebt zu machen, die Entscheidung eines Bischofs oder gar des Papstes kritisierte. Doch den Gefallen tat er ihnen nicht, und so wuchs die Bewegung in einem atemberaubenden Tempo. Sie konzentrierte sich ganz auf die Universitäten, wo Studenten, die zu CL gehörten, orientierungslosen Erstsemestern ganz konkrete Hilfe anboten: von der Wohnung bis zur Wahl des richtigen Dozenten. Die Struktur von CL entwickelte sich schließlich so weit, dass diese Bewegung heute auch wirtschaftlich eine starke Macht darstellt. CL baute ein Dienstleistungsnetz auf, kochte den italienischen Studenten etwa das Essen und brachte es auf den Tisch, half bei der Wohnungs- und Arbeitssuche et cetera. Das bescherte CL einen gewaltigen Erfolg. Innerhalb der Bewegung wuchs ein sehr starkes Zusammengehörigkeitsgefühl, das vor den täglichen Angriffen und Beleidigungen der linken Studentenschaft schützte.

Heute ist CL in siebzig Ländern der Welt vertreten und versucht nach wie vor, den Kerngedanken von CL umzusetzen: die Kirche auf ihre Anfänge zurückzuführen, auf eine wirkliche Gemeinschaft. Aber wie alle großen innerkirchlichen Bewegungen hing auch CL sehr stark von charismatischen und unglaublich dynamischen Führungspersönlichkeiten ab. Don Giussani starb am 22. Februar 2005 – am selben Tag veröffentlichte das vatikanische Presseamt ein Schreiben Papst Johannes Pauls II. an den Gründer anlässlich des fünfzigjährigen Bestehens von CL, in dem er betonte, dass die Bewegung gemeinsam mit anderen neuen Gemeinschaften zu den »Keimen eines viel versprechenden Frühlings« des Heiligen Geistes in der Gegenwart zähle.

Nun wird die Zukunft zeigen, ob die Bewegung die schwierige Zeit nach dem Tod ihres Gründers übersteht. Bei der Trauerfeier am 24. Februar 2005 im Mailänder Dom sagte übrigens Kardinal Joseph Ratzinger in seiner Predigt: »Don Giussani hat den Blick seines Lebens und seines Herzens immer auf Christus gerichtet. Er ist auf diese Weise zu der Erkenntnis gekommen, dass das Christentum kein intellektuelles System, kein Bündel von Dogmen, kein Moralismus ist, sondern eine Begegnung, eine ›Liebesgeschichte‹, ein Ereignis.« Vergleicht man diesen Satz mit einem Interview, das Kardinal Joseph Ratzinger im November 2004 der italienischen Zeitung *La Repubblica* gab und in dem er die Essenz des Christentums als »Liebesgeschichte zwischen Gott und den Menschen« beschrieb, dann liegt die Vermutung nahe, dass Ratzinger bei diesen Worten nicht nur an Giussani dachte, sondern auch an sich selbst.

Kardinal Angelo Scola war mit Luigi Giussani befreundet, arbeitete für die wichtigsten katholischen Studentenverbände und näherte sich nach seiner Priesterweihe am 18. Juli 1970 CL immer mehr an. Er war einer der Mitbegründer der Zeitschrift von CL, der *Communio*, arbeitete im schweizerischen Fribourg als Assistent der philosophischen Fakultät bei Otfried Höffe. Im Jahr 1982 holte ihn Papst Johannes Paul II. an die lateranische

Universität. Am 20. Juli 1991 wurde er Bischof von Grosseto, am 5. Januar 2002 Patriarch von Venedig und am 21. Oktober 2003 Kardinal.

Die glückliche Zeit bei CL hat Kardinal Scola zweifellos stark geprägt, und diese Tatsache machte ihn zu einem der Spitzenkandidaten für den Thron Petri. Denn nicht nur CL, auch die anderen mächtigen innerkirchlichen Bewegungen wie Opus Dei, die Fokolar-Bewegung, die Legionäre Jesu Christi und die Neokatechumenen haben ein starkes Interesse daran, einen Papst auf den Thron zu heben, der Sympathien für sie aufbringt. Von den 117 wahlberechtigten Kardinälen (zwei davon nahmen nicht am Konklave teil) brachten mindestens zwei Drittel Sympathien für eine der großen innerkirchlichen Bewegungen auf, wenn sie nicht sogar Mitglied waren. Kardinal Miroslav Vlk ist Mitglied der Fokolaren, Kardinal Juan Luis Cipriani Thorne gehört ganz offiziell zu Opus Dei. Ein gemeinsames Interesse aller innerkirchlichen Bewegungen besteht durchaus. Das hängt vor allem mit dem Grundproblem aller Bewegungen zusammen. Ein ganz normaler Gemeindepfarrer irgendwo auf der Welt wird die Notwendigkeit einer innerkirchlichen Bewegung nicht unbedingt einsehen. Wer gläubig ist, kann einfach regelmäßig am Leben der Gemeinde teilnehmen, und wer besonders fromm ist und sich auch noch berufen fühlt, kann Priester werden – das müsste als Angebot an die Gläubigen eigentlich auch reichen. Doch Mitglieder innerkirchlichen Bewegungen neigen dazu, sich innerhalb der normalen Kirchengemeinden abzukapseln. Sie bilden oft besonders fromme Elitegruppen der Gemeinde, und wenige Gemeindepfarrer sehen es gern, wenn sich Gruppen von Opus Dei oder von CL in ihrer Gemeinde etablieren. Seitdem es innerkirchliche Bewegungen gibt, gibt es auch Proteste gegen sie – eben wegen ihrer Tendenz, sich abzuschließen. Es gab Päpste, die versucht haben, die Ausdehnung der innerkirchlichen Gruppen einzuschränken.

Scola besaß somit den Vorteil, dass alle Kardinäle, die Sympathien für innerkirchliche Gruppen haben, ihn als geeigneten Kandidaten für das Amt des Papstes ansehen würden. Von

Scola wurde erwartet, dass er – einmal auf den Stuhl Petri gelangt – von dort aus den innerkirchlichen Bewegungen das Leben in den Gemeinden deutlich erleichtern würde.

Der Star aus Deutschland: Als nach dem Tod Johannes Pauls II. das Konklave begann, befand sich der am 5. März 1933 in Heidenheim geborene Kardinal Walter Kasper in einer unangenehmen Lage. Der schüchterne Mann, dem Huldigungen seiner Person zuwider sind, drohte die ganz konkrete »Gefahr«, auf den Thron Petri gewählt zu werden. Der Grund dafür lag schlicht darin, dass Kardinal Kasper ein Symbol geworden war – ein Name, der für einen ganz bestimmten Kurs der Kirche stand. Das Kardinalskollegium kannte Kasper nicht nur, die Kirchenfürsten wussten auch, was er will. Das war eine absolute Ausnahme, denn fast alle anderen Kardinäle waren nahezu allen ihren Kollegen nicht nur unbekannt; es ließ sich auch überhaupt nicht absehen, was diese Kardinäle vorhaben könnten für das Fall, dass sie zum Papst gewählt werden sollten. Etwa neun von zehn Kardinälen konnten lediglich auf ihre persönliche Integrität und ihre Arbeit als Bischof in irgendeinem Land verweisen. Lediglich die auffälligsten Kardinäle der Kurie waren bekannt und hatten die Gelegenheit gehabt, sich zu profilieren und erkennen zu lassen, wie sie sich die Zukunft der Kirche vorstellten.

Kasper steht vor allem für eine Annäherung an andere christliche Kirchen und Glaubensgemeinschaften, auch an andere Religionen. Überspitzt gesagt, verkörperte Kasper das sichtbarste Symbol des »linken« Lagers der Kirchenregierung. Kasper wollte keine arrogante Kurie, sondern eine katholische Kirche, die auch in der Lage war, sich klein zu machen, um Fortschritte im Dialog mit anderen zu erreichen.

Kardinal Kasper hatte zudem eine Bilderbuchkarriere hinter sich; mit dreißig Jahren war er bereits Professor. Entscheidend waren aber vor allem seine Jahre in Rom gewesen, noch bevor er in den Einheitsrat berufen wurde. Vor Kasper hatten alle Kardinäle des Konklaves Respekt, weil sie wussten, dass er scheinbar Unmögliches möglich gemacht hatte: Fast alle Kardinäle auf der Welt hatten eigene Erfahrungen im Dialog mit lutherischen und evangelischen Christen, mit Vertretern der orthodoxen oder der methodistischen Kirchen, und nahezu alle Kardinäle auf der Welt wussten, wie schwierig der Dialog mit Vertretern der anderen Kirchen sein konnte. In vielen Fällen schien ein Dialog sogar schlichtweg unmöglich – statt brüderlicher Liebe herrschte unter einigen christlichen Kirchen ein abgrundtiefer Hass.

Ganz oben auf der schwarzen Liste christlicher Kirchen, die alles Katholische verabscheuten, stand vor allem die griechische Orthodoxie. Bis zum Jahr 2001 schien eine Annäherung der griechisch-orthodoxen und der katholischen Kirche vollkommen ausgeschlossen. Allein schon die pure Spekulation über einen möglichen Papstbesuch in Griechenland löste heftige Proteststürme aus. Patres in griechisch-orthodoxen Klöstern fasteten und predigten gegen den »Satan aus Rom«, den Papst. Die katholische Kirche besaß und besitzt zweifellos eine ganze Menge Feinde auf der Welt, aber wenige christliche Führer hassten alles Katholische so leidenschaftlich wie ein großer Teil der griechisch-orthodoxen Kirche. Deshalb gab es wohl nur sehr wenige Kardinäle auf der Welt, die Kasper um seine Aufgabe beneideten. Ein Großteil seines Jobs bestand nämlich darin, sich die verschiedensten Türen vor der Nase zuschlagen zu lassen, Ausladungen zu erhalten und sich wieder und wieder von Gläubigen in aller Welt die peinliche Frage gefallen lassen zu müssen, wie es eigentlich sein könne, dass Anhänger ein und derselben Religion, die Frieden und Liebe im Namen des Mannes aus Nazareth predigt, sich gegenseitig so spinnefeind sein konnten.

Aber ausgerechnet auf diesem so schwierigen Gebiet gelangen Kasper unglaubliche Erfolge. So erreichte er den »Friedensschluss der Katholiken und Lutheraner«: Nach fünfhundert Jahren Streit unterschrieb die katholische Kirche mit dem Lutherischen Weltbund am 31. Oktober 1999 in Augsburg die gemeinsame Erklärung zur Rechtfertigungslehre. Und am 4. Mai 2001 gab der Papst in Athen zusammen mit dem Patriarchen der griechischen Orthodoxie eine gemeinsame Erklärung ab – unlösbare Probleme schienen auf einmal lösbar, wenn Kasper sich darum kümmerte. Seine Unterstützer schätzen an ihm vor allem einen entscheidenden Charakterzug: Kasper drängelt sich nicht in den Vordergrund. Er will den Ruhm nicht für sich. Kasper ist ein Mann, der im Hintergrund arbeitet, der eine Diskussion auf sehr hohem theologischem Niveau dem Jubelgeschrei vorzieht. So hatte offiziell Kardinal Edward Idris Cassidy die Aussöhnung mit den Lutheranern erreicht und auch die feierliche Erklärung für die katholische Kirche unterschrieben. Der Lutherische Weltbund gab aber im Jahr 2003 ganz unumwunden zu, dass er in Wirklichkeit nicht mit Cassidy, sondern mit Kasper verhandelt habe – weil er einfach der kompetentere Mann war. Zu Beginn des Konklaves sahen viele in Kasper den nächsten Papst, den ersten Deutschen seit fast fünfhundert Jahren, seit Hadrian VI. (Papst 1522–1523), der zwar im niederländischen Utrecht geboren wurde – aber die Niederlande gehörten damals zum Heiligen Römischen Reich deutscher Nation und fühlten sich auch kulturell als Teil der deutschen Nation (»Niederdeutsche«), weshalb Hadrian VI. sich selbst sowohl als Niederländer als auch als Deutschen bezeichnete. Bis zur Wahl von Papst Johannes Paul II. im Jahr 1978 war er, der vergeblich versucht hatte, sich der in Deutschland beginnenden Reformation entgegenzustemmen, der letzte nichtitalienische Papst. Nach seinem Tod am 14. September 1523 wurde er zunächst im Petersdom, später in der deutschen Nationalkirche Santa Maria dell'Anima in Rom beigesetzt. Der letzte Papst vor ihm, der aus dem heutigen Gebiet Deutschlands stammte, war Viktor II. (Papst 1055–1057). Dieser Papst kam aus dem Geschlecht der Familie Dollnstein-Hirschberg. Viktor II. war Abt in Eichstätt gewesen, folgte während seiner Amtszeit vor allem dem deutschen Kaiser und kümmerte sich relativ wenig um Italien. Er starb am 28. Juli 1057 in Arezzo und wurde in der Kirche der Santa Maria Rotonda in Ravenna begraben.

Neben den genannten Kardinälen galt auch der am 14. April 1936 in Bombay geborene Kardinal Ivan Dias als aussichtsreicher Kandidat. Dias verkörperte den Hoffnungsträger für die Kirchen der Dritten Welt, aber auch viele Kardinäle der Industriestaaten beurteilten mit Wohlwollen die Vorstellung, dass ein Inder den Thron Petri besteigen könnte. Die Gegner der katholischen Kirche warfen ihr vor allem seit der 1968er-Studentenrevolte immer wieder vor, die Dritte Welt nicht wirklich ernst zu nehmen und nur das Seelenheil der Bewohner Europas wie der USA im Auge zu haben. Ein indischer Papst würde diese Gegner zum Schweigen bringen. Der am 8. Dezember 1958 zum Priester geweihte Dias schien dafür der ideale Kandidat zu sein. Schon seinem Bischof war Dias als überdurchschnittlich intelligenter Mann aufgefallen. Er schickte ihn im Jahr 1961 nach Rom, wo Dias nach drei Jahren sein Studium des Kirchenrechts an der Lateransuniversität erfolgreich abschloss.

Noch für Paul VI. bereitete er im Jahr 1964 als Mitarbeiter im Staatssekretariat den Papstbesuch in Bombay vor. Zwischen 1965 und 1973 arbeitete er als Nuntius, wurde dann zum Bereichsleiter befördert und war bis zum Jahr 1982 verantwortlich für Osteuropa – also fast für das komplette Sowjetimperium und auch für Polen. Das war ein delikater Job unter einem polnischen Papst, den Dias aber ausgezeichnet absolvierte. Zwischen den Jahren 1982 und 1997 arbeitete er erneut als Nuntius, ab dem Jahr 1991 in dem besonders schwierigen Land Albanien.

Bravourös bereitete Dias den historischen Papstbesuch in Albanien am 25. April 1993 vor. Johannes Paul II. standen die Tränen in den Augen, als er sah, wie wirkungsvoll Dias die Botschaft des Jesus Christus in das atheistische Albanien zurückgebracht hatte.

21

Kardinal Ratzinger Superstar

Neben Walter Kasper gab es noch einen anderen Star unter den Papabili – jenen Kardinälen, die für die Papstnachfolge infrage kamen –, einen Superstar: Kardinal Joseph Ratzinger. Auch er hatte eine Bilderbuchkarriere hinter sich. Geboren am 16. April 1927 im bayerischen Marktl am Inn, studierte er zwischen 1946 und 1951 Theologie und Philosophie in Freising und München. Er wurde am 29. Juni 1951 in Freising zum Priester geweiht und war Aushilfspriester in der Gemeinde Sankt Martin in München-Moosach. Zwischen den Jahren 1951 und 1952 war er Kaplan in München-Bogenhausen, in der Gemeinde Heilig Blut, doch da zeichnete sich schon ab, dass sich Joseph Ratzinger mehr zum Wissenschaftler als zum einfachen Gemeindepfarrer eignete.

1953 promovierte Ratzinger mit der Arbeit *Volk und Haus Gottes in Augustins Lehre von der Kirche* an der Universität München zum Doktor der Theologie, 1957 habilitierte er sich ebenfalls an der Universität München im Fach Fundamentaltheologie mit der Schrift *Die Geschichtstheologie des hl. Bonaventura*. 1958, im Alter von einunddreißig Jahren, trat Joseph Ratzinger eine Professur für Dogmatik und Fundamentaltheologie an der Philosophisch-Theologischen Hochschule Freising an. 1959 wurde er an der Universität Bonn zum ordentlichen Professor für Fundamentaltheologie ernannt. Seine Antrittsvorlesung hielt er über das Thema *Der Gott des Glaubens und der Gott der Philosophie*. Den Bonner Lehrstuhl hatte er bis 1963 inne, danach bekam er den Lehrstuhl des Seminars für Dogmatik und Dogmengeschichte der Westfälischen Wilhelms-Universität Münster. Bei seiner dortigen Antrittsvorlesung am 28. Juni 1963 über Offenbarung und Überlieferung war er als Theologe bereits so bekannt, dass sich im völlig überfüllten Hörsaal 1 im Fürstenberghaus Studierende und Dozenten drängten, um ihn zu sehen. Von 1966 bis 1969 hatte er einen Lehrstuhl für katholische Dogmatik an der katholisch-theologischen Fakultät der Eberhard-Karls-Universität Tübingen inne, 1969 wurde er an die Universität Regensburg berufen, wo er ab 1976 auch Vizepräsident der Universität war und bis zu seiner Ernennung zum Erzbischof Dogmatik und Dogmengeschichte lehrte. Am 28. März 1977 wurde er zum Erzbischof von München und Freising geweiht und am 27. Juni desselben Jahres durch Papst Paul VI. zum Kardinalpriester ernannt. Im Jahr 1981 bekam er dann von Papst Johannes Paul II. den Posten zugewiesen, den er daraufhin vierundzwanzig Jahre lang innehaben sollte: Präfekt der Glaubenskongregation in Rom, zudem war er Präsident der Bibelkommission und der Internationalen Theologenkommission und wurde am 30. November des Jahres 2002 Dekan des Kardinalskollegiums und damit der Chef der Kardinäle, die den Nachfolger Papst Johannes Pauls II. wählen sollten.

Was den Kardinälen aber noch mehr imponierte als der akademische Bilderbuch-Lebenslauf Ratzingers – eine der bedeutendsten und längsten Karrieren eines Deutschen in der Geschichte der katholischen Kirche –, ist Joseph Ratzingers Person. Ich kenne niemanden – nicht einmal unter seinen erbittertsten Gegnern –, der nicht zugibt, was für ein brillanter Denker Joseph Ratzinger ist. Das erkennt man allein schon daran, dass er druckreif sprechen kann: Es ist unfassbar, wie rasch er manche Sätze formuliert und hochkomplizierte Sachzusammenhänge mit einer ungeheuren Präzision und scheinbar ohne jede Mühe darstellen kann. Ich hatte immer den Eindruck, dass Kardinal Ratzinger selbst dann, wenn man ihn plötzlich aus dem Tiefschlaf risse, in der Lage sein würde, seinem Missfallen darüber ohne einen einzigen grammatischen Fehler Ausdruck zu verleihen, statt wie die meisten Menschen in einer solchen Situation nur zusammenhanglos zu stammeln.

In gewissem Sinne aber war Kardinal Joseph Ratzinger nicht bloß weltweit als hochintellektueller Theologe berühmt, sondern auch berüchtigt: vor allem für seine langjährige Auseinandersetzung mit der Befreiungstheologie. Viele Theologen Lateinamerikas hatten sich einer Idee verschrieben, die in der folgenden Formel Niederschlag fand: »Ubi Lenin, ibi Ierusalem.« Gemeint war damit, dass die katholische Kirche die Bemühungen der Kommunisten in vielen Ländern Lateinamerikas unterstützen müsse, um eine gerechtere Welt zu erstreiten. In Nicaragua wurde dieses Denkspiel dann in die Tat umgesetzt – mit der Beteiligung der Trappistenmönche Ernesto und Fernando Cardenal an der Regierung sowie des Mönchs Miguel D'Escoto als Außenminister. Aber Johannes Paul II. hatte den Kommunismus am eigenen Leib erfahren – er brauchte keine Nachhilfe, was unter kommunistischen Diktaturen geschehen konnte, und er stemmte sich energisch dagegen, dass die katholische Kirche eine bestimmte politische Ideologie unterstützen sollte. Kardinal Ratzinger begleitete als führender Theologe diese lange Auseinandersetzung, die schließlich mit der Entscheidung endete, dass einige Befreiungstheologen eine Auszeit zu nehmen und zu schweigen hatten – immerhin warf sie die katholische Kirche, anders als in früheren Zeiten, nicht ins Gefängnis. Dennoch stand Kardinal Ratzinger daraufhin als Unterdrücker der Befreier Südamerikas am Pranger – zu Unrecht, wie ich finde. Denn ich habe einmal in einem kubanischen Passionistenkloster eine sehr eindrucksvolle Lektion über die Befreiungstheologie bekommen, als der Papst die karibische Insel besuchte. Damals lernte ich, dass Kardinal Ratzingers Auseinandersetzung mit der Theologie der Befreiung bei uns im Westen völlig falsch dargestellt wurde. Die Medien stellten das Ganze dar wie eine Art unfairen Kampf: auf der einen Seite der allmächtige Kardinal und auf der anderen der machtlose, aber aufrechte Robin Hood Südamerika, der nun von Kardinal Ratzinger »niedergemacht« wurde. So war es aber nicht. Richtig war dagegen, dass sich die katholische Kirche vor allem in Lateinamerika deutlich auf die Seite der Ärmsten stellen musste. Nur: Das hatte nichts mit Kardinal Ratzingers Glaubenskongregation zu tun, der es *qua professione* um die Lehre gehen musste. Um die *reine* Lehre. Kardinal Joseph Ratzinger wurde also etwas vorgeworfen, womit er gar nichts zu tun hatte: die

Verflechtung der Superreichen Mittel- und Südamerikas mit der katholischen Kirche.

Aber auch andere Vorwürfe, die seine eigene Arbeit im Kern gar nicht betrafen, sondern schlicht gegen die katholische Kirche als solche gerichtet waren, musste Kardinal Joseph Ratzinger mit seinem messerscharfen Verstand abwehren – und das tat er auch. Mehr als einmal holte er für den Papst die sprichwörtlichen Kastanien aus dem Feuer – und das hatte sich im Kardinalskollegium natürlich herumgesprochen. Denn ein Auftritt vor einer eindeutig feindselig gestimmten Presse macht den meisten Kardinälen Angst – nicht so Ratzinger.

Ich habe das mehrfach selbst erlebt, besonders eindrucksvoll aber am 22. Februar 2005 im Palazzo Colonna in Rom: Am Nachmittag dieses Tages wollte Kardinal Joseph Ratzinger das Buch von Papst Johannes Paul II., *Erinnerung und Identität*, vorstellen. Der Garten des Palastes war geöffnet worden, schicke Limousinen rollten in den Hof. Der Palazzo Colonna in Rom ist etwas Außergewöhnliches, weil die Familie den Palast noch bewohnt, seine prächtigen Räume aber gleichzeitig auch ein Museum sind. An fünf Tagen der Woche kann man ihn vormittags wie ein gewöhnliches Museum besuchen, an Nachmittagen und an solchen Tagen, an denen das Museum geschlossen ist, nutzt die Familie die eleganten Säle des Palastes wie ein Wohnzimmer.

Kardinal Ratzinger stieg aus dem blauen Dienst-Mercedes und betrat in der Begleitung von Joaquín Navarro-Valls den Palast. Dann fuhren sie gemeinsam mit dem Aufzug in den ersten Stock. Dort lauerte eine Pressemeute von mehr als fünfhundert Journalisten auf Ratzinger, und kaum hatte der Kardinal den Saal betreten, stürzten sich Hunderte Reporter auf den alten Mann. Ich dachte schon, jetzt reißen sie ihn gleich um. Joaquín Navarro-Valls kämpfte zusammen mit dem Sekretär des Kardinals, Georg Gänswein, der ebenfalls anwesend war, wie ein Löwe, um dem Kardinal den Weg bis zum Rednerpodest freizumachen. Ein gutes Dutzend Saalordner musste Navarro-Valls dabei helfen, dann endlich hatte Kardinal Ratzinger das Podest erreicht. Er setzte sich, begann seinen Vortrag, erklärte das Buch des Papstes, beschrieb die wichtigsten Passagen. Nach seinem präzisen und warmherzigen Vortrag zur Präsentation des Papstbuches konnten Fragen gestellt werden. Joaquín Navarro-Valls nickte mir zu, und er wusste, dass meine Fragen nicht bequem sein würden. Denn in seinem Buch hatte der Papst nach Meinung einiger Kritiker den Holocaust mit der Abtreibung ungeborener Kinder verglichen. Überall auf der Welt, vor allem aber in Deutschland, hatten jüdische Organisationen gegen diesen Vergleich protestiert – aus ihrer Sicht konnte ein ungeborenes Leben, das ohne Bewusstsein den Tod erlebt, nicht mit Menschen verglichen werden, die bewusst den Schrecken des Todes durchlitten. Ich stand also auf und sagte: »Herr Kardinal Ratzinger, der Zentralrat der Juden in Deutschland protestiert scharf dagegen, dass der Papst den Holocaust mit den Abtreibungen verglich. Kann man diese beiden Formen der Tötung wirklich miteinander vergleichen?«

Kardinal Ratzinger blieb ganz gelassen und antwortete ruhig: »Natürlich kann man das nicht. Der Völkermord an den Juden und die Tötung ungeborenen Lebens fanden und finden in zwei völlig verschiedenen geschichtlichen Zusammenhängen statt. Das kann man nicht vergleichen, und das vergleicht der Papst auch nicht.«

Nach der Pressekonferenz musste sich Kardinal Ratzinger erneut durch die Reportermenge quetschen, Fragen beantworten, sich Scheinwerfer und Fernsehkameras ins Gesicht halten lassen. Der Kardinal durchlebte an diesem Abend einmal mehr die Macht der Bilder: In allen westlichen Ländern war der Protest der jüdischen Gemeinden gegen das Buch des Papstes die wichtigste Nachricht, war also die Antwort Kardinal Ratzingers darauf exakt das, worüber die Medien berichten wollten. In der Welt von gestern wäre es damit auch genug gewesen. Die Korrespondenten aus aller Welt hätten seine Antwort einfach in ihre Landessprache übersetzt und an die Zeitungen ihrer Heimat geschickt, in unserer postmodernen Medienwelt dagegen musste eine Heerschar gut bezahlter Fernsehkorrespondenten an diesem Nachmittag im Palazzo Colonna Kardinal Ratzinger unbedingt dazu bringen, seine Antwort zu wiederholen – auf Englisch, Spanisch, Deutsch und Französisch, damit die Fernsehzuschauer abends in den Nachrichten Kardinal Ratzinger in ihrer jeweiligen Landessprache hören konnten. So musste er also in dem Gedränge in einem halben Dutzend Sprachen immer die gleichen Sätze wiederholen, bis die Fernsehleute endlich zufrieden waren und von ihm abließen. Danach stand er mit Joaquín Navarro-Valls am Aufzug, und ich hatte den Eindruck, dass er gern noch weiter über das Papstbuch sprechen wollte. Tatsächlich ermunterte Joaquín Navarro-Valls mich und meinte auf Italienisch: »Du kannst ruhig deutsch mit ihm sprechen.«

»Warum erwähnt der Papst denn den Holocaust und die Abtreibung von Kindern in einem Atemzug?«, fragte ich daraufhin, und Ratzinger erklärte geduldig: »Der Papst wollte einfach sagen, dass sogar demokratisch gewählte Parlamente nicht davor gefeit sind, entsetzliche Verbrechen anzuordnen wie den Holocaust oder die Abtreibungen. Auch die Nazis kamen nicht vollkommen illegal an die Macht, sondern konnten ja tatsächlich auf eine gewisse Unterstützung im Parlament rechnen.«

»Was hat der Papst da Ihrer Ansicht nach für ein Buch geschrieben, Eminenz?«, fragte ich jetzt.

»Es ist eine innere Biographie«, antwortete Kardinal Ratzinger. »Es beschreibt die innere Entwicklung des Papstes.«

Das war mein letztes Gespräch mit Kardinal Ratzinger, bevor er zum Papst Benedikt XVI. gewählt wurde, und es wäre interessant zu wissen, wie viele der wahlberechtigten Kardinäle ihn bereits damals als Nachfolger von Johannes Paul II. sahen.

Über den »Typus des Papsttums« im 21. Jahrhundert hatte er jedenfalls in dem erwähnten Interview mit der italienischen Zeitung *La Repubblica* schon im November 2004 Auskunft gegeben – auf seine unnachahmliche Art: »Hier wage ich keine Prophezeiung, weil die Päpste in einem bestimmten Sinn immer Überraschungen waren. Jeder ist auf seine Weise ein Original und antwortet auf eine Herausforderung der Zeit, die wir nicht vorhersehen können.«

22

Rauchzeichen nach Moskau

Es gab allerdings nicht nur Kardinäle, die damit rechneten oder damit rechnen mussten, zum Papst gewählt zu werden, es gab auch echte Antihelden – Kardinäle, die sicher sein konnten, dass sie auf gar keinen Fall gewählt werden würden: Kardinal Lubomyr Husar, ein Mönch aus Lviv (Lemberg) in der Ukraine, und Kardinal Marian Jaworski, ebenfalls aus Lemberg, ein sehr enger Freund von Karol Wojtyla. Der am 26. Februar 1933 geborene Pater Husar, der zum Erzbischof von Lemberg aufstieg, gehört der so genannten unierten Kirche an, den griechisch-katholischen Christen, die den Papst als Oberhaupt anerkennen. Kardinal Marian Jaworski war das Oberhaupt der so genannten Lateinischen Katholiken. Ausgerechnet Lemberg in der Ukraine mit seinen rund 790 000 Einwohnern, seiner schönen Altstadt und den hässlichen Bauten des realen Sozialismus ist die einzige Stadt auf der ganzen Welt, in der zwei Kardinäle residieren. Auf den ersten Blick scheint das wenig Sinn zu machen. Riesenstädte wie Mexico City mit bis zu zwanzig Millionen Einwohnern werden nur von einem Vertreter Roms, dem Kardinal von Mexico City, kirchenrechtlich verwaltet – eine Aufgabe, die kaum zu bewältigen ist. In der Ukraine leben aber nur etwa 650 000 griechisch-katholische Christen und etwa 150 000 so genannte Lateinische Katholiken. Dass dennoch gleich zwei Kardinäle in Lemberg residieren, hat einen kirchenpolitischen Grund: Aus römischer Sicht stellt Lemberg einen Sonderfall der Weltkirche dar – es ist der äußerste Vorposten der katholischen Kirche im Kerngebiet der Orthodoxie. Da die Ukraine im Kernland des einstigen Sowjetreichs liegt, muss sich die Kirche hier aber nicht nur mit der Orthodoxie auseinander setzen, sondern auch mit einer Unzahl von Problemen der Vergangenheit. Den Katholiken waren ihre Kirchen und Einrichtungen von den Sowjets genommen und der orthodoxen Kirche zugeschlagen worden; nach dem Zusammenbruch des Moskauer Reichs verpflichtete sich die Ukraine, das Eigentum der Katholiken zurückzugeben, doch die Verhandlungen um jede einzelne Kapelle sind zäh.

Aus der Sicht des Moskauer Patriarchen Alexi II. kann es auf russischem Boden aber nur eine Kirche geben, nämlich die eigene. Für ihn gab es überhaupt keinen Anlass, die Gebäude den ursprünglichen Besitzern zurückzugeben. Der Streit zwischen den Kirchen eskalierte, bis sich beide Lager unendlich verfeindet gegenüberstanden. Eine Wahl Kardinal Husars oder Jaworskis, der beiden Erzfeinde des Moskauer Patriarchen, zum Papst hätte das Verhältnis der katholischen Kirche zur russisch-orthodoxen so vollständig zerstört, dass viele Generationen von Theologen daran hätten arbeiten müssen, das Verhältnis wieder zu kitten. Die russisch-orthodoxe Kirche ist mit ihren etwa zweihundert Millionen Mitgliedern die zweitgrößte Kirche der Welt, da die katholische Kirche die evangelischen und lutherischen Kirchen nicht als Kirchen, sondern nur als Glaubensgemeinschaft ansieht. Und auf theologischer Ebene sind sich die katholische wie die orthodoxe Kirche sehr nahe: Im Gegensatz zu den evangelischen und lutherischen Glaubensgemeinschaften glauben auch die orthodoxen Kirchen an die Transsubstantiation, die Wesensverwandlung der Hostie in das Fleisch Christi. Der Papst kann sogar an den heiligen Messfeiern einer orthodoxen Kirche teilnehmen – allerdings muss dann das Glaubensbekenntnis gebetet werden, das vor dem Konzil von Nicäa (im Jahr 325) in Gebrauch war. Die Reform des Glaubensbekenntnisses von Nicäa, nach der der Heilige Geist vom Vater »und vom Sohn« ausgeht (so der von Karl dem Großen geforderte, von der Theologie des Augustinus angeregte Zusatz), wurde von der orthodoxen Kirche nie anerkannt. Doch so nahe sich die Kirchen in der theologischen Theorie sind, so weit entfernt sind sie in der Praxis.

Schuld daran war paradoxerweise gerade das Bemühen Papst Johannes Pauls II. um Aussöhnung. Denn er vertrat die Meinung, dass die Teilung der christlichen Kirche eine »schwere

Sünde« sei. Im Jahr 1995 veröffentlichte er die Enzyklika »Ut unum sint« (»Sie mögen eins sein«) und begann danach einen konsequenten Kurs der Annäherung an mehrere orthodoxe Kirchen. Viele der so Umworbenen werteten dieses freundschaftliche Angebot allerdings als einen feindlichen Übernahmeversuch, denn nach dem Zusammenbruch des Sowjetreichs drohte in vielen Ländern auch der Zusammenbruch der orthodoxen Nationalkirchen. Viele orthodoxe Würdenträger fürchteten, dass die Katholiken den Moment der Schwäche der Orthodoxie ausnutzen wollten, um den Katholizismus zu verbreiten, und diese Furcht war auch überaus begründet. Der Zusammenbruch des Sowjetreichs und die Ausdehnung der Europäischen Union bedeuteten für viele orthodoxe Kirchen einen regelrechten Albtraum, eine existenzielle Bedrohung, weil nach dem Aufgehen der Nationalstaaten in der Europäischen Union die Nationalkirchen verschwinden würden. Für die katholische Kirche, die an sich eine internationale Kirche ist, bedeutete diese Entwicklung eher eine Chance als eine Bedrohung, für nationale Kirchen bedeutete es das drohende Aus. Hinzu kam, dass für die katholische Kirche die Hilfe für Arme, Kranke und Schwache immer sehr wichtig war. Katholische Krankenhäuser, Altenheime, Schulen oder Kindergärten sind in nahezu allen Ländern der Welt eine Selbstverständlichkeit. Krankenhäuser oder Altenheime, die von der orthodoxen Kirche betrieben werden, gibt es dagegen so gut wie nicht. Nur in einigen orthodoxen Klöstern gibt es so etwas wie eine rudimentäre Hilfe. Aber ein so enormer sozialer Apparat, wie ihn die katholische Kirche betreibt, der auf der ganzen Welt Hunderten von Millionen Menschen konkret hilft, existiert in der Welt der orthodoxen Kirche nicht. Nun musste die Orthodoxie mit ansehen, wie Regierungen jener Länder, die sie als ihr ureigenes Territorium betrachtet, wie die Ukraine, Bulgarien oder Rumänien, die Hilfe der katholischen Kirche gern annahmen. Warum sollte zum Beispiel die rumänische Regierung etwas dagegen haben, dass katholische Organisationen sich um die Straßenkinder in Bukarest kümmern, Waisenheime übernehmen oder Krankenhäuser bauen? Aber damit stieg natürlich auch der Einfluss der katholischen Kirche – zu Lasten der orthodoxen Nationalkirchen.

In einem sich vereinigenden Europa stellt sich zudem die Frage, was für einen Sinn orthodoxe Nationalkirchen noch haben sollen. Angesichts der Übermacht einer weltweit tätigen katholischen Kirche hielten es viele orthodoxe Nationalkirchen für ratsam, eine Annäherung an die katholische Kirche zumindest zu tolerieren. Im Vatikan, vor allem im Päpstlichen Einheitsrat der Christen, nahm man mit Interesse zur Kenntnis, dass die orthodoxen Nationalkirchen quasi die »Marktführerschaft« der katholischen Kirche in Europa anerkannten und hofften, mit deren Hilfe einen Platz zum Überleben in Europa zu bekommen. Statt die Unterschiede zu unterstreichen, diskutierten orthodoxe Nationalkirchen jetzt auf einmal mit der katholischen Kirche gemeinsame Probleme wie den Rückgang der Gläubigkeit. Aber der Patriarch in Moskau, Alexi II., sah mit Entsetzen den langsamen Zusammenbruch des unter den Sowjets schön geordneten Systems der nationalen orthodoxen Kirchen unter der Führerschaft der russisch-orthodoxen Kirche und befahl die totale Konfrontation. Seiner Meinung nach musste der Angriff der katholischen Kirche auf das Kernland der Orthodoxie in Osteuropa mit allen Mitteln gestoppt werden. Diesen Konflikt hat Papst Johannes Paul II. nie entschärfen können, und bis zu seinem Tod wertete er das schlechte Verhältnis zu Moskau als die größte und schwerste Niederlage seines Pontifikats. Keiner der zahllosen Versuche des Papstes, das Verhältnis zu bessern, gelang. Im Gegenteil: Die Beziehungen zwischen dem Vatikan und Moskau verschlechterten sich während der Amtszeit Papst Johannes Pauls II. ganz erheblich.

Dabei hatte das russische Patriarchat im Jahr 1996 sogar noch ein Gipfeltreffen zwischen dem Moskauer Patriarchen und Papst Johannes Paul II. erwogen. Es sollte am 6. oder 7. September im ungarischen Kloster Pannonhalma stattfinden. Kurz vor dem Treffen sagte das Patriarchat ab, allerdings mit der versöhnlich klingenden Begründung, dass man prinzipiell ein Treffen für sinnvoll halte, die Zeit dafür aber noch nicht reif sei. Im Jahr danach, im Juni 1997, sagte das Moskauer Patriarchat erneut ein Treffen ab, das zwischen Alexi II. und dem Papst in Wien oder Graz geplant gewesen war, und dieses Mal bezweifelte man bereits prinzipiell den Sinn eines solchen Treffens. Im Sommer des Jahres 2004 unternahm Papst Johannes Paul II. dann einen letzten Versuch, den Moskauer Patriarchen zu einem Treffen zu bewegen, doch Alexi II. lehnte ab, und schlechter durften die Beziehungen jetzt nicht mehr werden. Die Wahl des ukrainischen Mönchs Husar zum Nachfolger Papst Johannes Pauls II. hätte wahrscheinlich dazu geführt, dass Moskau alle Kontakte zum Katholizismus abgebrochen und darauf gedrängt hätte, alle katholischen Priester aus Russland auszuweisen. Präzedenzfälle gab es bereits: Schon mehrfach waren auf Drängen der russisch-orthodoxen Kirche katholische Priester aus Russland ausgewiesen worden, und in Moskau kämpfte man mit harten Bandagen. So wurde eine kleine Gemeinschaft von Franziskaner-Mönchen, die sich nach Moskau gewagt hatte, beschuldigt, dort ein Bordell betrieben zu haben. Das war natürlich reine Propaganda gegen die katholische Kirche. In Wirklichkeit hatten die Franziskaner eine Wohnung, die dem Orden gehörte, vermietet. Darin soll laut Anschuldigung von Mitgliedern der russisch-orthodoxen Kirche ein Bordell betrieben worden sein. Aber selbst wenn das stimmen sollte, wurde dort ohne Wissen der Franziskaner Prostitution betrieben – das Einzige, was sie kontrollieren konnten, war der Eingang der regelmäßigen Miete auf ihrem Konto. Doch für diese Wahrheit interessierten sich in dieser Schlammschlacht wenige – es kam allein darauf an, die katholische Kirche zu beschädigen, das Bild einer Kirche zu zeichnen, die sich mit miesen Tricks in Russland ausbreiten wollte und sogar Frauen als Prostituierte ausnutzte.

So vergiftet war das Klima zwischen der russisch-orthodoxen und der katholischen Kirche, dass diese Beziehung eine weitere Belastung nicht ausgehalten hätte. Kardinal Lubomyr Husar hatte also wie gesagt nicht den Hauch einer Chance, Papst zu werden, und war dennoch einer der wichtigsten Männer des Konklaves, denn an seinen Entscheidungen – daran, wer seine Freunde und wer seine Gegner waren – ließ sich ablesen, wie sich das Verhältnis der katholischen Kirche zu Moskau in Zukunft entwickeln würde. Wer auch immer Papst werden würde – schon vor dem Konklave war also klar, dass der Name des neuen Papstes auch eine Antwort auf die Frage geben würde, welchen Kurs die Kirche gegenüber Moskau einzunehmen gedenke. Ein Papst, der Husar kritisch gegenüberstand, konnte eine Chance zur Aussöhnung mit Moskau haben, ein enger Freund Husars sicher nicht.

23

Wie sicher ist ein Geheimnis im Vatikan?

Die Vorgänge des Sommers 2003, die im August 2004 mit einer Reise nach Moskau endeten, wurden später im Vatikan unter dem Namen »Kazan-Affäre« bekannt. Diese Ereignisse prägten die Wahl des Nachfolgers von Papst Johannes Paul II. ganz entscheidend. Denn es ging in der Kazan-Affäre vor allem um eine spannende Frage: Wie sicher ist ein Geheimnis im Vatikan?

Viele Kardinäle hielten das Regelwerk der Papstwahl nahezu für eine persönliche Beleidigung, denn dabei ging es fast ausschließlich um den Einbau von Sicherungsmechanismen, um Kardinälen das Schummeln zu erschweren. Viele Kardinäle glaubten, all diese Regeln seien sinnlos und überflüssig, schließlich handle es sich beim Kardinalskollegium nicht um irgendeinen Club, in dem getratscht und gequatscht wurde, sondern um eine überaus ehrwürdige Versammlung. Dass so hohe Würdenträger der katholischen Kirche überhaupt auf die Idee kommen könnten, sich während einer so feierlichen Zeremonie wie der Wahl eines Papstes nicht korrekt zu verhalten, schien vielen Kardinälen absurd. Dass auch nur ein einziger wahlberechtigter Kardinal erwägen könnte, das wichtigste Gebot des absoluten Stillschweigens nach außen zu brechen, wollte die Mehrheit des Kardinalkollegiums nicht glauben. Was für einen Sinn sollte also zum Beispiel das Verbot machen, Handys mit ins Konklave zu nehmen? Welcher Kardinal – also welcher Spitzentheologe, der bei seiner »Schaffung« durch den Papst sogar gelobt hatte, wenn nötig sein Blut für die katholische Kirche zu vergießen – würde so irre sein, während des Konklaves mit einem Handy Kontakt zur Außenwelt aufzunehmen, weil dies seinen Ausschluss aus dem Konklave bedeutet hätte? Wenn es überhaupt auf der Welt einen Ort gab, an dem ein Geheimnis absolut sicher aufbewahrt werden konnte, dann war das doch sicher der Vatikan, meinte die Mehrheit der Kardinäle. Aber Papst Johannes Paul II. hatte da andere Erfahrungen gemacht ...

Im Sommer des Jahres 2003 plante er, in die Mongolei zu reisen. Dort leben nur etwa zweihundert Katholiken, und die Planung der Reise trug dem Papst viel Kritik ein, denn zweifelsfrei wäre es weit kostengünstiger gewesen, alle mongolischen Katholiken nach Rom zu holen, als einen greisen Papst in die Mongolei fliegen zu lassen – aber das ehemalige Sowjetreich und dessen Satellitenstaaten wie die Mongolei bedeuteten für Papst Johannes Paul II. etwas ganz Besonderes. Er konnte sich nicht frei aussuchen, ob er dort hinfliegen wollte oder nicht – er musste dorthin reisen, weil er der Muttergottes ein Versprechen gegeben hatte.

Johannes Paul II. war nicht nur davon überzeugt, dass die Muttergottes von Fátima ihm das Leben gerettet hatte. Sie verlangte in ihren Weissagungen von den Päpsten auch, dass diese während eines feierlichen Gottesdienstes die Zukunft Russlands der Muttergottes anzuempfehlen hatten. Es gab aber auch noch einen zweiten Grund, der dafür sprach, die Einladung in die Mongolei anzunehmen: Das Land besitzt wegen seiner Grenzen zu China und Russland für die katholische Kirche eine wichtige strategische Bedeutung. In China muss die katholische Kirche quasi im Untergrund leben – immer wieder werden Bischöfe und Priester verhaftet –, in Russland verhindert die starke russisch-orthodoxe Kirche die Ausbreitung des Katholizismus. Die Mongolei war zudem lange Zeit eines der wenigen Länder der Welt, in denen es keinen Bischof der katholischen Kirche gab. Erst im August 2004 weihte Kardinal Crescenzio Sepe in der mongolischen Hauptstadt Ulan-Bator den Filipino Wenceslao Selga Padilal zum ersten Bischof des Landes. Aus katholischer Sicht glich die Mongolei nahezu einer religiösen Wüste. Die Sowjetmachthaber hatten alles getan, um die Verehrung gleich welchen Gottes unmöglich zu machen, und dabei waren sie ziemlich erfolgreich gewesen. Sie schlossen die einstmals zahlreichen buddhistischen Klöster, vertrieben die Mönche – christlichen Priestern ging es nicht besser. Die Mehrheit der Mongolen gehörte gar keiner Religion mehr an. Das war der dritte Grund für den Vatikan, mit einer spektakulären Geste wie einem Papstbesuch eine groß angelegte Missionierung des Landes vorzubereiten.

Die katholische Kirche hat in den vergangenen Jahrhunderten auf allen Kontinenten erhebliche Erfolge erzielt. So konnte etwa auf dem amerikanischen Kontinent, wo heute rund fünfhundert Millionen Katholiken leben, etwa jeder zweite Katholik der Welt erfolgreich missioniert werden. Lediglich auf dem Heimatkontinent des Jesus von Nazareth, in Asien, kam die katholische Kirche einfach nicht voran. Ganze 4,5 Prozent der Asiaten sind Christen. Die Mongolei bot alle strategischen Voraussetzungen, um diese Zahl steigen zu lassen. Deshalb sagte Johannes Paul II. während mehrerer Audienzen, dass die Mongolei »sein Traum« sei. Doch die Organisatoren in Ulan-Bator waren über den Wunsch des Papstes, im Jahr 2003 in ihr Land zu kommen, nicht sonderlich erbaut. Im nahen China war gerade das SARS-Virus ausgebrochen. Die Mongolen fürchteten, dass ein so unglaubliches Ereignis wie ein Papstbesuch in ihrem Land viele der etwa vierzig Millionen chinesischen Christen dazu bringen könnte, in die Mongolei zu reisen. Massenansammlungen waren zu befürchten – ideale Bedingungen für ein Virus, das sich so leicht verbreiten konnte.

Trotz dieser Bedenken hielt der Vatikan an dem Reiseplan fest, was ungewöhnlich war. Normalerweise sagte der Kirchenstaat geplante Papstbesuche sofort ab, wenn die Gastgeber auch nur den Hauch von Bedenken vorbrachten. Es kam der Verdacht auf, dass es möglicherweise noch einen weiteren, geheimnisvollen Grund geben könnte, um die Reise in die Mongolei durchzusetzen. Und den gab es tatsächlich: Papst Johannes Paul II. hatte sich eine Landkarte geben lassen, um sich die Flugstrecke bis nach Ulan-Bator anzusehen. Dabei machte er eine erstaunliche Entdeckung: Die Strecke führte über Kazan in Russland. In dieser Stadt hatten sich jahrhundertelang auf seltsame Weise zahlreiche Wunder ereignet. Todkranke Menschen waren geheilt worden, Blinde konnten wieder sehen,

Lahme gehen, und mysteriöserweise blieb diese Stadt auch von Hungersnöten verschont. Diese Wunder schrieb man einem kleinen, nur achtzig Zentimeter hohen Bild der Muttergottes zu. Die russischen Zaren hatten dieses Gemälde mit auf ihre Kriegszüge genommen, denn ihm schrieb man die Eigenschaft zu, unbesiegbar zu machen. In den Kriegswirren wurde das Bild gestohlen und tauchte schließlich im Jahr 1950 in London auf. Es wechselte mehrfach den Besitzer, bis es im Jahr 1964 auf der Weltausstellung in New York zu sehen war. 1993 kaufte die so genannte Blaue Armee Mariens, eine katholische Organisation mit Sitz in Fátima, Portugal, das Bild, und im selben Jahr schenkten Mitglieder der Blauen Armee Mariens es schließlich Papst Johannes Paul II. Seitdem hing es in seinem privaten Appartement, und Johannes Paul II. war der Meinung, dass die Reise in die Mongolei eine ideale Gelegenheit wäre, das Bild nach Kazan zurückzubringen und mit dieser Geste ein Zeichen der Aussöhnung nach Jahrhunderten erbitterter Feindschaft zu geben. Der Papst wollte also auf dem Weg in die Mongolei in Kazan einen Zwischenstopp einlegen und dem Moskauer Patriarchen Alexi II. das Bild überreichen. Die Vorbereitungen dieser merkwürdigen Reise liefen bald auf Hochtouren. Es gab nur eine Bedingung, um sie gelingen zu lassen – es war unverzichtbar, dass alle Einzelheiten der Reise absolut geheim blieben.

Nach Jahren der Ablehnung signalisierte das Moskauer Patriarchat nun dem Vatikan, dass die Geste durchaus willkommen sei: Alexi II. könne sich gut vorstellen, den Papst in Kazan zu dem seit Jahren vom Pontifex ersehnten Treffen zu empfangen. Dem Patriarchen gefielen besonders die Umstände der Reise, dass der Papst aus Rom quasi wie ein Büßer nach Russland kommen wollte, um ein gestohlenes wundertätiges Bild zurückzugeben. Um den Kritikern auch in seinen eigenen Reihen, die strikt gegen jede Annäherung an Rom waren, keine Chance zu geben, gegen das Gipfeltreffen Stimmung zu machen, sollte es erst in letzter Sekunde bekannt gegeben werden. Geheimhaltung also auf allen Seiten ...

Ich hatte damals keine Ahnung von den Plänen des Vatikans, Kazan zu besuchen, und wenn mich jemand gefragt hätte, hätte ich einen schweren Fehler begangen und Stein und Bein geschworen, dass der Kirchenstaat einer der verschwiegensten Orte der Welt sei. Doch die Affäre Kazan zeigt, dass manche Kardinäle ausgeprägte Plaudertaschen sind. Die Kazan-Affäre war der Beweis dafür, dass die strengen Sicherheitsauflagen für ein Konklave, die zahllosen Verbote und Schweigegebote, die die Kardinäle im Zaum halten sollen, keineswegs überflüssig, sondern bitter notwendig waren. Denn der geheime Plan der Reise nach Kazan ließ sich keine zehn Tage lang wirklich geheim halten. Mehrere Kardinäle müssen darüber offen geplaudert haben, einer im polnischen Priesterseminar in Rom. Auch Kardinäle brüsten sich offenbar gern mit Insider-Informationen. Ein junger Priester, offenbar von weiblicher Schönheit geblendet, steckte nun einer außergewöhnlich attraktiven Journalistin zu, was es mit der geheimnisvollen Reise nach Kazan auf sich hatte: Der Plan flog auf, die Zeitungen und Fernsehsender der Welt berichteten über die historische erste Reise eines Papstes nach Russland, und enttäuscht sagte das Moskauer Patriarchat das Treffen ab. Indigniert fragte sich die russisch-orthodoxe Kirche, ob der Vatikan denn nicht in der Lage sei, ein so wichtiges Geheimnis für sich zu behalten, und während des Konklaves, das Papst Benedikt XVI. wählte, kamen die Kardinäle immer wieder auf diesen Vorgang zu sprechen.

Am 28. August des Jahres 2004 gelangte das Bild dann übrigens doch noch nach Moskau. Allerdings überbrachte es nicht Papst Johannes Paul II., sondern Walter Kasper, der verantwortliche Kardinal für den Dialog mit den anderen christlichen Religionen, der vom Papst dazu beauftragt worden war. Der Kardinal flog mit einer Sondermaschine nach Moskau und überreichte es dem russischen Patriarchen Alexi II., der dann auch gleich die Gelegenheit dazu nutzte, ein weiteres Mal die katholische Kirche anzugreifen. Er warf dem Papst aber nicht nur vor, weiterhin Seelenräuberei – Proselytismus – in Russland betreiben zu wollen, sondern er lud Johannes Paul II. auch gleich ein weiteres Mal aus. Gegenüber Walter Kasper meinte

Alexi II., dass die Zeit für einen Papstbesuch in Moskau noch immer nicht reif sei – zuerst müsse sich die katholische Kirche weniger feindselig gegenüber der russisch-orthodoxen verhalten. Das Bild der Muttergottes aber wurde nicht nach Kazan zurückgebracht, sondern hängt in einer der Muttergottes von Kazan geweihten Kirche im Moskauer Kreml.

24

Tatort: Sixtinische Kapelle

Der Bau des Hauses der heiligen Martha hatte den Kardinälen zwar für die Wahl des Papstes einen enormen Gewinn an Komfort gebracht, aber auch ein neues Problem geschaffen: Wie sollten sie, die zum Teil unter Alter und Gebrechlichkeit litten, von hier bis zum Ort der Papstwahl, der Sixtinischen Kapelle, gelangen? Zu Fuß konnte ein alter Mensch mit einer Gehschwäche die Strecke kaum bewältigen. Zwischen dem Haus der heiligen Martha und der Sixtinischen Kapelle liegt der Riesenkomplex des Petersdoms, die Kardinäle müssten durch die Gärten spazieren und dann durch einen Nebeneingang in die labyrinthischen Gänge der Vatikanischen Museen tauchen, um schließlich zur Sixtinischen Kapelle zu gelangen. Ganz banale Fragen waren zu klären: Was sollte geschehen, wenn es regnete? Konnte man den Kardinälen, die den feierlichen Akt der Wahl eines Papstes vor sich hatten, tatsächlich einen Regenschirm in die Hand drücken? Das Protokoll hätte sich dann wohl ernsthaft mit der Frage auseinander setzen müssen, welche Farbe ein solcher Regenschirm haben sollte – Kardinalspurpur –, schließlich regeln die Vorschriften zur Wahl eines Papstes alles ganz genau, auch die Kleiderordnung: Kardinäle müssen im vollen Ornat zum Konklave erscheinen, dazu gehören auch purpurfarbene Socken. Es gab nur eine Möglichkeit, die Wahlberechtigten würdevoll zur Sixtinischen Kapelle zu schicken: mit dem Bus. Dieser konnte geschützt vor den Augen der Schaulustigen im Herzen des Vatikans vor dem Haus der heiligen Martha vorfahren und die Eminenzen um den Petersdom herum in den Hof des heiligen Damasus bringen – diese Strecke beträgt knapp einen Kilometer –, und von dort konnten die Kardinäle mit dem Aufzug bequem in den dritten Stock fahren, wo das Staatssekretariat des Vatikans liegt und von wo ein Gang direkt in die Sixtinische Kapelle führt. Selbstverständlich wurden auch die Fahrer der Busse per Eid darauf eingeschworen, mit keinem der Kardinäle ein Wort zu wechseln.

Der geheimste Ort im Vatikan ist seltsamerweise auch der öffentlichste: die Sixtinische Kapelle. Wenn der Befehl »Extra omnes« erfolgt, was schlicht »Alle raus« bedeutet, wird die Sixtinische Kapelle zu einem rätselhaften, von der Welt völlig isolierten Raum. Es darf keinerlei Kontakt zur Außenwelt geben. Schon im Jahr 1271 legte der große, später heilig gesprochene Gregor X. (Papst 1271–1276) fest, dass die Kardinäle »cum clave« (lateinisch »mit Schlüssel«) eingeschlossen werden müssen, um nicht von außen beeinflusst zu werden in der Frage, wer der nächste Papst werden soll. Seit das Kardinalskollegium das alleinige Recht hat, einen Papst zu wählen, also seit der Bulle »In Nomine Domini« aus dem Jahr 1059 von Papst Nikolaus II., mussten die Kardinäle ihr Recht, den Papst unabhängig wählen zu dürfen, immer wieder verteidigen – oft vergeblich. Schon diese erste Bulle entstand nur deshalb, weil es immer wieder vorgekommen war, dass entweder der Kaiser oder die einflussreichsten römischen Familien ihren Kandidaten durchgesetzt hatten.

Zunächst durften nur die römischen Kardinäle den Papst wählen. Die erste Wahl eines Papstes, an der alle drei Gruppen der Kardinäle beteiligt waren – damals wie heute Kardinalbischöfe, Kardinalpriester und Kardinaldiakone –, fand im Jahr 1130 statt; gewählt wurde Innozenz II. (Papst 1130–1132). Das Problem der Einflussnahme begann schon damit, dass einige Kardinäle so genannte Kronenkardinäle waren, die nicht vom Papst »geschaffen« wurden, wie es heute geschieht, sondern von Königen ernannt werden durften. Dieses Recht besaßen mit dem Beginn des 15. Jahrhunderts die Könige von Frankreich, Spanien und Portugal sowie der Doge von Venedig. Selbstverständlich unterstützten diese Kardinäle während einer Papstwahl denjenigen, von dem sie dachten, dass er am besten die Interessen ihres Landes wahren würde. Über Jahrhunderte war es zudem üblich, dass Kardinäle im Konklave bestimmte Kandidaten im Namen ihres Königs von der Wahl ausschlossen – man nannte dies das Exklusionsrecht. Konkret sah das so aus, dass vor der Wahl ein französischer Kardinal aufstand und eine Liste mit Namen vorlas, die für den französischen König als neuer Papst nicht infrage kämen. Dann stand ein spanischer oder portugiesischer Kardinal auf und las seine Liste vor. Die übrigen Kardinäle hielten sich in der Regel an diese Exklusionsrechte. 1769 erlebte das Konklave dann einen verheerenden Tiefpunkt: Der deutsche Kaiser Josef II. erhielt die Erlaubnis, das Konklave betreten zu dürfen, obwohl das eigentlich seit fünfhundert Jahren streng verboten war. Josef II. erklärte den Kardinälen vor der Wahl ganz genau, welchen Kandidaten er als Papst akzeptieren könne und welchen nicht. Und dreißig Jahre später, am 30. November 1799, fand sogar ein Konklave auf dem Territorium einer Schutzmacht statt: Damals mussten sich die Kardinäle in Venedig treffen, das von Österreich kontrolliert wurde. Frankreich hatte im Februar 1798 Rom besetzt, das Papsttum schien am Ende zu sein. Pius VI. (Papst 1775–1799) wurde aus Rom gejagt. Der französische Befehlshaber, der den Auftrag hatte, den Papst aus Rom zu vertreiben, kam schließlich an das Bett eines sterbenskranken Mannes.

»Lasst mich wenigstens hier sterben«, soll der Papst den General gebeten haben, doch dieser antwortete angeblich: »Sterben können Sie überall.«

Pius VI. starb schließlich am 29. August 1799 in einer Ruine in Valence-sur-Rhône und verfügte in seinem Testament, dass die Kardinäle – da Rom ja von Frankreich besetzt war – sich unter den Schutz eines katholischen Herrschers begeben sollten. Nur vierunddreißig der damals sechsundvierzig lebenden Kardinäle trafen bis zum 30. November 1799 im Benediktinerkloster auf der Insel San Giorgio Maggiore ein. Napoleon hatte die französischen Kardinäle, die ihm missfielen, einfach abgesetzt; sie mussten die roten Roben ausziehen und schwarze tragen. Erst am 14. März des Jahres 1800 wählten sie den Nachfolger von Pius VI., Pius VII. (Papst 1800–1823); das Konklave hatte dreieinhalb Monate gedauert, bis ein Kandidat gefunden worden war, der Österreich nicht missfiel. Blickt man zurück auf diese Geschichte, kann man die Furcht vor einer Einmischung also durchaus verstehen.

Normalerweise schieben sich Tausende und Abertausende von Touristen durch die Sixtinische Kapelle. Den wenigsten Besuchern wird aber klar, dass erst seit sehr kurzer Zeit der Heilige Geist gebeten wird, hier in dieser alten Palastkapelle den Mann auszusuchen, der den Titel tragen muss, der Vikar Jesu Christi zu sein. Erst seit dem 20. Februar 1878, seit dem Beginn jener Wahl, aus der Leo XIII. (Papst 1878–1903) hervorging, wählen die Kardinäle den Papst immer in der Sixtinischen Kapelle. Damals, im Jahr 1878, gönnten sich die Kardinäle während der Wahl in der Sixtinischen Kapelle noch Erfrischungen. Vatikanische Aufzeichnungen verraten, dass auf einem Tischchen in der Kapelle Kuchen, belegte Brote und Getränke kredenzt worden waren. Heute würde ein solches Arrangement die Vorstellung von der Würde einer solchen Wahl stören; die neuen Regeln der Papstwahl ließen es zudem gar nicht zu, während des Konklaves Erfrischungen zu sich zu nehmen.

Vor dem Jahr 1878 fanden die Wahlen häufig im Quirinalspalast statt. Leo XII. (Papst 1823–1829), Pius VIII. (Papst 1829–1830), Gregor XVI. (Papst 1831–1846) und auch der später heilig gesprochene Papst Pius IX. (Papst 1846–1878) traten nach ihrer Wahl auf die große, durch Kanonen gesicherte Terrasse des Sommerpalastes der Päpste, um das Volk zu segnen. Doch nach der Katastrophe der Einnahme Roms durch die italienischen Truppen am 20. September 1870 lag der Quirinalspalast plötzlich im Ausland – nicht mehr im Kirchenstaat, sondern in Italien. Nun machten sich die italienischen Könige aus dem Haus Savoyen in dem Palast breit, dessen Gärten auf dem Quirinalshügel den Päpsten über Jahrhunderte erfrischende Spaziergänge vor allem während drückend heißer Sommernächte ermöglich hatten. Heute leben die italienischen Staatspräsidenten in dem gewaltigen Palast. Die Kapelle des Quirinalspalastes, in der die Päpste gewählt wurden, interessiert inzwischen niemanden mehr – alle Besucher drängt es in die Sixtinische Kapelle.

Dieser Massenandrang ist dem Vatikan einerseits auf eine gewisse Art und Weise etwas peinlich – auf der einen Seite sind die Einnahmen der Vatikanischen Museen beträchtlich, und die Sixtinische Kapelle ist nun mal der »Star« dieser Museen und ein hochheiliger Raum, wo nicht nur Päpste gewählt und feierliche Zeremonien gefeiert werden, sondern wo alljährlich am 6. Januar der Papst auch die Kinder der Vatikan-Angestellten tauft. Deshalb versuchen der Kirchenstaat und die Museumsleitung seit Jahrzehnten so etwas wie einen halbherzigen Kompromiss aufrechtzuerhalten: Wenn das Geflüster der Besucher, die sich über lahme Füße wegen der weiten Wege im Museum, über das Gedränge oder die Hitze beschweren, zu groß wird, dann klatscht ein eigens dafür abgestellter Wärter in die Hände und bittet um Ruhe: »Silenzio«. Auch Tonbänder in verschiedenen Sprachen machen die Besucher darauf aufmerksam, dass sie sich in einem heiligen Raum befinden, der im Alltag allerdings eher das Flair einer sehr vollen Bahnhofshalle hat. Aus schwer nachvollziehbaren Gründen ist das Sitzen auf den Bänken an der Seite erlaubt – aber wer sich auf eine der Stufen am Altar sinken lässt, wird rasch weggescheucht.

Fast alle Besucher, die die Sixtinische Kapelle betreten, haben zumindest eine rudimentäre Vorstellung davon, wo sie sich hier eigentlich befinden. Die meisten wissen, dass die Kapelle ihren Namen deswegen trägt, weil Sixtus IV. (Papst 1471–1484) sie in den Jahren 1475 bis 1483 als päpstliche Hauskapelle im Vatikan bauen ließ. Ihr Architekt war Baccio Pontelli, der Baumeister hieß Giovannino de' Dolci, und die beiden können als nahezu tragisch gelten – sie schufen die berühmteste Kapelle der Welt, ohne es zu wissen. Sie hatten keine Ahnung, dass hier einst Päpste gewählt werden würden, und sie konnten auch nicht ahnen, dass sich hier einmal täglich bis zu 20 000 Menschen durchschieben würden. Wenn sie das geahnt hätten, dann hätten sie die Kapelle sicher etwas zweckmäßiger angelegt – doch sie bauten nicht für Millionen von Besuchern jährlich, sondern für einen Papst, der Überfälle fürchtete; und deshalb schufen sie auch weniger eine Kapelle als eine Festung. Tatsächlich erinnert die Sixtinische Kapelle eher an eine Verteidigungsanlage als an eine Kirche. Die Fenster liegen so hoch, dass sie nicht erstiegen werden können. Der Grundriss ist dem Tempel Salomos nachempfunden – rechteckig breitet sich der 40,23 mal 13,41 Meter große und 20,70 Meter hohe Raum vor dem Betrachter aus. Am 15. August des Jahres 1483, am Tag der Himmelfahrt Mariens, wurde die Kapelle eingeweiht.

Weltberühmt ist die Kapelle vor allem wegen ihrer Fresken: Die Wandgemälde zeigen Szenen aus dem Leben von Jesus und Moses und wurden von verschiedenen Malern der Renaissance geschaffen: Sandro Botticelli, Pietro Perugino oder Luca Signorelli. Das Decken- und Altargemälde wurde von Michelangelo Buonarroti zwischen den Jahren 1508 bis 1512 und 1535 bis 1541 gemalt. Auf insgesamt 520 Quadratmetern zeigt das Deckengemälde Szenen aus der Genesis, mit 115 überlebensgroßen Charakteren. Insbesondere der Ausschnitt »Die Erschaffung Adams« ist Ikone der Kunstgeschichte und zeigt, wie Gottvater mit ausgestrecktem Finger Adam das Leben einhaucht. Das Altargemälde stellt auf mehr als 200 Quadratmetern das Jüngste Gericht dar und enthält 390 Figuren, viele davon überlebensgroß. Vermutet wird, dass Michelangelo sämtliche Arbeiten an den Fresken ohne die Mithilfe anderer Künstler und Assistenten ausführte, was für die damalige Zeit eher unüblich war.

Ursprünglich gingen Kunsthistoriker davon aus, dass Michelangelo mit sehr gedämpften Farben gemalt habe. Doch die letzte ausgiebige Restaurierung in den Jahren 1980 bis 1999, bei der in vier Arbeitsschritten unter anderem alte Rußspuren entfernt und im Lauf der Jahrhunderte nachgedunkelte Flächen aufgehellt wurden, ließ fast schon leuchtende Farben zum Vorschein kommen. Außerdem wurden bei der Restaurierung auch Schäden von früheren Wiederherstellungsversuchen behoben und Übermalungen in den Urzustand zurückversetzt. Diese Übermalungen wurden nach dem Tod Michelangelos angebracht, um die als »unsittlich« empfundene Darstellung von Geschlechtsteilen zu verhindern.

So lassen sich also noch heute die Besucher aus aller Herren Länder von flüsternden Führern erklären, was für ein fabelhafter Maler Michelangelo war. Fast alle Besucher schauen dann nach, ob die Bilder auch tatsächlich da sind, wo sie laut Reiseführer sein sollen: die weltberühmte Schaffung Adams unter der Decke, die Sibyllen an der Wand und der päpstliche Zeremonienmeister – der das Bild furchtbar fand, weil seiner Meinung nach zu viele Nackte darauf zu sehen waren – in der Hölle. Sie bemühen sich zu verstehen, was auf den Wänden der Sixtinischen Kapelle zu sehen ist, doch um die einzigartige Atmosphäre zu spüren, die wirklich in dieser Kapelle herrscht, müssten sie ganz allein in der Sixtinischen Kapelle sein. Ich hatte einmal dieses Glück, und das auch nur zufällig.

Der Anlass war ein Konsistorium, die »Schaffung« neuer Kardinäle. Durch die Säle des Vatikans drängelten sich die Gratulanten; auch im Saal neben der Sixtinischen Kapelle, der die Schlacht von Lepanto zeigt, war ein ungeheurer Rummel. Stimmengewirr schick gekleideter Gäste surrte durch die Luft; alle waren mit Geschenken bepackt, um irgendeinem neuen Kardinal ihre Aufwartung zu machen. Plötzlich fiel mir ein Mann auf, der sehr wichtig aussah und eine wunderschöne Uniform trug und den ich noch nie in meinem Leben gesehen hatte. Ganz in meiner Nähe herrschte er gerade einen Schweizergardisten an, er solle ihm sofort die Sixtinische Kapelle aufschließen, seine Frau Mutter habe die Kapelle noch nie gesehen. Der Schweizergardist sah unsicher aus. Er konnte schwer einschätzen, wie wichtig der Mann wirklich war, und er traute sich auch nicht zu fragen: »Wer sind Sie eigentlich?« Er musste das Risiko einkalkulieren, dass der Mann irgendein Staatspräsident war, dem es kaum gefallen würde, dass er ihn nicht erkannte – noch dazu vor seiner Frau Mama. Der Schweizergardist überlegte eine Weile, wie viel Ärger er bekäme, wenn er diesem Mann seinen Wunsch verweigerte, und wählte dann das kleinere Übel. Er schloss auf, die Gruppe – neben dem Mann und seiner Frau Mama noch drei oder vier elegant gekleidete Damen – schob sich durch die gewaltige Tür. Da ich zufällig nur einen Schritt neben ihnen gestanden hatte, ging ich einfach mit und fürchtete schon, dass sich der sehr wichtige Herr zu mir drehen und mich als Eindringling in seine privilegierte Gruppe enttarnen könnte, aber er ignorierte mich einfach. Wir gingen in die leere Kapelle, die Tür blieb hinter uns angelehnt. Ich versuchte, meine Augen an das trübe Licht zu gewöhnen. Um nicht so sehr aufzufallen ging ich ein Stück weit weg von der Tür und stellte mich an die Wand. Dabei hörte ich, wie der Mann etwas auf Portugiesisch erklärte. Ich sah zur Decke hinauf und betrachtete einige Minuten die bekannten Bilder. Dann drehte sich die Gruppe auf einmal um, zog die Tür auf und ging hinaus. Gleich darauf drehte sich der Schlüssel im Schloss. Bevor ich mich auch nur bewegen konnte, war ich allein.

Ich bin oft in diesem Raum gewesen, zusammen mit Hunderten anderen Besuchern, doch jetzt begreife ich auf einmal etwas, das ich vorher nie geahnt hatte: Die Kapelle macht mir Angst. Plötzlich ist mir sehr unbehaglich zumute, und ich bin ganz sicher, dass ich beobachtet werde. Ich spüre ganz genau, dass mich irgendwer in dieser leeren Riesenkapelle ansieht, mir stumm mit seinen Augen folgt.

Ich gerate etwas in Panik, will zur Tür gehen und klopfen; dann versuche ich mich zu beruhigen: »Da ist niemand«, sage ich zu mir selbst, »da kann gar keiner sein.« Ich gehe langsam, mache vorsichtig ein paar Schritte durch die gewaltige Kapelle und erschrecke fast über das Geräusch meiner Schuhe auf dem Marmorboden. Das Gefühl, beobachtet zu werden, hält nicht nur an, es verstärkt sich sogar. Ich versuche, meine Augen an das schummrige Licht zu gewöhnen: Lauert da jemand in einer Nische? Steht dort jemand in der Dunkelheit des Pults für den Chor? Ich lausche und meine so etwas wie ein unterdrücktes leises Husten zu hören – vielleicht kommt es ja auch von draußen. Aber wenn mich jemand entdeckt hat, warum kommt er dann nicht hervor und ruft: »Was machen Sie hier? Raus mit Ihnen!« Warum bleibt der Unbekannte still und sieht mich nur an? Inzwischen bin ich ganz sicher, dass ich beobachtet werde. Ich setze mich auf eine Bank und versuche, starr auf die Decke zu blicken, um ruhiger zu werden.

Im Halbdunkel sehen die Bilder ganz anders aus als im Scheinwerferlicht. Schatten scheinen sich zwischen den Figuren einzuschleichen, sich etwas zuzuflüstern. Hunderte Male habe ich schon Bekannte darauf hingewiesen, dass Michelangelo die Propheten so malte, als lebten sie dort unter der Decke, als sprächen sie miteinander, als tauschten sie sich aus. Doch in der Stille fürchte ich mich auf einmal davor, mir die Figuren genau anzusehen. Ich habe den Eindruck, als würden sie in diesem Moment, da ich hier sprachlos sitze, wirklich miteinander reden, und ich komme mir vor wie ein Eindringling, wie ein ertappter Eindringling. Ich spüre förmlich den Blick der düsteren Prophetin von Cumae auf mir und frage mich, was sich Michelangelo wohl dabei dachte, ausgerechnet heidnische Wahrsagerinnen, Sibyllen und Prophetinnen aus einer antiken Zeit, als Christus noch gar nicht geboren war, neben christlichen Propheten zu malen. Diese elegante Delphische Sibylle wird den Kardinälen bei der Wahl des Papstes über die Schultern schauen, denke ich; auch diese düstere Frau aus Cumae, der Michelangelo den Körper eines riesenhaften, muskelbepackten Mannes gab. Warum er das tat, wird für immer sein Geheimnis bleiben – die Wahrsagerin aus Cumae bei Neapel muss in Wirklichkeit eine beneidenswert schöne Frau gewesen sein; Deiphobe hieß sie, und ein Gott trug sich ihr als Liebhaber an, der große Apollo. Sie bat ihn um ein sehr langes Leben: Sie wollte so viele Jahre leben, wie Apollo Sandkörner in einer Hand halten könne. Der Gott bot ihr auch die ewige Jugend an, wenn sie sich mit ihm im Bett vergnüge, doch sie wollte die Jungfräulichkeit behalten und lehnte ab. Sie hütete die Bücher der Vorsehung in ihrem Tempel und verfiel, ihr Körper wurde zu ihrem Gefängnis. Als sie schon uralt war, hatte sie nur noch einen Wunsch: zu sterben. Aber dieser Wunsch wurde ihr verwehrt. Niedergeschlagen sieht sie nun in den dunklen Raum der Sixtinischen Kapelle hinab, als hadere sie noch immer mit ihrem Schicksal.

Von der Stirnwand blickt mich Charon an, der furchtbare Fährmann, der die Seelen über den Fluss fährt und die von Gott zur Verdammnis verurteilten Seelen in die Hölle treibt. Jetzt spüre ich den Blick der mächtigen Gestalt des richtenden Jesus auf mir: Was habe ich mir eigentlich dabei gedacht, mich in so einen Raum hineinzuschleichen? Ich höre ganz deutlich, wie jemand in meiner Nähe schwer atmet, als bekäme er schlecht Luft. Ich drehe mich um, aber da scheint keiner zu sein – und doch fühle ich tausend Augen auf mich gerichtet. In Gedanken falle ich auf die Knie – nicht um zu beten, sondern um mich für mein Eindringen zu entschuldigen. Es kommt mir so vor, als richteten die Figuren an den Wänden über mich: der Mann aus Nazareth, die Propheten – nur nicht Maria, die mir liebenswert erscheint …

Ich weiß nicht mehr, wie lange ich in der Kapelle blieb, aber irgendwann ertrug ich das Gefühl nicht mehr, von tausend Augen tadelnd angesehen zu werden. Langsam schlich ich zurück zur Tür, den Rücken immer in der Nähe der Wand. Ich klopfte und war schließlich froh, als mich ein Schweizergardist hinausließ, dem ich zu meiner Entschuldigung erklärte, dass ich versehentlich eingeschlossen worden sei.

Seit diesem Tag habe ich eine ungefähre Vorstellung davon, wie es sein muss, wenn die still betenden Kardinäle einen neuen Papst wählen: eingeschlossen in dieser Riesenkapelle und abgeschlossen von der Welt, beobachtet von den Heiligen und von den Augen Gottes.

Dabei gehört die Sixtinische Kapelle auf den ersten Blick gar nicht zu den heiligsten Orten im Vatikan. Im Apostolischen Palast gibt es viel frommere Räume, die Sala Clementina etwa, die zu Staatsempfängen genutzt wird. An ihren Wänden sind – wie es sich für den Kirchenstaat gehört – fromme Geschichten dargestellt. In die Sixtinische Kapelle aber malte Michelangelo Buonarroti ziemlich heidnische Darstellungen. Im Gewölbe wechseln sich die Propheten der Bibel mit heidnischen Wahrsagern ab – die Dame des Orakels von Delphi, die so genannte Delphische Sibylle, thront wie selbstverständlich neben dem biblischen Propheten Jesaja, als wäre niemandem aufgefallen, dass die heidnische Dame in der christlichen Welt Gottes eigentlich gar nichts zu suchen hat. Zudem scheute sich

Michelangelo auch nicht, zahlreiche nackte Damen und Herren mit unbedeckten Geschlechtsteilen auf die Stirnwand zu malen, was den Kritiker Aretino nach der Fertigstellung des Bildes dazu brachte, den Papst zu beschimpfen, das Bild passe besser »in ein Badehaus als in eine Kirche«.

Diese Anklage war weit boshafter gemeint, als sie heute klingt, denn in Badehäusern boten sich damals junge Damen und junge Herrn zum Sex an – Aretino meinte also eigentlich, das Bild gehöre eher in ein Bordell als in eine Kirche.

Michelangelo Buonarroti aber hatte offenbar seine eigene Vorstellung von der Wiederentdeckung der Antike, als er in der Sixtinischen Kapelle malte. Er stellte das Jüngste Gericht so dar, dass es einer Warnung an alle Kardinäle gleichkommt, dass sie in dem Moment, in dem sie ihr nobelstes Privileg ausüben – einen neuen Papst zu wählen –, sich nicht von irdischen Überlegungen und taktischen Erwägungen bestimmen lassen dürfen.

Nein, in diesem entscheidenden Moment kommt es für die Kardinäle darauf an, ein »Werkzeug« des Heiligen Geistes zu sein, wie es die Lehrmeinung der katholischen Kirche nun einmal fordert …

25

Am Ende der Nacht oder
Der »Fall Siri«

Vor dem Tag des Konklaves versammelten sich die Kardinäle
abends in der großen Kapelle des Hauses der heiligen Martha.
Auf jedem der fünf Stockwerke liegt eine eigene Kapelle, doch
groß genug für die Versammlung aller Kardinäle ist nur die un-
tere. Sie liegt am Ende der Eingangshalle des Hauses der heiligen Martha. Auf dem Weg dorthin geht man am Speisesaal vorbei; auf der linken Seite liegt ein kleiner Innenhof, in dem eine
Statue der Muttergottes verehrt wird. Hier bekommt man einen Eindruck davon, wie hoch die Mauer um den Vatikan ist:
Eingezwängt vom hohen Gebäude der heiligen Martha und der
großen Außenmauer des Vatikans, wirkt der kleine Hof wie der
Boden einer tiefen Schlucht. Die Pflanzen kämpfen ums Überleben, die Sonne dringt kaum bis hier unten vor. Links grenzt
die Kapelle an: ein luftig gebautes Gotteshaus; die hochgezoge-
ne Decke erinnert an ein Zelt. Jahraus, jahrein herrscht in dieser Kirche eine vollkommene Stille, nur selten verirrt sich ein
Kardinal zum Morgengebet hierher. Weil die Kardinäle ihre
Begleiter nur schwer und nur mit Sondergenehmigungen bis
zum Haus der heiligen Martha kommen lassen können, finden
dort sehr selten heilige Messen mit Pilgergruppen statt. Über
der Kapelle liegt normalerweise eine Art vornehmer Schwermut, der Boden blitzt vor Sauberkeit, die weiße Decke spiegelt
sich auf den Marmorplatten. Doch an diesem Abend vor dem
Konklave erlebte man in dieser Kapelle die spannungsgeladens-
te Messe, die man in einer Kirche erleben kann. Aufgeregt und
konzentriert zugleich sowie innig betend drängte sich die vollständige versammelte Spitze der Weltkirche unruhig auf den
Stühlen und gedachte am Vorabend der Wahl des Mannes, der
sich das alles genau ausmalte und jetzt nicht mehr unter ihnen
war: Johannes Paul II. In seinem Gedichtband *Römisches Trip-*

tychon hat er über seinen Tod nachgedacht und den Moment beschrieben, wenn die Kardinäle wieder in die Sixtinische Kapelle einziehen, um seinen Nachfolger zu wählen.

Während die Kardinäle in der Kapelle des Domus Sanctae Marthae das Kyrie Eleison anstimmten, lauerten vor den hohen Mauern des Vatikans mehr als fünftausend Journalisten, die immer nervöser wurden, weil jetzt die letzten entscheidenden Stunden begannen. Nun, am Ende der Nacht und im Morgengrauen des kommenden Tages, würden sich die Kardinäle auf den Einzug in das Konklave vorbereiten. Und von da an war es vorbei: Waren die Türen erst einmal verschlossen, konnte niemand mehr an die Akteure, die Kardinäle, heran. Deshalb versuchten alle Journalisten, die in dieser Nacht in Rom waren, verzweifelt noch einen Kardinal für ein Interview zu gewinnen. Alle Reporter wussten, dass es außerordentlich unwahrscheinlich war, so kurz vor dem Beginn des Konklaves noch einen Kardinal für ein Interview gewinnen zu können – gerade weil es den Fall Siri im Jahr 1978 gegeben hatte, das als Jahr der zwei Konklaven in die Kirchengeschichte einging …

Nachdem Johannes Paul I. (Papst 26. 8. 1978 – 28. 9. 1978), Nachfolger von Paul VI. (Papst 1963 – 1978), nach nur dreiunddreißig Tagen im Amt überraschend gestorben war, musste innerhalb weniger Wochen ein zweites Konklave einberufen werden. Und am Vorabend dieses zweiten Konklaves gelang einem jungen Journalisten eine Sensation: Er hatte den Star des Kardinalskollegiums, Kardinal Giuseppe Siri, zu fassen bekommen – jenen Mann, dem man zutraute, dass er vielleicht schon ein paar Stunden später der nächste Papst sein würde. Giuseppe Siri, Wunschkandidat der Ultrakonservativen, ahnte nicht, dass er mit diesem Treffen in nur wenigen Minuten alle seine Chancen verspielte.

Dabei galt er im Vatikan als ein Mann, der mit allen Wassern gewaschen war. In Italien kannte man ihn unter anderem auch dafür, dass er den »Cognac der Päpste« bereithielt. Einem Vatikan-Journalisten gegenüber hatte Siri erklärt: »Wissen Sie, was ich in das Konklave mitnehme? Eine halbe Flasche Cognac –

nicht für mich, sondern für den, der zum Papst gewählt werden wird. Während aller Konklaven, an denen ich teilgenommen habe, habe ich die Flasche immer gut gebrauchen können.«

Als Kardinalstaatssekretär kannte er alle Tricks. Giuseppe Siri war sicher kein Mann, den man leicht aufs Glatteis führen konnte – dazu war er nicht nur zu erfahren, sondern auch viel zu vorsichtig. Wahrscheinlich wird man nie klären können, was an diesem Abend vor dem Konklave vor sich ging, denn der Kardinal ließ sich zu einer Tat hinreißen, die untypischer für ihn nicht hätte sein können. Ausgerechnet er, den die Mitarbeiter der Kurie als Mann der leisen Zwischentöne kannten, als jemanden, der jedes Wort genau abwog und besessen zu sein schien von der Notwendigkeit der Geheimhaltung aller Informationen des Vatikans, beging einen großen Fehler.

Siri tippte alle vertraulichen Mitteilungen selbst mit einer Schreibmaschine, um nur ja nicht das geringste Sicherheitsrisiko einzugehen. Er misstraute sogar jenen Priestern, die als verdiente Sekretäre im Vatikan arbeiteten, und wollte selbst nebensächliche Informationen durch einen Geheimcode verschlüsseln. Und Kardinal Siri wusste natürlich, dass jede Aussage aus seinem Mund den Ausgang der Wahl beeinflussen konnte: Als ihn der junge Reporter wenige Stunden vor dem Beginn des Konklaves um ein Interview bat, waren dessen Chancen gleich null. Doch der junge Mann wusste offensichtlich nicht, wen er da vor sich hatte, dass es völlig unwahrscheinlich schien, dass ausgerechnet ein so erfahrener Kardinal in einem so delikaten Moment reden würde.

Also fragte er, und dann geschah das Unwahrscheinliche: Siri redete, und zwar ausführlich.

Unter anderem äußerte er sich in diesem Gespräch negativ über den Führungsstil des soeben verstorbenen »lächelnden Papstes«, der den Schwerpunkt seiner Arbeit auf die Seelsorge und die soziale Arbeit der Kirche hatte legen wollen, und bat anschließend lediglich um die Auflage, dass das Interview erst in achtundvierzig Stunden veröffentlicht werden sollte, wenn die Kardinäle bereits im Konklave und somit für die Außenwelt unerreichbar waren.

Siri besaß keinerlei Garantie dafür, dass die Zeitung sich an diese Auflage halten würde, und für deren Verantwortliche war es fast schon zu viel verlangt, einen solchen *Scoop*, einen so einmaligen Pressebericht, nicht sofort zu veröffentlichen. Zudem bestand die Gefahr, dass Siri noch ein weiteres Mal redete: Wenn er es einmal riskierte, war es immerhin möglich, dass er dies noch ein zweites Mal tat und einem Fernsehsender oder einer anderen Zeitung ebenfalls ein Interview gab, mit der gleichen Auflage. Gute Vatikan-Journalisten wussten zudem, wie sie Kardinal Siri in einer solchen Situation packen konnten: Wahrscheinlich reichte es schon aus, an das Gewissen des Kardinals zu appellieren und ihm klar zu machen, dass es unfair sei, nur einer Zeitung ein solch brisantes Interview zu geben.

Für die Zeitung des jungen Reporters stand also viel auf dem Spiel: Auf der einen Seite konnte ein sensationelles Interview schlagartig seinen Wert verlieren, wenn es nicht sofort veröffentlicht würde oder jemand anderer zuvorkam. Auf der anderen Seite stand die Gefahr, dass Siri tatsächlich zum neuen Papst gewählt werden könnte. Dann würde die Tageszeitung, die sich nicht an die Absprache gehalten hatte, sehr schlechte Karten haben, was das zukünftige Verhältnis mit dem neuen Pontifex anging. Schließlich entschied die Chefredaktion, dieses Risiko einzugehen: Das Interview wurde sofort veröffentlicht, Absprache hin oder her, und am nächsten Tag, als am 14. Oktober 1978 die Kardinäle in das Konklave einzogen, lag auf jedem Platz in der Sixtinischen Kapelle der fotokopierte Text des Interviews.

Übrigens kam nie heraus, wer dafür gesorgt hatte, dass die Kardinäle die Fotokopien in der Sixtinischen Kapelle vorfanden – zweifellos ein Gegner Siris, vermutlich ein Kardinal, der mit seiner Aktion ein sehr hohes Risiko einging. Offenbar setzte aber der Wunsch, Siri zu schaden, erhebliche Energien frei: Denn es ist sehr schwer, irgendetwas in die für das Konklave vorbereitete Sixtinische Kapelle zu schmuggeln. Der Täter handelte offenbar rasch und entschlossen, kurz bevor die Kardinäle in der Sixtinischen Kapelle auftauchten, und entschied damit das Konklave: Denn dieses Interview kostete Siri den fast schon sicher geglaubten Sieg. Damit war der Spitzenkandidat als »Plaudertasche« bloßgestellt und der Weg frei für Karol Wojtyla.

Kardinal Siri stritt später ab, dieses Interview überhaupt geführt zu haben, aber da war es schon geschehen und Karol Wojtyla – angeblich im achten Wahlgang mit 99 von 111 Stimmen – gewählt: der erste Nichtitaliener seit 455 Jahren. Diese Schmach überwand Giuseppe Siri bis zu seinem Tod am 2. Mai 1989 nie. Dem Pontifikat Johannes Pauls II. stand er sehr kritisch gegenüber; er scheute nicht einmal davor zurück, Johannes Paul II. öffentlich zu rüffeln. Berühmt wurde sein Paulus-Vergleich, mit dem er die zahlreichen Auslandsreisen des neuen Papstes kritisierte, die er für einen Fehler hielt: »Der Platz in der Welt«, sagte er, »der gehört dem Paulus, der Platz des Petrus ist in Rom.« Damit spielte er nicht nur auf die vielen Reisen des Apostels Paulus an, sondern auch darauf, dass ein Papst nicht der Nachfolger des heiligen Paulus, sondern des heiligen Petrus ist.

Der Fall Siri wiederholte sich im Jahr 2005 nicht. Alle Bemühungen, alle heimlichen Telefonate, das nachdrückliche Bequatschen von Haushälterinnen irgendwelcher Kardinäle brachten diesmal gar nichts. Schon am Abend vor dem Beginn des Konklaves am 18. April hatten die Gendarmen des Vatikans den Hochsicherheitsbereich penibel abgesperrt. Hier durften jetzt nur noch wahlberechtigte Kardinäle und ihre Sekretäre hinein, sofern sie eine Sondergenehmigung besaßen – bis auf eine Ausnahme: Ein Mann packte an diesem Abend in der Via della Palombella in Rom drei seltsame Pakete zusammen, die an diesem Abend noch in den Vatikan gebracht werden mussten.

26

Die Farbe der Päpste

Die Via della Palombella ist eine kurze und wenig besuchte Straße, weit weg vom Shopping-Viertel. Wer nach Rom kommt, um sein Geld in tollen Boutiquen auszugeben, der wird rund um die Piazza di Spagna Geschäfte jeder Art für sehr prall gefüllte Geldbeutel finden. In der Via di Cestari und der Via della Palombella shoppt dagegen die klerikale Elite der Welt. Hier kann man ganze Kapellen ordern, vom Altar bis zur Statue der Muttergottes, es gibt Monstranzen und elegante Reisesets für Priester. Ordensleute und Bischöfe aus aller Herren Länder kaufen hier ein.

Das Geschäft unterliegt durchaus Moden – manche Heiligenstatuen werden gerade sehr begehrt, andere geraten in Vergessenheit. So können sich die Händler zurzeit nicht vor Anfragen nach Statuen des sehr populären, 1999 selig, 2002 heilig gesprochenen Kapuzinerpaters Pio retten, der von 1887 bis 1968 lebte und seit 1918 an seinen Händen auftretende Blutungen hatte, die von vielen Gläubigen als Leidensmale Jesu gedeutet wurden; der heilige Franz von Assisi, der für das asketische, leibfeindliche Ideal der Franziskaner steht, geht dagegen derzeit schlecht. An dieser Straße liegt auch das wahrscheinlich seltsamste Schaufenster der Welt. Niemand interessiert sich dafür, manchmal jahrzehntelang nicht, und dann wird es auf einmal für einen einzigen Tag weltberühmt. Dann drängen sich Kameramänner und Fotografen vor dem Schaufenster und machen es für einen Tag zur am meisten gefilmten Vitrine des Globus.

Ja, das Schaufenster in der Via della Palombella gehört zu einem unscheinbaren Geschäft: Ehrwürdig vergilbte Lettern verraten, dass der Laden Bedarf für Kleriker feilbietet, und normalerweise ist das Schaufenster nicht sonderlich aufregend dekoriert – ein paar Chorhemden sind zu sehen, aber immer auch eine seltsame weiße Kopfbedeckung, die den meisten Menschen bekannt vorkommt; dennoch bleibt vor dem Geschäft fast nie ein Kunde stehen. Dabei beliefert die Familie von Massimiliano Gamarelli seit sechs Generationen die Päpste, und die im Schaufenster ausgestellte weiße Kopfbedeckung ist tatsächlich das »Papalino« – die kleine weiße, runde Kopfbedeckung der Päpste.

Gamarelli ist der einzige Priesterausstatter der Welt, der den weißen, sehr edlen Wollstoff führt. Für alle anderen Priesterausstatter ist der weiße Stoff überflüssig, weil sich nur ein einziger Mann in der katholischen Kirche so strahlend weiß kleiden darf: der Papst. Am Tag vor dem Beginn des Konklaves wird das unscheinbare Schaufenster auf außergewöhnliche Weise geschmückt, und für einige Stunden sind dort drei weiße päpstliche Roben zu sehen: die Kleider des neuen Papstes. Während die Kardinäle vor dem Konklave abends zusammenkommen, nimmt Firmenchef Massimiliano Gamarelli höchstpersönlich diese drei Roben aus dem Schaufenster, packt sie in drei Pakete und fährt mit dem Wagen in Richtung Vatikan. An der Pforte der heiligen Anna wird er schon sehnsüchtig erwartet. Massimiliano Gamarelli ist der einzige Römer, der so kurz vor dem Konklave noch einmal in den am meisten gesicherten Bereich darf: in die Sixtinische Kapelle. Während der Sicherheitsdienst des Vatikans, die Experten der vatikanischen Gendarmerie, erneut die Sixtinische Kapelle nach Wanzen und Mobiltelefonen absuchen, packt Massimiliano Gamarelli in dem weltberühmten Nebenraum der Sixtinischen Kapelle, der so genannten Kammer der Tränen, die drei Pakete aus und hängt die päpstliche Kleidung sorgfältig auf drei Bügel. Eine dieser drei Roben muss dem neuen Papst, wer auch immer es dann sein wird, passen.

Nach der Wahl Johannes' XXIII. (Papst 1958–1963) am 28. Oktober 1958 entschloss sich die Schneiderfamilie dazu, statt einer gleich drei weiße Roben für den neuen Papst zu liefern. Denn damals machten die Sekretäre eine peinliche Entdeckung: Nachdem ein zum Papst gewählter Kardinal die

Wahl angenommen hat, wird er in die Kammer der Tränen geführt. Von nun an muss er jede einzelne Sekunde sowie alle Kraft, die er hat, in den Dienst der katholischen Kirche stellen, also sein ganzes Privatleben opfern. Von nun an ist er gezwungen, ein öffentliches Leben zu führen, ständig begleitet von Fernsehkameras – er wird nicht einmal mehr das Recht haben, allein und in Ruhe zu weinen.

Nach diesem dramatischen Abschied von den Grundrechten eines Menschen auf eine Intimsphäre, nach dem Abschied vom alten Leben, muss sich der neue Papst zum ersten Mal in eine strahlend weiße Robe kleiden.

Doch Angelo Roncalli – so der bürgerliche Name von Papst Johannes XXIII. – war ein sehr beleibter Mann: Er passte nicht in die Robe. Einige Nähte mussten also aufgetrennt werden an jenem 28. Oktober des Jahres 1958, und natürlich will man nicht, dass so etwas jemals wieder passiert. Deshalb also liefert die Familie Gamarelli für jede Papstwahl gleich drei Ausführungen der päpstlichen Gewänder: für einen sehr großen Papst, einen außergewöhnlich schlanken und einen außergewöhnlich beleibten Papst.

27

Der Schlüssel zur Macht

An diesem Vormittag brachen reihenweise Journalisten ihren festen Vorsatz, nie wieder zu rauchen, und zündeten sich Zigaretten an. Sekretärinnen mussten hysterische Anfälle ihrer Chefs erdulden, und viele der an der gewaltigen Medienmaschine Beteiligten, die in Rom angerückt war und nun auf Hochtouren lief, verloren jetzt erstmals wirklich die Nerven. Denn etwas Unfassbares, in der modernen Medienwelt eigentlich kaum mehr Vorstellbares, sollte sich binnen Kurzem ereignen: ein Weltereignis ohne Fernsehbilder.

Es gibt auf dem Globus kein anderes Ereignis, das Milliarden Menschen interessiert und von dem es keine Bilder gibt. Die Wahl eines Papstes ist das letzte große Ereignis der Welt, bei dem das Fernsehen ausgesperrt wird – und ausgesperrt bleibt. Fernsehzuschauer kennen Bilder aus den entlegensten Winkeln der Welt, von den kuriosesten, schrecklichsten oder abstrusesten Ereignissen – sogar von anderen Planeten. Doch im Vatikan vollzog sich an diesem Tag ein Weltereignis, von dem nicht einmal ein verwackeltes Polaroidfoto existieren würde. Hier in unserer »postmodernen« Welt wiederholte sich ein im Mittelalter erfundenes Spektakel – die Kardinäle zogen sich in einen hermetisch verschlossenen Raum zurück, in die Sixtinische Kapelle. Ganze Heerscharen von Reporten konnten kaum ihre Nervosität bezähmen, weil dort etwas geschah, das eigentlich nicht geschehen durfte: ein Ereignis, zu dem niemand Zugang hatte. Die Welt hatte akzeptiert, dass Kameras in Schlafzimmer und Kreißsäle eindrangen; es gab Filmaufnahmen aus U-Booten und Raumstationen, aber aus diesem einen Saal, der Sixtinischen Kapelle, gab es nicht einmal eine Zeichnung wie in einer Gerichtsverhandlung, bei der die Öffentlichkeit nicht zugelassen ist. Denn alle, die jemals einen Papst gewählt haben,

haben als einziges Bild von der Wahl in der geschmückten Sixtinischen Kapelle, in der ein neues Oberhaupt der Christenheit gewählt wird, ihre Erinnerung. Und die nehmen sie mit ins Grab.

Immerhin kamen die Fernsehanstalten an diesem 18. April 2005 einige Meter weiter, als sie beim Konklave im Jahr 1963 vor der Wahl Papst Pauls VI. gekommen waren. Damals gab es zum ersten Mal in der Geschichte Fernsehbilder von der feierlichsten Prozession der katholischen Kirche: Wenn alle Kardinäle durch den apostolischen Palast gehen, um in Chorkleidung in die Sixtinische Kapelle zu ziehen, singen sie dabei den gregorianischen Choral »Veni Creator Spiritus«. (»Komm, Heiliger Geist«.). Aber im Jahr 2005 hatte der vatikaneigene Fernsehsender CTV (Centro Televisivo Vaticano) sogar Kameras in der Sixtinischen Kapelle aufgebaut. Da standen die zwölf an die Apostel gemahnenden Tische, an denen neun bis elf Kardinäle Platz nehmen konnten. Fein säuberlich lag an jedem Platz eine Ausgabe des *Ordo Rituum Conclavis*, der Zusammenfassung und liturgischen Ergänzung der gültigen Regel der Papstwahl, also der apostolischen Konstitution *Universi Dominici Gregis*. Das Buch hatte einen grünen Einband, und es mutete seltsam an, diese hundertfünfzehn Bücher ausgerechnet in der vom Islam verehrten Farbe Grün in der Sixtinischen Kapelle zu sehen.

Ebenfalls zum ersten Mal sah man den Ofen, in dem die Stimmzettel verbrannt werden sollten. Neben den alten gusseisernen Ofen, auf dem Jahreszahlen der verschiedenen Konklaves zu sehen waren, hatte der Zeremonienchef Bischof Piero Marini einen zweiten stellen lassen. Dieser mit einer besonderen elektrischen Belüftung ausgestattete Ofen konnte den Rauch mit hohem Druck in das sechsundzwanzig Meter hohe Rohr bis zum Dach der Sixtinischen Kapelle drücken.

Eigens für das Konklave hatte der Vatikan auch drei neue Wahlurnen anfertigen lassen: Die eine Urne wurde gar nicht gebraucht, weil sie nur dafür gedacht war, zu jenen Kranken gebracht zu werden, die nicht dazu in der Lage wären, in die Sixtinische Kapelle zu kommen. Die zweite Urne wurde dazu genutzt, die Stimmzettel aufzunehmen, und die dritte, um die Stimmzettel zu mischen, die anschließend ausgezählt wurden.

Dieser Augenblick des Konklaves war der bitterste Moment im Leben jener Kardinäle, die an diesem Tag ihren achtzigsten Geburtstag schon hinter sich hatten. Ein Kardinal zu sein, verleiht einem kirchlichen Würdenträger nämlich nur ein Privileg: den Papst zu wählen. Denn die katholische Kirche traut den Kardinälen eine ganz besondere Beziehung zu: in Kontakt mit dem Heiligen Geist treten zu können, und in der kirchlichen Tradition gibt es keinen Zweifel daran, dass der Heilige Geist und kein Mensch den richtigen Kandidaten auswählen wird. Warum aber sollte sich die Beziehung eines Kardinals zum Heiligen Geist am Tag seines achtzigsten Geburtstags schlagartig ändern?

Als Papst Paul VI. im Jahr 1975 die päpstliche Konstitution *Romanum Pontificem eligendo* veröffentlichte, die den über achtzig Jahre alten Kardinälen das Wahlrecht nahm, war das ein ganz bitterer Schlag für die zum Teil noch sehr rüstigen alten Herren. Bis zu diesem Zeitpunkt hatte im Konklave immer gegolten, dass den besonders betagten Kardinälen auch eine besondere Ehre entgegengebracht wird. Die Schrift Pauls VI. aber führte nun eine Obergrenze ein, die im Vatikan auch spöttisch »Verfallsdatum für Kardinäle« genannt wurde. Dabei handelte Paul VI. sicher nach bestem Wissen und Gewissen – er wollte wohl vor allem verhindern, dass greise Kardinäle einen greisen Papst wählten, der dann nicht mehr in der Lage wäre, seine Aufgabenstellung in einer modernen Welt zu bewältigen. Und Papst Paul VI. schien schon vorausgesehen zu haben, was sich in der Amtszeit Papst Johannes Pauls II. dann auch bestätigte: Die Anforderungen wuchsen ständig. Päpste mussten eine Unzahl öffentlicher Auftritte irgendwo auf der Welt bewältigen, mussten Veranstaltungen wie den Weltfamilien- oder den Weltjugendtag besuchen, die es zuvor im Terminkalender der Päpste noch gar nicht gegeben hatte, weil Karol Wojtyla diese Pflichttermine erst erfand. Zwar hatte Papst Paul VI. jene Kardinäle, die zu alt waren, um am Konklave teilnehmen zu dürfen, gebeten, von außen durch besonders intensive Gebete die Kardinäle im Konklave zu begleiten. Aber es ist natürlich das eine, in der Sixtinischen Kapelle einen neuen Papst zu wählen, und etwas anderes, in irgendeiner Kapelle zu sitzen, um für einen guten Ausgang zu beten. Die ausgeschlossenen Kardinäle der ersten beiden Konklave, für die diese Regelung galt, wussten sich allerdings auf ihre Weise zu »revanchieren«: Nach der Wahl hatten sie sich natürlich bei den jüngeren Kollegen darüber informiert, was im Konklave vor sich gegangen war. Und da sie nicht an das Schweigegebot derjenigen gebunden waren, die persönlich teilgenommen hatten, erzählten sie relativ freizügig, was sie über das Konklave erfahren hatten.

Nachdem die Kardinäle die Sixtinische Kapelle betreten hatten, sprach Kardinal Joseph Ratzinger die Eidesformel, wie sie Papst Johannes Paul II. vorgesehen hatte: »Wir alle und jeder einzelne wahlberechtigte, zu dieser Wahl des Papstes anwesende Kardinal versprechen, verpflichten uns, schwören, uns treu und gewissenhaft an alle Vorschriften zu halten, die in der Apostolischen Konstitution Papst Johannes Pauls II. ›Universi Dominici Gregis‹ vom 22. Februar 1996 enthalten sind. Ebenso versprechen wir, verpflichten uns und schwören, dass jeder von uns, wenn er durch Gottes Fügung zum Papst gewählt wird, sich bemühen wird, das ›munus petrinum‹ des Hirten der Universalkirche in Treue auszuüben und unermüdlich die geistlichen und weltlichen Rechte sowie die Freiheit des Heiligen Stuhles zu wahren und zu verteidigen. Vor allem aber versprechen und schwören wir, in bedingungsloser Treue und mit allen, seien es Kleriker oder Laien, Geheimhaltung über alles zu wahren, was in irgendeiner Weise die Wahl des Papstes betrifft und was am Wahlort geschieht und direkt oder indirekt die Abstimmung betrifft, dieses Geheimnis in keiner Weise während oder nach der Wahl des neuen Papstes zu verletzen, außer wenn vom Papst selbst eine ausdrückliche Erlaubnis dazu erteilt worden ist. Gleichermaßen versprechen und schwören wir, niemals eine Einmischung, eine Opposition noch irgendeine andere Form zu unterstützen oder zu begünstigen, wodurch weltliche Autoritäten jeglicher Ordnung und jeglichen Grades oder irgendwelche Gruppen oder Einzelpersonen sich in die Papstwahl einzumischen versuchen sollten.«

Daraufhin traten die einzelnen Kardinäle vor und schworen feierlich: »Und ich ... verspreche, verpflichte mich und schwöre es, so wahr mir Gott helfe und das Evangelium, das ich mit meiner Hand berühre.«

Nach der Vereidigung mussten nun nach und nach alle diejenigen, die keine wahlberechtigten Kardinäle waren, die Sixtinische Kapelle verlassen, und schließlich sagte der Zeremonienchef Bischof Piero Marini das endgültige »Extra omnes« (»Alle raus«). Danach schritt Marini zur enorm großen Tür der Sixtinischen Kapelle und verschloss die Spitze der größten christlichen Kirche vor den Augen der Welt.

28

»*Ubi maius periculum*« – »*Wo größere Gefahr ist*«

Wer je seinen Urlaub in Mittelitalien verbringt, sollte mal einen Abstecher nach Viterbo machen. Es lohnt sich, weil die Stadt bis heute genau die Atmosphäre jener Jahre bewahrt hat, als in ihr die Idee des Konklaves entstand.

Viterbo liegt etwa siebzig Kilometer nördlich von Rom. Ein Spaziergang in der Altstadt scheint Besuchern wie eine Reise zurück ins Mittelalter. Zwischen den burgartigen, schweren, düsteren Bauten mit ihren winzigen Fenstern meint man noch immer das Geklapper der Pferde- und Maultierhufe hören zu können, den Duft mittelalterlicher Speisen zu riechen, und bekommt eine Ahnung von diesem längsten Konklave in der Geschichte der katholischen Kirche, das zwischen dem 29. November 1268 und dem 1. September 1271 in Viterbo stattfand. Die meisten Paläste, in denen die Protagonisten des damaligen Konklaves wohnten, stehen noch heute. Selbst den päpstlichen Palast findet man noch immer majestätisch am Rand einer Schlucht, die Gegend um den Palast wurde nie verbaut, die Straßen sind die gleichen wie vor mehr als siebenhundert Jahren: Es scheint, als habe man das Andenken an die Ereignisse der Jahre 1268 bis 1271 bewahren wollen. Nach dem Tod von Papst Klemens IV. am 29. November 1268 waren die Kardinäle, wie damals noch üblich, an dem Ort zusammengekommen, wo der Papst gestorben war, also in Viterbo. Es waren nur neunzehn Kardinäle, der zwanzigste bereiste gerade mit dem französischen König Nordafrika. Diese Kardinäle versammelten sich also im päpstlichen Palast und begannen ein endloses Tauziehen. Nach jedem Wahlgang kehrten sie zurück in ihre relativ komfortablen Wohnungen in Viterbo und ließen sich bewirten. Das ging das ganze Jahr 1269 über so. Als zu Beginn des Jahres 1270 noch immer kein Papst gewählt worden war, soll der Legende nach ein Bürgervorsteher aus Viterbo mit Namen Filippo Benizi vor die Kardinalsversammlung getreten sein und sie aufgefordert haben, endlich einen Papst zu wählen. Daraufhin sollen die Kardinäle ihm das Amt des Papstes angeboten haben, woraufhin Benizi angeblich in die Einöde floh, um dieser Bürde zu entgehen. Als dann auch zu Pfingsten des Jahres 1270 noch immer kein Papst gewählt worden war, mauerten die Bürger von Viterbo die Kardinäle im päpstlichen Palast ein. Von nun an gab es nur noch Wasser und Brot. Als das immer noch zu keiner schnelleren Entscheidung führte, sollen die Bürger von Viterbo sogar das Dach des Papstpalastes abgedeckt haben. Von nun an hausten die Kardinäle angeblich unter den Tischen, um sich gegen die sengende Sonne und den Regen zu schützen. Dennoch dauerte es noch mehr als ein Jahr, bis man sich am 1. September 1271 endlich auf einen Mann einigte, der weder aus Viterbo kam noch ein Kardinal war, nämlich den später heilig gesprochenen Tealdo Visconti aus Piacenza, der gerade das Amt des Erzdiakons von Lüttich innehatte. Zur Zeit seiner Wahl befand er sich allerdings in Syrien, weshalb noch einmal sieben Monate vergingen, bis er endlich am 27. März des Jahres 1272 gekrönt werden konnte. Damit waren also fast dreieinhalb Jahre seit dem Tod Klemens' IV. (Papst 1265–1268) vergangen. Als Gregor X. (Papst 1271–1276) beschloss er deshalb, dass die katholische Kirche nie wieder einer so langen Zeit ohne Oberhaupt ausgesetzt werden dürfe, und verfasste die am 7. Juli 1274 veröffentlichte päpstliche Konstitution: »Ubi maius periculum« (»Wo größere Gefahr ist«). In dieser Konstitution legte der Papst erstmals fest, dass die Kardinäle eingeschlossen werden müssen – »cum clave«, mit einem Schlüssel. Die Schrift legte ebenso fest, dass die Kardinäle zehn Tage auf ihre Kollegen warten müssen und bei einfacher Lebensführung in einem verschlossenen Raum an dem Ort, wo der Papst gestorben ist, sich mit nichts anderem beschäftigen dürfen als mit der Wahl des neuen Papstes.

Bis zu diesem Zeitpunkt hatte es keine Vorschrift gegeben, nach der sich die Kardinäle zur Wahl eines Papstes einschließen müssen. Zurückgezogen hatten sie sich für die Wahl eines Papstes wahrscheinlich zum ersten Mal im Jahr 1198, als Innozenz III. (Papst 1187–1216) gewählt wurde. Eingeschlossen wurden die Kardinäle auch schon einmal, allerdings nicht nach den eigenen Regeln und auf besonders brutale Weise: Am 22. August des Jahres 1241 ließ der römische Senator Matteo Rosso Orsini zehn Kardinäle in einer Ruine am Palatin einsperren und von Soldaten bewachen, damit sie möglichst schnell einen Nachfolger für den in hohem Alter verstorbenen Gregor IX. (Papst 1227–1241) wählten. Dennoch fiel die Wahl erst am 25. Oktober 1241 auf Goffredo da Castiglione, Papst Cölestin IV; da war der englische Kardinal Robert Sumercote bereits an den Folgen der unmenschlichen Behandlung gestorben. Auch der soeben gewählte Papst hatte während des unfreiwilligen Konklaves schweren Schaden an seiner Gesundheit genommen und starb am 10. November 1241, nur siebzehn Tage nach seiner Wahl.

29

Das Konklave und seine Gespenster

Am Morgen des 18. April wiederholte sich nun im Vatikan diese uralte Regel, die im päpstlichen Palast von Viterbo erfunden worden war: Der Camerlengo schloss die Sixtinische Kapelle von innen ab und vergewisserte sich mit seinen drei Sekretären, dass die beiden Türen, die in die Sixtinische Kapelle führen, auch wirklich fest verschlossen waren. Von außen schloss der Substitut des Staatssekretärs, Bischof Leonardo Sandri, die Tür, und was immer auf der Welt nun mit der katholischen Kirche geklärt werden musste, musste warten. Nur wenn es wirklich keinen Aufschub duldete, war Leonardo Sandri jetzt als Einziger in der Lage, für die katholische Kirche zu handeln.

Was geschah nun wirklich in der Sixtinischen Kapelle, als alle Türen geschlossen waren?

Das Konklave, das Benedikt XVI. wählte, gehörte zu den unerfahrensten Kardinalsversammlungen überhaupt – was schlicht an der langen Amtszeit von Johannes Paul II. lag. Nur zwei der teilnehmenden Kardinäle hatten überhaupt schon einmal ein Konklave erlebt. Was nun genau am 18. und 19. April 2005 in der Sixtinischen Kapelle geschah, werden wir vermutlich nie erfahren. Berichte, die trotz des Schweigegebots »auf Umwegen« nach draußen dringen, widersprechen sich häufig – das zeigte sich bereits nach der Wahl Johannes Pauls I. und Johannes Pauls II. Nur ein Papst darf genehmigen, dass die Zahl der für ihn im Konklave abgegebenen Stimmen irgendwann veröffentlicht wird. Aber das ist bisher noch nie geschehen.

Wir sind also auf Vermutungen angewiesen, und sollte es jemals etwa ein Foto aus dem Konklave geben, so würden wir darauf wohl auch nicht viel mehr als vorschriftsmäßig in Rot gekleidete ältere Herren erkennen, während die versammelten

Kardinäle selbst anhand der Szenerie, die sich ihnen am ersten Wahltag bietet, anhand einer Vielzahl von Kleinigkeiten wohl schon einiges mehr erkennen können: zum Beispiel, welcher Kandidat zu welchem Block gehört, ob er, salopp gesagt, ein »linker« oder ein »rechter« Gottesmann ist.

Politische Kategorien wie rechts oder links, konservativ oder progressiv auf den Vatikan zu übertragen, ist aber im Grunde Unsinn. Innerhalb der katholischen Kirche gibt es ganz andere Kriterien. Dennoch gehört es auch im Vatikan durchaus zum Sprachgebrauch, von einem »linken« oder »rechten« Kardinal zu sprechen, nur dass links und rechts hier eben etwas ganz anderes bedeuten als außerhalb der Mauern des Kirchenstaats.

Die letzte wirklich große »linke« Bewegung innerhalb der katholischen Kirche war die so genannte Theologie der Befreiung, die erreichen wollte, dass die katholische Kirche sich vor allem in Lateinamerika an die Seite der Ärmsten und nicht an die Seite der reichen, regierenden weißen Oberschicht stellte. Diese Befreiungstheologie wurde aber von Kardinal Joseph Ratzinger als Leiter der Kongregation für die Glaubenslehre, die die katholische Kirche vor »Irrlehren« schützen soll, so systematisch bekämpft, dass während des Konklaves nach dem Tod von Johannes Paul II. viele nur noch eine vage Vorstellung davon hatten, was die Befreiungstheologie ursprünglich einmal wollte. Verblasst war selbst die Erinnerung an jene Standpauke, die Johannes Paul II. am 4. März 1983 dem vor ihm knienden Ernesto Cardenal gehalten hatte: »Regeln Sie Ihr Verhältnis zur katholischen Kirche«, herrschte Johannes Paul II. damals Cardenal an, und bald waren die Zeiten dieses Trappistenmönchs und Kulturministers der sandinistischen, linken Regierung von Nicaragua, einer der wichtigsten Persönlichkeiten der Befreiungstheologie, endgültig vorbei. Seitdem reichte allein schon der Hauch einer Andeutung, ein gewisses Verständnis für Pater Cardenal und andere Ideologen der Befreiungstheologie wie Pater Boff aufbringen zu können, völlig aus, um sich als »linker« Kardinal zu outen. »Rechte« Kardinäle hingegen kommentierten die Theologie der Befreiung stets auf die gleiche

Weise: dass katholische Priester sich nicht in die Politik einzumischen hätten.

Die Zeiten der sozialistischen Schwärmereien, die einmal weite Teile der katholischen Kirche erfasst hatten, waren zu Beginn des Konklaves längst vorbei, aber ein anderes »Gespenst«, das mit in das Konklave eingezogen war, erwies sich seinerseits als der wichtigste Bezugspunkt, um die Positionen von »links« oder »rechts« zu betonen: das Gespenst des am 25. März 1991 verstorbenen Bischofs Marcel Lefèbvre. Am 30. Juni 1988 hatte Lefèbvre trotz des päpstlichen Verbots vier Bischöfe einer neuen traditionalistischen Kirche geweiht. Nach katholischem Kirchenrecht waren er und die Geweihten damit exkommuniziert.

Zu Beginn des Konklaves war Marcel Lefèbvre zwar schon lange tot, sein Gespenst symbolisierte allerdings eine Kernfrage: Lefèbvre hielt das Zweite Vatikanische Konzil für einen kolossalen Fehler. Er vertrat die Meinung, dass die alte Form der Messfeier, die bis zum Zweiten Vaticanum gegolten hatte, die weit ehrwürdigere und eigentlich »gültige« darstellte. Die alte Form der Messfeier war vor allem durch zwei Merkmale gekennzeichnet: Erstens wurde sie auf Latein gelesen – was nicht einmal ein Prozent der über eine Milliarde Katholiken der Welt versteht –, und zweitens stand der Priester buchstäblich mit dem Rücken zu den Gläubigen. In Theologenkreisen wurde diese alte Form der Messfeier daher sehr salopp auch die »MdHzV«-Messe genannt: »Mit dem Hintern zum Volk«. Weit wichtiger noch als der Wunsch, zur alten Form der Messfeier zurückzukehren, war aber Lefèbvres Feldzug gegen die Aussöhnung mit den nicht-katholischen, vor allem mit den lutherischen Christen. Lefèbvre war der Meinung, dass die katholische Kirche auf gar keinen Fall auf die lutherischen Christen zugehen dürfe – ja, er glaubte sogar, dass allein schon der Dialog mit den Lutheranern eine Sünde sei. Diese extreme Position markierte also den äußersten rechten Rand der Mitglieder des Konklaves, das den Papst wählen sollte, während sich am linken Rand die entschlossenen Befürworter einer Aussöhnung mit den Lutheranern ebenso versammelten wie die Verfechter der neuen Form der heiligen Messe. Als ihr Symbol galt der deutsche Kardinal Walter Kasper, der Architekt der gemeinsamen Erklärung zur Rechtfertigungslehre, des »Friedensschlusses« zwischen der katholischen Kirche und dem Lutherischen Weltbund vom 31. Oktober 1999.

Für die Konklavisten war es nun von erheblicher Bedeutung, herauszufinden, welcher Kardinal zu welcher Fraktion gehörte, um abschätzen zu können, welche Fraktion ungefähr wie stark war. Das war nicht nur während des Konklaves so, sondern galt auch während der Konsistorien – jenen Kardinalsversammlungen, bei denen der Papst neue Purpurträger »schuf«. Die meisten Kardinäle wollten aber nicht nur aus wahltaktischen Gründen wissen, welcher Kardinal ungefähr wo anzusiedeln war, sondern schlicht schon deshalb, um Peinlichkeiten zu vermeiden: Ein ganz besonders rechter Kardinal, der eine gewisse Vorliebe für die Richtung Marcel Lefèbvres hatte, würde alles tun, um nicht während eines der langen Mittagessen der Kardinalsversammlung neben einem Kardinal zu sitzen, der sich als Unterstützer der Gegenseite entpuppte. Solche peinlichen Zusammenstöße kamen durchaus vor, was am Tisch meist zu eisigem Schweigen führte.

Ich hatte solche Peinlichkeiten vor allem deshalb außergewöhnlich oft erlebt, weil ich ein Deutscher bin: Unerfahrene Kardinäle lobten mir gegenüber häufiger die Arbeit von Kardinal Walter Kasper, und wenn dann ein ganz besonders konservativer Kardinal in der Nähe war, entstand sofort ein peinliches Schweigen. Ich konnte also darauf wetten – und hatte fast immer Recht –, dass nach einigen Minuten jener sehr konservative Kirchenmann vor allem die Leistungen Kardinal Joseph Ratzingers hervorheben würde, der stets eine sehr viel konservativere Haltung als Kardinal Kasper vertreten und die Bemühungen um Aussöhnung mit den Lutheranern durch Walter Kasper nachgerade torpediert hatte.

Als ein weiteres klares Kennzeichen für das »linke« Lager galt während des Konklaves, das Papst Benedikt XVI. wählte, die Haltung zur Ökumene. Der von der Öffentlichkeit oft völlig zu Unrecht als extrem konservativ angesehene Johannes

Paul II. hatte im Verhältnis der christlichen Kirchen zueinander eine Bewegung in Gang gesetzt, die sich nur noch schwer stoppen ließ. Sensationell war die »Ut-unum-sint«-Enzyklika aus dem Jahr 1995 gewesen. Darin hatte der Papst sein eigenes Amt als Nachfolger des heiligen Petrus zur Diskussion gestellt, und die Idee, die sich hinter dieser Geste verbarg, war ganz einfach: Wenn die anderen christlichen Kirchen nur deshalb keine Aussöhnung mit der katholischen Kirche wollten, weil sie das machtvolle Amt des Papstes nicht akzeptieren konnten dann schlug der Papst eben vor, das Papstamt zu verändern.

Das Signal Johannes Pauls II. kam an: Die katholische Kirche hatte zu verstehen gegeben, dass sie bereit war, über ihre ältesten und wichtigsten Institutionen nachzudenken, bis hin zum Amt des Papstes. Das »linke« Lager innerhalb der katholischen Kirche sah diese Annäherung aller Christen untereinander, aber auch den Dialog mit dem Islam, den Juden und anderen wichtigen Religionen, mit großer Freude und feierte ein neues Prinzip: In Zukunft sollte die katholische Kirche nicht mehr behaupten, dass sie die allein selig machende Religion sei, sondern endlich einräumen, dass auch Anhängern anderer christlicher Konfessionen – selbst anderer Religionen – der Weg ins Paradies offen stand. Der Papst höchstpersönlich erklärte dazu, auch in anderen Religionen sei »göttliche Wahrheit«.

Im Prinzip ging es dabei vor allem darum: anderen Religionen mit großem Respekt zu begegnen und sie nicht im Vorhinein als Irrwege herabzusetzen.

Diese Bewegung hatte weitreichende Folgen. Jahrhundertelang hatte die katholische Kirche vor allem missioniert, häufig sogar mit brutalen Mitteln versucht, Andersgläubige zum Katholizismus zu bekehren. Auf einigen Kontinenten hatte die Missionierung im Verständnis der katholischen Kirche alles in allem sehr gut »funktioniert« – etwa auf dem amerikanischen Kontinent und in Afrika, wo die christliche Lehre rasch und nachhaltig verbreitet werden konnte.

Auf einem anderen Kontinent dagegen, in Asien, ging, salopp gesagt, gar nichts. Die »linke« Bewegung plädierte nun dafür, dass katholische Missionare in Zukunft nicht mehr versuchen sollten, gläubige Hindus oder Sikhs von ihrem Glauben abzubringen – stattdessen sollten sie die christliche Lehre nur als eine Alternative anbieten und das Evangelium des Jesus von Nazareth schlicht bekannt machen.

Das »rechte« Lager sah diese Entwicklung mit blankem Entsetzen. Für seine Vertreter schien sich dadurch die größte Gefahr, die der katholischen Kirche ohnehin drohte, noch zu verstärken: Innerhalb der industrialisierten Nationen setzte sich der Trend zu einer »Privatisierung« der Religionen fort. Das bedeutete vor allem, dass sich die Menschen einen »Religionscocktail nach persönlichem Bedarf« mixten: Hier ein bisschen Hinduismus, dort ein wenig Buddha, und das alles gemischt mit der Lehre des Jesus von Nazareth. Wenn die katholische Kirche jetzt auch noch selbst erklärte, sie sei nicht etwa einzigartig, sondern nur eine unter vielen Religionen, dann verriet sie in den Augen der »Rechten« den göttlichen Auftrag.

Für die Mitglieder der Kurie, also für alle Kardinäle, die häufig in Rom waren, hielt sich der Aufwand, um herauszufinden, in welche Richtung ein Kardinal tendierte, in sehr engen Grenzen: In Rom wussten sowieso die meisten, welcher Kardinal besonders »rechts« oder »links« war. Das ließ sich ganz einfach feststellen: Rechte Kardinäle nahmen regelmäßig an den mit einer Sondergenehmigung des Papstes in Rom abgehaltenen Messen teil, die nach der alten, von Marcel Lefèbvre bewunderten Form gefeiert wurden. Kardinäle, die diesen Messen regelmäßig fernblieben, konnte man mit einiger Sicherheit dem »linken Lager« zurechnen.

Schwieriger zu erkennen war natürlich die Mehrzahl derjenigen Kardinäle, die nur selten nach Rom kamen. Sie musste man nach rein äußerlichen, allerdings ebenfalls relativ einfach zu erkennenden Kritierien bestimmen: nach ihrem Outfit. »Linke« Kardinäle neigen dazu, das Bischofskreuz in die Jackentasche zu stecken – wenn sie ihr normales Priestergewand tragen, deutet nur das silberne Kettchen auf ihrer Brust dezent an, dass sie nicht bloß einfache Priester, sondern in Wirklichkeit Bischöfe sind. »Rechte« Kardinäle dagegen würden so etwas auf gar keinen Fall tun.

Auch die Wahl der bevorzugten Shops in Rom unterscheidet die Kardinäle deutlich. Wenn man sich nicht sicher ist, welchem Lager ein Kardinal zuzuordnen ist, reicht es aus, sich seine zeremonielle purpurrote Robe einmal etwas genauer anzusehen: Zur »Schaffung« der Kardinäle, der Verleihung des Kardinalshuts, müssen sich alle Kardinäle dieses purpurrote Gewand zulegen, und konservative Kardinäle kaufen in konservativen Geschäften, vor allem bei dem schon erwähnten Schneider Gamarelli am Pantheon in Rom, der auch die Papstroben schneidert. Bei Gamarelli wird alles von Hand gemacht. »Linke« Kardinäle kaufen dagegen bei Euroclero ein, einem Geschäft genau gegenüber der Glaubenskongregation, dem ehemaligen Heiligen Ufficium. Euroclero gibt sich, gemessen an dem altehrwürdigen Haus Gamarelli, schon eher wie ein klerikaler Supermarkt – hier kaufen keine Kirchenfürsten, sondern demokratisch angehauchte Kardinäle ein.

Ein weiteres Erkennungsmerkmal sind Restaurants: »Rechte« Kardinäle speisen in einem Restaurant im Borgo Pio, das ganz nah am Vatikan liegt und sich auf norditalienische Gerichte spezialisiert hat. Das Essen ist ausgezeichnet und teuer. »Linke« Kardinäle speisen dagegen entweder in den Gästehäusern, in denen sie auch wohnen, zusammen mit ganz normalen Pilgern, und wenn es etwas zu feiern gibt, dann tafelt man im »Eau Vive«, einem schicken französischen Restaurant, das allerdings von einem Missionsorden betrieben wird. Das heißt: Hier isst man für einen guten Zweck.

Und wenn die Konklavisten nun noch immer nicht wussten, welchem Lager ein Kardinal zuzuordnen war, dann konnten sie sich auf eine absolut sichere Methode verlassen und einfach beiläufig irgendein Reizthema anschneiden – etwa die Frage, ob Geschiedene, die wieder geheiratet haben, tatsächlich von den Sakramenten ausgeschlossen werden müssen. Wurde diese Frage mit einem klaren Ja beantwortet, konnte der Fragesteller sicher sein, dass er es mit einem »rechten« Kardinal zu tun hatte; brachte ein Kardinal dagegen Einwände vor, handelte es sich sehr wahrscheinlich um einen »linken« Kardinal.

Anhand solcher Kriterien beschäftigten sich die »Eingeschlossenen Gottes« nun damit, herauszufinden, wie sich die »grandi elettori« verhalten würden. »Grandi elettori« werden seit jeher besonders einflussreiche Kardinäle genannt, die Strömungen oder größere Gruppen anführen und somit viele Stimmen beeinflussen können. Mit wem sprachen diese »grandi elettori« besonders herzlich? Hatte ein Kardinal etwa eine Robe von Euroclero an? War er also im Gegensatz zu dem, was man gemunkelt hatte, gar kein Rechter?

In der Sixtinischen Kapelle begannen jetzt die Vorbereitungen für den ersten Wahlgang, und nun stellte sich heraus, dass diese Wahl eines Papstes ganz anders war als alle anderen seit sehr langer Zeit. Eine düstere Atmosphäre hatte lange Zeit das Konklave beherrscht; in den ersten Jahrhunderten beleuchteten nur ein paar Kerzen die Sixtinische Kapelle mit den viel zu hoch liegenden Fenstern, um dem Raum Licht zu geben. Die Elektrifizierung der Sixtinischen Kapelle hatte den düsteren Eindruck noch eher verstärkt.

Der Kerzenruß der Jahrhunderte lag wie eine grau-schwarze Patina über den Fresken. Der Raum erinnerte an eine Gruft, die Wahl eines Papstes an eine zwar feierliche, aber auch düstere Zeremonie; die schwarze Wahlurne wirkte eher bedrohlich, und die Männer der Wahlkommission an ihrem Tisch vor dem Altar erinnerten eher an ein fürchterliches Gericht.

Doch nun saßen die Kardinäle zum ersten Mal unter den sonnigen, strahlend bunten, mit modernen Scheinwerfern hell ausgeleuchteten Farbtönen der inzwischen restaurierten und gesäuberten Fresken. Die Sixtinische Kapelle erinnerte jetzt überhaupt nicht mehr an eine altehrwürdige Gruft, sondern eher an einen bunten Garten in voller Blüte. Die freigelegten Farben Michelangelos zauberten das warme Licht der sommerlichen Toskana in den Raum, wie es der Maler als Kind empfunden haben mag. Der richtende Jesus schien nun nicht mehr aus der Tiefe eines schwarzen Raums zu kommen, sondern vor einem tiefblauen Firmament zu schweben, dessen Farbe an einen Sommernachmittag in Florenz erinnerte.

Schnurgerade aufgereiht standen die zwölf Tische in der Kapelle. In der bunten Sixtinischen Kapelle wirkten die purpurrot gekleideten Wähler an den purpurroten Tischen wie eine große Schulklasse besonders ehrwürdiger Schüler, die sich zu einer schwierigen Klassenarbeit getroffen haben. Die Kardinäle saßen sehr dicht beieinander, »abschreiben« war möglich – es ließ sich nur zu leicht erahnen, welchen Namen der Nachbar auf den Stimmzettel schrieb.

Das hohe Gewölbe der Sixtinischen Kapelle verstärkt jedes einzelne Geräusch, jedes einzelne Husten, das Kratzen der Feder auf dem Stimmzettel ebenso wie das Geräusch eines verrückten Stuhls oder einer glatt gestrichenen Robe. Ein leises Summen lag über dem Raum, ein Geräuschteppich, der anschwoll, wenn die abgegebenen Stimmen eingesammelt wurden, und abebbte, wenn der Sekretär des Konklaves die Namen der gewählten Kardinäle laut vorlas. Diese Namen hallten dann laut durch die Kapelle, und der Name Ratzinger fiel mit Sicherheit oft.

30

Zeremonien des Heiligen Geistes

In einem Konklave geht es natürlich ganz anders zu als in einem Parlament oder einem Senat, denn hinter den Mauern der Sixtinischen Kapelle versammeln sich ausschließlich Männer, die ihr ganzes Leben dem Glauben an Gott gewidmet haben, um in diesem fünfhundertzwanzig Quadratmeter großen Raum einem Wesen aus einer anderen Welt zu begegnen, das wir uns nicht einmal vorstellen können, das aber nach dem katholischen Glauben in diesem Raum präsent sein wird: nämlich der Heilige Geist. Genau genommen spielt sich während eines Konklaves etwas Unfassbares, Ungeheuerliches ab, das sich gewöhnliche Menschen kaum vorstellen können. Es dürfte die einzige Veranstaltung der Welt sein, während der ein Wesen, das nicht von dieser Welt ist, das unerklärlich, ewig und unbeschreiblich ist wie der Heilige Geist, nachgerade »gezwungen« wird, in einem Raum präsent zu sein.

Der Hymnus, den die Kardinäle beim Einzug in das Konklave singen – »Veni Creator Spiritus« –, ist kein Anflehen des Heiligen Geistes, er ist allein schon von der grammatischen Form her ein Imperativ, eine Aufforderung. Die Kardinäle singen: »Komm!« – »Komm jetzt her!« Die Kardinäle geloben, einen Mann zum Vikar Jesu Christi zu wählen, den sie nicht aus freiem Willen und kraft innerster Überzeugung wählen, sondern sie stellen sich lediglich als Werkzeug des göttlichen Willens zur Verfügung. Er, der unerklärliche Gott, wird eingeladen, in diese Kapelle zu kommen und dort dann selbst tätig zu werden, durch Einwirkung auf die versammelten Kardinäle.

Ein vergleichbarer Ritus existiert in keiner anderen Religion. Auch die katholische Kirche erlaubt nur sehr selten ähnliche Riten. Wenn etwa Schwerkranke gesundgebetet werden sollen, versammeln sich die Betenden am Bett des Patienten und erhoffen, durch ihre Gebete, den unbegreiflichen Gott, das Wesen, das sich in der Bibel hinter der unaussprechlichen Buchstabenkombination Jahwe versteckt, zu bitten, in die Welt einzugreifen, sich sichtbar zu machen, indem der unbegreifliche Gott den Kranken heile.

Ein Konklave ähnelt einem solchen Versuch, Gottes Anwesenheit zu erzwingen, sehr: Die Kardinäle schließen sich in der Sixtinischen Kapelle ein in der Erwartung, dass in diesem verschlossenen Raum ein Wesen wirkt, das jenseits der Gesetze von Raum und Zeit steht. Der Ablauf der Wahl hat sehr viel mehr mit einem Gebet zu tun als mit einer regelrechten Wahl, das bestätigen Kardinäle seit Generationen. Es ist eine Begegnung mit Gott, um seinen Willen zu erforschen oder wenigstens zu erahnen.

Bis zur Einführung der geltenden Wahlordnung durch Papst Johannes Paul II. im Jahr 1996 spiegelten die Vorschriften, wie ein Papst zu wählen ist, diesen mystischen Zusammenhang zwischen den Kardinälen und dem Heiligen Geist wider. Die Wahlordnung sah vor, dass Päpste per Akklamation bestimmt werden können.

Es existierte also die Idee, dass es so offensichtlich sein könnte, dass die Kardinäle nach der »Eingebung« durch den Heiligen Geist nur noch alle gleichzeitig den Namen des Auserwählten in die Sixtinische Kapelle rufen mussten, damit der Richtige gefunden wurde. Doch diese Vorstellung erwies sich als unrealistisch, der Heilige Geist wirkte nie so offensichtlich.

Auch die zweite bis dahin gültige Möglichkeit schaffte Papst Johannes Paul II. ab: die Delegierung der Wahl. In der alten Wahlordnung gab es die Vorstellung, dass einige besonders vom Heiligen Geist erfüllte Kardinäle bestimmen konnten, wer der neue Papst werden sollte.

Bei der Wahl von Benedikt XVI. war aber nur noch die eigentliche Wahl zugelassen, die vorschreibt, dass der Papst mit mindestens zwei Dritteln aller Stimmen zu wählen ist. Und wenn sich die Zahl der wahlberechtigten Kardinäle nicht durch drei teilen lässt, brauchte der neue Papst mindestens zwei Drittel aller Stimmen plus eine Stimme. Die Wahl wird so oft wiederholt, bis ein Kandidat die erforderliche Mehrheit hat. Erst wenn neunundzwanzig Wahlgänge erfolglos verlaufen sind, genügt nach der Wahlrechtsänderung von Johannes Paul II. die absolute Stimmenmehrheit.

Das ist eine gravierende Änderung: Mehr als achthundert Jahre lang hielt die katholische Kirche an der Regel fest, dass eine Zweidrittelmehrheit nötig ist, um einen Papst zu wählen. Diese Regel entsprang einer sehr schmerzlichen Erfahrung: Jeder Papst, der nur wenige Kardinäle hinter sich hatte, setzte sich in der Geschichte der Kirche einer erheblichen Gefahr aus. Die Kardinäle wählten Gegenpäpste, die sich gegenseitig exkommunizierten, und das Kardinalskollegium begriff irgendwann selbst nicht mehr, wer der richtige Papst war. Päpste, die eine große Mehrheit des Kardinalskollegiums hinter sich hatten, konnten dagegen sehr viel einfacher regieren.

Johannes Paul II. hatte offensichtlich ein sehr langes Konklave befürchtet und deshalb diese Sicherung installiert – nun mussten die Kardinäle, die sich im April 2005 in der Sixtinischen Kapelle eingefunden hatten, zeigen, ob diese Sicherung nötig war.

Tatsächlich wollten aber wohl die meisten der Anwesenden diese Wahl rasch beenden. Fast alle Kardinäle waren alte Männer, und die vorangegangenen Tage seit dem Tod und der feierlichen Beisetzung des Papstes waren anstrengend gewesen.

Kardinal Franz König, der im Jahr 2003 verstorbene Bischof von Wien, der als einer der »grandi elettori« die Wahl Karol Wojtylas durchgesetzt hatte, beschrieb in mehreren Gesprächen immer wieder diese besondere Atmosphäre erschöpfter älterer Männer: »Die Leute stellen sich ein Konklave immer so vor wie ein großes Geschrei, so als ob alle durcheinander reden. In Wirklichkeit spricht man nur wenig, geht rasch wieder zurück in die Zellen«, erzählte Kardinal König einmal dem Schriftsteller Antonio Spinosa.

Auch Kardinal Siri hatte dem Vatikan-Journalisten Benny Lay erklärt: »Die Isolierung im Konklave ist so schwer zu ertragen, dass die Älteren schon am zweiten Tag aufgeben. Am dritten Tag kommt dann der Zusammenbruch. Die Müdigkeit erreicht einen Punkt, bei dem man am liebsten einen Stuhl nehmen und diesen Stuhl zum Papst ernennen möchte, so groß ist der Wunsch, aus dem Konklave herauszukommen.«

31

Die »ewigen« Regeln einer Papstwahl

Es muss ein feierlicher Anblick gewesen sein an diesem 18. April 2005. Der Tisch stand vor dem Altar des Jüngsten Gerichts mit der großen, dunklen Wahlurne, dahinter die Sessel für die Wahlprüfer. Alle Kardinäle, die in der Sixtinischen Kapelle versammelt waren, hatten sich auf diese Wahl gründlich vorbereitet, und alle wussten, dass es Sitte ist, im ersten Wahlgang eines Konklaves zunächst den Männern seine Stimme zu geben, denen man große Ehre bezeugen will, auch wenn man sie nicht unbedingt zum Papst wählen möchte. Dieser erste Wahlgang bedeutet nichts weiter als die sichtbare Wertschätzung der wichtigsten und ältesten Kardinäle – eine angenehme Auszeichnung, die aber nichts mit dem wirklichen Kräftemessen zu tun hat. Dennoch ist dieser erste Wahlgang unvermeidlich, gerade um zu verhindern, dass die Amtszeit des neu gewählten Papstes gleich mit einer Peinlichkeit beginnt: nämlich der offenen Kränkung der wichtigsten Kardinäle. Denn in der Sixtinischen Kapelle saß auch vor der Wahl Papst Benedikts XVI. kein gleichberechtigtes Kardinalskollegium zusammen, sondern sehr wichtige Kardinäle saßen zusammen mit weniger wichtigen. Dieses Gefälle erkennt man etwa am Beispiel des Kardinalstaatssekretärs Angelo Sodano: Dieser hochaufgeschossene bullige Mann lebte jahrzehntelang das Leben eines Spitzenpolitikers. Für einen Mann wie Sodano gehörte es zum täglichen Leben, mit Staatspräsidenten und Außenministern zusammenzukommen und zu verhandeln, denn das Protokoll im Vatikan sieht vor, dass nach dem Besuch eines Staatsmannes beim Papst der Gast anschließend mit dem Kardinalstaatssekretär zusammentrifft. Sodano spielte dann gern die Rolle eines jovialen Mannes, der die steife Atmosphäre mit einem Scherz aufzulockern versucht. Vor allem, wenn wichtige Abkommen im Vatikan unterzeichnet wurden, versuchte der Kardinalstaatssekretär den Gästen die Ehrfurcht vor den gewaltigen Räumen und der eigenartigen Atmosphäre im Vatikan zu nehmen. Fast alle Gäste, die zur Unterzeichnung eines Dokuments in den prächtigen Saal der Abkommen in das Staatssekretariat kamen, zeigten sich zuerst einmal tief beeindruckt. Selbst eiskalte Politprofis gaben sich vor Kardinal Sodano oftmals kleinlaut. Ich habe mich oft gefragt, woran das eigentlich liegt, denn im Grunde verhandelte Sodano ja nur aus der eher unbedeutenden Position eines 0,44 Quadratkilometer kleinen Kirchenstaates. Möglich ist, dass Politiker, die mit Sodano Verträge aushandelten, von der Vorstellung beeinflusst wurden, einem direkten Vertrauten Gottes gegenüberzustehen, also einem Mann, hinter dem nicht ein Volk oder eine Interessengruppe steht, sondern der Wille Gottes. Den Titel Vikar Jesu Christi tragen die Päpste schließlich bis heute.

Ich erinnere mich gut an diese Atmosphäre, man fühlte sich in eine andere Zeit zurückversetzt, die nur in den Salons der Vergangenheit und in Sodanos Staatssekretariat herrschte. Technische Hilfsmittel wie Computer waren höchst unbeliebt und außergewöhnlich rar. Die Telefonanlage schien noch aus der Zeit zu stammen, als das Telefon gerade erst erfunden worden war, doch kein Gegenstand zauberte die Atmosphäre längst vergangener Jahrhunderte so deutlich hervor wie der Miniofen unter dem Siegellack: Wenn wichtige Dokumente unterzeichnet wurden, ließ Angelo Sodano einen Mann an ein Tischchen neben die Eingangstür stellen, auf dem der Ofen für den Siegellack stand. Eine winzige Flamme erhitzte den Lack, der ab und zu geschüttelt werden musste, damit er nicht anbrannte. Ich malte mir manchmal aus, was eigentlich passieren würde, wenn das kleine Öfchen, das vielleicht so groß war wie ein aufrecht stehendes Bügeleisen, einmal umgefallen wäre – ob es die schweren Damaststoffe und die vielen alten Holzmöbel in diesem Flügel des Vatikans in Brand hätte stecken können. Und ich war dann doch sehr enttäuscht, als der Kirchenstaat sich nach Jahrhunderten zu einer Modernisierungsmaßnahme durchrang, indem er dieses kleine Öfchen durch einen elektrischen Erhitzer für Siegellack ersetzte.

Angelo Sodano liebte es, am Ende wichtiger Vertragsunterzeichnungen ganz gönnerhaft den prächtigen Füllfederhalter, mit dem der Gast das Abkommen unterschrieben hatte, zu verschenken. Für jedes Abkommen ließ der Vatikan einen eigenen Stift anfertigen. Dankbar nahmen selbst die wichtigsten Staatsmänner des Globus den geschenkten Füllfederhalter mit und bedankten sich überschwänglich, während Angelo Sodano sie zur Tür begleitete. Vor diesem Hintergrund wäre kein Kardinal jemals auf die Idee gekommen, von sich zu behaupten, an die Bedeutung Sodanos auch nur heranzureichen, obwohl während der Wahl auch der Kardinalstaatssekretär unter solchen Eminenzen Platz nahm, die ihr Leben lang nie einen einzigen Staatsmann zu Gesicht bekommen, die ihren Kardinalshut »nur« für Verdienste im akademischen Bereich, in der Theologie oder der Philosophie, erhalten hatten.

Zu Beginn der Wahl wartete Angelo Sodano deshalb sicher geradezu darauf, dass er im ersten Wahlgang mehrere Stimmen werde auf sich vereinigen können – alles andere wäre ihm wie eine nachträgliche Missachtung seiner langen treuen Dienste an der Seite Papst Johannes Pauls II. erschienen.

Allen anderen Kardinälen der Amtszeit Johannes Pauls II., die Spitzenpositionen innegehabt hatten, ging es genauso. Der Chef der Glaubenskongregation, Kardinal Joseph Ratzinger, der Personalchef des Vatikans, das Oberhaupt aller Bischöfe, Kardinal Giovanni Battista Re – sie alle erhofften sich durch eine gerechte Stimmenvergabe im ersten Wahlgang einen nachträglichen Ritterschlag für ihre Leistung. Brauch ist es also, die Stimmen des ersten Wahlgangs auf alle wichtigen Männer der Mannschaft des verstorbenen Papstes zu verteilen, erst dann wird es ernst.

Man kann getrost davon ausgehen, dass alle anwesenden Kardinäle sich mehr oder weniger genau über die »ewigen« Regeln einer Papstwahl informiert hatten. So unterschiedlich die Versammlungen der Kardinäle in den vergangenen Jahrhunderten auch zusammengesetzt waren, so sehr ähnelte sich oft der Ablauf bei der Wahl eines Papstes. Die erste und wichtigste Regel besagt, dass alle Lager bemüht sein müssen, ihren Spitzenkandidaten nicht zu früh ins Rennen zu schicken, weil er dann »verbrennen« konnte. Soweit sich die Geschichte der Papstwahlen nachvollziehen lässt, gab es seit Jahrhunderten schon nicht mehr einen klaren Kandidaten, der ins Konklave ging und sofort gewählt wurde – möglich, dass dies bei der Wahl Benedikts XVI. anders war, darauf lässt jedenfalls die außergewöhnliche Kürze dieses Konklaves schließen. Aber im Grunde geht die Kirche offenbar davon aus, dass Gottes Wahl den Menschen verborgen bleibt. Denn die Kirchendoktrin besagt ganz klar, dass der Heilige Geist den Nachfolger des heiligen Petrus aussucht. Und die Kardinäle müssen doch, salopp gesagt, tagelang Tomaten auf den Augen haben, wenn sie den von der Vorsehung und dem Heiligen Geist auserwählten Kandidaten nicht schon im Vorfeld erkennen können.

Die Geschichte der Wahlen belegt, dass die ersten Wahlgänge in der Regel dazu benutzt werden, die Kräfteverhältnisse der einzelnen Lager festzustellen. Diese schicken also zunächst einen Kandidaten ins Rennen, an dessen Erfolg sie nicht unbedingt glauben. Das lässt sich ein wenig vergleichen mit dem »Bauernopfer« beim Schach. Danach wird der Weg frei, um mit den gegnerischen Lagern über Kompromisse zu diskutieren. Dem konservativen Lager war vermutlich der Kandidat des fortschrittlichen Lagers zu modern, dem modernen der konservative zu konservativ. Erst jetzt kommt die Stunde der wahren Kandidaten, jetzt schicken die jeweiligen Lager den Mann ins Feld, den sie wirklich zum Papst wählen lassen wollen. Zunächst zieht der in der Rangfolge letzte Kardinal die Namen von neun Kardinälen – drei Wahlhelfer, drei so genannte »infirmarii«, drei Wahlprüfer. Wer diese neun Stimmen gezogen hat, bekommt gleichzeitig die Aufgabe des Türhüters. Die »infirmarii« begeben sich auf der Stelle zu den Kranken, um ihnen die Stimmzettel zu bringen. Die Regeln sehen nämlich vor, dass ein Kardinal, der zu krank sein sollte, um den

Zettel selbst auszufüllen, den »infirmarius« bitten kann, das für ihn zu tun. Anschließend bringen die »infirmarii« den ausgefüllten Stimmzettel in das Konklave zurück.

Bei der Wahl Benedikts XVI. war dies, wie schon erwähnt, nicht nötig. Daraufhin erhält jeder Kardinal einen Stimmzettel, auf dem in der oberen Hälfte die Worte: »Eligo in Summum Pontificem« gedruckt sind – »Ich wähle für das Amt des Papstes«. Darunter schreibt jeder Kardinal seinen Namen.

Der Wahlzettel ist ein rechteckiges Blatt Papier, das sich zweimal falten lässt. Außer diesem Zettel bekommt jeder Kardinal eine Liste, in die er später die Namen der gewählten Kandidaten eintragen kann. Wenn die Wahlzettel des ersten Wahlgangs ausgefüllt sind, schreiten die Kardinäle in der Reihenfolge ihres Rangs – zunächst also die Kardinalbischöfe, dann die Kardinalpriester und schließlich die Kardinaldiakone mit den ausgefüllten Zetteln in der erhobenen Hand zur Wahlurne, die vorn vor dem Fresko des Jüngsten Gerichts vor dem Altar platziert ist. Dort spricht jeder Kardinal die Eidesformel: »Ich rufe Christus, der mein Richter sein wird, zum Zeugen an, dass ich gewählt habe, von dem ich glaube, dass er nach Gottes Willen gewählt werden sollte.« Vom Weg zur Urne sind nur diejenigen Kardinäle entbunden, die nicht mehr gehen können – in diesem Fall holen die Wahlhelfer die Stimmzettel bei ihnen ab.

Es dauert mehr als zwei Stunden, bis der erste Wahlgang endlich zu Ende ist, dann wird die Wahlurne geschüttelt, und die Stimmzettel werden einer nach dem anderen in eine zweite Urne gelegt. Laut zählt der Wahlhelfer dabei die Stimmen. Diese Sicherheitsmaßnahme soll verhindern, dass ein Kardinal mehrere Stimmzettel abgibt. Stimmt die Zahl der abgegebenen Stimmen mit der der wahlberechtigten Kardinäle nicht überein, sind die Wahlzettel sofort zu verbrennen, und eine neue Wahl muss vorgenommen werden.

Ist der erste Wahlgang gültig, so nimmt der erste Wahlprüfer einen Stimmzettel aus der Urne, liest den Namen, reicht ihn weiter an den zweiten Wahlprüfer, der ebenfalls den Namen liest und ihn schließlich an den dritten Wahlprüfer weitergibt, der zum dritten Mal den Namen laut vorliest. Danach durchstößt der Wahlprüfer jeden Stimmzettel mit einer Nadel genau da, wo das Wort »Eligo« steht, und reiht jeden einzelnen Wahlzettel an einer langen Schnur auf. Gleichgültig, wie die Wahl auch ausgeht, ob eine Zweidrittelmehrheit erreicht wird oder nicht – ob also ein Papst gewählt werden konnte oder nicht –, die Wahlprüfer müssen jeden Wahlzettel an der Schnur überprüfen. Anschließend ruft der Kardinaltürhüter die Sekretäre und die Zeremoniäre des Konklaves herein, die bei der Verbrennung der Stimmzettel behilflich sind.

Der vermutlich berühmteste Ofen der Welt steht normalerweise in der Orangerie der Päpste und bringt mit seiner Wärme Zitrusfrüchte über den Winter. Üblicherweise ist der Ofen nur für jene Tage und Nächte da, in denen Frost droht und die päpstlichen Orangen- und Zitronenbäume erfrieren würden. Doch während die Kardinäle noch den verstorbenen Papst Johannes Paul II. betrauerten, brachten Gartenarbeiter diesen Ofen in die Sixtinische Kapelle und installierten das gewaltige, knapp sechsundzwanzig Meter lange Ofenrohr. Hunderte Kameras waren auf das Ende dieses Ofenrohrs gerichtet, um den schwarzen und schließlich den weißen Rauch zu filmen, der aus dem Rohr aufsteigen musste. In der Sixtinischen Kapelle bereiteten Helfer schon das Feuer im Ofen vor. Der schwarze Rauch entsteht durch die Beimischung einer teerhaltigen Substanz, der weiße Rauch entsteht schlicht durch die Verbrennung der Stimmzettel. Da in der Vergangenheit das Ergebnis aber oftmals nicht so eindeutig war, wie es wünschenswert wäre, sollen bei der Wahl Benedikts XVI. chemische Substanzen beigefügt worden sein, um die schwarze oder weiße Signalwirkung zu verstärken.

Dennoch dauerte es auch dieses Mal eine ganze Weile, bis wirklich klar war: »Wir haben einen Papst.«

32

Neue Herausforderungen der katholischen Kirche

Das Konklave nach dem Tod Papst Johannes Pauls II. zeichnete sich vor allem dadurch aus, dass die Kardinäle eine spannende grundsätzliche Frage beantworten mussten. Denn dieses Mal ging es nicht nur einfach um die Wahl eines neuen Papstes. Es ging auch darum, zu entscheiden, ob das Phänomen Karol Wojtyla ein Einzelfall bleiben würde oder ob seine Wahl den endgültigen Bruch mit den alten Regeln bedeutete.

Bis zur Ernennung Karol Wojtylas war die Wahl eines Papstes mehr als hundert Jahre lang eine ziemlich überschaubare Angelegenheit gewesen. Wer der nächste Papst sein würde, ließ sich mit ziemlicher Sicherheit vorhersagen. In der Regel kamen nur drei Kandidaten infrage: der Erzbischof von Mailand, der Patriarch von Venedig oder ein Spitzenmann der Kirchenregierung, der Kurie. Erst mit Johannes Paul II. war weder ein wichtiger italienischer Bischof gewählt worden noch einer, der wirklich wusste, wie die Kurie funktioniert. Die Wahl Karol Wojtylas hatte einen ganz anderen Grund gehabt. Sie war die Antwort der Kirche auf eine ihrer größten Herausforderungen gewesen: auf den politischen Koloss des Sowjetreiches – eine Diktatur, die den Atheismus predigte und Christen verfolgte.

Karol Wojtyla hatte die scheinbar unlösbare Aufgabe, den Sowjets die Stirn zu bieten, und er löste sie mit einer solchen Bravour, dass die Sowjetunion schließlich nicht zuletzt an diesem Papst zerbrach. Warum sollte man diesen Weg nicht noch einmal einschlagen und einen Papst wählen, der geeignet war, das derzeit dringendste Problem der Kirche zu lösen?

Schon vor dem Eintreffen der Kardinäle zur Wahl eines neuen Papstes in Rom diskutierten die Mitglieder der Kurie mehr oder weniger offen darüber, welche jetzt, nach dem Tod Karol Wojtylas, die größten Herausforderungen der katholischen

Kirche waren. Infrage kamen drei enorme Probleme: die Glaubenskrise in weiten Teilen der Welt, der drohende Konflikt der Religionen, die Armut.

Für die europäischen und nordamerikanischen Kardinäle gab es eigentlich nur ein gewaltiges Problem, das so schwer wog, dass ein Konklave einen Papst vor allem nach dem Kriterium auswählen sollte, ob man ihm zutraute, dieses Problem zu lösen: den drohenden Untergang der katholischen Kirche in weiten Teilen der industrialisierten westlichen Welt. Innerhalb von nur fünfzig Jahren hatte die Kirche eine ungeheure Katastrophe erlebt, die in ihrem Ausmaß in der Geschichte des Katholizismus nichts Vergleichbares findet. Bis zur Mitte des 20. Jahrhunderts war die katholische Welt noch relativ in Ordnung gewesen, doch dann begann erst behutsam und dann immer schneller eine bis dahin nicht vorstellbare Abkehr der Gläubigen von der katholischen Kirche. Man nennt das Säkularisierung, was schlicht bedeutet, dass sich die Menschen für die Antworten der Religionen auf die Fragen nach Leben und Tod nicht mehr interessieren. Das Schlimme war: Diesmal ging es an die Substanz, an den Kern der Religion selbst. Der Wandel vollzog sich in einem so abenteuerlichen Tempo, wie er bis dahin nicht für möglich gehalten wurde. Plötzlich hielten Menschen Dienste der katholischen Kirche für überflüssig, die noch für ihre Mütter und Väter als unverzichtbarer Bestandteil ihres Lebens gegolten hatten. Zum Beispiel christliche Begräbnisse: Jahrhundertelang hatten die Menschen ernste Konflikte wegen der Frage ausgetragen, wer in der Erde begraben werden durfte, die von einem katholischen Priester geweiht worden war. Nun verzichteten immer mehr Familien beim Tod eines Angehörigen auf einen christlichen Ritus. Immer seltener wurde ein katholischer Priester angefordert, der den Sarg für die letzte Reise des Verstorbenen segnen sollte. Stattdessen leiteten jetzt oft auch engagierte Frauen Begräbniszeremonien, die nur noch sehr vage etwas mit der katholischen Kirche zu tun haben. Viele Menschen verzichteten sogar auf jede religiöse Zeremonie und ließen ihre Asche ohne das Beisein eines Priesters irgendwo verstreuen. Das Abendland, das sich seit

Jahrtausenden die Frage gestellt hatte, wie ein Leben nach dem Tod aussehen könnte, schien plötzlich nicht mehr an das ewige Leben zu glauben. Immer weniger Menschen glaubten daran, dass die Auferstehung des Jesus von Nazareth wirklich stattgefunden hat. Außer an hohen Festtagen wie Weihnachen oder Ostern blieben viele Gotteshäuser gähnend leer – für die katholische Kirche unverzichtbare Sakramente wie die Beichte, die das Leben ganzer Generationen von Menschen in Europa und Nordamerika bestimmt hatten, spielten plötzlich überhaupt keine Rolle mehr. Tatsächlich war die Beichte aus dem christlichen Leben fast aller Länder der nördlichen Halbkugel innerhalb von nur einer Generation fast völlig verschwunden. Aber auch die übrigen Sakramente, angefangen bei Taufe und Ehe, schienen in den modernen Gesellschaften des beginnenden dritten Jahrtausends allmählich überflüssig zu werden. Gleichzeitig drohte auch den religiösen Orden der Untergang. Ordensgemeinschaften wie die Benediktiner und die Franziskaner, die maßgeblich die europäische Kultur geprägt haben, drohten innerhalb weniger Jahre vollkommen auszusterben. In Europa standen plötzlich Hunderte Klöster leer, wurden verkauft, verschenkt oder verfielen. Die Klöster, die mit ihrer Kultur Europa alphabetisiert und seine Geschichte überliefert hatten, schienen sich vom alten Kontinent zu verabschieden.

Lediglich in Süd- und Mittelamerika gab es noch genügend Priester und Ordensleute. Nur dort waren die Kirchen noch voll. Im Augenblick des Todes von Papst Johannes Paul II. lebte die Mehrheit der Katholiken bereits auf dem amerikanischen Kontinent. Von den 1,086 Milliarden Katholiken der Welt lebten 540 Millionen in Amerika; 62,3 Prozent der Amerikaner waren katholisch. Auch in Ozeanien waren katholische Missionare sehr erfolgreich – 29 Prozent der Bevölkerung Ozeaniens waren katholisch. In Afrika, wo 137 Millionen Katholiken wohnen, steigt die Zahl der Gläubigen sogar – 16,6 Prozent aller Afrikaner waren am Ende der Regentschaft Papst Johannes Pauls II. Katholiken. Schlimm sah es nach wie vor in Asien aus: Nur 2,9 Prozent der Asiaten waren katholisch, ganze 110 Millionen Menschen. Und auch auf dem alten Kontinent Europa sah es schlecht aus: Nur noch 39 Prozent der Bevölkerung waren katholisch, Tendenz stark fallend. Vor allem diese gewaltige Aufgabe sollte also, so fanden zahlreiche europäische und nordamerikanische Kardinäle, ein Papst angehen. Er sollte versuchen, die Flucht aus der Kirche möglichst zu stoppen, mindestens aber zu verlangsamen. Denn die Kirche als Massenbewegung drohe sonst zu verschwinden, und dem Katholizismus stehe das Schicksal bevor, eine von vielen Sekten der Erde zu werden.

Die Anschläge vom 11. September 2001 auf New York und Washington förderten den beruflichen Aufstieg einiger Frauen und Männer im Vatikan auf eine atemberaubende Weise. Bis zu diesem Tag war es für eine Karriere im Vatikan weit förderlicher gewesen, gutes Latein zu schreiben, als fließend Arabisch zu sprechen. Papst Johannes Paul II. hatte die Zeit des Kalten Kriegs erfahren. Im Ost-West-Konflikt kannte er sich aus, und doch hatte dieser Papst auch die prophetische Gabe, schon lange vor den Anschlägen des 11. September zu erkennen, wie sich die Welt entwickeln würde. Deshalb betete er zum Beispiel im Mai des Jahres 2001 als erster Papst der Geschichte in einer Moschee, im Prachtbau der Omajjaden-Dynastie in Damaskus. Bis dahin hatte sich der Vatikan aber sehr wenig um Beziehungen zu islamischen Staaten gekümmert – wie sich nach den Anschlägen herausstellte, viel zu wenig. Der Irak-Krieg der USA und der Schiffbruch der Vereinten Nationen, die den Konflikt verhindern wollten, zeigten, dass es kaum möglich ist, religiös motivierter Gewalt gewaltfrei und auf politischer Ebene beizukommen. Denn immer mehr Muslime sahen den Krieg gegen die USA vor allem als einen Krieg gegen Christen an. Saddam Hussein hatte vor seinem Sturz offen von einem »Kreuzzug der USA« gesprochen.

Der Vatikan sah jetzt mit Entsetzen, dass sich das Klima zwischen Muslimen und Christen dramatisch verschlechterte. Im Sudan schossen Christen auf Muslime, in Indien und Indonesien starben Christen in Kirchen bei Bombenanschlägen moslemischer Terroristen; Christen wiederum organisierten

Vergeltungsaktionen gegen Moscheen. Der politische Ost-West-Konflikt wurde abgelöst von religiös motivierten Konflikten. Dabei geht es um Grundbegriffe des Glaubens, die plötzlich in einer neuen, pervertierten Form auftauchen. Auch Christen verehren Märtyrer, die für ihren Glauben in den Tod gingen. Dass sich nun aber Kamikaze-Attentäter, fromme Frauen und Männer, für den Koran in die Luft sprengten, um möglichst viele Menschen zu töten, schockierte auch die Christen.

In diesem Klima bekamen plötzlich alle diejenigen Gruppierungen einen unglaublichen Aufwind, die sich schon zuvor für den interreligiösen Dialog eingesetzt hatten. Dialoge mit dem Islam wurden zum Modethema im Vatikan. Nichts debattierten besonders fortschrittliche Gruppen lieber als die Annäherung von Christentum und Islam. Zwei der wichtigsten innerkirchlichen Bewegungen, die Gruppe »Sant' Egidio« und die Gemeinschaft der »Fokolaren« um Chiara Lubich, begannen plötzlich, ihr Hauptanliegen auf diesen Punkt zu konzentrieren. Islamisch-christliche Treffen wurden auf einmal zuhauf veranstaltet, muslimische Würdenträger, Imame, waren plötzlich gefragte Gäste. Wer immer sich auch nur ein bisschen mit dem Islam auskannte, erhielt jetzt im Vatikan enormen Aufwind. Es schien sich abzuzeichnen, dass die Zeit einen Papst brauchte, der in der Lage war, vor allem die Gemeinsamkeiten mit anderen Religionen zu sehen und nicht die Unterschiede, um den historischen Versuch zu wagen, mit anderen Religionen gemeinsam Frieden zu stiften.

Bereits während der Kontinentalsynoden vor dem heiligen Jahr 2000 hatten viele Bischofskonferenzen der Welt darauf hingewiesen, dass Armut die große Herausforderung der Kirche in den kommenden Jahrhunderten würde. Die Zahlen sind niederschmetternd: Mehr als achthundert Millionen Menschen der Erde, etwa jeder sechste Bewohner, leidet an Hunger. Tendenz steigend. Mehr als dreißig Millionen Kinder sterben sogar Jahr für Jahr am Hunger. Auch angesichts dieser Lage steht die Glaubwürdigkeit der Kirche auf dem Spiel: Wie kann in Zukunft ein Papst im prächtigen Vatikan sitzen und sich dennoch in der Nachfolge des mittellosen Petrus sehen? Nicht nur die katholische Kirche, auch andere Kirchen und Glaubensgemeinschaften wissen, dass die Glaubwürdigkeit des Christentums mit dem Problem der Armut steht und fällt. Der Lutherische Weltbund, die anglikanische und die orthodoxen Kirchen, selbst der Islam hatten der katholischen Kirche mehrfach vorgeschlagen, in dieser Frage enger mit ihnen zusammenzuarbeiten. Die Lutheraner sprechen in diesem Zusammenhang von einer neuen »Apartheid«, der Trennung der Welt in Reich und Arm. Auf vielen Gebieten kooperieren katholische und nichtkatholische Hilfsorganisationen bereits – aber der große Schritt der Kirchen oder gar der Religionen, aufeinander zuzugehen, um Armut zu bekämpfen, steht noch aus. Dabei dürfte es für die gläubigen Christen ebenso wie für Muslime oder Juden durchaus erstrebenswert sein, durch Teilen Menschen vor dem Hungertod zu retten. Eine globale Strategie der Religionen wäre denkbar, um zu verhindern, dass Menschen sterben, weil sie nicht genug Geld haben, um Lebensmittel oder Medikamente zu erwerben. Armut ganz nach oben auf die Agenda zu setzen, könnte auch bedeuten, dass ein richtiger Ruck durch die katholische Kirche ginge. Vor allem junge Katholiken wollen nicht tolerieren, dass Kirchen moderne Gemeindezentren mit Kinos und Sportplätzen bauen, während in der Dritten Welt jährlich Millionen Kinder erblinden, weil ihnen der eine Dollar pro Woche fehlt, um genügend vitaminreiche Lebensmittel zu kaufen. Eine weltweite Strategie mehrerer Religionen zur Erhaltung des Lebens ist vorstellbar, ein weltweiter Kampf gegen die Armut vielleicht das vordringlichste Gebot der Stunde für die Kirche. Nach dem Tod Johannes Pauls II. hatte die katholische Kirche eine historische Chance, diesen Weg einzuschlagen und einen charismatischen Mann zu wählen, der den Würgegriff der Armut so gut kennt, wie Karol Wojtyla den Unterdrückungsapparat des Sowjetreichs gekannt hatte: Kardinäle aus Ländern der Dritten Welt, die in bitterarmen Verhältnissen gelebt hatten, standen reichlich zur Verfügung.

33

Der »schwarze Peter« und der Untergang der Welt

Die letzte Gelegenheit, um ohne Zeitdruck die Frage zu besprechen, was für einen Papst die Kirche nach Johannes Paul II. brauchen würde, hatten die Kardinäle während ihrer letzten Zusammenkunft vor dem Tod des Papstes gehabt, während des Konsistoriums am 21. Oktober 2003. Ich war damals hochgradig gespannt zu erfahren, was die Kardinäle im apostolischen Palast besprechen würden. Gleichzeitig war mir klar, dass ich sehr wahrscheinlich nichts von Belang erfahren würde. Die Magie der Konsistorien besteht ja gerade darin, dass für einen Tag lang jeder, der will, durch die ansonsten geheimsten Teile des Vatikans spazieren kann. Es ist, als ob eine Zauberfee für einen Tag den Vatikan aufschließen würde. Den Rest des Jahres bleiben die meisten Teile des apostolischen Palastes für den normalen Menschen unerreichbar; doch die Tradition will, dass jeder Gratulant ohne Eintrittskarte und ohne Voranmeldung am Tag der »Schaffung« neuer Kardinäle in den apostolischen Palast gehen darf, um die Kirchenmänner zu beglückwünschen. Doch vor den Massen, die sich durch die Flure schieben, äußern sich die Kardinäle nun einmal nicht. Was in Hinterzimmern besprochen wird, bleibt geheim. Ich fürchtete also, dass ich zwar den Zauber des Tages spüren, aber nur wenig Reales erfahren würde.

Doch es kam anders, und das lag vor allem daran, dass ich in diesem Jahr ein Buch über Papst Johannes Paul II. geschrieben hatte, das in Deutschland monatelang unter den Top Ten der Bestsellerliste stand, und auch daran, dass ich im Juni 2003 von Johannes Paul II. zur Feier seiner hundertsten Auslandsreise eingeladen worden war. An jenem Tag hatte Karol Wojtyla jene Journalisten zu sich gebeten, die eine Vielzahl seiner Reisen mitgemacht hatten, und nach dem Empfang führten uns

Schweizergardisten in einen Festsaal, in dem alle wichtigen Kurienkardinäle bei einem Glas Sekt zusammenkamen.

An diesem Tag begegnete mir übrigens öfter als je zuvor dieser typische »Vatikan-Blick« wichtiger Kurienkardinäle. Er ist gleichzeitig ein wenig beleidigend und dennoch der Karriere des »Blick-Empfängers« förderlich. Der Blick drückt in etwa folgende Gedanken aus: »Was machen Sie denn hier? Das hätte ich nicht gedacht, dass man jemanden wie Sie, den ich für völlig unbedeutend hielt, hier hereinlässt. Es ist wohl besser, Sie doch zur Kenntnis zu nehmen ...« Nach mehreren Minuten des Nachdenkens beschlossen die wichtigen Kirchenfürsten dann doch, sich ein relativ freundliches »Buongiorno« (»Guten Tag«) abzuringen.

So kam es also, dass sich während des Konsistoriums am 21. Oktober 2003 der eine oder andere Kardinal doch genötigt sehen musste, mich zur Kenntnis zu nehmen. Das Oberhaupt der Kardinäle, der Kardinaldekan Joseph Kardinal Ratzinger, empfing die neuen Kollegen herzlich und machte jedem einzelnen die Aufwartung. Ratzinger versuchte unter den Kardinalskollegen eine ernsthafte Diskussion über die Frage in Gang zu bringen, in welche Richtung sich die katholische Kirche entwickeln solle. Doch alle ernsthaften Debatten hatten es schwer gegen das Topthema, das das Konsistorium beherrschte: der schwarze Peter. Jeder Kartenspieler weiß, dass der schwarze Peter eine Spielkarte ist, die man am besten so schnell wie möglich wieder los wird. Die Geschichte vom schwarzen Peter beruht auf einem seltsamen Aberglauben. Vor mehr als 800 Jahren, im Jahr 1140, soll der irische Mönch Malachias eine Reihe seltsamer Prophezeiungen über die zukünftigen Päpste aufgeschrieben haben, die im Jahr 1595 unter dem Titel »Weissagung des Malachias« veröffentlicht wurden – eine Sammlung von 112 Sinnsprüchen über die Päpste von Cölestin II. (Papst 1143–1144) bis zu einem fiktiven »Petrus II.«, dem letzten Papst vor dem Ende der Welt. Nach neuerer Forschung hat der Ire Malachias mit diesen Prophezeiungen zwar gar nichts zu tun, aber die ihm zugeschriebene »Weissagung« ist dennoch interessant – und bewegte wie gesagt auch die Kardinäle des Konsistoriums, an dem ich die Ehre hatte teilzunehmen. Gut möglich übrigens, dass der eigentliche Verfasser mithilfe dieser fälschlicherweise Malachias zugeschriebenen Prophezeiungen nur die Chancen des Kardinals, der für ihn zuständig war, bei der nächsten Papstwahl verbessern wollte. Jedenfalls prophezeite er schlicht in einem geheimen Codex, wer der nächste Papst werden würde – vermutlich der mit ihm befreundete Kardinal.

»Malachias« gab den Päpsten der Zukunft Decknamen. Bei einigen Päpsten stimmten diese Weissagungen auf eine frappierende Weise mit der Wirklichkeit überein. So hieß es, dass der Papst Nummer 108 »Pastor und Nauta«, Hirte und Seemann sein würde. Dieser Papst Nummer 108 war Johannes XXIII. (Papst 1958–1963), der seltsamerweise tatsächlich Patriarch von Venedig war und oft auf Schiffen predigte. Papst Nummer 109 sollte der »Flos-florum«-Papst sein, die »Blume der Blumen«. Nummer 109 war Paul VI. (Papst 1963–1978), und er hatte tatsächlich Blumen – drei Lilien – in seinem Wappen. Als letzten Papst der Geschichte sah »Malachias« einen farbigen Mann voraus: Angeblich würde die Welt während der Regentschaft eines farbigen Papstes untergehen, der den Namen des ersten Papstes der Geschichte tragen werde, Peter II. (oder Petrus II.).

In diesem Zusammenhang ist es vielleicht auch nicht uninteressant zu erwähnen, dass während des Konsistoriums am 21. Oktober 2003 zum ersten Mal in der Geschichte der Päpste ein Kardinal »geschaffen« wurde, der ein Schwarzafrikaner war und Peter hieß – es war der Erzbischof von Cape Coast in Ghana, Monsignor Peter Kodowo Appiah Turksnon. Kardinal Peter wurde wie ein rätselhaftes Gespenst beäugt: Das also sollte er sein, der echte »schwarze Peter« der »Weissagung des Malachias«. Mit einem gewissen Schauder umkreisten zahlreiche Besucher den frischgebackenen Kardinal, der – sollte er jemals Papst werden – nach der Prophezeiung des »Malachias« der Papst des Weltuntergangs sein würde. Die von Kardinal Joseph Ratzinger angeregte Diskussion über den zukünftigen Weg der katholischen Kirche bekam da eine ganz eigene Bedeutung …

34

Opus Dei und andere Bewegungen

Schon immer gab es innerkirchliche Machtfaktoren, die sich als
mitentscheidend für die Wahl eines Papstes erwiesen. Im Mittelalter und in der Renaissance spielten religiöse Orden eine
große Rolle bei einer Papstwahl; Benediktiner, Franziskaner
und Dominikaner hatten erheblichen Einfluss darauf, wer der
nächste Papst wurde, auch weil viele Kardinäle diesen drei Orden angehörten. Wie schon erwähnt mussten mit dem Ende
des zweiten Jahrtausends auch die alten Ordensgemeinschaften
erleben, dass die Zeit nicht spurlos an ihnen vorüberging, dass
ihre Bedeutung auf ein teilweise existenzgefährdendes Niveau
sank. Aber zum Zeitpunkt des Todes von Papst Johannes Paul II.
existierten sechs große innerkirchliche Gruppen, die die Wahl
seines Nachfolgers beeinflussen konnten. Mit den alten religiösen Orden hatten diese innerkirchlichen Machtzentren nichts
mehr zu tun – es waren brandneue, zum großen Teil erst unter Johannes Paul II. entstandene oder erst erstarkte, teilweise
geheimnisumwitterte Organisationen, die den entscheidenden
Ausschlag während der Wahl geben konnten. Die Wahl des
Papstes entschied dabei eine ganz einfache Frage mit: War ein
Kandidat für oder gegen diese Bewegungen? Unterstützte er
sie, so konnte er sich der Stimmen gleichgesinnter Kardinäle sicher sein. War er gegen sie, so bekam er diese Stimmen nicht.

Aber was bedeutet es, diese Bewegungen zu unterstützen?

Die Antwort ist ganz einfach. Es gibt zahlreiche Kardinäle,
Bischöfe und Priester, die der Meinung sind, dass das ganz normale Leben in den Gemeinden der katholischen Kirche völlig
ausreicht, um der Kirche zu erlauben, ihre Aufgabe zu erfüllen. Das ist die eine Gruppe. Die andere glaubt, dass die katholische Kirche so etwas wie eine Elite braucht – Gruppen von
ganz besonderen Gläubigen, ganz besonders frommen, ganz

besonders motivierten Christen, die wie eine Speerspitze der Kirche wirken. Der Streit zwischen diesen beiden Gruppen entzündet sich immer an dem gleichen Problem: Alle innerkirchlichen Gruppen neigen dazu, sich innerhalb der Kirchengemeinden abzukapseln. Immer wieder beschweren sich Bischöfe auf der ganzen Welt wegen dieses Problems. Und doch lassen alle innerkirchlichen Gruppen, die zum Teil wie in Klöstern in Wohngemeinschaften zusammenleben, sich schwer in das Gemeindeleben integrieren, bleiben lieber für sich.

Kardinal Joseph Ratzinger gehörte zu den Kardinälen, die diese Bewegungen mit Wohlwollen sahen. Zum Zeitpunkt des Konklaves, in dem er zum Papst Benedikt XVI. gewählt wurde, gab es sechs Organisationen mit großem Einfluss: Opus Dei, die Legionäre Jesu Christi, die Fokolaren, die Gemeinschaft des heiligen Ägidius, die Neokatechumenen sowie Communione und Liberazione (CL), von der schon die Rede war. Diese Bewegungen trugen im Kampf um die wichtigsten Themen auch den Kampf um die Frage aus, womit sich die katholische Kirche in Zukunft vorrangig befassen sollte und womit nicht – ein entscheidendes Kriterium für die Wahl des nächsten Papstes.

Eine wichtige Vorentscheidung für die Wahl Benedikts XVI. fiel maßgeblich in einem versteckten, anonymen Gebäudekomplex etwa dreißig Kilometer südlich von Rom. Wer mit dem Auto über die Via Appia Nuova in Richtung Osten fährt, muss sich zunächst durch den hässlichen Industriegürtel quälen, den sich irgendwann alle Großstädte zulegen, bis die Straße hinauf in die Albaner Berge führt. Die Römer nennen diese Gegend schlicht »Castelli« – die Region der »Castelli Romani«, der römischen Schlösser. Noble Familien Roms errichteten hier oben ebenso wie die Päpste, die ihren Palast in Castelgandolfo über dem Albaner See bauten, ihre Sommersitze: Lustvillen, um der Hitze der Stadt zu entgehen. Wirklich funktioniert hat das allerdings nie: Im Hochsommer liegt die Hitze genauso drückend über den Castelli wie über Rom; nur mit viel Glück kann man eine frische Brise vom Meer erwischen – immerhin gibt es weniger Autoabgase in der Luft. Für Römer, die nur selten aus der Stadt herauskommen, bedeutet die kurze Reise hierher jedes Mal einen Schock: Mit Rom haben die Castelli nichts zu tun. Es ist, als tauche man in eine völlig andere Welt ein. Rom ist eine Stadt, in der sich die Menschen nicht aus dem Weg gehen wollen, und es auch gar nicht können. Im Chaos der Dreimillionenmetropole berühren sich die Menschen ständig – mit dem Körper wie mit Blicken. Es ist unvermeidlich, im Gedränge der Stadt auf den übervollen Bürgersteigen, in den rappelvollen Bussen oder Straßenbahnen mit Armen, Beinen, Bäuchen anderer Menschen in Berührung zu kommen. Attraktive Frauen sollten sich hüten, im Sommer in einen überfüllten Bus zu steigen: Die »mano morta«, die »tote Hand« – wie die Römer Grapschereien im Gedränge umschreiben – ist noch immer eine tolerierte Form des Verhaltens. Frauen, die Grapschereien anzeigen wollen, werden in einer römischen Carabinieri-Kaserne auf wenig Verständnis stoßen. Und die Kaffeehaustische stehen in Rom so eng beieinander, dass man gar nicht verhindern kann, das Gespräch am Nebentisch mitzubekommen. Es ist auch keineswegs verpönt, sich in einen Dialog, den zwei Fremde am Nebentisch führen, einzumischen. Wer sich gerade bei einem Freund über seine Schwiegermutter beschwert, kann ziemlich sicher sein, dass von irgendeinem Nebentisch ein aufmunternder Kommentar kommen wird: »Auch meine ist furchtbar, vielleicht ist deine besser, lass uns mal tauschen.« – Solche Wortwechsel sind völlig normal.

Die Castelli sind das genaue Gegenteil dieser in jeder Beziehung engen, drangvollen Welt. Vornehm liegen hinter hohen Mauern Anwesen, deren Besitzer sich nie zeigen. Autos verschwinden hinter hohen Toren, die sich lautlos öffnen und schließen. Wer den Lärm der Stadt Rom gewohnt ist, wird sich über die Stille der Castelli wundern – hier kann man noch den Wind in den Zweigen der Pinien rauschen hören. Die Massen aus Rom haben sich in der wundersamen Welt der Castelli nur einen einzigen Ort gesichert, den sie in so etwas wie in einen Mikro-Ableger der Großstadt verwandelten, eine Insel des Chaos mitten in der feinen Abgeschiedenheit der Castelli: Das sind die Spanferkelbuden, an denen »Porchetta« verkauft wird.

Römer, die einfach mal aus der Stadt raus wollen und einen Vorwand brauchen, reden sich und ihren Familien gern ein, dass der Spanferkelbraten in Ariccia, einem Ort in den Castelli Romani, am besten schmecke. Tatsächlich schmeckt die »Porchetta« in Rom kein bisschen anders als in Ariccia; die Spanferkel stammen aus den gleichen Mästereien und werden auf die gleiche Weise gegrillt – dennoch wälzt sich an den Wochenenden eine lange Autoschlange in die Castelli hinauf, um »Porchetta« zu essen. Und vor diesen Buden, in denen Brötchen mit Schweinefleisch verkauft werden, geht es genauso zu wie unten in der chaotischen Stadt – als hätten die Römer die Stille der Castelli nicht ausgehalten und deshalb das »Porchetta-Essen« an einer total überfüllten Bude erfunden.

Dort oben also in den Castelli liegt die Zentrale einer innerkirchlichen Supermacht, einer Elitegruppe der katholischen Kirche. Zu sehen ist nichts – an den Gebäuden der Gruppe fährt man achtlos vorbei. Von der Straße aus sieht man nur ein Tor, hinter dem man eine Parklandschaft erahnen kann. Unter Pinien erstrecken sich in der vergleichsweise sauberen Luft Gebäudekomplexe, die sich harmonisch in die Natur einfügen; zwischen weiten Grasflächen dehnen sich Pavillons aus.

Im Gegensatz zu den meisten Gebäudeansammlungen der Welt besitzt diese Zentrale aber eine Besonderheit: ein »Allerheiligstes« – einen Raum, in den nur wenige vorgelassen werden. Es ist ein spartanisches Büro, penibel aufgeräumt; der einzige Schmuck besteht aus ein paar Bildern, die Kinder gemalt haben. Darin residiert ein katholischer Star: Chiara Lubich.

Die zierliche Frau, der man ihren energischen Willen auf den ersten Blick kaum zutraut, gründete eine wichtige innerkirchliche Bewegung: die Fokolaren. Priester gehören nur als Berater dazu, denn im Gegensatz zu anderen Bewegungen bilden die Fokolaren keine Priester aus, veranstalten keine Priesterseminare. Die Fokolaren sind eine reine Laienorganisation. Jeder kann der Fokolar-Bewegung beitreten, es gibt achtzehn verschiedene Untergruppierungen für Frauen, Männer und Familien. Viele der Mitglieder leben in Wohngemeinschaften, die nach Geschlechtern getrennt sind, und geloben, ein Leben lang keusch zu bleiben. Die Fokolaren versuchen gemeinsam so zu leben wie die ersten Christen, indem sie alles teilen.

Frau Lubich traf in ihrem Leben eine Menge wichtiger Entscheidungen, aber keine war so wichtig wie der Grundsatz, dass ihre Bewegung niemals – nicht in einem einzigen, noch so extremen Fall – gegen die Machthaber der katholischen Kirche opponieren darf. Chiara Lubich ist eine mächtige Frau, die es verstand, ihre Macht nie auszuspielen, obwohl sie in einigen Fällen von ihren eigenen Mitgliedern dazu gedrängt wurde. So war es nur eine Frage der Zeit, bis diese Bewegung irgendwo auf der Welt mit einem Bischof aneinander geriet. Denn die meisten Bischöfe wollen in ihren Diözesen keine religiösen Gruppen haben, die häufig verdächtigt werden, sich wie eine Sekte abzukapseln. Immer wieder gingen Bischöfe daher mit allen möglichen Mitteln gegen Gruppen der Fokolaren vor – die meisten aus schlichter Unkenntnis dessen, was die Fokolaren sind und was sie tun. Viele hätten sich niemals getraut, etwas gegen die Interessen der Fokolaren zu unternehmen, wenn sie geahnt hätten, wie einflussreich Chiara Lubich im Vatikan ist. Aber Chiara Lubich hat nie ihren Einfluss missbraucht, und nichts trug ihr so viel Anerkennung des Vatikans ein wie diese Entscheidung.

Ich weiß nicht genau, wann Chiara Lubich aufhörte, für die Anhänger ihrer Bewegung ein »normaler Mensch« zu sein, und wann sie eine Legende wurde. Ich weiß nicht, ob es ihr wirklich gelang, ihre Gefolgschaft so stark zu beeindrucken, oder ob die Menschen ihrer Bewegung einfach eine Heilige suchten und sie in Chiara Lubich fanden.

Geprägt wurde diese Frau durch ihre Gotteserlebnisse während der Zeit des Zweiten Weltkriegs. Damals erlebte sie die Armut, den Mangel während der Kriegsjahre in ihrer norditalienischen Heimat Trient und entschied sich dafür, das Evangelium konsequent zu leben. Ihr Rezept eines gottgefälligen Lebens ist eigentlich ganz einfach: Lebe das Evangelium, tue, was Christus fordert. Chiara Lubich versuchte das Christentum an seine Ursprünge zurückzuführen – das heißt, ein Leben gemeinsam und nicht gegeneinander zu führen. Ihre Bewegung zeichnet sich vor allem dadurch aus, dass sie konkrete Erfolge erzielen will. Mit einem besonderen wirtschaftlichen Modell bekämpft sie die Armut. So gelang es Chiara Lubich im Jahr 1943, eine Gruppe von Frauen zu versammeln, die den innersten Kern der Bewegung bildete, die sich lawinenartig ausbreiten sollte. Damals nannte sie ihre Bewegung »Focolari«, nach dem italienischen Wort »focolare«, was so viel wie »das Feuer im Herd« oder »Feuerstelle« bedeutet.

Ich bin mir ziemlich sicher, dass eine Bewegung wie die Fokolaren nur dann bestehen kann, wenn sie auf dem Kult um eine Person aufgebaut wird. Ich glaube nicht, dass es den geringsten Zweifel an der Tatsache gibt, dass Frau Lubich relativ rasch nach ihrem Tod selig gesprochen werden wird. Ihre Organisation, die sich auch in Deutschland ausbreitete, verehrt die alte Dame jedenfalls zutiefst. Im Jahr 1920 geboren, erhielt sie für ihre Arbeit eine Vielzahl von Preisen – etwa 1996 den UNESCO-Preis für Friedenserziehung und 1998 den Menschenrechtspreis des Europarates.

Chiara Lubich war eine der Ersten, die die Zeichen der Zeit innerhalb der katholischen Kirche erkannten. Sie begriff, dass durch Papst Johannes Paul II. ein Hebel umgelegt worden war in Richtung Ökumene – dass die katholische Kirche von nun an nicht mehr das betonen sollte, was sie von anderen Religionen unterscheidet, sondern das, was sie mit anderen Religionen eint. Die Fokolaren organisierten schon lange vor dem 11. September 2001, ab Mitte der 1990er-Jahre, interreligiöse Treffen. Die große und finanzstarke Gruppe organisierte Kongresse, und es gelang Chiara Lubich, einen Schutzherrn des Vatikans in ihre Bewegung zu holen.

Es ist für jede religiöse Bewegung schwer, vom Vatikan Anerkennung zu bekommen. Die lange Geschichte der religiösen Orden zeigt, wie schwer es selbst Frauen und Männern fiel, die später heilig gesprochen wurden, zu Lebzeiten die Päpste von der Qualität ihrer religiösen Leistungen zu überzeugen und den Verdacht zu zerstreuen, dass es sich bei ihnen nur um eine Gruppe von Spinnern handle, die sich der Kontrolle der Kirche entziehen wolle. Doch Chiara Lubich ist eine hartnäckige

Frau, und ihr gelang ein kapitaler Erfolg. Sie konnte einen echten Star, nicht nur irgendeinen Bischof, sondern einen Kardinal – den ehemaligen Chef der Europa-Synode, den Prager Bischof Miroslav Vlk – von sich und ihrer Bewegung überzeugen. Kardinal Vlk stellte sich so offen an die Seite von Chiara Lubich, dass der Vatikan gar nicht mehr anders konnte, als das 1943 gegründete Lebenswerk der zierlichen Dame hochoffiziell anzuerkennen. Während der päpstlichen Messen saß selten eine Frau so nahe am Thron Johannes Pauls II. wie Chiara Lubich. Es ist unmöglich zu beurteilen, wie viele Kardinäle mit der Bewegung der Fokolaren sympathisieren – gewiss ist aber, dass sich die Fokolaren ohne Miroslav Vlk niemals zu dem hätten entwickeln können, was sie heute sind: eine innerkirchliche Supermacht. Die Stärke der Fokolaren besteht darin, dass sie ein Sammelbecken sind. Alle Kardinäle, die der Meinung waren, dass es nach dem 11. September die Hauptaufgabe der Religionen sein musste, sich miteinander auszusöhnen, sahen in den Fokolaren einen gemeinsamen Nenner.

Fast alle Kardinäle neigen vor einer Papstwahl zur Bescheidenheit, um ja nicht in den Ruf zu geraten, sich selbst als Kandidat ins Rennen bringen und damit der Wahl des Heiligen Geistes vorgreifen zu wollen. Die innerkirchlichen Bewegungen mussten deshalb jene Kardinäle, die mit ihnen sympathisierten, in Startposition bringen. Bildlich gesprochen gaben sie ihnen den entscheidenden Schubs nach vorn und überzeugten die Kardinäle, dass sie im Interesse der Sache, also der Aussöhnung der Religionen, alles daransetzen mussten, um der nächste Papst zu werden. Die Bewegungen betrieben sogar einen regelrechten Wahlkampf, versuchten möglichst viele Kardinäle von den Fähigkeiten ihres Kandidaten zu überzeugen.

Innerhalb der Kardinalsversammlung bildeten die mit den Fokolaren sympathisierenden Kardinäle eine regelrechte Macht, auch weil diese einen starken Verbündeten an ihrer Seite hatten: die Gemeinschaft des heiligen Ägidius. Heute unterhält diese rund 70 000 Mitglieder starke Gemeinschaft Vertretungen in mehr als sechzig Ländern der Welt, aber entstanden ist sie aus einer kleinen Gruppe Studenten, die von der Achtundsechziger-Bewegung überrascht wurden. Linke und extrem linke Studenten nahmen sich damals vor, die Welt zu verbessern. Aus Splittergruppen des Studentenprotestes gingen in Italien auch Organisationen hervor, die vor dem bewaffneten Kampf gegen den Staat nicht zurückschreckten, etwa die Roten Brigaden. Damals fragten sich einige christliche Studenten, was sie tun konnten, um sich zu engagieren. Es schien so, als sei ein soziales Engagement nur im linken Spektrum möglich. Diese Gruppe, angeführt von dem Studenten Andrea Riccardi, traf sich häufig zum Abendgebet in der kleinen Kirche des heiligen Ägidius im Studentenviertel Trastevere und entwickelte dabei die Vision, eine sozial engagierte christliche Gruppe aufzubauen.

Die Stadt Rom erwies sich für einen solchen Plan als idealer Standort. Die italienische Politik schaute zwar kaum über den europäischen Tellerrand hinaus, aber der Kirchenstaat unterhielt enge Kontakte zu allen Teilen der Welt. Früher oder später kamen Priester selbst aus den ärmsten und entlegensten Ländern des Globus nach Rom, um über das Schicksal ihrer Mitmenschen zu Hause zu berichten. Die Gruppe um Sankt Ägidius kümmerte sich um ihre Sorgen, und so entstand langsam eine weltweit vernetzte Organisation mit dem Zentrum in Rom.

Heute fällt es einem schwer, sich vorzustellen, dass diese inzwischen internationale Organisation des heiligen Ägidius tatsächlich einmal nur eine Studentengruppe um Andrea Riccardi war, der mittlerweile Professor ist. Bei den wichtigen Zeremonien im Vatikan fehlt er nie. Riccardi entwickelte sich vom frommen Studenten zum Friedensmanager im Auftrag Gottes. Einen sensationellen Erfolg konnte die Gruppe um den heiligen Ägidius am 2. Oktober des Jahres 1992 für sich verbuchen: An diesem Tag beendete die Gruppe einen blutigen Bürgerkrieg in Afrika. Die auf Mosambik kämpfenden Rebellen der Renamo und Militärs der herrschenden Frelimo unterzeichneten an diesem Tag den Friedensschluss und einen sofortigen Waffenstillstand im Gebäude der Gemeinschaft, dem Gemeindezentrum der Kirche des heiligen Ägidius. Der Friedensvertrag hatte Bestand, und die Gemeinschaft des heiligen Ägidius ging auf diese Weise in die Geschichte ein als eine der wenigen Organisationen, die es geschafft haben, einen Krieg in Afrika friedlich am Verhandlungstisch zu beenden.

In Rom versorgt die Gruppe, unterstützt von der Stadt, Obdachlose und verteilt in großen Auffangzentren Essen und Lebensmittel. Doch die sozial engagierte Gruppe ist nicht ohne Ehrgeiz: Andrea Riccardi strebt seit langem nach seinem großen Ziel, den Friedensnobelpreis verliehen zu bekommen, auch Staatspräsident Carlo Azeglio Ciampi schlug die Gemeinschaft für diesen Preis vor. Doch die Gruppe des heiligen Ägidius hatte niemanden, der sich für sie einsetzte wie Kardinal Vlk an der Seite der Fokolaren. Der wichtigste Schützer der Gemeinschaft des heiligen Ägidius, Kardinal Pio Lagi, war zum Zeitpunkt der Wahl von Papst Benedikt XVI. mit 83 Jahren zu alt, um im Konklave noch eine Rolle zu spielen. Dennoch bilden diese beiden Bewegungen, die Fokolaren und die Gemeinschaft des heiligen Ägidius, den wichtigsten Bezugspunkt für solche Kardinäle, die einen Dialog aller großen Religionen und im Besonderen einen engen Dialog zwischen Christen, Juden und Islam im Interesse des Weltfriedens wollten. So weit der »linke« Flügel der innerkirchlichen Bewegungen.

Im »rechten« Spektrum gab es im Augenblick des Todes von Papst Johannes Paul II. drei mächtige und entscheidende innerkirchliche Bewegungen: Opus Dei, die Legionäre Jesu Christi und die Bewegung des Neokatechumenats, die so genannten Neokatechumenen.

Opus Dei (»Werk Gottes«) wie auch die Legionäre Jesu Christi sind innerhalb der katholischen Kirche der Bezugspunkt für alle konservativen Strömungen. Alle besonders konservativ denkenden Kardinäle identifizieren sich mit den wichtigsten Anliegen von Opus Dei und den Legionären. Für Opus Dei und die Legionäre geht die Aussöhnung mit anderen christlichen Kirchen und Glaubensgemeinschaften schon jetzt viel zu weit. Die Annäherung an andere Religionen sehen sie als eine Gefahr für die katholische Identität. Dabei ist Opus

Dei allein schon durch seine Struktur eine sonderbare Macht, die innerhalb der Kirche über nahezu allem steht. Opus Dei ist eine Personalprälatur – das heißt, die Organisation entzieht sich der Kontrolle der Bischöfe der Welt. Die Priester von Opus Dei sind nur gegenüber dem Chef ihrer Organisation verantwortlich und direkt dem Papst. Opus Dei unterhält Priesterseminare und bildet auch Priester aus. Die Organisation ist reich, sehr reich sogar. Opus Dei kann es sich leisten, eine Postgraduierten-Universität in Barcelona und große Farmen in Mittel- und Südamerika zu betreiben. Obwohl die Personalprälatur auch einen Zweig unterhält, der Krankenhäuser und Missionsstationen betreibt, sieht Opus Dei seine wichtigsten Aufgaben nicht im karitativen Bereich, sondern in der Spiritualität. Es geht Opus Dei vor allem darum, möglichst viele Seelen zu retten.

Auch Opus Dei bietet seinen Mitgliedern viele Möglichkeiten der Mitarbeit an. Im Prinzip verpflichten sie sich dazu, ihr Leben lang Opus Dei zu unterstützen. Den Mitgliedern wird nahe gelegt, was für ein Leben sie zu führen haben. Dabei gehen die Regeln so weit, dass man den Mitgliedern sogar empfiehlt, was sie zu lesen haben und was nicht. Alle Laien – also Nichtpriester, die trotzdem einen gewissen Einfluss innerhalb von Opus Dei haben wollen – müssen Keuschheit geloben bis an das Ende ihres Lebens. An der Spitze der Hierarchie des Opus stehen natürlich Priester. Der einzige Kardinal, der offen Mitglied von Opus Dei ist, ist Juan Luis Cipriani Thorne, der Erzbischof von Lima.

Die Legionäre Jesu Christi haben sehr ähnliche Positionen wie Opus Dei. Diese Bewegung entstand in Mexiko vor allem innerhalb sehr wohlhabender katholischer Familien des Landes. Von den »Linken« innerhalb der Kirche werden die Legionäre gern als die »Millionäre Jesu Christi« verhöhnt.

Auch die Legionäre Jesu Christi unterhalten Priesterseminare und bilden sehr viele Priester aus; in Mexiko ist der Andrang auf die Seminare so hoch, dass die Legionäre sehr viele Bewerber ablehnen müssen. Wie viele Kardinäle beim Einzug ins Konklave mit Opus Dei und den Legionären Jesu Christi sympathisierten, lässt sich nicht genau sagen, aber auf der Basis von gesicherten Angaben schätzen: Etwa vierzig Prozent aller Kardinäle dürften wohl für diese sehr konservativen Lager innerhalb der katholischen Kirche Sympathien haben.

Auch die Legionäre Christi und Opus Dei trieben die mit ihnen sympathisierenden Kardinäle an, ihre Schamschwelle zu überwinden und offen ins Rennen um die Nachfolge des heiligen Petrus zu gehen.

Zum konservativen Lager gehören auch noch die Neokatechumenen, und zum Zeitpunkt des Todes von Papst Johannes Paul II. hatten sie einen besonderen Trumpf in der Hand: Don Stanislaw Dziwisz, der Sekretär von Papst Johannes Paul II., bewundert seit Jahren offen die Arbeit der Neokatechumenen und unterstützt die Bewegung, wo immer er kann. Vor allem in den letzten Jahren des Pontifikats, als Johannes Paul II. immer hinfälliger wurde, übernahm sein Sekretär eine zunehmend wichtiger werdende Machtstellung im Vatikan. Hinter den Mauern des Kirchenstaates scherzte man deshalb sogar schon mehr oder weniger offen über die ersten Jahre der Regentschaft von Stanislaw I.

Der rührige Sekretär des Papstes nutzte seinen Einfluss, um das Neokatechumenat deutlich zu stärken. Don Stanislaw Dziwisz war es auch zu verdanken, dass der Papst im Jahr 1990 das Neokatechumenat anerkannte. Die Bewegung des Neokatechumenats, die der Papst und sein Sekretär so sehr gefördert hatten, sahen viele Kardinäle ein wenig als das Vermächtnis Johannes Pauls II. Sollte sich im Konklave die Haltung durchsetzen, dass man eine Fortsetzung der enormen Lebensleistung von Papst Johannes Paul II. wünsche, schien es wahrscheinlich, dass ein Kardinal zum Papst gewählt werden würde, der mit dem Neokatechumenat verbunden war – dieser Bewegung zumindest nicht feindlich gegenüberstand.

Feinde hatten die Neokatechumenen innerhalb der katholischen Kirche allerdings mehr als genug. Im Kern ging es dabei um die Frage, ob die katholische Kirche wirklich einen Sonderweg braucht, eine konspirative Untergruppe wie das Neokatechumenat, um den Weg zum Heil vorzubereiten, oder ob das nicht jede normale Einrichtung der katholischen Kirche leisten konnte, also jede normale Pfarrei.

Kiko Arguello hatte im Jahr 1955 in einem ärmlichen Vorort von Madrid mit den Ärmsten der Armen gearbeitet. Kiko ist kein Priester, er hatte aber eine Vision: dass man die Menschen auf den Weg Gottes zurückbringen müsse. Dazu erfand er »den Weg« – eine Methode zur »Perfektionierung« des Glaubens. Dabei geht es darum, erwachsene Gläubige mithilfe eines Katechismus, eines Lehrbuchs, näher an Gott heranzuführen. Gläubige müssen gewisse Zyklen durchlaufen, angefangen bei den einfachsten Übungen bis hin zu einer komplexen religiösen Bildung. Bisher ist es allerdings – außer dem Gründer Kiko selbst – noch keinem gelungen, den Weg bis zum Ende zu gehen.

Am Ende eines jeden Zyklus legen die Mitglieder des Neokatechumenats eine Prüfung ab, und wenn sie die bestehen, können sie für den nächsten, schwierigeren Zyklus zugelassen werden. Diese Bewegung existiert heute in 105 Ländern, 60000 Pfarreien und 800 Diözesen. Es gibt etwa 17000 Gemeinschaften. Die Gemeinschaften finden sich in den Diözesen zusammen und versuchen das Evangelium zu leben. Viele Bischöfe haben mit den Neokatechumenen eigentlich nur ein großes Kernproblem – sie schotten sich vom normalen Gemeindeleben ab. Die Neokatechumenen bilden so etwas wie eine Untergruppe, die sehr konservativ geprägt ist. Sie wollen Glaubenserneuerer sein und verdächtigen weniger engagierte Gemeindemitglieder, lediglich »Taufscheinchristen« zu sein.

Kritiker glauben, dass die Neokatechumenen die Gemeinden eher spalten, als ihnen Gutes zu tun. In der Bewegung liegt aber zweifellos eine gewaltige Überzeugungskraft, und in den vergangenen Jahrzehnten breitete sich das Neokatechumenat enorm schnell aus. Kiko gelang es vor allem, den konkurrierenden Bewegungen, auch Opus Dei und den Legionären Jesu Christi, zu zeigen, wie mächtig das Neokatechumenat ist.

Der größte Triumph der Neokatechumenen war der, dass sie die historische Reise des Papstes nach Israel im Jahr 2000 auch dazu instrumentalisieren konnten, das Bauprojekt für das neue Zentrum des Neokatechumenats am See Genezareth – am Berg Korazim, dem Berg der Seligpreisungen – einzuweihen. Während so wichtiger Reisen wie der in das Heilige Land haben normalerweise einzelne Interessengruppen keine Chance auf die Aufmerksamkeit des Papstes. Johannes Paul II. war damals in Israel damit beschäftigt, die zweitausend Jahre alte Feindschaft zwischen Juden und Christen zu überwinden, da konnte er sich kaum noch um etwas anderes kümmern. Dass es den Neokatechumenen aber dennoch gelang, einen relativ unspektakulären Bauabschnitt während einer so wichtigen Papstreise einweihen zu lassen, zeigt nicht nur, wie viel Sympathie dem Neokatechumenat im Vatikan entgegengebracht wurde – es zeigt auch, wie viel Macht Gründer Kiko Arguello im Kirchenstaat besaß.

35

Melancholie

Auch Karol Wojtyla hat immer gewusst, dass Päpste nie ein Zuhause haben, dass der Vatikan nur eine Bleibe auf Zeit ist. Aber Johannes Paul II. hat einfach so lange regiert, dass sich über alle päpstlichen Gebäude so etwas wie eine Patina aus Melancholie legte. Als habe der alte Papst den apostolischen Palast wie in einem Märchen verwunschen, schien er dort auch nach seinem Tod immer noch in Tausenden von Kleinigkeiten präsent zu sein. Man hatte den Eindruck, in einem seit Jahrzehnten zugewucherten Schloss zu sein, das die Vergangenheit bewahrt und in dem man nur für einen Moment die Augen schließen muss, und das alte Leben würde wieder lebendig. Schließlich hat sich ein entscheidender Teil des Lebens von Karol Wojtyla in diesem Gebäude abgespielt, das sich so gut zum Repräsentieren und so wenig dafür eignet, um darin zu leben.

Tischdecken, Tassen, Messer und Gabeln in der Küche des päpstlichen Appartements waren seit langem nicht erneuert worden. Die Kissen auf den Sesseln, die Bezüge der Sofas waren zum Teil aufgetrennt und abgeschabt. Der Kammerdiener Angelo Gugel war mittlerweile dreiundsiebzig Jahre alt – ein älterer Herr mit grauen Schläfen. Auch der Leibwächter Camillo Cibin war in Ehren ergraut. Mit schlohweißem Haar bewachte er den Zugang zu den päpstlichen Räumen, die nach dem Tod von Johannes Paul II. versiegelt wurden. Sein stets sehr melancholischer Gesichtsausdruck rührte wohl auch daher, dass er wusste, dass jeder, dem er zum ersten Mal begegnete, ihm in die Augen sah und sich fragte: Warum konntest du Johannes Paul II. am 13. Mai 1981 auf dem Petersplatz nicht vor der Kugel von Ali Agca schützen? Warum, Camillo Cibin, liefst du an diesem Nachmittag den einen entscheidenden Meter vom Papst entfernt neben seinem langsam über den Platz rollenden Jeep? Selbst der päpstliche Leibarzt Renato Buzzonetti, mittlerweile vierundsiebzig Jahre alt, konnte nur noch mit Mühe Treppen steigen.

Dem neuen Papst Benedikt XVI. bot sich also ein völlig anderes Bild, als er in das päpstliche Appartement einzog, als es sich seinem Vorgänger Johannes Paul II. nach seiner Wahl am 16. Oktober 1978 geboten hatte. Johannes Paul II. hatte dort eine dynamische junge Mannschaft vorgefunden – den nicht einmal fünfzig Jahre alten Kammerdiener Angelo Gugel, einen bullenstarken Leibwächter Camillo Cibin und den eleganten Arzt Renato Buzzonetti in den besten Jahren. Mit Benedikt XVI. begann im päpstlichen Appartement nicht nur ein neues Kapitel, sondern auch eine neue Zeit. Wojtyla selbst war als starker, bulliger, nur achtundfünfzig Jahre alter Mann in den Palast eingezogen und darin alt geworden. Sein athletischer Körper hatte sich zwischen diesen Mauern in das Gefängnis seines Geistes verwandelt. Alles, was Benedikt XVI. von seinem Nachfolger hier vorfand, erinnerte ihn daran, dass mit Johannes Paul II. ein bescheidener Mann in diesem Palast residiert hatte, der für seine Ansprüche und seinen Geschmack viel zu groß und zu prächtig gewesen war.

Als Benedikt XVI. zum ersten Mal aus den gewaltigen Räumen des päpstlichen Appartements hinauf ans Licht stieg, auf die Terrasse über den päpstlichen Gemächern, standen da immer noch die ärmlichen Schätze von Johannes Paul II.: ein uralter, fast schon museumsreifer Schwarz-Weiß-Fernseher, bei dem man sich schon sehr konzentrieren musste, um überhaupt etwas erkennen zu können, und ein Schrein mit einer Reliquie von Mutter Teresa. Hier hinauf hatte ihn sein Sekretär Don Stanislaw Dsziwisz gebracht, wenn die Hitze unten im Appartement unerträglich geworden war und der Nachthimmel über Rom besonders schön war. Mit den gewöhnlichen römischen Dachterrassen lässt sich dieser abgeschiedene Ort der Päpste kaum vergleichen: Auf dem Dach des Apostolischen Palastes steht so etwas wie ein kleines Dorf – sehr kleine hübsche Gebäude, die um die große Terrasse herum angeordnet sind. Wie Pavillons in einem Park. Die meisten dieser kleinen Gebäude lassen sich zur Terrasse weit öffnen, sodass man auch bei Regen unter einem schützenden Dach sitzen und dennoch den Eindruck genießen kann, man befinde sich im Freien.

Einsehen kann man nur einen Teil dieser mit einer Panzerglasscheibe geschützten Terrasse – und nur von einem Punkt: der Kuppel des Petersdoms. Da die dortige Aussichtsterrasse aber nachts geschlossen wird, können Päpste in Sommernächten hier heraufkommen, ohne von irgendwem gesehen zu werden.

Eine Balustrade schützt die Besucher dieser Terrasse bis zur Schulter, nur die Köpfe ragen über die Mauer. Diese Terrasse hatte der alternde Johannes Paul II. geliebt, sie war sein letztes Refugium; der letzte Ort, den er erreichen konnte, um frische Luft zu atmen, als er schon unbeweglich an den Thronsessel gefesselt war. Es muss Benedikt XVI. nicht ganz leicht gefallen sein, die alten Stühle von der Terrasse räumen zu lassen, den alten Fernseher, die Gehhilfen, die Krückstöcke seines Vorgängers, auf die sich Johannes Paul II. gestützt hatte, um den Sessel zu wechseln. Vielen Angestellten des Vatikans fiel es schwer, die Gegenstände Karol Wojtylas aus dem Palast zu räumen, und es war ein bisschen, als würden damit auch die Erinnerungen an den eigentlichen legitimen Besitzer des Palastes ausgeräumt, weil die Welt nach einem so langen Pontifikat zunächst Schwierigkeiten hatte, sich daran zu gewöhnen, dass es nun einen anderen Papst gab als Karol Wojtyla.

Aber nicht nur die Terrasse, auch einen zweiten Ort, außerhalb des Vatikans, behandelten die Angestellten des Kirchenstaats im Gedenken an Karol Wojtyla fast wie einen Schrein: ein Stück grüner Wiese. Es gibt ein schattiges Stückchen Rasen vor dem Haupteingang des Sommersitzes der Päpste in Castelgandolfo, auf dem Johannes Paul II. sich gern in seine Heimat zurückträumte. Während der Sommerwochen ließ er dort schon frühmorgens, gegen sieben Uhr, ein Tischchen auf den Rasen stellen, nahm daran Platz und schrieb. Auch von hier aus sieht man die Kuppel des Petersdoms, wenn sich der Smog über Rom ausnahmsweise einmal ein wenig lichtet. Der Erfinder der geerdeten Sendeantenne, Guglielmo Marconi, der einen wesentlichen Anteil an der Entwicklung der drahtlosen Nachrichtenübermittlung hatte, hatte höchstpersönlich die erste Radiobrücke der Geschichte hier installiert – so gab es vom päpstlichen Sommerpalast eine Radioverbindung hinunter zum Vatikan. Doch Johannes Paul II. hatte an diesem Ort nur selten an die mühsame Arbeit unten im Vatikan gedacht. Seinen Mitarbeitern sagte er: »Ich sehe von hier aus viele Flugzeuge am Himmel, und ich träume dann, eines von denen würde mich nach Krakau fliegen.«

Auf diesem Stück Rasen hatte Karol Wojtyla im Sommer des Jahres 2003 damit begonnen, seine schon erwähnte Biografie zu schreiben mit dem Titel »Auf, lasst uns gehen«, die zu seinem vierundachtzigsten Geburtstag am 18. Mai 2004 erschien. Darin erinnert er sich aber nicht an seine Kämpfe als Papst, an die dramatischen Stunden des Attentats am 13. Mai 1981 und auch nicht an seine Triumphe wie die spektakuläre Reise nach Israel, wo er das Volk der Juden um Vergebung bat, im Jahr 2000. Er denkt zurück an seine Zeit in Polen, als Erzbischof von Krakau.

Den kleinen Kindern der Haushälterfamilie Bellapadrona war es verboten worden, auf dem Rasen zu spielen, wenn der Papst dort saß und schrieb. Ansonsten waren diese Kinder das ganze Jahr über die wahren Herren in Castelgandolfo – nur wenn der Papst kam, mussten sie leise sein. Doch als Karol Wojtyla herausbekam, warum hier immer eine so rätselhafte Ruhe herrschte, ordnete er an, dass man den Kindern das Spielen wieder erlaubte. Von nun an flogen wieder Bälle über den Rasen, und Dreiräder jagten waghalsig die Auffahrt hinunter. Wojtyla saß dann eher wie der Großvater der Haushälterfamilie Bellapadrona als wie der Besitzer des Palastes an seinem Tisch und erinnerte sich an seine Zeit, als er der jüngste Erzbischof Polens wurde.

Der Platz, auf dem der Tisch Karol Wojtylas gestanden hatte, war markiert, und es muss dem neuen Papst Benedikt XVI. so erschienen sein, als lebe er mit dem Gespenst Karol Wojtylas zusammen. Auch die päpstliche Wohnung war noch gezeichnet von der Erinnerung an den verstorbenen Papst. Im Vatikan-Jargon heißt die Wohnung schlicht »L'Appartamento«,

das Appartement. Kirchenmänner tuscheln oft: »Das Appartamento wünscht …«, oder: »Ich habe direkt aus dem Appartamento gehört, dass …«. Geschafft hat es ein Kirchenmann
dann, wenn man über ihn sagt: »Der ist ständig im Appartamento.«

Alle anderen Appartements im Vatikan müssen näher bezeichnet werden: Es gibt das Appartamento des Kommandan-
ten der Schweizergarde oder das Appartamento des Kardinalstaatssekretärs – aber das Appartamento an sich, damit ist nur
die Wohnung des Papstes im dritten Stock des Apostolischen
Palastes gemeint. Der neue Papst fand dort überall vergesse-
ne Aschenbecher vor – einfache große Glasaschenbecher, die
überall in der Wohnung verteilt worden waren. Papst Johannes
Paul II. hat selbst nie geraucht, aber in seiner Wohnung war bis
zum Schluss heftig gequalmt worden. Es gab Nächte, in denen
herrschte im päpstlichen Appartement eher eine gespannte
Stimmung wie in einem Gangsterfilm, mit rauchenden und
Whisky trinkenden, sehr nervösen Männern. Pater Roberto
Tucci, der im Jahr 2000 gegen seinen Willen zum Kardinal ernannt wurde, hatte im apostolischen Palast viele Nächte ver-
bracht und Hunderte von Aschenbechern mit den Kippen seiner belgischen Zigaretten gefüllt, die ihm Freunde beschafften.
Tucci musste eine der abenteuerlichsten Aufgaben im Vatikan
übernehmen – nämlich als Vorauskommando vor päpstlichen
Reisen durch die ganze Welt hetzen, Wüsten und Dschungel
durchqueren, Kriegsgebiete aufsuchen, um eine möglichst sichere Papstreise zu garantieren. Tucci lebte zwei Jahrzehnte
lang mit der Frage, wer ein Attentat auf den Papst planen
könnte – und wo und wie. Er wusste, dass er ein heikles Spiel
spielte und sehr aufpassen musste – im April 1997 konnte zum
Beispiel in letzter Sekunde vor dem Papstbesuch in Sarajewo
noch eine Bombe entschärft werden. Manchmal hatte Tucci
von einer Reise abgeraten, weil sie zu gefährlich war, und oft –
sehr oft – hatte er am Vorabend einer gefährlichen Reise des
Papstes im apostolischen Palast gesessen und gewusst, dass in
wenigen Stunden alles darauf ankommen würde, dass er, Pater
Tucci, keinen Fehler gemacht hatte.

Roberto Tucci ist ein aufrechter Mann. Ich habe wenige wichtige Männer im Vatikan so geschätzt wie diesen alten Haudegen, der immer ein freundliches Wort übrig hatte, obwohl kaum einer in der päpstlichen Umgebung unter einem so hohen Druck stand wie er. Erst dann, wenn der große Auftritt Johannes Pauls II. in irgendeinem Land endlich begann, wenn der Papst an den Altar trat und Hunderttausende jubelten, dann endlich konnte Tucci entspannen. Erst wenn alles geklappt hatte, wenn der Papst pünktlich und ungefährdet an den richtigen Ort gebracht worden war, zündete sich Tucci weit weg und unbeachtet von der jubelnden Menge eine Zigarette an und plauderte mit irgendeinem Journalisten.

Kiloweise Asche hat wohl auch der päpstliche Fotograf Arturo Mari an seinem Arbeitsplatz im apostolischen Palast hinterlassen. Nach dem Amtsantritt von Benedikt XVI. entdeckten seine Sekretäre Aschenbecher überall – sogar auf einem Heizkörper vor einem der wichtigsten Räume des apostolischen Palastes, der Bibliothek, wo alle Staatsgäste empfangen werden. Hier hatten die Leibwächter und Sekretäre, irgendwelche Begleiter wichtiger Staatsmänner der Welt, sich mit dem Kettenraucher Arturo Mari ans Fenster gestellt und in Ruhe geraucht, während ihr Chef eine Unterredung mit dem Papst hatte.

Das Appartamento selbst präsentierte sich dem neuen Papst in einem relativ guten Zustand. Die Möbel im päpstlichen Appartement zeigen kaum Spuren von Verschleiß. Die Oberhäupter der katholischen Kirche sind gezwungen, inmitten uralter Möbel zu wohnen, weil die Einrichtung so unendlich massiv ist, dass fast nie etwas ausrangiert werden muss. Die gewaltigen Sessel werden höchstens gelegentlich neu bezogen, doch die Einrichtung des Appartamento veränderte sich in den vergangenen fünfzig Jahren so gut wie nicht. Karol Wojtyla ließ die Wohnung aber nach seiner Wahl im Jahr 1978 gründlich renovieren. Während der Renovierungsarbeiten zog er in den Turm des heiligen Johannes, der am Rand der Vatikanischen Gärten auf der höchsten Erhebung des Vatikans steht. In diesem Turm befindet sich eine Art Sonder-Appartement für ganz besonders wichtige Gäste: Wenn etwa der »Papst des Ostens«, das Oberhaupt der ehemaligen Ostkirche, der Patriarch von Konstantinopel, zum traditionellen Höflichkeitsbesuch am Peter-und-Paul-Fest nach Rom kommt, darf er in dieser Luxuswohnung Quartier nehmen. Auch der Patriarch von Jerusalem darf diese Wohnung benutzen. Papst Johannes XXIII. nutzte den Turm als Sommerresidenz – er scheute den weiten Weg nach Castelgandolfo.

Während seiner Amtszeit hat der Papst auch die repräsentativen Räume des Vatikans regelmäßig renovieren lassen. Erst im Jahr 2004 wurden die veralteten Lichtschalter und Steckdosen ausgetauscht und durch elegante Schaltkonsolen ersetzt; auf jeder einzelnen prangt nun das Wappen der Päpste, die Schlüssel des Himmels.

In den Wohnungen der beiden Sekretäre erinnerte noch manches an den Überlebenskampf des greisen Johannes Paul II., des schwachen alten Papstes, des Mannes aus Krakau, der nie aufgeben wollte. In den letzten Jahren seines Lebens hatte er sich nachts oft nicht mehr allein umdrehen können. Immer wieder wachte einer seiner beiden Sekretäre – entweder Erzbischof Don Stanislaw Dziwisz oder, weit öfter, dessen Gehilfe Mieczyslaw Mokrzycki, Spitzname Mietek – bei ihm, lagerte ihn neu, stand ihm bei. Vor allem Mietek war es, der während nicht enden wollender Nächte, in denen Johannes Paul II. von Schmerzen gepeinigt litt, an seiner Seite war. Er durchwachte Dutzende Nächte am Bett des Papstes, den heftige Beschwerden in der Hüfte und in den Beinen oft nicht schlafen ließen. Kein anderer Mensch hat das körperliche Leiden von Johannes Paul II. so nah erlebt wie Mieczyslaw Mokrzycki. Der Prälat aus Lemberg in der Ukraine hatte einen beinharten Job. Er hatte kaum noch einen eigenen privaten Bereich – morgens musste er den Papst aus dem Bett holen und ihm helfen, sich anzuziehen. Dann schob er ihn zur Frühmesse, zum Frühstück und manchmal am Vormittag, wenn er einen Schwächeanfall erlitten hatte, noch einmal ins Bett. Zum Mittagessen half er ihm dann, wieder aufzustehen.

Mietek fehlte auch bei keiner Audienz. Sein Schicksal war es, sich stets unauffällig an der Seite des leidenden Papstes bewegen zu müssen, immer da zu sein – ein Pfleger, auf den der schwerkranke Papst Tag und Nacht angewiesen war.

In den letzten Lebensmonaten von Papst Johannes Paul II. hatte sich das päpstliche Appartement in ein Krankenlager verwandelt, das wie eine Festung gesichert war. Nur für wenige Stunden verließ der Papst noch diese Räume, und was hinter diesen Mauern vorging, ahnten selbst enge Mitarbeiter im Vatikan kaum.

Ich erinnere mich noch genau an einen Augenblick in Bern, in der Schweiz, während der 103. Auslandsreise des Papstes am 5. und 6. Juni im Jahr 2004. Am Samstagabend wollte Johannes Paul II. eine sehr persönliche, fast schon zärtliche Ansprache halten, nachdem ihm zuvor rund 12 000 Jugendliche fast eine halbe Stunde lang begeistert zugejubelt hatten. Erzbischof Stanislaw Dziwisz öffnete seine schwarze Ledertasche und legte dem Papst die relativ lange Rede vor: vier Seiten bedruckten Papiers. Der Papst wollte damit beginnen, den Text vorzulesen, und bis zu diesem Zeitpunkt schien alles wie immer: Ein kranker Papst mühte sich mit allen Kräften, den Anforderungen seines Amtes gerecht zu werden. Doch dann riss plötzlich der so mühsam gewobene Schleier vor der Fassade einer verzweifelt aufrechterhaltenen »Normalität«, und die brutale Wirklichkeit, mit der Mietek täglich im päpstlichen Appartement konfrontiert war, kam ans Tageslicht.

Die Uhr der Eissportanlage Bern-Arena zeigte exakt 18.44 Uhr, als der Papst versuchte, das erste schwierige Wort zu lesen. »Eidgenossenschaft« stand da – ein Berg von einem Wort für einen polnischen Papst, der um jede einzelne Silbe ringen musste. Der Papst schien an dem Wort zu scheitern wie ein Schiff an einer Klippe, die Jugendlichen warteten, Augenblicke verstrichen, und durch die Fernsehkameras sahen Menschen überall in der Welt auf diesen Papst, der plötzlich wie durch einen Fluch den Mund nicht mehr aufbekam und diese Rede, die da vor ihm lag, einfach nicht halten konnte. Kardinalstaatssekretär Angelo Sodano, der links neben dem Papst saß, machte in Richtung Mietek eine Geste: »Tun Sie was!«, sollte das heißen, und Mietek sprang auch eifrig herbei, näherte sich dem Papst, ohne zu wissen, was er eigentlich tun sollte. Er konnte ihn ja auch nicht mit einem Zauberspruch zum Sprechen bringen.

Das alles geschah innerhalb nur einiger weniger, aber quälend langsam verstreichender Sekunden. Mietek stand jetzt am päpstlichen Thron, und um überhaupt etwas zu tun, versuchte er die Papiere, die der Papst in der Hand hielt, neu zu ordnen. Die rechte Hand des Papstes zitterte stark, und vielleicht wollte Mietek die Zettel auch einfach nur festhalten, damit der Papst in Ruhe Wort für Wort entziffern konnte – doch für Johannes Paul II. muss es so ausgesehen haben, als wolle ihm Mietek die Zettel ganz wegnehmen, als sei der Augenblick seiner definitiven Niederlage gekommen. In dem Augenblick, als Mietek den Zettel berührte, schnellte die Hand des Papstes vor: Er schlug Mietek die helfende Hand weg, ärgerlich, trotzig, und als hätte ihm dieser Wutausbruch die Kraft zurückgegeben, las er jetzt endlich diesen Berg von einem Wort – »Eidgenossenschaft.«

Die Jugendlichen lachten über die Szene, soweit sie diese überhaupt mitbekamen, und Mietek war eindeutig der Verlierer. Er schlich zurück zu seinem Posten, und ich hatte noch nie zuvor einen ihm gegenüber so verbissen kämpfenden, trotzigen alten Papst gesehen. Da ahnte ich zum ersten Mal, wie schlimm diese Nächte im Apostolischen Palast wirklich sein mussten, welche Torturen Mietek auszustehen hatte, um einem hilflosen Mann zur Seite zu stehen, den der Verfall seines Körpers in eine furchtbare Traurigkeit, aber auch in Trotz und Zorn stürzte.

An diesem Abend hörte ich auch zum ersten Mal, welches Geräusch das Innere des päpstlichen Palastes mittlerweile beherrschte: Vor jedem Satz rang der Papst nach Luft; es war ein trockenes, lautes Geräusch; es klang wie ein lederner Blasebalg. Johannes Paul II. versuchte verzweifelt, seine alten Lungen voll zu pumpen, um dann trotz Muskellähmung ein Wort sprechen zu können. Das wäre ein weiteres Wort weniger gewesen, das er ablesen musste, und so rang er sich nach und nach diese Worte ab – es schien, als müsste er diese Rede wie einen Gegner niederringen, und er war sehr stolz, als er es endlich geschafft hatte und der Applaus der Jugendlichen aufbrauste. Sie hatten gespürt, wie sehr sich dieser Mann vor ihnen zusammenriss, um ihnen eine Botschaft vorzulesen.

Berührend war aber nicht nur der Kampf des leidenden Papstes um seine Worte, sondern auch, was er sagte: Er wollte nicht belehren, keinen mahnenden Zeigefinger erheben; der alte Johannes Paul II. wollte nur ein Beispiel geben: »Ich war auch einmal zwanzig Jahre alt«, sagte er, »ich liebte den Sport, ich ging Ski fahren, war voller Hoffnung und Pläne, dann habe ich Christus gefunden.« So sprach der Papst wie ein Großvater zu seinen Enkeln.

Doch die Szene mit Mietek hatte noch ein Nachspiel. Der trotzige alte Mann hatte gewonnen, und das wollte er seinem Gefolge noch einmal ganz klarmachen. Als die Veranstaltung eigentlich zu Ende, die letzte Tanzdarbietung der Jugendlichen vorbei war, wollte der Kammerdiener Angelo Gugel das Mikrofon zur Seite stellen, damit der päpstliche Reise-Chef Renato Boccardo den Thron zum Ausgang schieben konnte. Der Papst aber hielt das Mikrofon herrisch fest: Nein, er war noch nicht am Ende. Begeistert feierten die jungen Menschen diese Geste; er genoss den Applaus, und ich sah ihn an diesem Abend zum ersten Mal seit langer Zeit wieder richtig lächeln. Angelo Gugel stellte das Mikrofon wieder vor den Papst, und ich sah aufmerksam zu, wie Johannes Paul II. sich erneut sammelte, so viel Luft wie möglich einzuatmen versuchte, die Kraft abschätzte, die ihm noch blieb.

Ich sah, wie sehr er sich zusammenriss, aber dann doch zu dem Schluss kam, dass ihm trotz aller Willensanstrengung nur noch sehr wenig Kraft geblieben war: »Auf Wiedersehen, Arrivederci, Au revoir«, sagte er deshalb nur in den Sprachen der Schweiz, seine Lungen gaben nicht mehr her, und dennoch feierten die Jugendlichen ihn und seine Willenskraft, mit der *er* das Ende der Veranstaltung bestimmte, niemand sonst.

36

Auf neuen Wegen

Seit der Eroberung Roms und damit des Kirchenstaats durch die italienischen Truppen am 20. September 1870 hatten sich die Päpste immer mit einem zentralen Thema zu beschäftigen, das ihre ganze Amtszeit prägte. Es ging vor allem um die Frage, wie sich der Kirchenstaat nach dem Verlust des Territoriums verhalten sollte. Das Verhältnis zum italienischen Staat war vollkommen gestört, die Päpste versteckten sich im Vatikan und weigerten sich, öffentliche Messen zu zelebrieren. Erst Pius XI. (Papst 1922–1939) machte am 25. Juli 1929 Schluss mit dieser Situation, indem er feierlich aus dem Petersdom hinaus auf den Petersplatz zog, um die Römer zu segnen. Am 11. Februar 1929 hatte der Vatikan mit Benito Mussolini den so genannten Lateransvertrag geschlossen, der das Verhältnis zwischen Kirche und Staat neu regelte. Doch kaum war der Vatikan in seiner heutigen Form entstanden, tauchte das nächste große Problem für die Päpste auf: der Kommunismus. Die Haltung dazu wie zum Sozialismus war auch in den Schrecken des Zweiten Weltkriegs die zentrale Frage. Für Pius XII. (Papst 1939–1958) bedeutete die Dominanz der kommunistischen Ideologie in weiten Teilen der Welt ebenso wie die Ausbreitung des Atheismus in Italien die wichtigste Herausforderung seiner Zeit. Deshalb entschloss er sich am 12. Juli 1949 sogar zu dem drastischen Schritt, alle Kommunisten zu exkommunizieren. Auch in der Folgezeit wurden die Amtszeiten der Päpste vor allem von der Auseinandersetzung mit dem Kommunismus geprägt, und dabei ging es sowohl um die Länder unter sowjetischem Einfluss, in denen oft Christen verfolgt wurden, als auch um die Unterstützung für den Kommunismus in den eigenen Reihen. Johannes Paul II. war von Beginn an ein Symbol der Hoffnung für Christen in Ländern, die vom Kommunismus unterdrückt wurden, weshalb als erstes Reiseziel auch nur ein Land infrage kam, dessen Verfassung der katholischen Kirche gegenüber feindselig eingestellt war: Am 25. Januar 1979 flog er nach Mexiko. Vielleicht war es ja wirklich Gottes Fügung, dass er dort gleich das Schlüsselerlebnis hatte, das ihm den Mut und die Kraft für den wichtigsten Kampf in seinem Pontifikat gab, den gegen das Sowjetreich. Der Papst besuchte in Mexiko ein Land, das Staat und Kirche strikt trennte, das dem Staatsoberhaupt strikt verbot an heiligen Messen öffentlich teilzunehmen – ein Land also, das die Rolle der Kirche deutlich begrenzte und in dem doch die ganze Nacht hindurch Zehntausende Anhänger des Papstes seinen Namen vor der Residenz skandierten. Johannes Paul II. erzählte später oft, dass er gezwungen war, seinen Sekretär Don Stanislaw Dziwisz hinauszuschicken, um der Menge ausrichten zu lassen, dass auch ein Papst einmal schlafen müsse. Diese Nächte, diese Massen und ihre Begeisterung ließen in Karol Wojtyla die Überzeugung reifen, dass es auch in einem anderen Land, dessen Regierung der katholischen Kirche gegenüber feindlich war, möglich sein musste, dennoch die Sympathien der Menschen zu gewinnen: in Polen.

Für Benedikt XVI. aber war das alles Schnee von gestern. Die Welt hatte sich grundsätzlich geändert, der Vatikan war weit weniger politisch geworden. Es ging nicht mehr hauptsächlich darum, in einem Großteil der Welt erst noch das Recht auf Religionsfreiheit erstreiten zu müssen – durch den Zusammenbruch der Sowjetunion und ihrer Satellitenstaaten konnten plötzlich Hunderte von Millionen Menschen zwischen Berlin und Murmansk wieder ungehindert ihre Religion ausüben. Die Welt des Karol Wojtyla war noch geprägt durch eine Teilung in Ost und West, in ein atheistisches Imperium und westliche, freie Länder, und in dieser Atmosphäre interessierten sich Staatschefs weniger für Glaubensfragen als für Machtpolitik. Es ging darum, wer wie viele Panzerdivisionen wo auffahren lassen konnte. Die Welt von Papst Benedikt XVI. scheint dagegen viel weniger unter einem politischen als unter einem religiösen Konflikt zu leiden, und nun geht es nicht mehr um Panzerdivisionen und den drohenden Konflikt geordneter Armeen, sondern um Menschen, die für ihren Gott töten. Ja, gerade in einer Welt, die geglaubt hatte, sich immer weiter von Gott zu entfernen, ging es auf einmal viel mehr um Glaubensfragen als im Jahrhundert zuvor, um die drohende Auseinandersetzung zwischen Islam und Christentum, zwischen Fundamentalisten auf den verschiedensten Seiten.

Schon am 20. September des Jahres 2004 hatte der italienische Staatspräsident Carlo Azeglio Ciampi den Vatikan aufgefordert, der Welt zu helfen: »Es darf nicht zu einer Auseinandersetzung der Zivilisationen kommen. Das ist der teuflische Plan, den die Terroristen verfolgen«, sagte der Staatspräsident, und Papst Benedikt XVI. wusste bei seinem Amtsantritt, was jetzt seine wichtigste Aufgabe war: Es ging um die entscheidende Frage, wie Religionen mit- und nicht gegeneinander der Welt den Frieden bringen können. Mit der Festlegung auf diesen neuen Schwerpunkt änderte sich die globale theologische und politische Ausrichtung des Vatikans völlig, und Papst Benedikt XVI. zeigte gleich bei seinen ersten Auftritten nach der Wahl, bei denen er vor allem den ökumenischen Gedanken betonte, das notwendige Zusammenwirken der christlichen Kirchen und Konfessionen zur Einigung in Fragen des Glaubens und der religiösen Arbeit, dass er sich dieser unglaublichen Herausforderung stellen wird.

Damit ändert sich natürlich auch der Fokus der Medienöffentlichkeit. In der Amtszeit von Papst Johannes Paul II. interessierten sich Vatikan-Journalisten wie ich vor allem für das Staatssekretariat im zweiten Stock des Apostolischen Palastes. Dort waren damals alle wichtigen, manchmal dramatischen Entscheidungen getroffen worden, und alle wirklich wichtigen Nachrichten waren politischer Natur wie etwa die Aufnahme diplomatischer Beziehungen zwischen Israel und dem Vatikan im Jahr 1995.

Mit dem Amtsantritt von Papst Benedikt XVI. wurde dann plötzlich eine andere Einrichtung zur wichtigsten Schaltzentrale des Kirchenstaats: die Kongregation zur Evangelisierung der Völker, »Congregatio pro Gentium Evangelisatione«, die zwischen den Jahren 1566 und 1572 aus der alten »De Propaganda Fide« hervorgegangen ist. Das Gebäude, in dem der päpstliche Rat residiert, gehört allein schon wegen seiner Lage zu den seltsamsten Palästen, die der Vatikan zu bieten hat – eingezwängt mitten im pulsierenden Modeviertel der Stadt Rom, nur ein paar Schritte weit von der Spanischen Treppe entfernt.

Üblicherweise umgibt die wichtigsten Einrichtungen des Vatikans eine Aura der Kühle und Distanz. Das klassische Beispiel dafür ist der Sitz des Päpstlichen Einheitsrats, des »Pontificium Consilium ad Unitatem Christianorum fovendam«, zuständig für den Dialog der katholischen Kirche mit nichtkatholischen Christen. Der Rat liegt in der Via dell'Erba, nahe am Petersdom, und es gibt in der Via dell'Erba nur einen Eingang – und nur eine Hausnummer (seltsamerweise die Nummer 3) –, der direkt in den Palast führt. Besucher müssen sich nicht durch Menschenmengen schieben, die Straße ist fast immer leer. Autos fahren hier nur selten, es gibt keine aufdringlichen Postkartenverkäufer und keine johlenden Urlaubermassen.

Ganz anders dagegen der Palast, auf dem noch gut sichtbar der alte Titel »De Propaganda Fide« steht: Die Kongregation zur Evangelisierung der Völker umgibt eine völlig andere Atmosphäre. Genau gegenüber liegt das Restaurant einer weltumspannenden Hamburger-Kette, Schulklassen strömen in Massen hinein, vor dem Palast befindet sich ein Taxistand, und rundherum – auch im Palast selbst – liegen schrille Boutiquen. Welcher Monsignore auch immer zum Palast der Evangelisierung der Völker muss – er hat keine andere Wahl, als sich durch ein unbeschreibliches Chaos zu kämpfen. Die Angestellten der Kongregation können die Fenster nur an Sonntagen aufmachen, wenn über dem Platz eine fast unheimliche Stille liegt, und nur eine Minderheit der Rombesucher nimmt das Gebäude überhaupt wahr, weil rundherum so viele Schaufenster, Sehenswürdigkeiten und schöne Menschen den Blick auf sich ziehen. Generationen von Touristen haben also auf der Spanischen Treppe gesessen oder flanierten die mondänste Einkaufsstraße Roms entlang, die Via dei Condotti, ohne auch nur zu ahnen, dass das Hauptquartier einer der seltsamsten, größten und weltumspannenden Organisationen unbeachtet lediglich einen Steinwurf weit entfernt liegt.

Ausgerechnet zu dieser Kongregation, die durch Papst Benedikt XVI. stark aufgewertet wurde, hatte ich eine ganz besondere Beziehung, und das verdanke ich nicht etwa meinem journalistischen Geschick, sondern schlicht und ergreifend meiner etwas nachlässigen Weise, mich anzuziehen ...

Im Winter das Jahres 1987 kam ich mit der Vorstellung nach Rom, einige Monate, vielleicht zwei Jahre hier zu bleiben, und ohne eine Vorahnung, dass die Stadt von nun an mein neues Zuhause sein würde. Ich kam aus einem reichen, sehr selbstbewussten Deutschland. Es war ein Land, das sich allen anderen europäischen Ländern überlegen fühlte – gemessen an Deutschland galt Italien als bettelarm. Die Arbeitslosenquote war in Italien fast dreimal so hoch, das Einkommen erreichte bei weitem nicht fünfzig Prozent der deutschen Durchschnittseinkommen. In meiner Generation galt es als schick, den Reichtum der Bundesrepublik Deutschland uncool zu finden. Das hatte unter anderem zur Folge, dass es überhaupt nicht angesagt war, schnieke Sachen zu tragen – eine gewisse betonte Schlampigkeit gehörte zum Dresscode. So trug ich im Winter fast immer das gleiche schwarze Sweatshirt, alte Jeans und eine uralte Lederjacke, die ich meinem Vater gemopst hatte. Sie sah so aus, als habe sie schon im Zweiten Weltkrieg lange Märsche überstanden, und gerade deswegen fand ich sie auch so schön. Warum das so war, kann ich nicht erklären, denn ich war ein überzeugter Pazifist – aber alle Pazifisten meiner Generation trugen entweder Bundeswehr-Parkas oder Militär-Lederjacken. Zudem fuhr ich eine uralte, gebraucht gekaufte Vespa, die ich »Lilli« nannte, weil sie mich irgendwie an eine Frau mit nicht ganz einwandfreiem moralischem Lebenswandel erinnerte – vielleicht schon etwas ramponiert, aber durchaus mit eigenem Charakter. Ich hatte Lilli aus Hamburg mit nach Rom gebracht, und wahrscheinlich bin ich der einzige Deutsche, der jemals eine Vespa nach Italien reimportierte.

Das zeigt schon, wie wenig ich damals von Italien verstand. So wusste ich zum Beispiel auch nicht, dass es damals in Italien völlig legal war, auf einer unversicherten Vespa herumzufahren – wochenlang machte ich mir überflüssigerweise große Sorgen, wie ich in Rom eine Vespa versichern könnte. Also versicherte ich sie bei der HUK in Coburg, schraubte das Versicherungskennzeichen fest und schaffte sie zum Zug. Für zweiundsiebzig Deutsche Mark reiste Lilli von Hamburg in das Land zurück, in dem sie einmal gebaut worden war, und als ich die Fracht am Bahnhof San Lorenzo abholte, stellte ich mir vor, dass Lilli in Rom zunächst genauso mulmig zumute war wie mir. Denn es ist eine Sache, in Hamburg ein bisschen Vespa zu fahren, und eine ganz andere, im chaotischen römischen Straßenverkehr zu bestehen. Irgendwie lernten Lilli und ich es aber mit der Zeit.

Mein Büro lag fast direkt an der Spanischen Treppe, also fuhr ich jeden Morgen mit der einzigen Vespa Roms, die ein Kennzeichen hatte, und in meiner Weltkriegs-Lederjacke dorthin, parkte, wo ich halt parken durfte – und stand somit genau vor der Kongregation zur Evangelisierung der Völker. Manchmal wartete vor dem Palast auch eine Polizeistreife, und immer wieder hielten mich Carabinieri an, um mich zu fragen, was ich denn da für ein seltsames Kennzeichen hätte. Heute weiß ich, dass sie mich für völlig verrückt gehalten haben müssen, wenn ich ihnen in meinem umständlichen Italienisch und mit starkem Akzent klar machte, dass ich die Vespa in Deutschland bei der HUK versichert hatte. Damals begriff ich überhaupt nur sehr wenig von der römischen Mentalität, und ich ahnte nicht einmal, dass ich massiv gegen die fundamentalsten Grundsätze des hiesigen Alltagslebens verstieß. Erst sehr viel später habe ich gemerkt, dass ich schon nach wenigen Monaten einer Unmenge von Menschen, die rund um die Spanische Treppe arbeiteten, aufgefallen sein muss, weil ich mich aus römischer Sicht so absurd verhielt. Das begann schon bei meiner Kleidung: Die Römer missverstanden, was meine Kleidung ausdrücken wollte und was ich selbst wohl eher diffus als eine Art von Konsumkritik beschrieben hätte. Denn in Rom drückt Kleidung die soziale Stellung aus, und so, wie ich herumlief, hätte man es eher von einem Landstreicher erwartet. Dabei verdiente ich damals schon gut, ich hatte sehr rasch Karriere gemacht, und während andere noch studierten oder in Lokalzeitungen ein Volontariat machten, hatte ich das Glück gehabt, bereits Auslandskorrespondent zu sein. Wegen des großen Gefälles zwischen Lira und Deutscher Mark verdiente ich damals wahrscheinlich das Dreifache der Gehälter, die all die Angestellten und schicken Verkäuferinnen an der Spanischen Treppe bekamen, die mich als bitterarmen Spinner belächelten. Später, als ich mit der hiesigen Mentalität dann schon besser vertraut war, musste ich sehr vielen meiner Chefs, die in Jeans und einfachen Pullovern nach Rom kamen, erst klar machen, was Kleidung in Rom bedeutet. Anders als in Deutschland, wo Krawatten und Jacketts zu tragen als spießig galt, verwies ein ungepflegtes Äußeres in Rom weder auf die politische noch auf eine soziale Gesinnung, sondern schlicht auf Armut. Sich falsch zu kleiden und damit zu riskieren, für ein Mitglied der zutiefst verachteten Unterschicht gehalten zu werden, bedeutete für jeden Römer einen Albtraum.

Ebenso unbedacht wie meine Kleidung war damals mein Verhalten. So fuhr ich zum Beispiel jeden Morgen zu einer Bar in der Via Frattina und tat etwas Ungeheuerliches: Ich bestellte schon morgens um acht Uhr ein Käse-Schinken-Sandwich – einen Tramezzino-Toast – und ließ es mir auch noch heiß machen. (Ich erinnere mich, dass jeden Morgen extra für mich der Toaster angestellt werden musste und dass der Kellner mich immer so ansah, als hätte ich einen blutenden Kalbskopf bestellt.) Zum Toast orderte ich einen Espresso, dann biss ich abwechselnd in den Tramezzino und nippte an meinem Espresso. In den Augen eines Römers aber konnten so etwas nur absolute Barbaren tun, denn damit brach ich gleich zwei fundamentale Regeln. Zunächst einmal bestellt man zum Frühstück ein süßes Hörnchen (Cornetto) und auf keinen Fall irgendetwas Salziges. Dann kann sich ein Römer nur in seinem Albtraum vorstellen, dass man abwechselnd an seinem Espresso nippt und in ein Brot beißt: Einen Espresso trinkt man nach dem Essen –

und *nur* nach dem Essen, ausnahmslos. Kein anständiger Mensch hätte es gewagt, Toast und Espresso auch nur gleichzeitig zu *bestellen*, geschweige denn zu konsumieren.

Noch etwas anderes sorgte dafür, dass hinter meinem Rücken im Lauf der Jahre fast allen Angestellten rund um die Spanische Treppe dieser seltsame, vermeintlich bettelarme Sonderling auffiel, für den sie mich hielten: mein Verhalten bei Regen. Wenn es in Rom regnet, fahren alle normalen Menschen mit dem Bus, mit dem Taxi oder bleiben im schlimmsten Fall gleich zu Hause. (Ich erinnere mich sehr genau daran, wie italienische Bekannte mich einmal morgens fassungslos ansahen und meinten: »Was, du gehst zur Arbeit? Aber es regnet doch!« – Nach dem gleichen Prinzip hätte ich bei den rund zweihundertfünfzig Regentagen pro Jahr in Hamburg vermutlich niemals gearbeitet.)

Zudem wäre kein Römer jemals auf die Idee gekommen, sich bei Regen auf eine Vespa zu setzen. Ohne Schutzkleidung wie Handschuhe oder Regenhaut, lediglich durch eine uralte Kriegslederjacke geschützt durch die Stadt zu fahren, schien dem Durchschnittsrömer völlig verrückt zu sein. (Und sie konnten ja nicht wissen, dass ich den römischen Regen, gemessen an Hamburger Verhältnissen, eher wie eine warme Dusche empfand.) Dass ich als Einziger unter den Zehntausenden römischer Vespa-Fahrer auch noch stets mit einem Helm unterwegs war, lange bevor auch in Rom die Helmpflicht eingeführt wurde, sei nur noch am Rande erwähnt. Dass irgendetwas an mir anders sein musste als an den anderen, fiel mir erst auf, als ich bemerkte, wie alle jungen Frauen einen großen Bogen um mich machten. Seltsam, dachte ich, das ist ja komisch. In Hamburg hatte ich nie Probleme gehabt, jemanden kennen zu lernen – in den Augen junger Römerinnen schien ich mich in ein Monster verwandelt zu haben.

Später erzählte mir dann Pater P., der mich schon Hunderte Male mit meiner Lilli vor dem Palast der Kongregation zur Evangelisierung der Völker hatte parken sehen, dass ich auch dem Monsignore dieser Kongregation längst kein Unbekannter mehr war. Und heute kann ich mir gut vorstellen, was in ihm vorging, als er den seltsamen Typen, über den sich die halbe Bevölkerung an der Spanischen Treppe lustig machte, zum ersten Mal in dem überaus seriösen Pressesaal des Heiligen Stuhls im Vatikan sah und mit anhören musste, wie sich dieser auch noch erdreistete, den Kardinälen peinliche Fragen zu stellen.

Später sprach er mich dann irgendwann in eben jener Bar an und zog nur kurz eine Augenbraue hoch, als er mich bei meinem Morgenritual – Tramezzino und Espresso – beobachtete. Pater P. war etwas kleiner als ich, etwa einen Meter siebzig groß, Mitte dreißig und schlank. Er hatte einen Vollbart, der ihm gut stand, und erinnerte an einen Herzog der Renaissance. Er strahlte eine natürliche Würde aus, wirkte aber keineswegs steif, sondern bewegte sich in seiner Soutane so geschmeidig, als würde er jeden Abend stundenlang Tennis spielen.

Vermutlich sagte er damals so etwas wie: »Ich habe Sie im Vatikan gesehen. Was führte Sie denn dahin?« Worauf ich ihm sicher erklärt habe, dass ich ein Journalist bin – was er kaum fassen konnte. Seine Höflichkeit verbat es ihm leider, mich auf mein seltsames Outfit und Benehmen hinzuweisen, und es dauerte noch eine ganze Weile, bis ich es selbst bemerkte. Ich erzählte ihm, dass wir gerade die ersten Computer bekommen hatten – aus heutiger Sicht vorsintflutliche Modelle –, und Pater P. hörte sich das alles interessiert an, ohne mir zu sagen, wo er eigentlich arbeite und was er so mache. Unser Verhältnis blieb lange ziemlich oberflächlicher Natur, auch wenn er sogar mal zu uns ins Büro kam, um sich die Computer anzusehen, bis ich ihn dann eines Tages von meinem Roller aus sah, wie er in der Nähe des Forum Romanum die Straße heruntergelaufen kam. Er hetzte sich ab, Schweißperlen glänzten auf seiner Stirn, und als er an einer roten Ampel genau neben mir stehen bleiben musste, rang er nach Luft. Ich nahm meinen Helm ab, grüßte ihn, und er sah mich erleichtert an: »Kannst du mich mitnehmen?«, fragte er, »es ist ein Notfall, ich muss in die Via X.«

Ich kannte die Straße ganz gut – sie war für einen abgehetzten Pater entschieden zu weit entfernt, um weiter zu Fuß zu laufen, und mit dem Bus relativ schwer zu erreichen. Immer noch sehr in meiner deutschen Mentalität verhaftet, zögerte ich kurz – damals war es in Rom noch verboten, zu zweit auf einer Vespa zu fahren, außerdem hatte ich keinen zweiten Helm dabei –, dann sagte ich: »Va bene, geht in Ordnung.« Der Pater stieg also auf, und ich fuhr mit ihm quer durch die Stadt bis zu einem relativ abgelegenen Kloster. Als wir zu einem großen Tor kamen, bat Pater P. mich, anzuhalten, stieg ab, sagte etwas in die Sprechanlage und stieg dann wieder auf. Gleich darauf öffnete sich das Tor, und wir fuhren über einen Kiesweg, der überhaupt kein Ende mehr zu nehmen schien, durch einen großen Park, der mitten in Rom völlig abgeschottet hinter hohen Mauern lag. Schließlich hielt ich vor dem Klostergebäude, P. stieg ab und eilte zu einer überaus hübschen jungen, dunkelhäutigen Nonne, die vor dem Gebäude auf dem Boden kniete und herzzerreißend weinte. P. versuchte sie behutsam in den Arm zu nehmen und zu beruhigen, aber sie wollte sich anscheinend nicht beruhigen lassen und schluchzte weiter, auch dann noch, als der Pater auf sie einredete, zuerst auf Italienisch und dann in einem zweiten Anlauf auf Englisch – die Nonne sprach Französisch.

Pater P. sprach sehr schlecht französisch, deshalb brüllte er sie nun erneut auf Italienisch an: »Per favore stai calma« (»Bitte beruhige dich«).

Ich bockte die Vespa auf, nahm den Helm ab und ging zu der Ordensfrau. Dann fragte ich sie auf Französisch, was sie denn habe, aber sie weinte einfach weiter. Es wurde sogar eher noch schlimmer – jetzt warf sie sich auf den Boden.

»Was ist denn?«, fragte ich erneut, und sie weinte: »Geht weg, lasst mich in Ruhe. Außerdem sterbe ich vor Hunger.«

»Was sagt sie?«, fragte Pater P., und ich antwortete ihm: »Sie hat Hunger.«

In diesem Moment näherte sich dem Kloster auf einmal ein großer Reisebus, und Pater P. meinte: »Wir müssen hier weg, da kommen offenbar Pilger.« Auch ohne dass er noch etwas hinzufügte, konnte ich an seinem Gesicht erkennen, wie wenig er darauf erpicht war, dass die Pilgergruppe diese Szene mitbekam, weshalb ich sagte: »Ich kenne hier in der Nähe ein Restaurant. Vielleicht ist es ganz gut, wenn wir sie dorthin bringen und ihr erst einmal etwas zu essen geben.« Pater P. sah mich misstrauisch an, deshalb fügte ich hinzu: »Wir werden dort völlig ungestört sein, ich kenne den Besitzer sehr gut.«

Pater P. gefiel die Lösung immer noch nicht, aber der Bus kam immer näher und machte die Dringlichkeit der Situation umso deutlicher. »Sag ihr, sie bekommt, was sie will, Hauptsache, sie geht hier weg«, forderte Pater P. mich auf, und nachdem ich die Ordensfrau auch noch gefragt hatte, ob sie mit uns in ein nahes Restaurant gehen wolle, stand sie auf, klopfte sich den Staub von ihrer Kleidung, und bis der Bus mit den Pilgern bei uns hielt, sahen wir drei eigentlich schon wieder ganz manierlich aus: Ich schob die Vespa, Pater P. hatte die Nonne am Arm gefasst, und als wir das Tor bereits hinter uns gelassen hatten, zischte Pater P. mir zu: »Ich habe übrigens kein Geld dabei. Du musst mir was leihen.«

»Kein Problem«, sagte ich, dann gingen wir nur ein paar hundert Meter die Straße hinunter. Ich hoffte inständig, dass Saverio da sein würde. Saverio war ein glühender Fan des Fußballclubs AS Rom und hatte von seinem Onkel eine Trattoria geerbt – oder fast. Der Onkel, dessen Ehe kinderlos geblieben war, hatte sich zwar aus dem Geschäft zurückgezogen, saß aber zum Ärger von Saverio jeden Tag wie ein Patriarch an einem Tisch und kommandierte die Kellner herum, quatschte mit den Gästen und meckerte über die Qualität des Essens. Ich hatte einmal zufällig mitbekommen, dass Saverio ein grenzenloser Bewunderer des deutschen Stürmerstars Rudi Völler war, der damals für den AS Rom spielte und den ich schon ein paar Mal interviewt hatte. Als ich Saverio erzählte, dass ich Rudi Völler kenne, verhielt er sich so, als hätte ich ihm soeben eröffnet, den lieben Gott persönlich zu kennen und dafür sorgen zu wollen, dass er auch gleich vom Himmel herabsteige, um an seinem, Saverios, Tisch Platz zu nehmen. Kurz blitzte noch einmal Misstrauen in seinen Augen auf, als er mich von oben bis unten musterte, aber als ich ihm ein Foto von mir und Völler zeigen konnte, das ich in meiner Aktentasche dabei hatte, war unsere ewige Freundschaft besiegelt, und von da an habe ich bei Saverio nie mehr als dreißig Prozent des auf der Speisekarte angegebenen Preises für ein Abendessen bezahlt. Er bestand darauf, das Foto von mir und Rudi Völler zu bekommen, ließ es rahmen und nagelte es an die Wand seiner Trattoria. Der Platz am Tisch unter dem Bild war von nun an meiner, egal wie voll die Trattoria war, und so saß ich dort viele Abende und gab geduldig Auskunft über Rudi, obwohl ich ihn weder gut kannte noch etwas von Fußball verstand. Dennoch erklärte ich ihm fachmännisch, warum Rudi lieber über links spielt oder warum er es liebt, aus dem Raum nach vorn zu stoßen – dass ich von Fußball keine Ahnung hatte, flog komischerweise nie auf.

Vor dieser Trattoria stand ich also an jenem Tag mit Pater P. und der traurigen Nonne und hatte Glück. Saverio machte auf, obwohl die Trattoria eigentlich noch geschlossen hatte, und ein paar Minuten später verschlang die traurige Ordensfrau zuerst eine riesige Portion Spaghetti und danach zwei Portionen frittierte Garnelen. Ich aber habe in meinem Leben selten so viel über die katholische Kirche erfahren wie an diesem Nachmittag in Saverios geschlossener Trattoria und selten einen so guten Freund gefunden wie Pater P.

Die Ordensfrau taute rasch auf, und wir ließen sie erzählen von ihrem Zuhause in einer bitterarmen Familie im indischen Bundesstaat Kerala; ihr Onkel Paul arbeitete dort als Katechet. Das heißt, er stieg morgens auf sein Fahrrad und fuhr stundenlang durch den Busch, um irgendwo Familien zu besuchen, denen er aus der mitgebrachten Bibel die Geschichte des Jesus von Nazareth vorlas. Sein Chef war ein richtiger Missionar, für den ein paar Dutzend Katecheten arbeiteten, die als Ausrüstung meist nichts weiter als ein paar Bücher und ein Fahrrad bekamen, manchmal einen Esel. Wenn sie abends in der Dunkelheit zurück nach Hause fuhren, wussten sie, dass sie für ihre Mühen am Ende des Monats mit etwa dreißig amerikanischen Dollar belohnt werden würden – dreißig Dollar im Monat; so viel kostet in New York eine schlechte Flasche Wein im Restaurant. Die Ordensfrau hieß Schwester Christine und erzählte auf eine so temperamentvolle Weise, dass man die Hitze des indischen Buschs zu fühlen schien, den Duft der Currys riechen konnte, den Geschmack von Kokosmilch schmecken und die bunten Saris der Frauen wie mit eigenen Augen zu sehen schien. Sie erzählte auch davon, wie gefährlich der Job ihres Onkels war: Es gab Hindu-Organisationen, die den bekehrten Christen Gewalt androhten, wenn sie sich nicht wieder zum Hinduismus bekehrten. Es gab auch Massenkonvertierungen: Große Gruppen von bekehrten Christen erklärten in öffentlichen Zeremonien, dass der christliche Glaube nur eine Irrlehre gewesen sei. Meist waren diese öffentlichen Konvertierungen mit Bestechungsgeld erkauft worden. Im Gegenzug riskierten aber Katecheten, die dabei erwischt wurden, wie sie einen Hindu bekehren wollten, ins Gefängnis geworfen oder gar im schlimmsten Fall getötet zu werden. Muslimische Organisationen steckten Kirchen an und verübten Anschläge auf christliche Kindergärten und Krankenhäuser. Schwester Christine schilderte das Leben in ihrem Dorf und die Arbeit ihres Onkels wie einen großen Kampf um jedes Haus, jede Straße, jeden Ort. Sie erzählte, wie ihr Onkel in der Hütte, in der er lebte, mithilfe seiner Frau auf Pappkartons Szenen aus dem Leben Jesu Christi malte, für die Analphabeten. Natürlich malte er dabei die Auferstehung, aber auch die Heilung von Kranken und die Auferweckung des toten Lazarus. Morgens band er diese Pappkartons an sein Fahrrad, nahm Wasser und ein bisschen Curryreis in einer Blechbüchse mit und zog los, um irgendwo im Busch das Wort Gottes zu erklären, so gut er konnte. Jedes Mal, wenn der Missionar persönlich zu ihm kam – sein Chef, ein Italiener aus Brescia –, bedeutete das eine große Ehre für die ganze Familie. Dann gab es sogar Fleisch – eines der wenigen Hühner musste dann dran glauben. Ihr Onkel schien ein zufriedener Mensch zu sein, Schwester Christine schilderte ihn als einen sonnigen Mann, der gern europäische Kirchenlieder sang und dessen Gesicht sich nur dann verdüsterte, wenn er davon hörte, dass wieder ein Katechet wie er irgendwo vom Fahrrad gezerrt und im Busch ermordet worden war. Schwester Christine erzählte auch von den reichen muslimischen Händlern im Dorf, die es sich sogar leisten konnten, jeden Tag Fleisch zu essen und mit dem Ambassador-Taxi zu fahren; nicht nur mit den Tuktuks, den billigen Motorrikschas.

Diese reichen Muslime taten alles, damit ihre Kinder auf christliche Schulen kamen, weil diese eine viel bessere Ausbildung und damit eine bessere Zukunft boten, und Schwester Christine schilderte uns, wie schwierig es für die Familien war, wenn die Kinder sich dann zum Christentum bekehrten. Töchter, die Christinnen geworden waren, weigerten sich dann, muslimische Männer zu heiraten, muslimische Söhne verliebten sich in christliche Klassenkameradinnen und wollten die Religion wechseln. Damals begann ich zum ersten Mal zu begreifen, dass es nicht nur eine theoretische Auseinandersetzung der Religionen gab, sondern auch einen ganz praktischen Kampf – einen Kampf um die Seelen, der bestimmte, welche Religion sich ausbreitete und welche ihre Mitglieder verlor.

»Männer wie ihr Onkel Paul sind die echten Helden der katholischen Kirche«, sagte plötzlich Pater P. »Die Menschen in Europa wollen es nicht einmal mehr auf sich nehmen, für ihren Glauben am Sonntag in eine gut geheizte Kirche zu gehen. Sie ahnen gar nicht, dass es Katecheten wie den Onkel von Christine gibt.«

»Woher kennst du ihn?«, fragte ich.

Pater P. hatte ihn im Januar 1986 kennen gelernt, als der Papst Indien besuchte. Er war für die Kongregation zur Evangelisierung der Völker in Indien gewesen und zum päpstlichen Gottesdienst gefahren. Vorn in der ersten Reihe hatten die Würdenträger Indiens gesessen, Minister, Bischöfe, Vertreter der Hindus, der Muslime, der Juden. Funktionäre waren von weit her angereist, um diese Messe mitzuerleben. Für den Katecheten aus Kerala war vorn kein Platz, Pater P. entdeckte ihn zufällig bei einem Rundgang. Paul kauerte auf einem Baum, um wenigstens etwas von der päpstlichen Messe zu sehen. Pater P. holte ihn herunter und brachte ihn nach ganz vorn, ganz nahe an den Altar, wo der Papst die Messe las.

»Da, auf einen Ehrenplatz, gehörte er auch hin«, meinte Pater P. Ein paar Jahre später schrieb ihm Onkel Paul, dass seine Nichte eine fromme Christin geworden und in einen religiösen Orden eingetreten war; sie träumte davon, in ein Kloster nach Rom zu kommen.

»Das Kloster da oben ist furchtbar«, klagte Christine jetzt, »es sind zu viele alte Frauen. Sie kommandieren mich nur herum, es ist unerträglich. Ich musste dich anrufen, ich wollte einfach weglaufen«, fügte sie hinzu.

Jetzt begriff ich es: Pater P. hatte dafür gesorgt, dass Schwester Christine in einen römischen Orden aufgenommen wurde und ihren Traum wahr machen konnte. Aber was sie dann hier vorfand, war ein Knochenjob in einem Kloster voller bettlägeriger, schwacher alter Nonnen. Hatte diese junge Inderin Jesus Christus so geliebt, dass es richtig war, sich mit ihm zu vermählen? Empfand sie ihren Glauben wirklich so stark, dass es eine gute Idee gewesen war, in einen religiösen Orden einzutreten? Oder hatte sie vor allem aus ihrem Dorf in Indien weg gewollt?

»Sie lassen mich den ganzen Tag arbeiten«, klagte Christine erneut. »Es gibt nur wenig zu essen, immer nur Nudeln, Nudeln, Nudeln. Sie benutzen keine Gewürze, und viele sind zu krank, um sich allein zu versorgen«, ergänzte die hübsche Inderin, machte eine Pause und fügte dann hinzu: »Ich möchte eine tätige Ordensfrau sein, nicht nur eine Krankenpflegerin.«

Erst sehr viel später, in einer herrlichen Sommernacht auf der Dachterrasse meiner Wohnung, erzählte mir Pater P. die Wahrheit. Tatsächlich gab es so etwas wie einen Arbeitskräftetransfer aus Ländern der Dritten Welt in überalterte und auch verarmte Klöster. In der Ersten Welt gab es einfach zu wenig Nachwuchs, um die großen Klöster am Leben zu erhalten. Auf vierzehn über fünfundsiebzig Jahre alte Nonnen kam lediglich eine, die unter dreißig war. So entwickelte sich die Situation der Klöster fast in allen europäischen Orden katastrophal, weil niemand an eine Finanzierung der Pflege gedacht hatte. Nun lagen Tausende alte Ordensleute, die nie in ihrem Leben in eine Rentenkasse eingezahlt hatten, die völlig mittellos waren, in den Klöstern und mussten irgendwie von ihrem Orden und vom Vatikan versorgt werden. Deshalb behalf man sich manchmal mit jungen Frauen religiöser Orden aus Übersee und holte sie nach Rom in Klöster, wo sie auch als Pflegekräfte gebraucht wurden. Christine war eine von ihnen. Sie war sehr unglücklich in diesem Kloster. Außerdem litt sie unter Heimweh.

An diesem Abend haben wir uns alle drei angefreundet, danach trafen wir uns regelmäßig, und Christine brachte mir bei, fantastische Currys zu kochen. Sie blieb lange in dem Kloster und biss die Zähne zusammen, hatte immer wieder Krisen, und irgendwann ging sie dann nach Indien zurück, um ihrem Onkel Paul zu helfen.

Dank ihrer Geschichte verstand ich, wie dringend notwendig das Werben um ein friedliches Zusammenwirken der Religionen ist, dass dies den Menschen Frieden bringen oder den Frieden sichern und ganz konkrete Hilfestellung leisten kann. Entsprechend froh war ich, als ich hörte, dass Papst Benedikt XVI. genau das zu einem zentralen Punkt seines Pontifikates machen will, dass die Kongregation zur Evangelisierung der Völker mit ihren mehr als eine Million Katecheten auf der Welt unter der Regentschaft des neuen Papstes eine zentrale Einrichtung der katholischen Kirche wurde. Und ich denke, dass es niemandem im Vatikan schaden könnte, indische Katecheten wie Onkel Paul und seine Nichte Christine kennen zu lernen – selbst für Päpste wäre das wohl eine sehr gute Erfahrung.

37

Angst vor dem neuen Papst?

Es gibt kein Ereignis auf der Welt, das sich mit dem Amtsantritt eines Papstes vergleichen lässt. Der Amtsantritt eines Bundeskanzlers oder eines Präsidenten verläuft ganz anders, weil nach der Glaubensdoktrin der katholischen Kirche ein Papst ja nicht wirklich gewählt, sondern vom Heiligen Geist – also von Gott – auserwählt wurde. Jeden Menschen muss die Vorstellung, plötzlich der Stellvertreter Gottes auf Erden zu sein und ein Recht auf den Titel Vikar Jesu Christi zu haben, überfordern. Alle Päpste des vergangenen Jahrhunderts haben deshalb auch nach ihrer Wahl vor allem betont, dass sie sich eines solch hohen Amtes für unwürdig halten. Johannes Paul II. nahm in seine Wahlordnung »Universi Dominici Gregis« extra einen Paragraphen auf, in dem er den gewählten Kandidaten bittet, das Amt auch anzunehmen und nicht aus Bescheidenheit und dem Gefühl, eines solchen Amtes nicht würdig zu sein, die Wahl abzulehnen. Johannes Paul II. schrieb für seinen Nachfolger in die Wahlordnung auch die tröstlichen Worte, wenn Gott einen Mann für eine solche Aufgabe auserwählt habe, werde er ihm auch die Kraft und die Weisheit geben, diese zu meistern.

Die Haltung eines Papstes zu Grundfragen des Lebens bestimmt Einzelschicksale auf der ganzen Welt und manchmal die Geschicke von Völkern. Ohne Johannes Paul II. stünde nach Meinung von Michail Gorbatschow, dem vorletzten Staatschef des zerbröckelnden Sowjetimperiums, die Mauer vielleicht noch immer; Polen wäre mit Sicherheit heute ein ganz anderes Land. Aber noch ein Detail sorgt dafür, dass der Amtsantritt eines Papstes so einzigartig ist: Laut Kirchenrecht gehört den Päpsten der Vatikan mit allen beweglichen und unbeweglichen Gütern. Ein neuer Minister eines demokratischen Landes zieht zwar auch als neuer Chef in sein Ministerium ein, aber er kann nicht über den Besitz des Ministeriums frei verfügen, und lästigerweise müssen Minister in der Regel Abmachungen einhalten, die noch von ihren Vorgängern getroffen wurden. Bei Päpsten liegt der Fall ganz anders: Sie können Entscheidungen ihrer Vorgänger einfach aufheben, selbst wenn diese schon Jahrhunderte zurückliegen. Einer der spektakulärsten und zugleich bekanntesten Fälle dieser Art war die Annullierung des Kirchenbanns gegen Galileo Galilei.

Päpste sind also sehr frei, wenn sie ihr Amt antreten. Was die wichtigsten personellen Entscheidungen anging, gab es für Benedikt XVI. gar keine Probleme. Papst Johannes Paul II. hatte die Kurie überaltern lassen, indem er die Obergrenze der Amtszeit für seine wichtigsten Mitarbeiter einfach aufhob. So konnte der neue Papst problemlos Kardinäle, die in Schlüsselpositionen arbeiteten, aus ihrem Dienst entlassen, und die alten Herren waren in der Regel sehr froh darüber, jetzt endlich in den Ruhestand gehen zu dürfen. Damit kann Benedikt XVI. nun ohne große Probleme seine eigenen Vertrauenspersonen dort installieren, wo er sie braucht.

Aber Päpste müssen nach ihrem Amtsantritt nicht nur große theologische, moralische und politische Fragen entscheiden, die mehr als eine Milliarde Katholiken auf der Welt betreffen, sondern müssen auch mikroskopisch kleine Probleme lösen: So verlangte zum Beispiel eine gar nicht mal kleine Gruppe von Bischöfen und Priestern fast während der kompletten Amtszeit von Papst Johannes Paul II., dass dem vatikaneigenen Supermarkt, der so genannten Nona, die Erlaubnis entzogen werde, Zigaretten zu verkaufen. Viele Priester hielten es für absurd, dass Genusswaren, die laut Überzeugung der Weltgesundheitsorganisation (WHO) den Tod bringen können und deshalb nur mit entsprechenden Warnungen bedruckt verkauft werden dürfen, im Sortiment des Supermarkts des Vatikans zu finden waren. Dennoch wurde der Handel mit Zigaretten dort nie gestoppt, was vermutlich nicht nur daran lag, dass es in der Umgebung von Johannes Paul II. zahlreiche Kettenraucher gab, sondern auch daran, dass der Supermarkt ausgezeichnete

Geschäfte damit machte. Zigaretten durften im Vatikan ohne Mehrwertsteuer verkauft werden. Ersparnis: zwanzig Prozent. Kistenweise trugen Vatikan-Angestellte Zigaretten aus dem Supermarkt und versorgten so einen Teil der Römer mit billigeren Markenzigaretten.

Als zum ersten Mal beim Einbruch der Dunkelheit im päpstlichen Appartement die Lichter eingeschaltet wurden, sahen zahlreiche besorgte Augen auf die hell erleuchteten Scheiben. Viele der 1800 Priester und 2200 Laien, die im Vatikan arbeiten, stellten sich die bange Frage, wie lange diese Lichter brennen würden, wie lange also der neue Papst arbeiten und wie hoch das Tempo sein würde, das er vorlegte, um den Kirchenstaat zu erneuern. In den Gassen des Kirchenstaats gab es viele, die befürchten mussten, dass dort oben gerade eine Entscheidung getroffen werde, die ihnen das Leben plötzlich sehr schwer machen könnte. Denn in der Geschichte des Kirchenstaats hatte sich immer gezeigt, dass Päpste in der ersten Phase ihrer Amtszeit den Vatikan in seinem Inneren mit einem Schlag so verändern, wie sie es für richtig hielten, um dann für den Rest ihrer Amtszeit an diesen Entscheidungen festzuhalten.

Dabei geht es zuerst einmal um Personalentscheidungen und um Geld. Papst Benedikt XVI. wird zum Beispiel entscheiden müssen, ob bei Radio Vatikan alles beim Alten bleiben kann oder nicht. Seit Jahren protestieren immer wieder zahlreiche Kardinäle gegen die hohen Kosten des Vatikan-Funks. Immerhin leistet sich der Kirchenstaat die stolze Ausgabe von etwa zweiundzwanzig Millionen Euro im Jahr, um das Radio zu betreiben. Das ist übrigens auch der größte einzelne Kostenfaktor in der Bilanz des Vatikans, der pro Jahr etwa zweihundertzwanzig Millionen Euro ausgibt. Längst arbeitet eine Vielzahl anderer katholischer Radiostationen unabhängig vom Vatikan, sodass sich die Frage stellt, wie dringend Radio Vatikan wirklich benötigt wird. Vor allem stark sozial engagierte Bischöfe sind der Meinung, dass man mit dem vielen Geld sinnvollere Dinge tun könnte, als ein frommes Programm über den Äther gehen zu lassen.

Der neue Chef im Apostolischen Palast muss sich zudem entscheiden, was für eine Art Chef er sein will. Seit Jahren plagt die Angestellten im Kirchenstaat eine offene Frage: Warum existiert ausgerechnet im Vatikan kein Streikrecht? Alle Angestellten sind angehalten, wie in einer Familie zu arbeiten, in großer Solidarität. Zuschläge werden nicht ausgehandelt, sondern hängen ausschließlich von der Gnade des Papstes ab. Rom aber ist eine teure Stadt.

38

Der Papst und der Teufel:
Braucht die Kirche Exorzisten?

Benedikt XVI. wurde als erster Papst im dritten Jahrtausend gewählt, und seine Wahl bedeutet zweifellos den Beginn einer neuen Epoche. Was die technologischen Entwicklungen angeht, begann das postmoderne Zeitalter im Vatikan aber schon während der Amtszeit Johannes Pauls II. Ausgerechnet die Päpste, die über Jahrhunderte Entdeckungen der Naturwissenschaften verteufelt, Forscher drangsaliert oder gar umgebracht hatten, wenn sie ihre wissenschaftlichen Entdeckungen nicht verleugneten – ausgerechnet diese Päpste betrieben nun eine rasche technologische Aufrüstung des Kirchenstaats. Bereits unter Johannes Paul II. hatte der Vatikan das Internet zur Verbreitung der päpstlichen Botschaft eingesetzt, die Nachricht von seinem Tod wurde, wie schon erwähnt, per E-Mail verschickt; außerdem wurde während seiner Amtszeit eine Fernsehanstalt gegründet, CTV (Centro Televisivo Vaticano), und in Tucson, Arizona (USA), sogar eine moderne Sternwarte aufgebaut. Der Vatikan nutzt heute Telekommunikationssatelliten und modernste Digitaltechniken zur Archivierung, und was dem neuen Papst weit mehr Sorgen bereiten dürfte als die modernen technologischen Entwicklungen der Welt, ist das alte, zum Teil jedoch schwer zu vermittelnde Erbe der katholischen Kirche. So zeigt die Moderne immer weniger Verständnis für Dogmen und Glaubensgrundsätze der katholischen Kirche. Einer Welt, die fest an die Vorteile einer Demokratie glaubt, lässt sich nur schwer klarmachen, dass der Vatikan unter anderem auf dem Prinzip beruht, dass der regierende Fürst, der Papst, per Dogma immer und unter allen Umständen Recht hat und in seinen Entscheidungen unfehlbar sein soll. Wenn die Lehrmeinung der katholischen Kirche nach wie vor verkündet, dass Maria eine jungfräuliche Geburt erlebt haben soll, lässt sich das heute ebenso wenig überzeugend vermitteln wie der Glaube an die Wandlung des Weins und der Hostien während der Messe in einer katholischen Kirche. Besonders drastisch zeigt sich das Problem des neuen Papstes, die Glaubenswahrheiten der katholischen Kirche neu darstellen zu müssen, an einem besonders merkwürdigen Phänomen: dem Exorzismus.

Wer aus Rom hinaus zum Strand nach Ostia fährt, muss durch die Zementburgen der von Benito Mussolini so gewollten monumentalen Neustadt, EUR, hindurch. Die Abkürzung steht für »Esposizione Universale di Roma«, was »Universalausstellung von Rom« bedeutet – die Stadt war erdacht und erbaut worden für die Weltausstellung des Jahres 1940, die dann aber wegen des Ausbruchs des Zweiten Weltkriegs gar nicht stattfand. Rom musste sich an die Existenz dieses Stadtteils gewöhnen, der eine Mixtur darstellt aus faschistischer Architektur und der Imitation antiker Gebäude, die allein schon von ihrer Dimension her geeignet sind, Menschen einzuschüchtern. Ausgerechnet hier, am Rand der EUR, aber erhebt sich ein gewaltiger Gebäudekomplex: das Hauptquartier der Gesellschaft des heiligen Paulus – die Hochburg der Exorzisten. Hier praktiziert seit Jahrzehnten der Chefexorzist der katholischen Kirche, Pater Gabriel Amorth, täglich Dutzende Teufelsaustreibungen. Schon im Morgengrauen sammeln sich kleine Grüppchen vor dem Gebäude, meistens bringen Verwandte vermeintlich Besessene zu dem Kloster. Die angeblich Besessenen müssen lange, dunkle Flure hinter sich bringen, bis sie vor einer kleinen Glastür stehen, hinter der sich das Wartezimmer des Exorzisten befindet. Eine Karaffe mit Wasser steht auf dem Tisch, Servietten liegen bereit, einige Heiligenbildchen zum Mitnehmen hat der Exorzist auf dem Tisch gestapelt. An der Wand stehen sechs einfache Stühle. Es wirkt wie ein kleines, normales, sehr heruntergekommenes Wartezimmer, das auf einen eher schlecht beleumundeten Arzt hindeuten könnte. Aber man käme wohl kaum darauf, dass in einem solchen Zimmer das Zusammentreffen zwischen Gott und dem Satan

vorbereitet wird. An den Wänden zeigen sich gewaltige Risse
– dieser Teil des Klosters ist etwas in die Erde abgesackt, als
wolle Satan sich an den Exorzisten rächen. Neben dem Wartezimmer befindet sich ein nur rund acht Quadratmeter kleiner
Raum, und hier bereitet sich Pater Amorth auf den Ritus vor.
Er legt eine violette Stola über den schwarzen Priesterrock,
nimmt Weihwasser und sein silbernes Kruzifix zur Hand – er
hat fünf Bücher über den Exorzismus geschrieben und ist
überzeugt von dem, was er tut. Tatsächlich hat Amorth nicht
den geringsten Zweifel daran, dass der Satan in die Menschen
fährt – er glaubt jahrzehntelange Erfahrung gesammelt zu haben im Umgang mit dem Teufel. Amorth berichtet auch gern
ausführlich darüber, dass er mit Satan spricht: »Der Teufel ist
ein Lügner«, sagt er, »aber manchmal zwinge ich ihn, mir zu
antworten.« Das klingt so, als spreche er über einen alten Bekannten. Der Priester fährt fort: »Ich frage den Teufel nach seinem Namen, und oft antwortet er mir auch. Meist handelt es
sich um mehrere Teufel, die mir drohen: ›Wir sind so viele,
dass wir die Sonne verdunkeln könnten.‹ Sie tragen die Namen, die auch die Bibel dem Teufel gibt – also Satan, Luzifer,
Beelzebub, roter Drache oder alte Schlange«, erzählt Pater
Amorth freimütig. Der alles entscheidende Moment für einen
Exorzismus beginnt nach seinen Ausführungen in dem Moment, wenn dem vermeintlich Besessenen die Symbole des
Christentums gezeigt werden: das Kreuz, Weihwasser oder
Bilder von Jesus. In diesem Augenblick, so Amorth, »haben
alle wirklich Besessenen eine sehr heftige Reaktion«. Manchmal ist diese Reaktion sogar so heftig, dass Pater Amorth den
Betreffenden mithilfe der anderen am Exorzismus Beteiligten
auf ein Bett schnallt. Dazu liegen Fesseln bereit, die Pater
Amorth aus den ausrangierten Schnüren bastelt, mit denen ansonsten die Rollos vor den Klosterfenstern hochgezogen werden. Weniger rebellische Menschen dürfen auf einem schlichten Sessel Platz nehmen. Maximal sechs Personen passen in das
Zimmer; meist kommt ein Verwandter – die übrigen sind Mitglieder einer Gebetsgruppe oder befreundete Priester. Amorth
spricht dann die von der katholischen Kirche für einen Exor-

zismus vorgesehenen Gebete: »Ich exorziere dich, unreiner Geist, ich exorziere jedes Eindringen des Feindes, jedes Gespenst, jede teuflische Legion im Namen unseres Herrn Jesus Christus.«

Der zweite Exorzismus lautet: »Ich zwinge dich, alte Schlange, im Namen des Richters der Lebenden und der Toten, deines Schöpfers und des Schöpfers der Welt, im Namen dessen, der die Macht hat, dich in das Gehenna [neutestamentliche Bezeichnung für Hölle] hinabzustoßen, dass du in Angst und mit einem hasserfüllten Heer verlässt diesen Diener Gottes.«

Die dritte Formel lautet: »Ich befehle dir und jedem unreinen Geist, jedem Gespenst und jedem Angreifer durch die Macht Satans im Namen von Jesus Christus, der in die Wüste geführt wurde und dich in deinem Haus geschlagen hat, abzulassen von diesem Menschen, den Gott geschaffen hat aus der Erde, um sein Lob zu preisen.«

Am 22. Februar 1986 wies Kardinal Joseph Ratzinger die Gläubigen der Welt an, diese Formel »nicht zu benutzen«. Lediglich katholischen Priestern und nur dann, wenn sie ihren Bischof informiert hätten, sei gestattet, das Exorzismus-Gebet zu sprechen, schrieb Kardinal Ratzinger.

Amorth nahm in den mehr als vierzig Jahren seiner Tätigkeit Tausende Exorzismen vor. Dabei erlebte er schier unfassbare Geschichten. Manche lassen sich durch Zeugen belegen, andere nicht. Ein Automechaniker soll einmal ruhig in seiner Werkstatt gearbeitet haben, bis er plötzlich ein seltsames Geräusch hörte. Er ging in den Nebenraum und sah, wie sich ein tonnenschwerer Metallschrank auf ihn zuschob. Gleichzeitig drehten sich die Autos in der Werkstatt so, dass sie ihm den Fluchtweg abschnitten. Der schwere Metallschrank kam immer näher auf ihn zu, schwankte und fiel in seine Richtung. Der Mechaniker konnte in letzter Sekunde fliehen, bevor der Schrank umfiel. Verwandte brachten ihn zu Pater Amorth. Während der Exorzismen spuckte der Mann kiloweise Metallteile aus. Aber der Pater konnte ihn schließlich befreien.

Für viele Bischöfe der katholischen Kirche, aber auch für einfache Priester und Gläubige bedeuten die Erzählungen von

Pater Amorth und den anderen Exorzisten der katholischen Kirche nichts weiter als eine Form des Aberglaubens: finsterstes Mittelalter, schlichter Hokuspokus. Immer wieder schlagen theologische Kommissionen oder auch wichtige Kardinäle vor, den Exorzismus vollkommen zu verbieten. Doch genau hier liegt das theologische Problem: Der Gründer des Christentums, Jesus von Nazareth, nahm vermutlich selbst Exorzismen vor. Im achten Kapitel des Lukasevangeliums jedenfalls heißt es, Vers 26 bis 34, dass Jesus ein Mann entgegenkam, der von Dämonen besessen war. Schon seit langem trug er keine Kleider mehr und lebte nicht mehr in einem Haus, sondern in den Grabhöhlen. Als er Jesus sah, schrie er auf, fiel vor ihm nieder und rief laut: »Was habe ich mit dir zu tun, Jesus, Sohn des höchsten Gottes? Ich bitte dich: Quäle mich nicht!« Jesus hatte nämlich dem unreinen Geist befohlen, den Mann zu verlassen. Nun fragte Jesus ihn, wie er heiße, und der Mann antwortete: »Legion.« Denn er war von vielen Dämonen besessen. Und die Dämonen baten Jesus, sie nicht zur Hölle zu schicken. Nun weidete dort an einem Berg gerade eine große Schweineherde. Die Dämonen baten Jesus, ihnen zu erlauben, in die Schweine hineinzufahren. Er erlaubte es ihnen. Da verließen die Dämonen den Menschen und fuhren in die Schweine, und die Herde stürzte sich den Abhang hinab in den See und ertrank.

Auf diese Stelle im Lukasevangelium beziehen sich alle Exorzisten der Welt. Die von Pater Amorth gegründete Weltorganisation der Exorzisten zählt etwa sechshundert Mitglieder, ist im Vatikan aber offenbar nicht gern gesehen: Anträge der katholischen Exorzisten, dort einen Weltkongress abhalten zu dürfen, wurden regelmäßig abgelehnt. In zahlreichen Ländern, darunter Deutschland und Frankreich, erlauben die Bischofskonferenzen keine Exorzismen, sind Teufelsaustreibungen verboten. In den meisten Ländern der Welt erlaubt die katholische Kirche lediglich Gebetsgruppen, die sich am Bett eines Kranken treffen dürfen, und zahlreiche katholische Priester leugnen öffentlich, dass es den Teufel überhaupt gibt. Johannes Paul II. aber hat sich zu diesem heiklen Thema ganz eindeutig geäußert und selbst Exorzismen vorgenommen. Am

19. Juli 1993 wurde in Rom der Bericht *Mes six papes* (*Meine sechs Päpste*) bekannt, aus der Feder des französischen Kardinals Jacques Martin, des ehemaligen Präfekten des päpstlichen Haushaltes. Kardinal Martin beschreibt darin, wie der Bischof von Spoleto, Monsignor Alberti, in eine Audienz zum Papst kam und eine Frau bei sich hatte, die er für besessen hielt – ein Dämon, ein Teufel sei in sie gefahren, sagte er. Sie hieß Francesca F., warf sich vor dem Papst auf den Boden und wälzte sich hin und her. Kardinal Martin: »Ich stand vor der geschlossenen Tür und hörte ihre Schreie. Der Papst begann zu beten, sprach mehrere Exorzismen aus, aber ohne Erfolg. Zum Schluss sagte er: ›Ich werde morgen eine Messe für dich lesen.‹ Plötzlich stand die Frau auf. Sie schien wieder völlig normal zu sein und entschuldigte sich beim Papst für ihr seltsames Verhalten. Ein Jahr später kam die jetzt ganz gesunde und unauffällige Frau mit ihrem Mann noch einmal zum Papst, um ihm zu sagen, dass sie Mutter werde und nie wieder Anfälle gehabt habe. Der Papst war sehr beeindruckt von dieser Szene. Er sagte, dass es das erste Mal war, dass er einen solchen Fall erlebt habe – ›eine wirklich biblische Szene‹, sagte der Papst.«

Mit seiner Entscheidung, selbst einen Exorzismus zu zelebrieren, legte Johannes Paul II. die katholische Kirche auf eine klare Linie fest, die da besagt, dass es keinen Zweifel an der Existenz des Teufels in der Welt geben könne und Exorzismen praktiziert werden dürfen. Der Papst unterstrich auch mehrfach die Existenz des Teufels. Am 4. September 1988 hat er zum Beispiel in einer dramatischen Rede in Turin gesagt, dass die Stadt Turin für ihn zum magischen Dreieck gehöre, das die Städte Prag, Lyon und eben Turin bildeten – das Dreieck Satans. Der Papst sprach auch ganz offen über den Teufel: Er sei »der Herr dieser Welt«. Auch bei anderen Gelegenheiten erinnerte Johannes Paul II. an ihn, nannte ihn »ein unsichtbares Wesen«, »den Vater der Lüge,« »die alte Schlange« oder auch »den großen Drachen, den Teufel, eben Satan«.

Papst Benedikt XVI. wird nun auch zu dieser extremen Frage Stellung beziehen müssen.

39

»Reißt die Tore auf«

Sonntag, 24. April 2005, 9.30 Uhr, Petersdom. Mit einem geheimnisvollen Ritus beginnt die Feier zur Amtseinführung des 264. Nachfolgers des heiligen Petrus. Papst Benedikt XVI. und die Kardinäle sind im Petersdom ganz unter sich. Sie steigen hinab zum Grab des heiligen Petrus vor dem Hauptaltar, wo die neuen Insignien der Papstwürde liegen: der Fischerring und das Pallium. Benedikt XVI. wird einen richtigen Siegelring tragen, auf dem der fischende Petrus zu sehen ist, und ein Pallium wie im Mittelalter – einen 2,6 Meter langen und zwölf Zentimeter breiten Wollstreifen, auf den rote Kreuze gestickt sind, die an die blutenden Wundmale Christi gemahnen. Nun kommen die Kardinäle und der neue Papst auf den Petersplatz. Jubel empfängt sie, und Benedikt XVI. enttäuscht die Erwartungen nicht, hält eine fantastische Predigt. Der große Papst macht sich erst einmal ganz klein: »Betet für mich, dass ich nicht furchtsam vor den Wölfen fliehe. Beten wir füreinander, dass der Herr uns trägt. Und dass wir durch ihn einander zu tragen lernen.«

Es war die erste wichtige Predigt des neuen Papstes, und er trat dabei auf wie ein gütiger Vater. Ein neues Kapitel hatte begonnen, aber am Tag seiner Amtseinführung erinnerte Benedikt XVI. auch noch einmal an seinen Vorgänger Johannes Paul II., indem er dessen Worte zitierte, die dieser bei seiner Amtseinführung am 22. Oktober 1978 gesagt hatte: »Habt keine Angst, reißt die Tore auf für Christus.«

Ich sitze an diesem Sonntag auf dem Dach der linken Kolonnade vor dem Petersdom, dem so genannten »Flügel Karls des Großen«, und als Benedikt XVI. dieses Motto von Papst Johannes Paul II. zitiert, »Habt keine Angst«, blicke ich unwillkürlich hinunter auf den Petersplatz zu der Steinplatte, auf der am 8. April der Sarg gestanden hatte. Es war erst sechzehn Tage her, dass ein kalter Wind in das aufgeschlagene Evangelium gefahren war, das auf dem Sarg von Johannes Paul II. gelegen hatte. Mehr als eine Million Menschen waren zum Abschied von Johannes Paul II. gekommen, eine schweigende, geschockte Menge Trauernder, und nun herrscht fast schon wieder eine ausgelassene Stimmung. Die Pilger freuen sich, singen – ja, sie haben keine Angst. Dennoch mischt sich immer wieder Melancholie in die fröhliche Atmosphäre: Jahrelang habe ich dabei zugesehen, wie ein Mann am Rande seiner Kräfte versuchte, trotz Schmerzen eine lange Zeremonie durchzustehen. Es ist schön, jetzt wieder einen Pontifex zu sehen, der aus eigener Kraft aufstehen, mühelos sprechen und zum Altar gehen kann. Die Kirche erlebt sichtbar einen Neuanfang, und der Papst sagt es auch: »Die Kirche lebt, weil Christus lebt, und die Kirche ist jung.«

Lange applaudieren die Menschen auf dem Petersplatz und auf der Via della Conciliazione nach der Predigt des Papstes. Jetzt fängt wirklich ein neues Kapitel an.

Nur drei Tage später, am 27. April 2005, begann für den neuen Papst, Benedikt XVI., schon der Alltag. Er musste auf dem Petersplatz die erste Generalaudienz durchstehen und beging gleich den ersten Anfängerfehler. Sein erfahrener Vorgänger hatte gewusst, was es bedeutet, drei Stunden lang auf dem Petersplatz Massen zu empfangen. Benedikt XVI. ahnte das offenbar nicht und bezahlte seine falsche Einschätzung mit einem harmlosen Sonnenbrand. Während des Requiems für Johannes Paul II. hatte er auf dem Petersplatz noch sichtlich gefroren, ein eisiger Wind war über den Platz gefegt; nun brannte eine heiße Sonne am römischen Himmel, und Benedikt XVI. wird sich darauf einstellen müssen, dass zum Alltag eines Papstes auch die Regelung ganz banaler Dinge gehört – etwa die Aufstellung eines Baldachins als Sonnenschutz.

Als Chef der Glaubenskongregation musste er sich um so etwas keine Gedanken machen. Er hatte eher im Verborgenen, an seinem Schreibtisch gearbeitet. Zwar nahm auch er an den wichtigsten heiligen Messen teil, hatte auch konzelebriert, war aber nie so im Mittelpunkt gestanden wie nun als Papst. So rötete sich also seine empfindliche Haut allmählich immer mehr, aber Papst Benedikt XVI. wäre nicht der, der er ist, hätte er nicht trotzdem die Gelegenheit genutzt, ebenso eindringlich wie präzis Auskunft zu geben: »Ich habe mich Benedikt XVI. genannt«, sagte er bei dieser seiner ersten Generalaudienz auf dem Petersplatz, »um mich an das Pontifikat des mutigen Friedenspapstes Benedikt XV. anzulehnen, der den Ersten Weltkrieg zu verhindern suchte. Ich stelle mein Petrusamt in den Dienst der Versöhnung und des guten Einvernehmens unter den Menschen und Völkern.«

Das wäre ein gutes Schlusswort für mein Buch, dachte ich, als ich dann am frühen Nachmittag mit einem befreundeten Pater vom Vatikan zurück nach Hause fuhr. Doch genau in diesem Moment sah mich mein Freund auf einmal an und fragte mich:

»Weißt du, warum Ratzinger ein guter Papst ist?«

Verblüfft schaute ich zurück und bat: »Sag es mir.«

»Er glaubt an Gott.«

»Soll das ein Witz sein?«, fragte ich.

»Nein«, antwortete er. »Es gibt ab und zu in der Kirche Menschen, die sind Funktionäre des Heiligen geworden, Theoretiker, eher Religionsphilosophen als Gläubige. Meist sind es hochgebildete Männer, die der Kirche treu ihren Dienst erweisen, aber sie glauben aus Gewohnheit. Bei Joseph Ratzinger ist das anders. Er glaubt bedingungslos an Gott, und das wird der Kirche helfen.«

40

Unruhige Zeiten

In den ersten Wochen seiner Amtszeit versuchte Papst Benedikt XVI. vor allem eines: Ruhe in die Kurie zu bringen. So lange hatte die Welt dem öffentlichen Sterben von Papst Johannes
Paul II. zugesehen, so unmittelbar schien sein Tod viele Male
bevorzustehen – doch als es dann am 2. April 2005 so weit war,
wirkte der Tod des Karol Wojtyla, der als Papst Johannes Paul
II. die katholische Kirche so nachhaltig verändert hatte, wie ein
Schock. Eine Epoche war zu Ende gegangen – das wurde vielen
vielleicht erst mit dem Tod des geliebten Gottesmannes richtig
klar. Die Generation der jungen Priester und Gläubigen, die
sich an gar keinen anderen Papst als Johannes Paul II. mehr erinnern konnte, vermochte sich nicht recht vorzustellen, wie die
Kirche ohne ihn auskommen sollte. Das Kardinalskollegium
fühlte sich nach dem Tod Johannes Pauls II. orientierungslos –
als ob der Vater plötzlich gegangen sei. Und die Wahl des langjährigen Kardinals, Kardinaldekans und Präfekten der Glaubenskongregation Joseph Ratzinger zum Papst Benedikt XVI. zeigte
auch, wie sich das Kollegium die Zeit nach Karol Wojtyla vorgestellt hatte: nämlich gar nicht. Die Wahl des engsten Bera-
ters und einzigen Kardinals, den Karol Wojtyla seinen »be-
währten Freund« genannt hatte (in seinem Erinnerungs- und
Gedankenbuch »Auf, lasst uns gehen«), demonstrierte, dass
das Kardinalskollegium vor allem eines wollte: Der Geist Karol Wojtylas sollte weiterhin die katholische Kirche lenken. In
Wirklichkeit hatten die Kardinäle also gar keinen neuen Papst
gewählt, sondern – so absurd das auch klingen mag – einen verstorbenen Papst insofern im Amt bestätigt, als dieser durch seinen engsten Vertrauten weiterregieren sollte.

Zugleich erwartete die komplette Führungsriege aber doch
entscheidende Umwälzungen. Viele wichtige Kurienmänner,

allen voran der Kardinalstaatssekretär Angelo Sodano, hatten die Altersgrenze von 75 Jahren ja längst überschritten. Schon im Jahr 2002 lehnte Johannes Paul II. Sodanos Rücktrittsangebot anlässlich seines 75. Geburtstags ab – auch um seinem Nachfolger die Möglichkeit zu geben, den wichtigsten Mitarbeiter frei zu wählen. Nach der Wahl Benedikts XVI. rechnete Sodano dann wie alle anderen Kurienkardinäle, die die Altersgrenze erreicht oder schon überschritten hatten, mit ihrer Ablösung. Die Ablösung eines so wichtigen Mannes wie des Kardinalstaatssekretärs sorgt für ungeheure Unruhe, denn sie bedeutet nicht nur das Ende seiner aktiven Zeit, sondern ermöglicht zugleich einen radikalen Umbau im Machtzentrum der katholischen Kirche. Mit dem Ausscheiden des Kardinalstaatssekretärs oder eines andern wichtigen Kurienkardinals werden alle Mitarbeiter und Vertrauensleute, die mit seiner Hilfe aufgestiegen sind, geschwächt. In den ersten Wochen der Amtszeit des neuen Papstes fragten sich deshalb viele, wen es als erstes treffen könnte. Freiwillig wollte wohl kaum einer gehen, selbst wenn er wie Sodano mit dem Erreichen der Altersgrenze pro forma seinen Rücktritt angeboten hatte. Tatsächlich gab es nur eine Ausnahme unter den Kurienkardinälen, einen wirklich amtsmüden Kardinal – und das war ausgerechnet Joseph Ratzinger gewesen, der bereits im Jahr 1996 um seinen Rücktritt gebeten hatte, um den Rest seines Lebens in seiner deutschen Heimat zu verbringen. Dieser Kardinal Joseph Ratzinger hatte nun den Text des letzten Kreuzwegs im Kolosseum für Papst Johannes Paul II. geschrieben – ein dramatischer Abend in der Geschichte der katholischen Kirche: Da saß der stumme, todkranke Papst in seiner Kapelle, unfähig ein Wort zu sagen, und verfolgte auf einem Bildschirm, wie Joseph Ratzinger für ihn durch das Kolosseum zog. Ratzinger sprach dabei von dem »Schmutz«, der sich in der katholischen Kirche eingenistet habe, und nach seiner Wahl zum Papst fragten sich viele Kardinäle besorgt: Ist Benedikt XVI. nun angetreten, um mit eisernem Besen den Schmutz auszukehren? Will er die komplette Hierarchie des Vatikans neu besetzten? Mit »sauberen« Leuten? Die gespannte Lage im Vatikan spürten auch Außenstehende.

Als der spanische König Juan Carlos dem neuen Papst nach dessen Wahl im Petersdom die Ehre erwies, kehrte er nach einem kurzen Gespräch am päpstlichen Thron noch einmal zu Benedikt XVI. zurück und sprach ihn auf Navarro-Valls an: Offenbar ahnte der König, dass jetzt *alle* Posten zur Disposition standen, hoffte aber, dass sein Landsmann weiterhin Pressesprecher des Papstes bleiben würde.

Benedikt XVI. tat in dieser Situation das einzig Richtige, was vielleicht auch zugleich das Schwierigste war – nämlich gar nichts. Er fällte erst einmal überhaupt keine Personalentscheidungen. Statt die Kirche mit einem radikalen Generationswechsel zu verunsichern, beließ er alle entscheidenden Männer im Amt, wie alt sie auch waren. Nur einen einzigen Posten besetzte er sofort neu; und das auch nur deshalb, weil es wirklich unumgänglich war: seinen eigenen. Da die Glaubenskongregation nach seiner Wahl zum Papst ohne Chef dastand, ernannte Benedikt XVI. seinen langjährigen Mitarbeiter William Joseph Levada zum Nachfolger in diesem Amt. Dass der neue Papst ansonsten keine weiteren Personalentscheidungen traf, bedeutet aber nicht, dass es im Vatikan gar keine Veränderungen gegeben hätte ...

Ich weiß ja nicht, ob es eines Tages einmal eine Päpstin geben wird. Damit meine ich eine reale Frau, keine fiktive Gestalt wie die sagenumwobene Päpstin Johanna, die im Jahr 855 als Mann verkleidet zum Papst gewählt worden sein soll. Wenn ja, dann wird sich vermutlich kein solcher Fall wiederholen, wie er den Vatikan in den ersten Wochen von Papst Benedikt XVI. in Aufruhr versetzte. Joseph Ratzinger jedenfalls übersah – oder wollte übersehen, vermutlich aus Gutmütigkeit – einen schweren Fehler des Hoflieferanten Gamarelli, dessen Familie schon seit sechs Generationen die Soutane der Päpste liefert. Doch ausgerechnet zum Amtsantritt von Papst Benedikt XVI. unterlief der Familie Gamarelli ein schwerer Fehler: Sie ließ eine viel zu kurze Soutane in das Haus der heiligen Martha liefern, wo der Papst vor dem Umzug in den apostolischen Palast wohnte. Die mageren Waden des Papstes waren deutlich zu sehen, und eine

Frau hätte sich mit Sicherheit geweigert, so etwas anzuziehen. Besonders würdevoll sah der neue Papst in seiner viel zu kurzen Soutane nicht gerade aus. Aber vermutlich hatte er sich in seinem ganzen Leben noch nie sehr viele Gedanken über seine Kleidung gemacht – deshalb zog er sich auch die von Gamarelli gelieferte Soutane ohne zu murren über.

In den Augen derjenigen, die viel Wert auf Etikette legen, blamierte sich der Vatikan mit den seltsamen Auftritten des Papstes in den ersten Tagen nach seiner Wahl schon ein bisschen. Möglich waren diese Auftritte nur, weil jener Mechanismus eintrat, den wir aus dem Märchen »Des Kaisers neue Kleider« kennen: Darin traut sich niemand bei Hofe dem Kaiser zu sagen, dass er nackt ist. Und so erkannten nun zwar sicherlich viele der neuen Mitarbeiter des Papstes, dass seine Soutane viel zu kurz war – aber niemand wagte das auszusprechen. Nur einer schwieg nicht: Raniero Mancinelli, der Schneider von Joseph Ratzinger. Jahrelang hatte Ingrid Stampa, Ratzingers Haushälterin, die Priesterkleidung für den Kardinal in Mancinellis Schneiderei gleich um die Ecke gekauft – in der Via del Borgo, nur wenige hundert Meter von Ratzingers Wohnung entfernt.

Joseph Ratzinger kann kein eitler Mensch sein. Also hatte er keine großen Ansprüche: Er kaufte nur die einfachsten Sachen – Priesterkleidung von der Stange sozusagen; nichts ausgefallenes, auch keine maßgeschneiderten Soutanen. Mit der Wahl Joseph Ratzingers zum Papst Benedikt XVI. hatte Mancinelli seinen weltberühmten Kunden an die Konkurrenz verloren, und nun musste er mit ansehen, wie dieser mit einer viel zu kurzen Soutane dem Gespött der Öffentlichkeit ausgesetzt wurde. Mancinelli beschwerte sich bitterlich bei Ingrid Stampa über die Versäumnisse der Familie Gamarelli, und daraufhin beschloss der Papst, seine Kleidung ab sofort wieder bei seinem alten Schneider Mancinelli zu kaufen – und bei dem einfachen Priesterausstatter Euroclero am Petersdom, bei dem die ganze Kirchenhierarchie vom Kardinal bis zum Messdiener liturgische Kleidung von der Stange kaufen kann.

Für die Familie Gamarelli war das natürlich eine Schmach. Sie versuchte sich öffentlich gegen diese Zurücksetzung zu wehren, griff Mancinelli an, der sich seinerseits zur Wehr setzte – in der Presse sprach man schon von einem »Soutane-Krieg«, und nur einem dürfte das doch ziemlich egal gewesen sein: Papst Benedikt XVI.

Wichtiger war ihm wohl die Generalrenovierung des päpstlichen Appartements. In den vergangenen Jahren hatte sich Johannes Paul II. immer mehr in seine päpstliche Wohnung zurückgezogen, um sich auf die letzte Phase seines Lebens und seinen Weg zum Herrn zu konzentrieren. Äußerlichkeiten interessierten auch Johannes Paul II. nicht sehr. So lehnte er zum Beispiel den dringend notwendigen Umbau der Küche im päpstlichen Appartement strikt ab. Dabei zeigten das päpstliche Appartement und die Wohnungen der beiden Sekretäre darüber mit den Jahren deutliche Gebrauchsspuren. Und was seine Kleidung angeht, war er wohl ebenso wenig eitel wie sein Nachfolger: Der für die Seligsprechung Johannes Pauls II. zuständige Postulator Slawomir Oder erzählte mir, dass die Soutane des Papstes nach seinem Tod in winzige Stücke geschnitten und auf Gedächtniskarten geklebt worden war, um diese an besonders innige Verehrer des gestorbenen Papstes zu verteilen. »Ich war erschüttert«, erzählte mir Slawomir Oder, »in welchem Zustand diese letzte Soutane war«: Papst Johannes Paul II. hatte sie einfach immer wieder flicken lassen; an den Rändern war sie schon völlig ausgefranst, und die Nähte waren aufgegangen.

Ähnlich vernachlässigt waren ganze Teile des päpstlichen Appartements, und als Benedikt XVI. nun alle notwendigen Arbeiten vornehmen lassen musste, dachte er dabei auch an seine ehemaligen Nachbarn – die kleinen Geschäftsleute, bei denen er bisher immer eingekauft hatte. Jahrzehntelang war Joseph Ratzinger Tag für Tag um 17.00 Uhr aus dem Haus gegangen, um seinen Nachmittagsspaziergang zu machen. In dem Stadtviertel Borgo Pio, in dem er wohnte, kannten alle den freundlichen älteren Herrn. Ein Kirchenfürst schien der Herr Kardinal in ihren Augen nicht gerade zu sein – er schickte keine Angestellten, wenn er etwas brauchte, sondern kam oft selbst in ihre Läden, um etwas einzukaufen. Legendär waren seine Besuche beim Optiker im Borgo Pio: Joseph Ratzinger wählte immer das einfachste Brillengestell, das in Deutschland einem Kassengestell entsprechen würde. Für die Sommerferien im Aostatal ließ er sich eine Sonnenbrille des US-Herstellers Bushnell geben, und auch hier wählte er eines der billigsten Modelle. Als Papst blieb Joseph Ratzinger diesen kleinen Geschäften treu. Auch seine Glühbirnen kaufte er weiterhin in dem winzigen Elektroladen von Angelo Mosca, der ihm schon als Kardinal geholfen hatte, die alten Glühbirnen in seiner Wohnung auszutauschen.

41

Die Jugend der Welt

In den ersten Monaten seines Pontifikats stand Benedikt XVI. vor einem nahezu unlösbaren Problem: Einerseits wollte er jede spektakuläre Aktion vermeiden, ein möglichst besonnener, ruhiger, fast schon unauffälliger oberster Hirte sein, um die aufgebrachten Gemüter im Vatikan und in der katholischen Kirche wieder zu beruhigen. Andererseits stand dem neuen Papst nur wenige Monate nach seinem Amtsantritt schon ein »Mega-Event« bevor, der Weltjugendtag in Deutschland: eine riesige Herausforderung, bei der die Augen der Weltöffentlichkeit auf den neuen Papst gerichtet sein würden, dessen Wahl für die Organisatoren im Vatikan wie in Deutschland eine völlig neue Situation bedeutete. Vorausgegangen war diesem Ereignis, das nun eine ganz unerwartete Wendung nahm, eine dramatische Begegnung zwischen dem Kölner Kardinal Joachim Meisner und Papst Johannes Paul II. im Februar 2005 in der Gemelli-Klinik. »Ich kam in das Krankenzimmer und hielt Papst Johannes Paul II., der im Bett lag, an beiden Armen fest«, schilderte mir Meisner diese Begegnung und fuhr fort: »›Sie müssen versprechen nach Köln zu kommen‹, sagte ich zu ihm, ›sonst lass ich sie nicht mehr los. Sie müssen kein Wort sagen, aber sie müssen versprechen zu kommen.‹« Daraufhin habe Johannes Paul II. geflüstert, berichtete Meisner weiter: »Wenn Gott es will, werde ich kommen.«

Bei der Organisation war die Gebrechlichkeit des schwer kranken Papstes berücksichtigt, sein Programm stark eingeschränkt worden; mit der Wahl Benedikts XVI. wurde das alles hinfällig. Die Organisatoren in Köln mussten ihre Pläne neu überdenken – das Gleiche galt aber auch für das Team um den Papst in Rom: Die für die Sicherheit zuständigen Schweizergardisten und Gendarmen, der Arzt Renato Buzzonetti, der

Leibwächter Camillo Cibin, der Reise-Chef Renato Boccardo – sie alle waren seit Jahren eingespielt auf einen sehr kranken, nahezu unbeweglichen Papst, dessen Wünsche und Bedürfnisse sie ganz genau kannten. Mit dem neuen Papst hatten sie noch keine Erfahrungen gesammelt.

Zunächst einmal musste vor allem die Frage geklärt werden, wie nahe der neue Papst die Menge an sich heranlassen wollte. Würde er zulassen, dass die Massen an seiner Soutane zerrten, sich geradezu in sie hinein krallten, wie Johannes Paul II. das erlaubt hatte, oder wollte er mehr Distanz? Die wichtigste aller Fragen aber war: Würde der XX. Weltjugendtag ein Erfolg werden? Konnte er überhaupt ein Erfolg werden, solange die Jugendlichen der Welt noch Johannes Paul II. nachtrauerten? Würden Sie den ehemaligen Präfekten der Glaubenskongregation als seinen Nachfolger annehmen?

Was bedeutete es, dass der erste deutsche Papst seit fast fünfhundert Jahren ausgerechnet in Deutschland seinen ersten Weltjugendtag feiern sollte? Im Vatikan hielt man das für eine göttliche Fügung, aber in der Umgebung des neuen Papstes spürte man auch eine gewisse Skepsis, die mit der ablehnenden Haltung vieler junger Katholiken gegenüber Joseph Ratzinger zusammenhing. Verantwortlich für diese ablehnende Haltung waren zwei große Streits, in deren Zentren Joseph Ratzinger gestanden hatte: der Streit um die so genannte Befreiungstheologie – und der um die Schwangeren-Konfliktberatung.

Der in diesem Buch bereits an anderer Stelle geschilderte Streit um die Befreiungstheologie reicht zurück in die 1960er-Jahre, als die Studentenrevolte auch die katholische Kirche erfasst hatte und eine neue Generation von Theologen glaubte, dass Kommunismus und Christentum das gleiche Ziel anstreben würden: den Aufbau einer solidarischen Welt. Nach Meinung dieser jungen Generation sollte die katholische Kirche nicht länger auf der Seite der Reichen und Mächtigen stehen, in prächtigen Kathedralen die Ehen der Adeligen zelebrieren und deren Kindern in teuren Eliteklosterschulen ausbilden, sondern sich auf die Seite der Ärmsten stellen. Gleich zu Beginn seiner Amtszeit als Präfekt der Glaubenskongregation, im Jahr

1981, trat Ratzinger gegen einen »unsterblichen Helden« dieser Bewegung an, gegen das Symbol der Befreiungstheologie, den am 24. März 1980 während eines Gottesdienstes in San Salvador von einem Todeskommando am Altar ermordeten Bischof Oscar Arnulfo Romero. Romero hatte das Befreiungspotenzial des Evangeliums stets betont – also den Auftrag des Christentums, gegen Unterdrücker zu kämpfen. Immer mehr Theologen unterstützten solche Ideen, und Joseph Ratzinger, der damals bescheiden in seinem Zimmerchen des deutschen Wohnheims beim Campo Santo Teutonico wohnte – dem »deutschen Friedhof« im Vatikan, bei dem sich auch die Büros der Glaubenskongregation befinden – musste im Auftrag des Papstes, der seine eigenen Erfahrungen mit dem Kommunismus gemacht hatte, diese neuen Strömungen ganz entschieden bekämpfen. Einen der wichtigsten Vordenker der Befreiungstheologie, den Franziskanerpater Leonardo Boff, verurteilte er zum Schweigen, nachdem dieser in seinem Buch »Kirche. Charisma und Macht« ausgeführt hatte, dass die hierarchischen Strukturen der Kirche nicht von Jesus Christus gewollt seien. Und während Ratzinger von Rom aus strafte, gewannen die Anhänger der Befreiungstheologie immer mehr Sympathien.

Vor allem junge Katholiken bewunderten die beiden Pater Ernesto und Fernando Cardenal, Minister der sandinistischen Regierung in Nicaragua, die der ganzen Welt zeigen wollten, dass sich die Ideen der Befreiungstheologie auch in die Praxis umsetzen ließen. (Fernando Cardenal schwor 1997 dem bewaffneten Kampf ab und wurde unter der Bedingung, sich aus der Politik herauszuhalten, wieder in den Jesuitenorden aufgenommen. Sein berühmter Bruder Ernesto, 1980 Friedenspreisträger des deutschen Buchhandels, ist bis heute vom Priesteramt suspendiert.) Joseph Ratzinger, der sein Leben lang nur ein guter Theologe sein wollte, musste einen schmutzigen Kampf führen, sich beschimpfen und beleidigen lassen als »Großinquisitor«, der die Aufbruchstimmung der Befreiungstheologie zerstören wollte.

In dieser Zeit verpassten ihm italienische Tageszeitungen auch den Spitznamen »Panzerkardinal«, und ich bin mir sicher, dass Joseph Ratzinger unter dem teilweise beleidigenden Ton dieser Auseinandersetzung sehr gelitten hat. Aber mit dem Fall der Mauer und dem Untergang des Sowjetreiches stürzten auch die Ideologien der Befreiungstheologie in sich zusammen.

Der zweite Streitpunkt war ein urdeutscher: Seit dem 29. September 1993 gab es in der Deutschen Bischofskonferenz einen heftigen Streit um die Schwangerenkonflikt-Beratung. An diesem Tag untersagte Johannes Dyba, der Erzbischof von Fulda, die Ausstellung des so genannten Beratungsscheins, mit dem eine Abtreibung in Deutschland unter bestimmten Auflagen straffrei war. Alle anderen Bischöfe wollten an diesem System festhalten, um über die erforderlichen Beratungsstellen das Gespräch mit den betroffenen Frauen zu suchen. Am 27. Mai 1997 trug die Bischofskonferenz in Rom vor, warum sie an diesem Beratungssystem festhalten wollten. Der Vorsitzende der deutschen Bischofskonferenz, Karl Lehmann, kämpfte wie ein Löwe für das Beratungssystem, während Joseph Ratzinger einen Ausstieg befürwortete, weil man sich seiner Ansicht nach ansonsten mitschuldig an der Tötung ungeborenen Lebens machen würde. Im Herbst 1999 sprach der Papst ein Machtwort, die Auffassung Kardinal Ratzingers setzte sich durch, und die Bischöfe mussten aus dem Beratungssystem aussteigen – diesen Schlag hat Karl Lehmann wahrscheinlich nie wirklich verwunden.

Auch der zweite deutsche Spitzenmann, Walter Kasper – als Kurienkardinal sogar Mitglied der Kirchenregierung und als Chef des so genannten Einheitsrats zuständig für die Aussöhnung der christlichen Kirchen und Glaubensgemeinschaften – hatte eine Auseinandersetzung mit Joseph Ratzinger hinter sich. Im Jahr 1993 verfassten die damaligen Bischöfe von Rottenburg-Stuttgart, Mainz und Freiburg – Walter Kasper, Karl Lehmann und Oskar Saier – einen gemeinsamen Hirtenbrief, in dem es darum ging, dass Geschiedene, die wieder geheiratet hatten, nicht weiter vom Empfang der Heiligen Kommunion ausgeschlossen bleiben sollten. Im Jahr darauf, 1994, rügte Joseph Ratzinger als Chef der Glaubenskongregation die drei Bischöfe für ihre Initiative und ordnete an, dass sie den Hirtenbrief zurückziehen mussten. Trotz all dieser Streits und mancher verbliebenen Narbe verbrüderten sich die wichtigsten deutschen Kardinäle nach der Wahl mit dem neuen Papst. Benedikt XVI. sicherte Walter Kasper zu, dass sie nun den »Weg der Ökumene gemeinsam weiter gehen wollten«. Kardinal Karl Lehmann bat der neue Papst demütig um Unterstützung und Hilfe bei der Ausübung seines schwierigen Amtes. Am Image des ehemaligen Präfekten der Glaubenskongregation in der deutschen Öffentlichkeit änderte das aber erst mal noch wenig, und die Frage der Organisatoren in Köln war: Würden die deutschen Jugendlichen diesen neuen Papst feiern?

Bis dahin hatte allein die enorme Popularität Johannes Pauls II. schon als Garant für den Erfolg des Weltjugendtages gegolten. Aus Polen wollten etwa 500 000 Jugendliche nach Köln kommen, um ihren Landsmann Karol Wojtyla zu sehen. Würden sie auch zu Benedikt XVI. kommen? Der Geist der Weltjugendtage schien sehr eng mit Johannes Paul II. verbunden zu sein – nicht nur, weil er die Weltjugendtage im Jahr 1985 erfunden hatte, sondern auch, weil es ihm immer wieder selbst unter schwierigen Umständen gelungen war, Jugendliche zu begeistern. Johannes Paul II. wusste, dass nicht alle Jugendliche, die zu einem Weltjugendtag kamen, vollkommen »linientreu« waren; dass ihre Moralvorstellungen sich nicht vollständig mit den Geboten der katholischen Kirche deckten. Er wusste, dass viele von ihnen noch auf der Suche waren, und er wollte ihnen einen Weg zeigen. Nicht *er* kreierte diese besondere Atmosphäre eines Weltjugendtages, glaubte er, sondern die jungen Menschen selbst schufen mithilfe des Heiligen Geistes diese einzigartige Atmosphäre. Das sprach für seine Bescheidenheit, doch ich fragte mich, ob auch der schüchterne Kopfmensch Benedikt XVI. eine solche Massenveranstaltung beherrschen konnte. Würde der umfassend gebildete Theoretiker, der bedeutende Intellektuelle, sich auch als Menschenfischer bewähren? Ich blieb skeptisch.

Papst Benedikt XVI. jedenfalls zeigte sich fest entschlossen, sein Bestes zu geben. Vor dem Abflug nach Köln am 18. August 2005 kam er im päpstlichen Flugzeug zu uns Journalisten in die Kabine und begrüßte das Pressecorps. Er schien zuversichtlich, aber auch ein wenig besorgt, ob er den Ansprüchen genügen könnte, und tatsächlich erwarteten ihn nach der Landung zu meiner großen Überraschung Szenen, wie ich sie in Deutschland niemals erwartet hätte. In den zwölf Jahren, die ich mit Papst Johannes Paul II. auf Reisen war, habe ich viel erlebt. Ich habe immer wieder gesehen, wie man mit dem Ansturm der Massen nicht zurechtkam, weil es einfach nicht genügend Polizei, nicht genügend Autos und Hubschrauber, nicht genügen Organisation gab. Aber in Deutschland, so dachte ich, konnte dass nicht passieren. Doch kaum war der Papst gelandet und auf dem Weg zum erzbischöflichen Palast, waren die Zufahrtswege nach Köln für den Vatikantross verstopft. Das hatte ich noch nicht einmal in Nigeria erlebt (für die Begleiter des Papstes waren stets die Straßen gesperrt worden): In Köln saß eine laut schimpfende päpstliche Delegation in stickigen Autos und wartete darauf, dass sich der Stau auflöste.

Während meiner Reisen mit Papst Johannes Paul II. in die unterschiedlichsten Länder hatte ich immer wieder zu den Kollegen gesagt: »In Deutschland wäre das nicht passiert.« Jetzt lachten mich alle aus angesichts der miserablen Organisation. Selbst in den schwierigsten Ländern Asiens und Afrikas hatten es die Organisatoren fast immer geschafft, den Papst und seine Begleiter rechtzeitig an die wichtigsten Begegnungsstätten mit den Gläubigen zu bringen. In Köln saß der Tross des Papstes immer wieder stundenlang fest. Auch die Essensausgabe an die jungen Pilger war so katastrophal schlecht organisiert, dass viele Jugendliche noch vor dem Abschlussgottesdienst abreisten.

Der neue Papst aber blühte trotz aller Probleme auf. Das Lieblingsprojekt der Organisatoren in Köln war eine Schifffahrt auf dem Rhein gewesen. Mit dem todkranken Johannes Paul II. wäre dieser Plan nicht zu verwirklichen gewesen, aber nun glitt das große Schiff tatsächlich langsam über den großen Fluss hinweg, und an den Ufern spielten sich nahezu biblische Szenen ab. In der Hitze des Tages standen die Jugendlichen zu Hunderten bis zur Brust im Wasser und feierten den Papst. Ich sah, wie glücklich Benedikt XVI. die Jugendlichen grüßte – er wirkte erleichtert, obwohl ein schlimmes Zeichen den Tag zu trüben schien: Das neben dem Papst aufgebaute Kreuz des

Weltjugendtages war plötzlich umgefallen – direkt neben mir fiel es auf den Boden des Schiffes und zerbrach in zwei Teile. Schockiert reparierten zwei Helfer in aller Eile das zerbrochene Holzkreuz, blass vor Schreck. War das ein böses Omen?

Nein, die Vorsehung meinte es gut mit Benedikt XVI.: Am Kölner Dom feierten die Menschen den neuen Papst frenetisch; der Funke sprang über, und die Befürchtung, dass dieses Ereignis zu einem Trauertag im Andenken an Papst Johannes Paul II. werden könnte, bestätigte sich nicht. Auf den Straßen und Plätzen feierten junge Menschen friedlich sich selbst wie ihren Glauben an Jesus Christus, der sie über alle Grenzen hinweg in einer großen Gemeinschaft miteinander verband. Die geniale Idee, dass nicht eine Diözese oder ein Land, sondern eben der Papst alle Jugendlichen der Welt zu einem Treffen einlud, funktionierte erneut. Für mich war es eine große Freude, im Garten der Villa Hammerschmidt in Bonn zu stehen und zu hören, wie sehr sich Bundespräsident Horst Köhler über die positive Wirkung dieses Weltjugendtags freute: »Ich sage ganz klar, als Protestant, so etwas Schönes wie einen Weltjugendtag brauchten wir als evangelische Christen auch. Es ist herrlich«, meinte der Präsident zu mir.

Erstaunlicherweise riefen die jungen Menschen den Papst nur selten bei seinem deutschen Namen Benedikt: Be-ne-det-to schallte es stundenlang über das empfindlich kalte Marienfeld, und inzwischen ist dieser Weltjugendtag mit seinen etwa 1,3 Millionen zur Abschlussmesse strömenden Jugendlichen längst in die Annalen der Geschichte eingegangen als ein Ereignis, das Papst Benedikt XVI. enorm den Rücken stärkte und das für mich persönlich von niemandem so glaubhaft gewürdigt wurde wie von dem im April 2006 verstorbenen Vorsitzenden des Zentralrats der Juden in Deutschland, Paul Spiegel. Auf der Pressekonferenz in der rheinischen Metropole sagte er: »Ich wohne ja nicht in Köln, sondern in Düsseldorf, aber selbst dort herrscht auf der Straße unter den jungen Leuten eine solche Begeisterung für ihren Glauben – so etwas hätte ich nicht für möglich gehalten. Das ist ein so positives, friedliches Fest, dass mich das regelrecht überwältigt. Ich hätte nie gedacht, dass es so etwas gibt, dass Hunderttausende Jugendliche zusammenkommen und ein so spirituelles Fest der Friedens feiern, da muss ich den Katholiken und dem Papst ein großes Kompliment machen.«

Der Erfolg Benedikts XVI. in Köln hatte sicher auch damit zu tun, dass der neue Papst nicht versuchte, seinen bedeutenden Vorgänger zu imitieren. Johannes Paul II. hatte den Jugendlichen zugewunken, konnte einfach so, ohne Textvorlage, aus seiner eigenen Jugend erzählen, hatte die Massen auch dank seines schauspielerischen Talents beherrscht. Viel bescheidener saß da Benedikt XVI. am Altar, geradezu in sich gekehrt, mit einer Kerze vor sich. Er schien die Massen manchmal gar nicht zu bemerken, ganz auf die Kerze und auf seinen Gott konzentriert zu sein. Aber auch wenn die Gesten dieses Papstes andere waren als die seines Vorgängers, wenn er anders auftrat als der, so spürten die jungen Menschen doch, dass dieser alte Mann und neue Papst zu ihnen gekommen war, weil er ihnen etwas zu sagen hatte: etwas, das er nicht deshalb sagte, weil er dafür Geld bekam oder sich sonstwie dadurch einen Vorteil verschaffen konnte, sondern weil er daran glaubte.

42

Positionsbestimmung:
Papst Benedikt XVI. und der Islam

Bis zum Weltjugendtag in Deutschland hatte Benedikt XVI. alles getan, um die Gemeinsamkeiten zwischen ihm und Papst Johannes Paul II. zu betonen. Er demonstrierte, dass er sein Versprechen, das er dem verstorbenen Papst gegeben hatte, und das auch dem entsprach, was die Kardinäle von ihm erwarteten, einhalten wollte, nämlich: die Linie seines Vorgängers fortzusetzen, der ja schon am Tag seiner Beisetzung als ein Heiliger angesehen wurde. Nach dem Weltjugendtag aber blieb Benedikt XVI. keine andere Wahl mehr, als nun auch die Unterschiede zu seinem Vorgänger zu betonen. Das lag daran, dass Ende August 2005 sehr schlechte Nachrichten aus Ankara kamen, die am 15. September dann auch von der türkischen Regierung bestätigt wurden: Zum ersten Mal in der jüngeren Geschichte der katholischen Kirche wurde ein Papst von einem fremden Staat, den er besuchen wollte, ausgeladen wie ein ungeliebter Partygast. Der türkische Präsident Ahmet Necdet Sezer schickte eine Note nach Rom, in der er offiziell erklärte, der Papst sei im Jahr 2005 in der Türkei nicht willkommen. Die Weigerung der Regierung, den Papst ins Land zu lassen, nachdem ihn der Patriarch von Konstantinopel, Bartolomäus I., für den 30. November 2005 eingeladen hatte, bedeutete einen politischen Eklat und einen herben Schlag für das Vermächtnis Johannes Pauls II. Der verstorbene Papst hatte stets auf den Dialog der Religionen gesetzt. In seinem langen Pontifikat führte er eine Vielzahl von Neuerungen ein, aber eine davon war etwas ganz Besonderes: Das gemeinsame Gebet mit anderen Religionen hatte es noch nie in der Geschichte der katholischen Kirche gegeben. Es galt ja der Grundsatz, auf keinen Fall einem anderen Gott huldigen zu wollen, und so hielten es viele Kardinäle für unpassend, dass ein Papst zusammen mit Religionsführern, die anderen Göttern huldigten, gemeinsam betet. Doch Johannes Paul II. setzte seine Linie durch, gegen die es schon während seiner Regentschaft eine starke Opposition gab, vor allem gegen den Dialog mit dem Islam: Viele Kardinäle warfen dem Papst zumindest hinter vorgehaltener Hand vor, dass er damit die katholische Kirche auf einen fruchtlosen Weg führe. Denn zu einem Dialog gehören nun mal zwei Partner, die sich gegenseitig anerkennen. Tatsächlich respektiert zwar die katholische Kirche die Religionsfreiheit der Muslime – die Diözese Rom tolerierte sogar, dass ausgerechnet in ihrer heiligen Stadt die größte Moschee Europas entstand – aber umgekehrt verhält es sich nicht so. In vielen muslimischen Ländern – vor allem in Saudi-Arabien: im Land Mekkas und Medinas, den heiligen Stätten des Islams – ist das Ausüben der katholischen Religion verboten. Symbole wie das Kreuz dürfen nicht getragen oder aufgestellt werden, der Besitz einer Bibel kann zu Haftstrafen führen, christliche Gottesdienste sind untersagt. Auch in der Türkei müssen katholische Priester oft unter Schikanen leiden. Viele Kardinäle erwarteten deshalb vom Papst, dass er bei seinen vielen Gesprächen mit muslimischen Führern darauf drängen würde, dass die Muslime nicht immer nur eigene Rechte einklagen, sondern auch den Katholiken Religionsfreiheit gewähren sollten. Papst Johannes Paul II. aber kam es zunächst einmal darauf an, die Gemeinsamkeiten der Religionen zu betonen – dass Christen und Muslime zu dem einen Gott beten.

Bereits als Kardinal hatte Joseph Ratzinger in diesem Zusammenhang eine völlig andere Linie verfolgt als Johannes Paul II. Mehrfach stellte er klar, dass er dem radikalen Islam und radikalislamisch geprägten Ländern sehr kritisch gegenüber steht. Ungewöhnlich deutlich erklärte er seine Position, als es um die Frage des Beitritts der Türkei zur Europäischen Union ging: In einem Interview mit der Tageszeitung *Le Figaro* sagte Ratzinger im August 2004, dass aus seiner Sicht die Türkei immer das »andere, das nicht europäische bedeutet« habe, weil die Türkei eben seit langem durch den Islam und nicht durch das Christentum geprägt gewesen sei. Einen Monat später, im September 2004, wurde er noch deutlicher: Vor kirchlichen Mitarbeitern aus Velletri meinte er, dass es ein »großer Fehler« sei, die Türkei in die Europäische Union aufzunehmen; dass eine solche »Entscheidung sich gegen die Erfahrung der Geschichte richtet«. Wenige Tage später, am 30. September 2004, ließ Kardinalstaatssekretär Angelo Sodano ausrichten, dass der Vatikan in der Frage des Beitritts der Türkei zur Europäischen Union neutral sei. Diese Erklärung war zweifellos ein Rüffel an Kardinal Ratzinger – Sodano konnte ja nicht ahnen, dass Ratzinger nur sieben Monate später zum Papst Benedikt XVI. gewählt werden würde.

Bei der geplanten Reise bald nach seiner Wahl ging es Papst Benedikt XVI., der seine Haltung nicht geändert hatte, weniger um eine Begegnung mit dem Islam als vielmehr darum, dem »zweiten Rom« – dem alten Konstantinopel – und der ältesten orthodoxen Kirche der Welt die Ehre zu erweisen, und zwar am 30. November, dem Tag des heiligen Andreas, den die Ostkirche verehrt wie der Westen den heiligen Petrus. Deswegen hatte der Patriarch von Konstantinopel den Papst eingeladen – eine Zustimmung der Regierung schien nur noch eine reine Formsache zu sein. Doch in Ankara sah man das offenbar anders.

Zum Zeitpunkt der offiziellen Ausladung glaubten viele im Vatikan, der neue Papst werde nun alles tun, um den sich anbahnenden Streit mit der muslimischen Welt zu entschärfen. Für Krisenfälle wie diesen gibt es den so genannten »Päpstlichen Rat für den Interreligiösen Dialog« (»Pontificium Consilium pro Dialogo inter Religiones«), und die meisten Kenner der Materie glaubten, dass der Papst jetzt eben diesen Rat einsetzen würde, um Kontakt mit der muslimischen Welt aufzunehmen und klarzustellen, dass Benedikt XVI. kein Papst sei, der den Dialog mit dem Islam erschweren wolle. In jedem Fall, so die vorherrschende Meinung im Vatikan, sei eine Verschärfung des Konflikts zwischen Christen und Muslimen zu vermeiden. Papst Johannes Paul II. hätte wohl auch in dieser Situation die Gemeinsamkeiten betont, um das friedliche Zusammenleben von Christen und Muslimen zu fördern. Sein Nachfolger Benedikt XVI. aber entschloss sich am 11. März des Jahres 2006 zu einem ganz entscheidenden Schritt: Er fasste vier verschiedene

Päpstliche Räte – den für Gerechtigkeit und Frieden, den für Flüchtlinge, den für den Dialog unter den Religionen und den für Kultur – zu zwei Räten zusammen, was man auf den ersten Blick als schlichten Abbau der Kirchenbürokratie ansehen konnte. Vor allem aber nahm er dem Päpstlichen Rat für den Interreligiösen Dialog seine Eigenständigkeit, indem dieser dem Päpstlichen Rat für Kultur (»Pontificium Consilium de Cultura«) zugeschlagen wurde. In der Praxis bedeutete dies, dass die komplette nichtchristliche Welt – also auch die zweite große Weltreligion, der Islam – es nun mit Kardinal Paul Poupard als Ansprechpartner zu tun bekam, dem Chef des Rates für Kultur: ein Renaissance- und Kirchenmusikexperte, der über den modernen Islam so gut wie nichts wusste. Den Chef des Päpstlichen Rates für den Interreligiösen Dialog aber, den Islam-Experten Michael Fitzgerald, schickte der Papst nach Kairo, um die Kontakte zur Arabischen Liga zu halten. Für den abgeschobenen Fitzgerald war das ein bitterer Schlag – wenige Wochen zuvor hatte man ihn noch als künftigen Kardinal gehandelt. Es mag aber sein, dass Fitzgerald selbst nicht ganz so überrascht über diese Entscheidung war: Er hatte bereits mehrfach Meinungsverschiedenheiten mit dem jetzigen Papst gehabt – unter anderem kritisierte er Ratzingers Grundsatzschrift *Dominus Iesus* (Herr Jesus) als nicht hilfreich im Dialog mit anderen Religionen. Ratzingers Glaubenskongregation dagegen hatte Michael Fitzgerald vorgeworfen, dass er dem Islam zu sehr entgegenkomme, und forderte eine Kurskorrektur. Nun konnte man Fitzgerald getrost als abserviert betrachten: Für die Unterhändler des Islam hatte er kaum noch Gewicht, da er alle Entscheidungen von seinem Chef, dem Kunstexperten Kardinal Paul Poupard, absegnen lassen musste. Und Benedikt XVI. hatte zum ersten Mal eigenes Profil gezeigt.

43

Gleichgeschlechtliche Liebe: Eine Frage der Eh(r)e?

Das Ergebnis der Parlamentswahlen vom 9. und 10. April 2006 in Italien erschwerte erheblich die Umsetzung eines der wichtigsten Pläne des Pontifikats von Benedikt XVI.: zu verhindern, dass in immer mehr Ländern die so genannte Homo-Ehe – vom Staat anerkannte eheliche Verbindungen unter Gleichgeschlechtlichen – erlaubt würde. Der Papst sah darin einen Angriff auf die »normale« Familie – eine potenzielle Entwertung der Ehe zwischen Mann und Frau als nur noch eine von mehreren möglichen Formen – und unterstellte Paaren, die ohne Eheschließung zusammen lebten – also auch allen homosexuellen Paaren – eine »schwache Liebe«. Aber das die Homo-Ehe befürwortende Linksbündnis des ehemaligen EU-Kommissars Romano Prodi hatte sich bei den Wahlen klar gegen den amtierenden Ministerpräsidenten Silvio Berlusconi durchgesetzt. Für den Papst bedeutete das einen schweren Verlust – nicht, weil ihm Silvio Berlusconi so sympathisch gewesen wäre (dem Papst missfiel im Gegenteil in hohem Maße, dass Silvio Berlusconi, obwohl geschieden und wieder verheiratet, dennoch zur Kommunion ging, was die katholische Kirche verbot). Aber zum zweitwichtigsten Mann im Staate, dem Präsidenten des italienischen Senats Marcello Pera, hatte Benedikt XVI. eine sehr wichtige Beziehung aufgebaut. Der anerkannte Philosoph Marcello Pera bekannte sich offen zum Atheismus, verschwieg also nicht, dass er nicht an Gott glaubte – aber gerade das machte seine Verbundenheit mit dem Papst so glaubwürdig. Marcello Pera hatte zusammen mit dem damaligen Kardinal Ratzinger ein Buch über die christlichen Ursprünge Europas veröffentlicht (*Ohne Wurzeln. Der Relativismus und die Krise der europäischen Kultur*), in dem es um die Grundlagen einer menschenwürdigen Gesellschaft der Zukunft und die Notwendigkeit einer Neubelebung der christlichen Wurzeln Europas geht. In zwei unabhängig voneinander entstandenen Beiträgen und einem inspirierenden Briefwechsel ergaben sich zwischen dem erklärten Atheisten Pera und dem damaligen Hüter der reinen, wahren christlichen Glaubenslehre, Kardinal Ratzinger, verblüffende Übereinstimmungen. Pera unterstützte die Haltung des heutigen Papstes, dass Europa sich auf seine christliche Tradition besinnen müsse, und er zeigte auch viel Verständnis für dessen Einstellung zum EU-Beitritt der Türkei. Ratzinger schrieb: »Der eigentliche Gegensatz, der die Welt heute durchzieht, ist nicht der zwischen verschiedenen Kulturen, sondern der zwischen der radikalen Emanzipation des Menschen von Gott, von den Wurzeln des Lebens einerseits und den großen religiösen Kulturen andererseits. Wenn es zu einem Zusammenstoß der Kulturen kommt, so wird er nicht der Zusammenstoß der großen Religionen sein, die immer schon im Ringen miteinander standen und dabei immer auch gefehlt haben, aber letztlich auch einander bestehen ließen, sondern es wird der Zusammenstoß zwischen dieser radikalen Emanzipation des Menschen und den bisherigen Kulturen sein, die um Werte wussten und wissen, die aus dem Ewigen kommen und nicht zur Disposition stehen.« Doch die Wahlniederlage bedeutete auch das Ende von Marcello Pera als Senatspräsident, und kaum trat die neue Regierung zusammen, begann auch schon der Streit mit Papst Benedikt XVI.

Am 17. Mai 2006 erklärte der neue Präsident des Abgeordnetenhauses, der Alt-Kommumnist Fausto Bertinotti, die Haltung des Papstes gegenüber Homosexuellen sei unerträglich – eine Lebensgemeinschaft von Homosexuellen müsse anerkannt werden. Zwei Tage zuvor, am 15. Mai, war ein ehemaliger Kommunist, Giorgio Napolitano, als neuer Staatspräsident vereidigt worden. Für den Papst begannen schwierige Zeiten in Italien. Und nicht nur hier: Nachdem ausgerechnet das katholische Spanien Homo-Ehen erlaubte, schien der Damm zu brechen. In vielen Ländern der Welt dachte man darüber nach, ob die Verbindung von Mann und Frau wirklich den absoluten Vorrang vor anderen Verbindungen genießen dürfe. Für die katholische Theologie ging es dabei um ein unendlich wichtiges Thema: Ehe und Familie sind nach ihrer Auffassung ein göttliches Gesetz – Gott will, dass Frauen und Männer heiraten, Kinder bekommen und eine Familie pflegen; nicht aber, dass Gleichgeschlechtliche Kinder großziehen. Bei der Auseinandersetzung der Homo-Ehe ging es aber nicht nur um andere als die »von Gott gewollten« Familienformen, sondern auch um die grundsätzliche Ablehnung von Homosexualität. Dieser Punkt war für Papst Benedikt XVI. von so großer Bedeutung, dass er ihm absolute Priorität einräumte. Seit dem Untergang des Kirchenstaates im Jahr 1870 war das erste und dringlichste Problem, dem sich die Päpste widmeten, das Verhältnis zu Italien gewesen. Das erste dringliche Dokument aber, das Benedikt XVI., der erste neu gewählte Papst des neuen Jahrtausends, von Kardinal Zenon Grocholewski verfassen ließ, galt homosexuellen Priestern und verweigerte homosexuellen Männern die Aufnahme ins Priesterseminar. Diese neue Regel galt für alle Männer, die sich offen zur Homosexualität bekannten, ebenso wie für solche, die an Veranstaltungen teilgenommen hatten, in denen es um die Interessen Homosexueller ging, oder die mit homosexuellen Männern zusammengelebt hatten. Ausgenommen waren allein solche Männer, die nachweisen (!) konnten, dass sie seit mindestens drei Jahren keine homosexuelle Beziehung mehr unterhalten hatten.

Papst Benedikt XVI. weiß ganz genau, dass es innerhalb der katholischen Kirche eine Vielzahl homosexuell orientierter Männer gibt. So zeigt etwa die Statistik der sexuellen Straftaten von Priestern, dass nur in etwa zehn Prozent aller Fälle Frauen oder Mädchen Opfer eines sexuellen Straftäters im Priesterrock werden. Das Paradoxe an der Situation der katholischen Kirche besteht darin, dass ausgerechnet sie, in der vermutlich homosexuelle Männer überwiegen, Homosexualität entschieden bekämpft. Denn nach ihrer Doktrin ist Homosexualität eine »schwere Unordnung der Natur«, und Homosexuelle müssen, um nicht schwere Sünden zu begehen, ihr Leben lang keusch bleiben. Zwar ist von Jesus von Nazareth selbst keine Äußerung dazu überliefert, aber der Apostel Paulus warnt in seinem Brief an die Römer, erstes Kapitel Vers 26/27, eindringlich vor Homosexualität: »Darum lieferte sie Gott entehrenden Leidenschaften aus: Ihre Frauen vertauschten den natürlichen Verkehr mit dem widernatürlichen; ebenso gaben die Männer den natürlichen Verkehr mit der Frau auf und entbrannten in Begierde zueinander; Männer trieben mit Männern Unzucht und erhielten den ihnen gebührenden Lohn für ihre Verirrung.« Im ersten Brief an Timotheus wie im ersten Korintherbrief greift Paulus das Thema noch einmal auf und verurteilt »Unzüchtige und Knabenschänder« als Ungerechte.

In der modernen Theologie ist umstritten, was Paulus – oder um genau zu sein: der Autor der Paulus-Briefe, wer immer es auch gewesen sein mag – mit diesen Textstellen meint. Möglicherweise will Paulus der jungen christlichen Gemeinde nur den Unterschied zwischen Christen und Nichtchristen klar machen. Viele Theologen bezweifeln, dass Paulus in diesen Zeilen wirklich die Homosexualität als solche verurteilt. So scheint es ihm im Römerbrief eher um die damals gängige Praxis der Römer zu gehen, Sklaven sexuell zu missbrauchen. Damit würde Paulus sich also in erster Linie gegen sexuellen Missbrauch wenden, nicht grundsätzlich gegen eine freiwillig eingegangene gleichgeschlechtliche Liebesbeziehung. Papst Benedikt XVI. aber sieht offenbar keinen Grund, von seiner ablehnenden Haltung abzurücken.

44

Wem am Ende das Lachen vergeht

Ausgerechnet der vom Vatikan so entschieden bekämpfte Autor Dan Brown mit seinem Buch *The Da Vinci Code* (deutsch: »Sakrileg«) sollte die Position der Kurie zum neuen Kurs des Papstes offen legen. Dan Brown erzählt in seinem – mit Tom Hanks in der Hauptrolle auch verfilmten – Welt-Bestseller die Legende, dass Jesus von Nazareth mit Maria Magdalena Kinder gezeugt habe, die sich dann bis in die Neuzeit fortgepflanzt hätten. Einer der Eingeweihten in dieses Geheimnis sei eben jener Leonardo da Vinci gewesen, auf den der Romantitel anspielt. Sehr viele katholische Gläubige sahen in diesem Buch einen Angriff auf ihre Religion. Überraschend war für mich in diesem Zusammenhang aber vor allem die Reaktion des nigerianischen Kurienkardinals Francis Arinze. Während der Regentschaft Johannes Pauls II. war Arinze jahrelang Chef des päpstlichen Rates für den Interreligiösen Dialog gewesen, doch zum Start des Da-Vinci-Films im Mai 2006 hörte man von ihm auf einmal ganz neue Töne: »Die Figur des Gründers unserer Kirche, Jesus, darf nicht beleidigt werden«, sagte er der italienischen Tageszeitung *La Repubblica* und rief die gläubigen Katholiken dazu auf, den Film wegen Verunglimpfung der Religion anzuzeigen. Vor allem kritisierte er, dass die Verbreitung ähnlicher Irrtümer und Lügen, wie sie der Da-Vinci-Film über das Christentum verbreite, über den Koran zu einem weltweiten Aufstand führen würden, während sie ungestraft blieben, so lange sie sich gegen die christliche Kirche richteten. Damit spielte der Kardinal auch auf die Krawalle an, die von der Veröffentlichung der Karikaturen des Propheten Mohammed ausgelöst worden waren, und vertrat offenbar die Ansicht, dass die Christen den Stifter ihrer Religion ebenso stark verteidigen sollten wie die Muslime. Das bedeutete zugleich eine Abkehr von der Politik Papst Johannes Pauls II.: Die Zeiten, in denen Christen hinnahmen, dass sie in muslimischen Ländern eine Herabsetzung ihres Glaubens erleben mussten, sollten vorbei sein. Arinze stand nun also hinter dem neuen Kurs von Benedikt XVI., und wie er sprachen jetzt immer mehr Kardinäle offen aus, dass die Zeiten, in denen die Katholiken gegenüber Muslimen Toleranz zeigten, ohne zugleich auch Toleranz für ihre Religion einzufordern, zu Ende sein musste.

Dieser auffallende Gesinnungswandel vieler Kardinäle bedeutet aber nun nicht, dass Joseph Ratzinger als Papst Benedikt XVI. auf einmal gar keine Gegner mehr im Vatikan gehabt hätte, und wer sich für Verschwörungstheorien interessierte, der bekam dafür nicht nur in Dan Browns wirrem Da-Vinci-Plot reichlich Anschauungsmaterial. Schon im Januar 2006 hatten italienische Tageszeitungen ausführlich über eine »Verschwörung gegen den Papst« berichtet, und auch im Vatikan fragte man sich mittlerweile ernsthaft, ob mächtige Feinde mit einer ausgefeilten Strategie Benedikt XVI. schaden wollten. Im September 2005 hatten Unbekannte den ersten Angriff auf den Papst gestartet: Einem Journalisten des zweiten Kanals des italienischen Staatsfernsehens Rai wurde ein hochbrisantes Tagebuch zugespielt, das ein Kardinal während des Konklaves verfasst haben soll. Glaubte man dem Text dieses Tagebuches, war es bei der Wahl Joseph Ratzingers hinter den Kulissen zu einem Machtspiel gekommen, das der deutsche Kardinal überraschend zu Ungunsten seines argentinischen Kollegen Jorge Mario Bergoglio gewann. Obwohl alle beteiligten Kardinäle vor Gott schwören müssen, dass sie bis an ihr Lebensende Stillschweigen über alle Einzelheiten des Konklaves bewahren werden, tauchte kurz vor Silvester 2005 in Brasilien ein weiteres Dokument aus der Zeit der Papstwahl auf, das die Katze aus dem Sack zu lassen schien: Kardinal Joseph Ratzinger sei in Wirklichkeit ein Mitglied von Opus Dei und mit nachdrücklicher Unterstützung dieser Gemeinschaft auf den Papststuhl katapultiert worden. Das in *El Globo* veröffentlichte Dokument berichtete von einem geheimen Komplott, das als Ganzes zwar kaum glaubwürdig erschien, aber im Detail Informationen enthielt, die nur ein Kardinal wissen konnte, der im Konklave dabei war. Ausgeführt wurde zum Beispiel, welcher Kardinal im Haus der heiligen Martha in welchem Zimmer gewohnt hatte, und diese Angaben erwiesen sich als korrekt.

Die in diesem Dokument rekonstruierten Ereignisse am Rande des Konklaves klangen geradezu sensationell: Im Grunde ging es um eine Erklärung dafür, warum Kardinal Joseph Ratzinger zum Papst gewählt worden war, obwohl er vor dem Konklave vielen Kardinälen zu verstehen gegeben hatte, er sei viel zu alt für dieses Amt, strebe also auf keinen Fall an, gewählt zu werden. Dem Kardinalskollegium musste dieses Argument durchaus einleuchten: Wenn ein Papst von jedem Mitglied der Kirchenregierung mit dem Erreichen des 75. Lebensjahres den Rücktritt verlangt, wie soll dann der Chef der Kurie mit 78 Jahren noch fit genug sein für dieses Amt?

Tatsächlich konnte das hohe Alter Joseph Ratzingers irgendwann ein echtes Hindernis bei der Ausübung seines Amtes werden. Warum er trotzdem gewählt wurde, erklärte das Dokument aus Brasilien auf abenteuerlich klingende Weise: Während des Konklaves, als die Kardinäle bereits im Haus der heiligen Martha versammelt gewesen seien, habe es abends Geheimtreffen gegeben. Die Kardinäle seien nach dem Abendessen abgefangen worden, bevor sie auf ihre Zimmer gehen konnten, in die Tiefgarage gebracht und von dort mit verdunkelten Autos in ein großes Kloster in der Innenstadt von Rom gefahren worden. Dort wurde dann jedem einzelnen Kardinal erklärt, dass Joseph Ratzinger nur aus Respekt vor den jüngeren Kardinälen erklärt habe, er sei für das Amt zu alt. In Wirklichkeit fühle er sich keineswegs zu alt und würde auch gern der Nachfolger des heiligen Petrus werden.

Das brasilianische Dokument berichtete auch, wer dieses Komplott organisiert haben soll: die Personalprälatur Opus Dei. Für das »Werk Gottes« (Opus Dei) habe schon vor dem Einzug der Kardinäle ins Konklave festgestanden, wer der neue Papst werden wird, und diese geheimnisvollen Treffen hätten nur noch dazu gedient, alle Kardinäle auf die richtige Wahl einzuschwören.

Diese Veröffentlichung sollte die Position von Papst Benedikt XVI. schwächen, und sie erfolgte ganz offensichtlich von einer Gruppe außerhalb der katholischen Kirche. Denn innerkirchlich weiß jeder, dass der Vorwurf, Benedikt XVI. sei ein Mitglied von Opus Dei, barer Unsinn ist. Als Präfekt der Glaubenskongregation wollte Joseph Ratzinger alle großen innerkirchlichen Bewegungen stärken: die Legionäre Jesu Christi, die Fokolaren, die Bewegung des Neokatechumenats – auch Opus Dei. Innerkirchlich hätte die Nachricht, dass der heutige Papst Benedikt XVI. ein Mitglied von Opus Dei sei, auch gar kein so großes Interesse geweckt, denn für die meisten Katholiken ist Opus Dei eine Organisation wie viele andere in der Kirche. Außerhalb der Kirche aber ist der Begriff Opus Dei vielfach negativ besetzt. Was Opus Dei angeht, kann keine Theorie zu abstrus sein, um sie der Personalprälatur nicht trotzdem zu unterstellen. Gemeinhin glauben viele Menschen, Opus Dei sei eine Art finsterer Geheimbund, und Dan Brown popularisierte diese These weltweit, indem er in seinem Kirchenthriller einen Mörder im Auftrag von Opus Dei töten lässt. Papst Benedikt XVI. mit Opus Dei in Verbindung zu bringen bedeutete also für viele Millionen Menschen auf der Welt, ihn mit einer vagen Vorstellung von finsterer Mystik und dunklen Machenschaften bis hin zu rätselhaften Morden in Verbindung zu bringen.

Aber wer konnte ein Interesse daran habe, dem neuen Papst ernsthaft zu schaden? Wer brachte so viel Energie auf, Zeitungen falsche – wenn auch sehr gut gefälschte – Dokumente zuzuspielen, um dem Papst zu schaden?

Ich glaube nicht, dass es ein Zufall ist, dass die angeblichen Belege für die Inthronisierung Papst Benedikts XVI. durch Opus Dei aus Brasilien stammen. Denn Brasilien gehört derzeit zu den schwierigsten Regionen des Katholizismus. Bereits auf der Bischofssynode im Herbst 2005 hatte Kardinal Cláudio Hummes, Bischof von São Paulo, verzweifelt in die Runde gefragt: »Wie lange wird Brasilien noch ein katholisches Land sein?« Während vor 50 Jahren noch etwa 95 Prozent der Brasilianer katholisch waren, sank diese Zahl bis zum Jahr 1991 auf 83 Prozent. Im Jahr 2005 waren es dann sogar nur noch 67 Prozent, und sollte sich diese Entwicklung so fortsetzen, wird es in 100 Jahren so gut wie keine Katholiken mehr geben im einstmals größten katholischen Land der Welt. Der wichtigste Grund dafür sind die modernen Sekten, die vor allem aus Nordamerika kamen und sich rasch in den südlich davon gelegenen Ländern ausgebreitet haben. Diese aber sind für die katholische Kirche von besonderer Bedeutung: 62,3 Prozent aller in Süd- und Mittelamerika lebenden (etwa 550 Millionen) Menschen sind katholisch – die Mehrzahl aller Katholiken auf der Welt. Und auf diese Menschen haben es die Sekten abgesehen: Dabei handelt es sich um rein am Profit orientierte Konzerne, die eine Art »Religions-Wellness« verkaufen. Sie sind an keine Struktur gebunden – an keine Bischofskonferenz, keinen Vatikan – und organisieren ihre »Gottesdienste« als multimediale Happenings mit viel Tanz und Musik. In pseudo-psychologischen Ansprachen biegen sie sich das Wort der Bibel zurecht, wie es ihnen gerade passt. Ihre simple Botschaft, wie sie auch vom Superstar dieser Sekten, Joel Osteen, immer wieder in die Mikrofone skandiert wird, lautet sinngemäß: »Gott liebt Sieger, er mag keine Heulsusen«. Glauben führe zwangsläufig zu Reichtum, predigt auch ein anderer Star am Predigerhimmel der Sekten, Creflo Dollar (er heißt wirklich so). Gern zeigt er seine zwei Privatjets und seinen Rolls-Royce. Diese modernen Sekten bauen gewaltige Gotteshäuser mit Einkaufszentren und Vergnügungsparks – und sie sind sehr erfolgreich.

Papst Benedikt XVI. hatte sofort nach seinem Amtsantritt zu verstehen gegeben, dass er die Herausforderung solcher Sekten anzunehmen gedenke. Ihm war natürlich klar, dass er es hier mit mächtigen Gegnern zu tun bekam, aber wie sein polnischer Vorgänger wollte auch der deutsche Papst die katholische Kirche weiter globalisieren und dachte gar nicht daran, sich allein auf die schwächer werden europäischen Kirchen zu stützen. Mit gutem Grund: In Afrika zum Beispiel stieg die Zahl der Katholiken im vergangenen Jahrhundert auf beeindruckende Weise an. Lebten zu Beginn des 20. Jahrhunderts nach groben Schätzungen nur etwa 20 Millionen Katholiken in Afrika, waren es zu Beginn des 21. Jahrhunderts bereits rund 170 Millionen – 16,6 Prozent aller Einwohner des Kontinents –, Tendenz stark steigend.

Eine besondere Herausforderung ist Asien: Nur 2,9 Prozent aller Asiaten sind Katholiken. Doch vor allem in Indien nimmt ihre Zahl zu, weil viele Inder aus niedrigen Kasten im Christentum, das die Gleichheit aller Menschen vertritt, eine Aufstiegschance sehen. Gleichzeitig entdecken vor allem muslimische Frauen in Asien die Vorteile des Christentums, weil dieses den Frauen mehr Freiheit zugesteht als der Islam. In Europa dagegen verliert die Kirche immer mehr an Einfluss in der Gesellschaft: Papst Benedikt XVI. weiß deshalb, dass Europa schon nicht mehr der entscheidende Kontinent für die zukünftige Entwicklung der katholischen Kirche ist.

Vor diesem Hintergrund macht die globale Ausrichtung der katholischen Kirche durchaus Sinn. Im internationalen Wettbewerb begegnet sie damit natürlich auch neuen, mächtigen Gegnern, und je mehr sie weltweit an Einfluss gewinnt, desto härter werden die Auseinandersetzungen wohl werden.

Papst Benedikt XVI. weiß aber, dass er einen wichtigen Trumpf in der Hand hat: Die mächtigste Nation der Welt, die USA, wird nämlich immer katholischer. Die Geburtenrate der US-amerikanischen Katholiken ist – vor allem wegen der Kinderliebe der spanischstämmigen US-Bürger – besonders hoch. Es ist also nur noch eine Frage der Zeit, wann die USA mehrheitlich katholisch geprägt sein werden. Dann wird man auch den US-amerikanischen Präsidenten nicht mehr gegen die Vorgaben des Papstes aus Rom wählen können.

Noch halten viele die Macht der Päpste auf Erden für überaus gering. Papst Benedikt XVI. weiß, dass viele Politiker über den Einfluss des 44 Hektar kleinen Vatikanstaats lachen. Aber das ist die katholische Kirche gewohnt. Auch die Herren im Kreml haben über die Macht des Vatikans gelacht, bis die Polen damit begannen, im Namen eines Papstes einen entscheidenden Teil des Sowjetreiches zu demontieren. Danach ist den Herren das Lachen allerdings gründlich vergangen.

45

Ein großer Augenblick

In der katholischen Kirche des 20. Jahrhunderts wurde keine andere Frage so heftig diskutiert wie die, warum Papst Pius XII., der zweifellos vom Völkermord an den Juden wusste, zum Holocaust schwieg. Warum er nichts unternahm – etwa die Androhung der Exkommunizierung –, um die Katholiken unter den deutschen Soldaten an der Beteiligung am Völkermord zu hindern. Papst Benedikt XVI. wusste also, was für eine schwierige Aufgabe auf ihn wartete, als er sich am 25. Mai 2006 zu einer Reise nach Polen aufmachte, um sein Verhältnis zur zweiten alten Religion, die nur einen Gott kennt, zu erklären: zum Judentum. Diese bis zum 28. Mai dauernde zweite Auslandsreise des deutschen Papstes in das Land seines auf der ganzen Welt geliebten Vorgängers war für ihn auch deshalb eine gewaltige Herausforderung, weil er wusste, dass er am Ende die Pforten der Hölle betreten musste: den Eingang zum Massenvernichtungslager Auschwitz. Und das nicht nur als im Jahr 1927 geborener Deutscher, sondern auch als ehemaliger Wehrmachtsangehöriger.

Kurz vor dem Start des Fluges Nummer AZ4000/VP 2 (VP = Volo Papale, Papstflug) von Rom nach Warschau kam der Papst zu den Journalisten in die auf den Namen des heiligen Franz von Assisi getaufte Alitalia-Maschine Airbus A 321 und erklärte in einem kurzen Interview, wie er diese schwierige Reise bewältigen wolle. Er sagte: »Ich komme in erster Linie als Katholik und nicht als Deutscher nach Auschwitz. Die Nationalität relativiert sich auf gewisse Art und Weise, wenn wir glauben.« Das war ein geschickter Schachzug und bedeutete sinngemäß: Meine Aufgabe ist es nicht, das schwierige Verhältnis zwischen Deutschen und Juden oder Deutschen und Polen zu besprechen, auch wenn der Papst zufällig gerade ein Deutscher ist;

mir geht es um das Verhältnis zwischen der Kirche und Polen und der Kirche und den Juden.

Der Vatikan fürchtete allerdings, dass viele Polen das anders sehen könnten, dass sie sich weniger auf den neuen Papst freuen würden, als in Benedikt XVI. einen ungeliebten Deutschen zu sehen, der ihrem geliebten polnischen Papst im Amt gefolgt war. Ich vermutete, dass es vor allem in der Generation der älteren Polen, die den Überfall der Deutschen noch erlebt hat, eine Ablehnung gegen diesen Papst geben könnte. Vor allem glaubte ich, dass die Trauer über den Tod des großen Johannes Paul II. noch so frisch sein könnte, dass die polnischen Katholiken einfach kein Interesse an seinem Nachfolger zeigen würden. Papstsprecher Joaquin Navarro-Valls bestätigte mir am vorletzten Tag der Reise, dass es im Vatikan ähnliche Bedenken gegeben hatte: »Wir waren am Anfang, am ersten Tag der Polenreise, sehr, sehr vorsichtig, um zu sehen, wie die Menschen reagieren würden.« Doch die Menschen kamen in Strömen. Die Polen, die nach dem deutschen Überfall 1939 so entsetzliche Verbrechen erlebten hatten, jubelten dem Papst zu – und zwar auf Deutsch: »Wir lieben dich, wir lieben dich«, wiederholten sie immer wieder. Zum Abschlussgottesdienst kamen rund 1,5 Millionen Menschen auf das Blonie-Feld in Krakau, wo am Sonntag, dem 28. Mai, dem Tag der Abreise, ein sehr glücklicher – nach dieser viertägigen Marathontour mit sechzehnstündigen Arbeitstagen aber auch sehr müder – deutscher Papst am Altar stand und das Menschenmeer vor ihm segnete. Vielleicht war erst in diesem Augenblick der Zweite Weltkrieg wirklich vorbei, überlegte ich mir, vielleicht begannen sich erst jetzt die tiefen Wunden wirklich zu schließen, wurde die Aussöhnung zwischen Polen und Deutschen erst an diesem Tag wirklich vollzogen. Ja, ich hatte das Gefühl, dass Benedikt XVI. vergönnt war, an diesem Tag ein Jahrhundert des Hasses wirklich zu beenden. Dabei stand ihm zu diesem Zeitpunkt das wohl auch für ihn persönlich schwierigste und bewegendste Ereignis noch bevor …

Es gab wohl niemanden, dem nicht der Atmen stockte, als der deutsche Papst um 17.17 Uhr ganz allein durch das Tor des früheren Konzentrations- und Vernichtungslagers Auschwitz-Birkenau schritt. Hier, an dieser Stätte des Grauens – in diesem gewaltigen Komplex, der genau nach dem aussieht, was er einst war: eine gnadenlose Fabrik zur Vernichtung menschlichen Lebens – formulierte Benedikt XVI. genau jene Fragen, die sich so viele Besucher an diesem historischen Ort schon gestellt hatten: »Wo war Gott in jenen Tagen? Wie konnte er diesen Triumph des Bösen dulden?« Und er gestand ein, dass es darauf wohl keine Antwort gibt: »Wir können in Gottes Geheimnis nicht hineinblicken ... – im Letzten müssen wir bei dem demütigen, aber eindringlichen Schrei zu Gott bleiben: ›Wach auf! Vergiss dein Geschöpf Mensch nicht!‹«

Eine unmissverständliche »Antwort« gab dieser deutsche Papst aber all jenen, die Schuld relativieren wollen: Gleich im ersten Satz seiner Rede beschrieb Benedikt XVI. Auschwitz als einen »Ort des Grauens«, der »ohne Parallele in der Geschichte« sei. Er wandte sich auch gegen die Historisierung der Verbrechen – gegen jene, die meinen, »das« müsse doch alles mal »ein Ende« haben –, indem er sagte, »das Vergangene ist nie bloß vergangen«. Und er verdeutlichte noch einmal die einzigartige Dimension dieses Verbrechens. Die Massenmörder, die hier am Werk gewesen waren, hatten Gott selbst töten wollen, meinte Benedikt XVI.: »Diese gewalttätigen Kriminellen, die das jüdische Volk vernichten wollten, wollten einen Gott ermorden, den Gott, der Abraham rief, der auf dem Berg Siani gesprochen hatte und ewige Grundsätze für die Orientierung der Menschheit ausgesprochen hatte.«

Papst Benedikt XVI. verurteilte die Nazi-Mörder und erinnerte daran, dass die Juden getötet werden sollten, weil sie die Bewahrer der christlichen Wurzeln sind, im Glauben an den einen, ewigen Gott. Damit gelang diesem deutschen Papst etwas, für das es vielleicht keinen geeigneteren Zeugen geben könnte als den polnischen Chefrabbiner Michael Schudrich. Dieser sprach nach dem Besuch Benedikts XVI. von einem »großen Augenblick im Prozess der Versöhnung zwischen beiden Religionen«.

Zeittafel

18. Mai 1920 Geburt von Karol Wojtyla, dem zweiten Sohn von Emilia Kaczorowska und Karol Wojtyla, in Wadowice, Polen.

16. April 1927 Joseph Ratzinger wird in Marktl am Inn geboren als zweiter Sohn eines Polizisten.

1. November 1946 Bischof Adam Sapieha von Krakau weiht Karol Wojtyla zum Priester.

1946 bis 1948 Karol Wojtyla studiert in Rom Philosophie.

29. Juni 1951 Joseph Ratzinger wird in Freising zum Priester geweiht und Aushilfspriester in der Gemeinde Sankt Martin in München-Moosach.

1951 bis 1952 Joseph Ratzinger ist Kaplan in der Gemeinde Heilig Blut in München-Bogenhausen.

1952 bis 1954 Joseph Ratzinger arbeitet als Dozent am Erzbischöflichen Klerikalseminar in Freising.

1. Dezember 1956 Karol Wojtyla wird Dozent für Ethik an der Katholischen Universität in Lublin (Polen).

1954 bis 1957 Joseph Ratzinger ist Dozent für Dogmatik und Fundamentaltheologie an der Philosophisch–Theologischen Hochschule Freising. Im Jahr 1957 habilitiert er sich in München mit einer Arbeit über Bonaventura.

28. September 1958 Papst Pius XII. ernennt Karol Wojtyla in Krakau zum jüngsten Bischof Polens.

1958 bis 1959 Joseph Ratzinger ist außerordentlicher Professor für Dogmatik und Fundamentaltheologie an der Philosophisch-Theologischen Hochschule Freising.

1959 bis 1963 Joseph Ratzinger ist Ordinarius für Fundamentaltheologie an der Universität Bonn.

Frühjahr 1962 Bischof Wojtyla arbeitet am Zweiten Vatikanischen Konzil mit in der Arbeitsgruppe, die sich mit den Themen Würde des Menschen, Familie und Ökumene beschäftigt.

1962 bis 1965 Joseph Ratzinger arbeitet als offizieller Konzils-
theologe des Zweiten Vatikanischen Konzils.

28. Juni 1967 Erzbischof Wojtyla von Krakau wird Kardinal.

1963 bis 1966 Joseph Ratzinger wechselt als Ordinarius für
Dogmatik und Dogmengeschichte an die Universität Münster.

1966 bis 1969 Joseph Ratzinger wird Ordinarius für Dogmatik und Dogmengeschichte an der Universität Tübingen.

1969 bis 1977 Joseph Ratzinger wird Ordinarius für Dogmatik und Dogmengeschichte an der Universität Regensburg.
1976 bis 1977 ist er dort auch Vizepräsident der Universität.

28. März 1977 Joseph Ratzinger wird zum Erzbischof von
München und Freising geweiht.

27. Juni 1977 Joseph Ratzinger wird Kardinal.

16. Oktober 1978 Karol Wojtyla wird zum Papst gewählt, er
nimmt den Namen Johannes Paul II. an.

16. Dezember 1980 Papst Johannes Paul II. schreibt einen
Brief an Leonid Breschnew, der einen Einmarsch der Sowjetarmee in Polen vorbereitet. Breschnew bläst den Angriff ab.

13. Mai 1981 Papst Johannes Paul II. überlebt schwer verletzt
ein Attentat auf dem Petersplatz.

25. November 1981 Kardinal Joseph Ratzinger wird vom
Papst zum Präfekten der Glaubenskongregation und zum
Chef der Bibelkommission berufen.

12. März 1983 Joseph Ratzinger bestätigt die Exkommunizierung des traditionalistischen Erzbischofs Pierre Martin Ngo
Dinh Thuc, ehemals Erzbischof von Hue in Vietnam, nach
der illegalen Ordinierung von Priestern und Bischöfen.

26. November 1983 Joseph Ratzinger erklärt, dass Freimaurerlogen religiöse Elemente enthalten, die mit der katholischen
Kirche nicht vereinbar sind. Wer an Freimaurerlogen und ihren Ritualen teilnimmt, der begeht nach dieser Erklärung
eine schwere Sünde.

6. August 1984 Joseph Ratzinger verfasst Instruktionen zu Aspekten der Theologie der Befreiung. Das Ringen mit den süd-
und mittelamerikanischen Theologen ist in vollem Gang.

11. März 1985 Joseph Ratzinger verfasst Bemerkungen zu dem
– die hierarchischen Strukturen der Kirche in Frage stellen-

den – Buch *Kirche. Charisma und Macht* des Franziskanerpaters Leonardo Boff. Darin heißt es, das Buch sei »gefährlich«, und daher werde Bruder Boff darum gebeten, das Buch nicht weiter zu veröffentlichen und ein Jahr lang nicht über das Buch zu sprechen.

10. Juli 1986 Papst Johannes Paul II. ernennt Kardinal Ratzinger zum Chef einer 12-Personen-Kommission, um den Text des Katechismus der katholischen Kirche zu entwerfen. Auf Französisch erscheint der Text im Jahr 1992, die endgültige Ausgabe in lateinischer Sprache erscheint im Jahr 1997. In dem Katechismus war noch einmal streng die Todesstrafe verurteilt und festgestellt worden, dass die Wissenschaft bisher keinen Grund für Homosexualität des Menschen gefunden hat.

1. Oktober 1986 Joseph Ratzinger schreibt einen Brief an die Bischöfe über die pastorale Seelsorge homosexueller Menschen. In dem Brief wird den Priestern nahe gelegt, homosexuellen Menschen besondere Aufmerksamkeit und Mitgefühl entgegenzubringen, gleichzeitig wird unterstrichen, dass homosexuelle Aktivitäten unmoralisch sind.

22. Februar 1987 Joseph Ratzinger schreibt eine Instruktion über die Würde des menschlichen Lebens »von Beginn an«. In der Schrift wird die Position der Kirche gegenüber Techniken zur Befruchtung von Frauen geklärt und klargestellt, dass ein Embryo vom Augenblick der Zeugung menschliches Leben ist und aus moralischer Sicht nur im Rahmen einer Ehe gezeugt werden darf.

29. Juni 1988 Mit einem Telegramm warnt Kardinal Joseph Ratzinger den traditionalistischen Erzbischof Marcel Lefebvre davor, Bischöfe zu weihen, ansonsten würde es zu einer Kirchenteilung (Schisma) kommen. Der Erzbischof ignoriert die Warnung, wird am 30. Juni 1988 exkommuniziert und stirbt am 25. März 1991 ohne offizielle Aussöhnung.

16. Februar 1989 Kardinal Ratzinger verfasst eine Schrift bezüglich der moralischen Regeln der Enzyklika *Humanae Vitae*. Darin heißt es, dass die Kirche in der Pastorale viel »Respekt und Liebe« den Paaren gegenüber aufbringen müsse, die es schwierig fänden, den moralischen Regeln der *Huma-*

nae Vitae zu folgen. Gleichzeitig dürfe kein Zweifel daran bestehen, dass die Kirche Verhütungsmittel (außer den natürlichen) nicht akzeptiere.

15. Oktober 1989 Brief von Kardinal Ratzinger über christliche Meditation, in dem davor gewarnt wird, buddhistische oder hinduistische Meditationstechniken zu verwenden.

1. Dezember 1989 Papst Johannes Paul II. empfängt den KPdSU-Generalsekretär Michail Gorbatschow. Gorbatschow wird später sagen: »Ohne Sie, Heiliger Vater, wäre die Berliner Mauer nicht so früh gefallen.«

30. März 1992 Kardinal Joseph Ratzinger verfasst die Instruktion über die Nutzung der Kommunikationsmittel zur Verbreitung des Glaubens.

28. Mai 1992 Kardinal Ratzinger schreibt einen Brief an die Bischöfe, wie die Kirche als Gemeinschaft zu verstehen sei.

23. Juli 1992 Joseph Ratzinger schreibt Kommentare zu den gesetzlichen Vorschriften, um Homosexuelle vor Diskriminierung zu schützen.

14. September 1994 Joseph Ratzinger schreibt einen Brief an die Bischöfe über den Empfang der Kommunion von Personen, die geschieden und wieder verheiratet sind. Den Priestern wird nahegelegt, den Personen die Kommunion zu verweigern.

29. September 1994 Auf Druck Papst Johannes Pauls II. erkennt der Vatikan vorbehaltlos den Staat Israel an.

15. Januar 1995 Die größte Versammlung von Menschen in der Geschichte der Erde: 3,5 Millionen Gläubige feiern in Manila (Philippinen) Papst Johannes Paul II.

25. Mai 1995 Papst Johannes Paul II. veröffentlicht die Enzyklika *Ut unum sint* (»Sie mögen eins sein«) und legt damit einen Grundstein zur Aussöhnung der christlichen Glaubensgemeinschaften und Kirchen.

28. Oktober 1995 Joseph Ratzinger verfasst eine Antwort auf Fragen zum apostolischen Brief *Ordinatio Sacerdotalis*.

2. Januar 1997 Joseph Ratzinger schreibt die Bemerkungen zu dem Buch *Maria und die menschliche Befreiung* von Bruder Tissa Balasuriya aus Sri Lanka. Am 4. Januar wird der Oblaten-Missionar exkommuniziert. Er hatte geschrieben, dass die Erbsünde eine Erfindung der Priester sei, um ihre Macht zu rechtfertigen, und gleichzeitig das Frauenpriestertum gefordert.

31. Oktober 1998 Kardinal Ratzinger schreibt über das Primat des Nachfolgers des heiligen Petrus, also über den Papst.

31. Mai 1999 Nach einem Schreiben Kardinal Ratzingers müssen Schwester Jeannine Gramick und Bruder Robert Nugent in den USA ihr Engagement für Homosexuelle einstellen.

2. März 2000 Der Papst zelebriert das »Mea Culpa« der katholischen Kirche.

26. Juni 2000 Kardinal Ratzinger veröffentlicht das Dokument über die »Botschaft von Fátima«.

6. August 2000 Joseph Ratzinger schreibt die Erklärung *Dominus Iesus* über die Einzigkeit und Heilsuniversalität Jesu Christi und der Kirche. Das Dokument wird von lutherischen Glaubensgemeinschaften stark kritisiert.

6. Mai 2001 Als erster Papst der Geschichte betet Johannes Paul II. in einer Moschee – in der der Omajjaden-Moschee in Damaskus.

22. Februar 2001 Joseph Ratzinger schreibt die Notifikation zur Bedeutung der lehramtlichen Dekrete bezüglich des Denkens und der Werke des Priesters Antonio Rosmini Serbati (1797–1855). Zwei seiner Schriften waren damals auf den Index gesetzt worden. Nun ist man bereit, eine vorsichtige Korrektur dieser Entscheidung vorzunehmen.

30. November 2002 Kardinal Ratzinger wird Dekan des Kardinalskollegiums und damit der Chef der Kardinäle, die den Nachfolger Papst Johannes Pauls II. wählen sollen..

16. Januar 2003 Kardinal Ratzinger veröffentlicht die Schrift über die Beteiligung von Katholiken am politischen Leben.

7. bis 14. Februar 2003 Joseph Ratzinger veröffentlicht das Schreiben über die neuen Normen gegen schwerwiegende Beleidigung der Sakramente sowie über die Normen, um Priester in den Laienstand zurückzuversetzen, wenn sie Kinder sexuell missbrauchen.

5. Juni 2003 Papst Johannes Paul II. tritt seine 100. Auslandsreise an. Bis zu seinem Lebensende wird er 104 Auslandsreisen absolvieren und 1,3 Millionen Kilometer zurücklegen.

31. Juli 2003 Joseph Ratzinger veröffentlicht die Anmerkungen über die Vorschläge, Ehen zwischen Homosexuellen einer heterosexuellen Ehe gleichzustellen.

31. Juli 2004 Joseph Ratzinger schreibt den Brief an die Bischöfe über die Beteiligung von Frauen am Leben der Kirche.

13. Dezember 2004 Joseph Ratzinger schreibt die Notifikation bezüglich des Buches *Jesus, Symbol Gottes* von Roger Haight. Der Jesuitenpater unterbricht seine Lehrtätigkeit.

2. April 2005 Papst Johannes Paul II. stirbt um 21.37 Uhr.

19. April 2005 Joseph Ratzinger wird zum 264. Nachfolger des heiligen Petrus gewählt, ist nach kirchlicher Zählung der 265. Papst. Er nimmt den Namen Benedikt XVI. an.

29. Mai 2005: Papst Benedikt XVI. verlässt zum ersten Mal seit seiner Wahl Rom und fährt nach Bari zum nationalen Eucharistischen Kongress.

18. August 2005 Der Papst kommt zu einem viertägigen Besuch des XX. Weltjugendtags nach Köln.

31. August 2005: Papst Benedikt XVI. unterzeichnet ein von Kardinal Zenon Grocholewski entworfenes Dokument, das die Aufnahme von Männern, die homosexuell sind oder sich für homosexuelle Bewegungen einsetz(t)en, in Priesterseminaren untersagt.

15. September 2005: Die türkische Regierung lehnt einen Besuch des Papstes zur Feier des Sankt-Andreas-Festes am 30. November 2005 ab und lädt ihn offiziell für 2006 ein.

11. Januar 2006: Karol Wojtylas ehemals ärgster Feind, der polnische General Wojciech Jaruzelski (83), kündigt an, dass er im Seligsprechungsprozess des polnischen Papstes aussagen wird, um Wojtylas Einfluss auf den Untergang des Kommunismus zu beschreiben.

25. Januar 2006: Die erste Enzyklika von Papst Benedikt XVI. erscheint. Darin beschäftigt er sich zur Überraschung der Öffentlichkeit mit geistiger und körperlicher Liebe (Eros).

25. Mai 2006: Papst Benedikt XVI. tritt seine zweite Auslandsreise an. Sie führt ihn zu einem viertägigen Besuch nach Polen in Erinnerung an das Lebenswerk von Johannes Paul II.

Namenverzeichnis